GAIUS IULIUS CAESAR

Der Gallische Krieg

ÜBERSETZT UND HERAUSGEGEBEN VON
MARIELUISE DEISSMANN

PHILIPP RECLAM JUN. STUTTGART

Der Übersetzung liegt die Ausgabe der Bibliotheca Teubneriana zugrunde: C. Iulii Caesaris commentarii rerum gestarum. Vol. 1: Bellum Gallicum. Edidit Otto Seel. Leipzig: Teubner, ²1968.
Hingewiesen sei auf die zweisprachige Ausgabe des Textes in Reclams Universal-Bibliothek Nr. 9960.

Universal-Bibliothek Nr. 1012
Alle Rechte vorbehalten
© 1980 Philipp Reclam jun. GmbH & Co., Stuttgart
Gesamtherstellung: Reclam, Ditzingen. Printed in Germany 1996
RECLAM und UNIVERSAL-BIBLIOTHEK sind eingetragene
Warenzeichen der Philipp Reclam jun. GmbH & Co., Stuttgart
ISBN 3-15-001012-8

Erstes Buch

1 (1) Das Gesamtgebiet Galliens zerfällt in drei Teile:[1] in dem einen leben die Belger,[2] in einem zweiten die Aquitaner[3] und im dritten die Völker, die in der Landessprache Kelten heißen, bei uns jedoch Gallier. (2) Sie unterscheiden sich alle nach Sprache, Tradition und Recht. Der Fluß Garonne[4] trennt das Gebiet der Gallier von dem der Aquitaner, während die Flüsse Marne und Seine ihr Land gegen das der Belger abgrenzen. (3) Die Belger sind von allen erwähnten Stämmen die tapfersten, weil sie von der verfeinerten Lebensweise und hochentwickelten Zivilisation der römischen Provinz am weitesten entfernt sind. Denn nur sehr selten gelangen Händler zu ihnen mit Waren, die die Lebensweise verweichlichen[5] können. Zudem leben sie in unmittelbarer Nähe der Germanen, die das Gebiet jenseits des Rheins bewohnen und sich ständig im Kriegszustand mit den Belgern befinden.[6] (4) Aus demselben Grund übertreffen auch die Helvetier[7] die übrigen Gallier an Tapferkeit, weil sie fast täglich mit den Germanen zu kämpfen haben. Denn entweder müssen sie Einfälle der Germanen in ihr Gebiet abwehren, oder aber sie kämpfen selbst auf germanischem Gebiet. (5) Der Teil des Landes, in dem, wie schon gesagt, die Gallier leben, beginnt an der Rhône und wird durch die Garonne, den Ozean und das Gebiet der Belger begrenzt. Er berührt sogar in nächster Nachbarschaft zum Land der Sequaner[8] und Helvetier den Rhein und erstreckt sich dann nach Norden.[9] (6) Das Gebiet der Belger beginnt am äußersten Ende Galliens und erstreckt sich bis zum Unterlauf des Rheins. Es liegt gegen Nordosten. (7) Aquitanien erstreckt sich von der Garonne bis zu den Pyrenäen und zu dem Teil des Ozeans, den auch die spanische Küste berührt. Es weist nach Nordwesten.

2 (1) Orgetorix war bei den Helvetiern der weitaus vornehmste und reichste Mann. Da er die Alleinherrschaft anstrebte,[10] traf er unter dem Consulat des M. Messalla und M. Piso[11] ein geheimes Abkommen mit dem helvetischen Adel und überredete das Volk, mit seiner gesamten Habe aus ihrem Gebiet fortzuziehen: (2) Da sie alle anderen an Tapferkeit überragten, sei es ein leichtes, die Herrschaft über ganz Gallien an sich zu reißen. (3) Es gelang Orgetorix um so leichter, sie in dieser Richtung zu beeinflussen, als das helvetische Gebiet auf allen Seiten an natürliche Grenzen stieß. Auf der einen Seite war es der außerordentlich tiefe und breite Rhein, der die Grenze zwischen dem helvetischen und germanischen Gebiet bildet, auf der anderen Seite erhob sich zwischen den Helvetiern und den Sequanern das steile Gebirge des Jura, und endlich grenzten auf der dritten Seite der Genfer See und die Rhône das helvetische Gebiet gegen unsere Provinz ab. (4) Diese Lage brachte es mit sich, daß die Helvetier nicht allzuweit umherschweifen und nur schwer mit ihren Grenznachbarn Krieg anfangen konnten. Da sie jedoch kriegerische Menschen waren, litten sie unter diesen Verhältnissen. (5) Im Hinblick auf ihre hohe Bevölkerungszahl und den Ruhm, den sie auf Grund ihrer Kriegstaten und ihrer Tapferkeit besaßen, hielten sie ihr Gebiet, das sich 240 Meilen[12] in die Länge und 180 Meilen in die Breite erstreckte, für zu klein.

3 (1) Diese Einschätzung ihrer Lage und die Autorität des Orgetorix veranlaßten die Helvetier zu dem Beschluß, das für eine Auswanderung Nötige vorzubereiten, d. h. eine möglichst große Anzahl von Zugvieh und Wagen zu erwerben und die Aussaat zu intensivieren, um die Getreideversorgung auf dem Marsch zu sichern. Außerdem hatten sie die Absicht, mit den benachbarten Stämmen Friedens- und Freundschaftsverträge abzuschließen. (2) Da sie der Auffassung waren, ein Zeitraum von zwei Jahren reiche für die Durchführung dieser Pläne aus, legten sie den Termin für den Aufbruch durch Volksbeschluß auf das dritte Jahr fest. Zum Leiter des geplanten Unternehmens wählten sie Orgetorix. (3) Dieser unternahm zunächst eine Gesandtschaftsreise zu den anderen Stämmen (4) und überredete dabei den Sohn des Sequanerhäuptlings Casticus, Catamantaloedes, die Herrschaft in seinem Stamm an sich zu reißen, die vorher sein Vater besessen hatte. Dieser hatte viele Jahre lang über die Sequaner geherrscht und war vom Senat mit dem Titel Freund[13] des römischen Volkes geehrt worden. (5) Orgetorix redete auch dem Bruder des Haeduers[14] Diviciacus, Dumnorix, zu, dasselbe zu versuchen, und gab ihm sogar seine Tochter zur Frau. Dumnorix besaß damals in seinem Stamm den größten politischen Einfluß und war beim Volk sehr beliebt. (6) Beiden Männern legte Orgetorix dar, wie leicht es sei, einen solchen Versuch erfolgreich zu unternehmen, da er selbst im Begriff sei, die Herrschaft über seinen Stamm zu erringen. (7) Ohne Zweifel seien die Helvetier in ganz Gallien der bedeutendste und mächtigste Stamm. Daher, so betonte er, werde er ihnen mit seinen Privatmitteln und seinem Heer zur Herrschaft verhelfen können. (8) Unter dem Einfluß seiner Worte schlossen sie untereinander einen heiligen Bund und hofften, mit drei derart mächtigen und starken Volksstämmen ganz Gallien in ihre Gewalt bringen zu können, wenn sie die Regierung in ihrem Volk übernommen hätten.

4 (1) Dieser Plan wurde den Helvetiern verraten. Ihren Bräuchen entsprechend zwangen sie Orgetorix, sich in Fesseln zu verantworten. Wurde er schuldig gesprochen, mußte er zur Strafe verbrannt werden. (2) Zu dem festgesetzten Gerichtstermin bot Orgetorix seine gesamten Sklaven, etwa 10 000 Mann, von allen Seiten her auf. Desgleichen ließ er alle seine Clienten und Schuldner,[15] über die er in großer Zahl verfügte, dazukommen; mit ihrer Hilfe entzog er sich dem Prozeß durch die Flucht. (3) Als der übrige Stamm, der darüber empört war, versuchte, das Recht mit Waffen zu erzwingen, und die Beamten eine

Menge Menschen von den Feldern zusammenriefen, kam Orgetorix ums Leben. (4) Wie auch die Helvetier meinten, lag der Verdacht nahe, daß er sich umgebracht hat.
5 (1) Trotzdem versuchten die Helvetier auch nach seinem Tod weiterhin, den Beschluß, aus ihrem Land auszuwandern, durchzuführen. (2) Als sie glaubten, sie seien ausreichend dafür gerüstet, zündeten sie alle Städte,[16] etwa 12, die Dörfer, etwa 400, (3) und die übrigen einzelstehenden Gehöfte an, ebenso legten sie Feuer an das gesamte Getreide, mit Ausnahme dessen, das sie mitnehmen wollten, um so jede Hoffnung auf Rückkehr zunichte zu machen. Das sollte den Mut kommenden Gefahren gegenüber stärken. Sie erließen den Befehl, daß jeder für drei Monate Mehl von zu Hause mitnehmen solle. (4) Dann überredeten sie auch die Rauracer, Tulinger und Latobriger,[17] ihre Grenznachbarn, sich ihrem Plan anzuschließen, ihre Städte und Dörfer zu verbrennen und gemeinsam mit ihnen aufzubrechen. Außerdem gewannen sie die Boier,[18] die ursprünglich jenseits des Rheins gelebt hatten, inzwischen aber ins norische Gebiet[19] herübergekommen waren und Noreia[20] belagerten. Die Helvetier schlossen mit ihnen ein Bündnis.
6 (1) Es gab insgesamt überhaupt nur zwei Wege, die sie bei dem Auszug aus ihrer Heimat einschlagen konnten. Die eine Strecke führte durch das Gebiet der Sequaner, war jedoch, da sie zwischen der Rhône und dem Jura verlief, so eng und schwer gangbar, daß sie kaum ein einzelner Wagen befahren konnte; zudem beherrschte ein sehr hoher Gebirgszug den Weg, so daß eine kleine Zahl ausreiche, den Durchgang zu sperren. (2) Die andere Strecke führte durch unsere Provinz und war bei weitem leichter und bequemer zu bewältigen, weil zwischen dem Gebiet der Helvetier und dem der Allobroger,[21] die vor einiger Zeit unterworfen worden sind, die Rhône fließt, die an einigen Stellen Furten für den Übergang bie-

tet. (3) Die letzte Stadt der Allobroger unmittelbar an der Grenze zu den Helvetiern ist Genf[22]. Aus dieser Stadt führt eine Brücke in das helvetische Gebiet hinüber. Da die Allobroger dem römischen Volk noch nicht sehr wohlgesonnen schienen, gingen die Helvetier davon aus, daß sie von ihnen auf dem Verhandlungswege die Zustimmung zum Zug durch ihr Gebiet erlangen könnten, andernfalls wollten sie sie mit Gewalt dazu zwingen. (4) Als alle Vorbereitungen für den Aufbruch getroffen waren, setzten sie einen Termin fest, an dem sie sich alle am Ufer der Rhône versammeln wollten. Dies war der 28. März unter dem Consulat des L. Piso und A. Gabinius.[23]

7 (1) Als Caesar die Nachricht erhielt, daß die Helvetier durch unsere Provinz zu ziehen gedachten, brach er rasch von Rom auf und eilte, so schnell er konnte, in das jenseitige Gallien, wo er vor der Stadt Genf erschien. (2) Da im jenseitigen Gallien nur eine Legion[24] stand, verlangte er von der gesamten Provinz die Stellung von möglichst vielen Soldaten. Gleichzeitig ließ er die Brücke abreißen, die nach Genf führte. (3) Als die Helvetier die Nachricht von seinem Eintreffen erhielten, schickten sie die Vornehmsten ihres Stammes als Gesandte an ihn. Nammeius und Verucloetius, die an der Spitze dieser Gesandtschaft standen, sagten, es sei der Plan der Helvetier, ohne alle Übergriffe durch unsere Provinz zu ziehen, da ihnen kein anderer Weg zur Verfügung stehe. Sie richteten das Gesuch an Caesar, sein Einverständnis zu diesem Vorhaben zu geben. (4) Caesar glaubte, dem nicht entsprechen zu können, da er noch frisch im Gedächtnis hatte, daß die Helvetier den Consul L. Cassius erschlagen, sein Heer besiegt und unter das Joch geschickt hatten.[25] (5) Zudem war er der Ansicht, daß die romfeindliche Gesinnung der Helvetier sie nicht von Rechtsverletzungen und feindlichen Übergriffen abhalten würde, wenn ihnen einmal die Erlaubnis zugestanden wäre, durch die Provinz zu zie-

hen. (6) Um jedoch etwas Zeit verstreichen zu lassen, bis sich die neu ausgehobenen Truppen versammelt hätten, antwortete er den Gesandten, er brauche Bedenkzeit; sie möchten, wenn sie wollten, Mitte April wiederkommen.

8 (1) Mit der Legion, die er bei sich hatte, und den frisch ausgehobenen Truppen, die aus der Provinz zusammengekommen waren, errichtete er inzwischen einen 19 Meilen[26] langen und 16 Fuß[27] hohen Damm mit einem Graben.[28] Er erstreckte sich von der Stelle, wo die Rhône aus dem Genfer See austritt, bis zum Jura, der die Grenze zwischen dem Gebiet der Sequaner und dem der Helvetier bildet. (2) Nachdem diese Befestigung fertiggestellt war, sicherte er sie durch Castelle und verteilte Wachposten darauf, um die Helvetier leichter abwehren zu können, falls sie gegen seinen Willen den Übergang versuchen sollten. (3) Als der Termin, den er mit den helvetischen Gesandten vereinbart hatte, herankam, und die Gesandtschaft wieder bei ihm erschien, gab er ihr den Bescheid, nach Recht und Herkommen des römischen Volkes könne er niemandem den Zug durch die Provinz gestatten; ferner wies er darauf hin, daß er einen gewaltsamen Versuch dazu verhindern werde. (4) Als die Helvetier sich so in ihren Erwartungen getäuscht sahen, versuchten sie, mit zusammengebundenen Kähnen und einer Anzahl eigens hergestellter Flöße, einige auch an einer Furt der Rhône, wo sie am wenigsten tief war, durchzubrechen, bisweilen bei Tag, des öfteren aber auch bei Nacht. Doch standen sie von ihrem Vorhaben ab, als sie an der Befestigung scheiterten und durch die Wurfgeschosse der Soldaten, die schnell zusammenkamen, zurückgeschlagen wurden.

9 (1) Es blieb ihnen nur noch die Strecke durch das Gebiet der Sequaner, die sie jedoch, da sie so eng war, nicht gegen den Willen der Sequaner benutzen konnten. (2) Da es ihnen selbst nicht gelang, die Sequaner zu einer Zustimmung zu bewegen, schickten sie Gesandte an den

Haeduer Dumnorix mit der Bitte, er möge sich bei den Sequanern als Vermittler für die Erfüllung ihrer Wünsche einsetzen. (3) Dumnorix hatte bei den Sequanern auf Grund seiner Beliebtheit und Freigebigkeit den größten politischen Einfluß und war außerdem den Helvetiern verbunden, weil er aus diesem Stamm die Tochter des Orgetorix zur Frau genommen hatte. Geleitet von dem Wunsch nach Alleinherrschaft, strebte er einen Umsturz an und wollte sich möglichst viele Stämme durch freundschaftliches Entgegenkommen verpflichten. (4) Daher übernahm er diesen Auftrag und erreichte auch, daß die Sequaner dem Zug der Helvetier durch ihr Gebiet zustimmten. Zugleich erreichte er, daß die Stämme untereinander Geiseln austauschten: Die Sequaner als Gewähr dafür, daß sie die Helvetier auf ihrem Zug nicht behinderten; die Helvetier garantierten damit, daß sie das Gebiet ohne feindliche Übergriffe und Rechtsverletzungen durchzögen.

10 (1) Caesar erhielt die Nachricht, daß die Helvetier planten, durch das Gebiet der Sequaner und Haeduer in das Land der Santonen[29] zu ziehen. Dieses liegt nicht weit entfernt von dem Stammesgebiet der Tolosaten[30], das schon zur Provinz gehört. (2) Er erkannte, daß die Durchführung dieses Vorhabens eine große Gefahr für die Provinz bedeuten würde: An den Grenzen dieses ungeschützten und außerordentlich fruchtbaren Landes stünde dann ein kriegerischer und dem römischen Volk feindlich gesinnter Stamm. (3) Daher stellte er den Legaten T. Labienus[31] an die Spitze der Befestigung, die er errichtet hatte, und begab sich selbst in größter Eile nach Oberitalien,[32] wo er zwei Legionen[33] aushob und drei weitere, die in der Nähe von Aquileia[34] im Winterlager standen, aus dem Lager abmarschieren ließ. Mit diesen fünf Legionen eilte er auf dem kürzesten Weg über die Alpen in das jenseitige Gallien. (4) Im Gebirge hatten die Ceutronen, Graioceler und Caturiger[35] die Anhöhen besetzt und ver-

suchten, den Durchmarsch des Heeres zu verhindern. (5) Caesar schlug sie in mehreren Gefechten und kam von dem letzten Ort des diesseitigen Galliens, Ocelum, in sechs Tagen in das Gebiet der Vocontier,[36] das zum jenseitigen Gallien gehört. Von dort führte er sein Heer durch das Gebiet der Allobroger in das der Segusiaver.[37] Dies ist der erste Stamm, der jenseits der Rhône außerhalb der Provinz lebt.

11 (1) Die Helvetier hatten ihre Truppen schon durch den Engpaß und das Gebiet der Sequaner geführt und waren im Land der Haeduer[38] angekommen. Hier verwüsteten sie die Felder. (2) Da die Haeduer sich und ihr Eigentum nicht gegen sie verteidigen konnten, schickten sie Gesandte an Caesar mit der Bitte um Unterstützung. (3) Sie erklärten, die Haeduer hätten sich zu allen Zeiten so viele Verdienste um das römische Volk erworben, daß sie es wahrlich nicht verdienten, daß ihre Ländereien fast vor den Augen unseres Heeres verwüstet, ihre Kinder in die Sklaverei verschleppt und ihre Ortschaften erobert würden. (4) Zu gleicher Zeit erhielt Caesar von den Ambarrern,[39] Verwandten und Freunden der Haeduer, die Nachricht, daß sie nur schwer in der Lage seien, die Militärmacht des Feindes von ihren Ortschaften abzuwehren, während ihre Felder schon völlig verwüstet seien. (5) Auch die Allobroger, die jenseits der Rhône Dörfer und Ländereien hatten, flohen zu Caesar und legten dar, daß ihnen außer dem Ackerboden nichts mehr geblieben sei. (6) Unter dem Eindruck dieser Ereignisse beschloß Caesar, nicht abzuwarten, bis die Helvetier das gesamte Vermögen und die Habe der Bundesgenossen verbraucht hätten und in das Gebiet der Santonen gelangt seien.

12 (1) Durch das Gebiet der Haeduer und Sequaner fließt der Arar,[40] der in die Rhône mündet. Seine Strömung ist so unglaublich langsam, daß man mit den Augen nicht erkennen kann, in welche Richtung er fließt. Die Helvetier überquerten ihn auf Flößen und zusammengebundenen Kähnen. (2) Als Kundschafter Caesar meldeten, daß schon drei Viertel der Helvetier den genannten Fluß überschritten hätten, das letzte Viertel jedoch noch diesseits der Rhône warte, rückte er während der 3. Nachtwache[41] mit drei Legionen aus dem Lager ab und stieß auf den Rest, der den Fluß noch nicht überquert hatte. (3) Er griff die Ahnungslosen und durch ihr Gepäck Behinderten an und tötete eine große Anzahl von ihnen. Die übrigen ergriffen die Flucht und verbargen sich in den nahegelegenen Wäldern. (4) Es handelte sich dabei um die Bevölkerung des Gaues, der Tigurinus[42] hieß, denn der Gesamtstamm der Helvetier gliedert sich in vier Teile oder Gaue. (5) Dieser eine Gau hatte beim Auszug aus seinem ursprünglichen Heimatland – zur Zeit unserer Väter – den Consul L. Cassius[43] umgebracht und sein Heer unter das Joch geschickt. (6) So wollte es der Zufall oder der Ratschlag der unsterblichen Götter, daß gerade der Teil der Helvetier als erster seine Strafe erhielt, der dem römischen Volk eine bedeutende Niederlage zugefügt hatte. (7) Damit rächte Caesar nicht nur das Unrecht, das der römische Staat erlitten hatte, sondern auch persönliches, denn die Tiguriner hatten in derselben Schlacht, in der sie Cassius töteten, auch den Großvater seines Schwiegervaters L. Piso, den Legaten L. Piso,[44] ums Leben gebracht.

13 (1) Nach dieser Schlacht ließ Caesar eine Brücke über den Arar schlagen, um den übrigen Truppen der Helvetier nachsetzen zu können, und überquerte mit seinem Heer den Fluß. (2) Sein plötzliches Erscheinen versetzte die Helvetier in Schrecken, weil sie sahen, daß ihm in einem Tag der Übergang über den Fluß gelungen war, während sie selbst zwanzig Tage mühevoller Arbeit dazu gebraucht hatten. Sie schickten daher Unterhändler zu ihm. Der Sprecher dieser Gesandtschaft war Divico, der im Krieg gegen Cassius das helvetische Heer kommandiert hatte. (3) In seiner Unterredung mit Caesar erklärte er,

wenn das römische Volk mit den Helvetiern Frieden schließe, werde sich der Stamm Caesar unterwerfen und das Gebiet, das er bestimme, zum Ziel und Aufenthaltsort nehmen. (4) Wenn er aber dabei bleibe, weiter mit ihnen Krieg zu führen, solle er sich an die damalige Niederlage des römischen Volkes und an die bewährte Tapferkeit der Helvetier erinnern. (5) Die Tatsache, daß er überraschend einen Teil des Stammes angegriffen habe, als ihm die übrigen nicht zu Hilfe kommen konnten, weil sie den Fluß schon überquert hatten, solle Caesar keinen Anlaß geben, den Erfolg in unangemessener Weise seiner Tüchtigkeit zuzurechnen, geschweige denn, die Helvetier zu gering einzuschätzen. (6) Sie seien von ihren Vätern und Ahnen dazu erzogen worden, im Kampf mehr Tapferkeit als List anzuwenden oder sich gar auf Hinterhalte zu verlassen. (7) Er möge also vermeiden, daß der Ort, an dem jetzt die Heere stünden, seinen Namen einer neuen Niederlage des römischen Volkes und dem Tod des gesamten Heeres verdanke und so in die Geschichte eingehe.

14 (1) Caesar antwortete ihm folgendes: Er sehe keinen Grund, in seiner Entscheidung schwankend zu werden, weil er das, was die Helvetier erwähnt hätten, sehr wohl im Gedächtnis habe und es um so schwerer nehme, als es ohne Verschulden des römischen Volkes geschehen sei. (2) Wenn die Römer das Gefühl gehabt hätten, rechtswidrig gehandelt zu haben, wäre es nicht schwer gewesen, sich in acht zu nehmen. Da sie jedoch überzeugt gewesen seien, nichts begangen zu haben, was ihnen Anlaß zu Furcht hätte geben müssen, andererseits die Auffassung vertreten hätten, sich nicht grundlos fürchten zu dürfen, habe man sie täuschen können. (3) Doch auch wenn er die vergangene Schmach vergessen wolle, könne er etwa von den kürzlich begangenen Rechtsbrüchen der Helvetier absehen, daß sie nämlich gegen römischen Willen versucht hätten, sich gewaltsam den Durchmarsch durch die römische Provinz zu erzwingen, daß sie die Haeduer,

Ambarrer und Allobroger überfallen hätten? (4) Hierher gehöre auch die Tatsache, daß sie sich ihres damaligen Sieges so unverschämt rühmten und Bewunderung dafür verlangten, daß Caesar ihre Untaten so lange schweigend hingenommen habe. (5) Es sei doch gewöhnlich so, daß die unsterblichen Götter den Menschen, die sie für ihre Verbrechen strafen wollten, eine Zeitlang günstige Umstände und längere Straffreiheit gewährten, um sie nach einer Wende ihres Glücks um so mehr leiden zu lassen. (6) Trotz allem sei er unter folgenden Bedingungen bereit, mit ihnen Frieden zu schließen: Wenn sie ihm Geiseln stellten, damit er sehe, daß sie gewillt seien, ihre Zusagen einzuhalten, und wenn sie für die Schäden, die sie den Haeduern selbst und ihren Bundesgenossen zugefügt hätten, ebenso auch den Allobrogern, Wiedergutmachung leisteten. (7) Darauf erwiderte Divico: Es sei bei den Helvetiern von alters her Tradition, Geiseln anzunehmen, nicht aber zu stellen. Zeuge dafür sei das römische Volk. Mit dieser Antwort ging er fort.

15 (1) Am folgenden Tag zogen die Helvetier weiter. Das gleiche tat Caesar und schickte die gesamte Reiterei, etwa 4000 Mann, voraus. Diese hatte er von der ganzen Provinz, von den Haeduern und ihren Bundesgenossen stellen lassen. Sie sollte erkunden, in welche Richtung der Feind marschiere. (2) Da sie jedoch der feindlichen Nachhut zu stürmisch folgte, sah sie sich in ungünstigem Gelände in ein Gefecht mit der Reiterei der Helvetier verwickelt, wobei einige wenige Reiter fielen.[45] (3) Da der Ausgang dieses Gefechts, in dem 500 helvetische Reiter eine so bedeutende Anzahl in die Flucht geschlagen hatte, das Selbstvertrauen der Helvetier stärkte, begannen sie, bisweilen kühn ihren Marsch zu unterbrechen und mit ihrer Nachhut unsere Soldaten zu einem Gefecht herauszufordern. (4) Caesar ließ sich jedoch nicht mit seinen Soldaten in einen Kampf ein und begnügte sich zum gegenwärtigen Zeitpunkt damit, feindliche Raubzüge und Ver-

wüstungen zu verhindern. (5) So zogen sie etwa 15 Tage dahin, wobei die Entfernung zwischen der Nachhut der Feinde und der Spitze unseres Heeres nicht mehr als 5 oder 6 Meilen betrug.
16 (1) In der Zwischenzeit wiederholte Caesar täglich seine Forderung nach Getreide, dessen Lieferung die Haeduer ihm von Staats wegen zugesagt hatten. (2) Denn da Gallien, wie schon gesagt, recht weit nördlich liegt, war wegen des kalten Klimas das Getreide auf den Feldern noch nicht reif, und ebensowenig stand ein ausreichender Vorrat an Pferdefutter zur Verfügung.[46] (3) Hinzu kam, daß Caesar von dem Getreide, das auf dem Arar herantransportiert wurde, keinen Gebrauch machen konnte, weil die Helvetier von dem Arar abgebogen waren, Caesar jedoch weiter mit ihnen in Berührung bleiben wollte. (4) Während die Haeduer die Lieferung von Tag zu Tag hinzogen, lautete ihre Auskunft, das Getreide werde schon gesammelt, es werde schon angeliefert, ja es sei schon da. (5) Als Caesar sah, daß er immer weiter vertröstet wurde und daß der Zeitpunkt bald bevorstand, wo man den Soldaten ihre Getreideration[47] zuteilen müsse, rief er die führenden Persönlichkeiten der Haeduer zusammen, die sich in großer Anzahl im Lager befanden, unter ihnen auch Diviciacus und Liscus, der bei ihnen an der Spitze der Regierung stand. Dieses Amt heißt bei den Haeduern Vergobretus,[48] sein Inhaber wird jährlich gewählt und hat in seinem Volk Gewalt über Leben und Tod. (6) Caesar erhob schwere Vorwürfe gegen die Leitung der Haeduer, daß er von ihnen unter diesen dringenden Umständen, wo der Feind in der Nähe stehe, keine Unterstützung durch die Lieferung von Getreide erfahre, das er weder kaufen noch von den Feldern nehmen könne, obwohl er vorwiegend auf ihre Bitten hin den Kriegszug unternommen habe. Sehr viel schwerer noch wog sein Vorwurf, daß sie ihn im Stich gelassen hätten.
17 (1) Die Rede Caesars gab Liscus den Anlaß, nun end-

lich offen vorzubringen, was er bis dahin verschwiegen hatte: Es gebe einige Männer bei den Haeduern, die den größten Einfluß beim Volk hätten und die sogar als Privatleute mächtiger seien als die Beamten selbst. (2) Durch umstürzlerische und schädliche Reden schreckten sie die Masse des Volkes davon ab, das fällige Getreide zu liefern, (3) und zwar mit der Begründung, es sei besser, sich der Herrschaft von Galliern zu unterwerfen als der von Römern, wenn sie schon selbst nicht mehr Herren Galliens bleiben könnten. (4) Es dürfe auch kein Zweifel darüber bestehen, daß die Römer im Falle eines Sieges über die Helvetier zusammen mit den übrigen Galliern auch den Haeduern die Freiheit nehmen würden. (5) Dieselben Leute sorgten dafür, daß unsere Pläne und alles, was im Lager vorgehe, dem Feind verraten werde. Er selbst sei nicht in der Lage, sie in Schach zu halten. (6) Es sei ihm sogar völlig klar, welche Gefahr es für ihn mit sich bringe, daß er Caesar in dieser Zwangslage davon Mitteilung gemacht habe; daher habe er geschwiegen, solange er konnte.

18 (1) Caesar merkte, daß Liscus mit diesen Worten auf Dumnorix, den Bruder des Diviciacus, anspielte. Da er jedoch in Anwesenheit mehrerer anderer diese Angelegenheit nicht ausführlich erörtern wollte, beendete er schnell die Versammlung, hielt Liscus jedoch zurück. (2) Unter vier Augen fragte er ihn nach dem, was er in der Konferenz erwähnt hatte. Jetzt sprach Liscus freier und ungehemmter. Caesar zog nun insgeheim von den anderen dieselben Erkundigungen ein und erfuhr, daß alles zutraf: (3) Es handele sich in der Tat um Dumnorix, der einen Umsturz anstrebe. Tollkühn und verwegen, sei er auf Grund seiner Freigebigkeit beim Volk überaus beliebt. Mehrere Jahre lang habe er die Zölle und die übrigen Abgaben bei den Haeduern für eine geringe Summe gepachtet, weil niemand wage, dagegen zu bieten, wenn er biete. (4) Auf diese Weise habe er sein Vermögen vermehrt und sich um-

fangreiche Möglichkeiten der Bestechung geschaffen. (5) Er unterhalte auf seine Kosten eine große Zahl von Reitern, die sich immer in seiner Nähe befänden, (6) und nicht allein in der Heimat, sondern auch bei den benachbarten Stämmen sei sein Einfluß bedeutend. Um seine Macht zu sichern, habe er seine Mutter dem vornehmsten und mächtigsten Mann der Bituriger[49] zur Ehe gegeben, (7) während er selbst eine Frau aus dem Stamm der Helvetier besitze und eine Schwester mütterlicherseits sowie die Frauen aus seiner Familie in andere Stämme verheiratet habe. (8) Auf Grund seiner Verwandtschaft sei er den Helvetiern freundschaftlich verbunden, während er Caesar und die Römer aus ganz persönlichen Gründen hasse, weil durch ihr Erscheinen seine Machtstellung erschüttert worden sei, wohingegen sein Bruder Diviciacus seine frühere Beliebtheit und sein ehrenvolles Ansehen wiedererlangt habe. (9) Für den Fall, daß die Römer in Schwierigkeiten gerieten, richte sich die ganze Hoffnung des Dumnorix darauf, mit Hilfe der Helvetier die Alleinherrschaft zu erringen. Unter römischer Oberhoheit müsse er nicht nur den Gedanken an Alleinherrschaft aufgeben, sondern befürchte auch den Verlust des Einflusses, den er schon besitze. (10) Bei seinen Nachforschungen erfuhr Caesar auch hinsichtlich des vor wenigen Tagen so unglücklich verlaufenen Reitergefechts, daß Dumnorix und seine Reiterei – Caesar hatte ihn an die Spitze der Reiterei gestellt, die die Haeduer zu seiner Unterstützung gesandt hatten – den Anstoß zur Flucht gegeben hätten und daß ihre Flucht die übrigen Reiter in Panik versetzt habe.

19 (1) Nachdem Caesar dies festgestellt hatte, sah er seinen Verdacht durch Tatsachen erhärtet: Dumnorix hatte den Helvetiern zu dem Zug durch das Gebiet der Sequaner verholfen, hatte veranlaßt, daß sie untereinander Geiseln stellten, und das alles nicht nur ohne Genehmigung Caesars und seiner Stammesgenossen, sondern auch ohne deren Wissen. Da die Regierungsspitze der Haeduer Rechenschaft forderte, hielt Caesar dies für einen ausreichenden Grund, entweder selbst gegen Dumnorix vorzugehen oder dessen eigenen Stamm dazu zu veranlassen, ihn zur Verantwortung zu ziehen. (2) Diesem Beschluß stand allein entgegen, daß er wußte, wie sehr sich Diviciacus, der Bruder des Dumnorix, mit allen Kräften für die Belange der Römer einsetzte, Caesar höchstes Entgegenkommen bewies und sich durch außerordentliche Zuverlässigkeit, Gerechtigkeit und maßvolles Verhalten auszeichnete. Caesar mußte fürchten, daß er mit der Bestrafung des Dumnorix Diviciacus tief treffen würde. (3) Daher ließ er, bevor er entsprechende Maßnahmen ergriff, Diviciacus zu sich kommen und hatte mit ihm eine Unterredung, bei der an Stelle der gewöhnlichen Übersetzer, die er entfernt hatte, C. Valerius Trucillus als Dolmetscher diente. Dieser, ein führender Mann aus der Provinz Gallien, war ihm eng verbunden und genoß in allen Dingen sein Vertrauen. (4) Caesar teilte Diviciacus unter anderem mit, was in seiner Gegenwart in der Versammlung der Gallier über Dumnorix laut geworden war, und legte ihm zugleich dar, was jeder im Einzelgespräch über Dumnorix geäußert hatte. (5) Er bat Diviciacus dringend, sich dadurch nicht verletzt zu fühlen und jetzt, da alles bekannt sei, nach genauer Untersuchung zu gestatten, daß er, Caesar, die Entscheidung über Dumnorix treffe oder die Haeduer dazu auffordere.

20 (1) Unter vielen Tränen umarmte ihn Diviciacus und beschwor ihn, kein zu hartes Urteil über seinen Bruder zu fällen: (2) Er wisse, daß alles der Wahrheit entspreche, und niemand leide mehr darunter als er, denn jener sei durch ihn groß geworden, als er selbst den meisten Einfluß bei seinem Stamm und den übrigen Galliern gehabt habe, während sein Bruder auf Grund seiner Jugend noch sehr wenig galt. Jetzt nutze er seine Mittel und Kräfte nicht nur dazu, seinen Einfluß zu untergraben, sondern ihn, so

könne man fast sagen, ins Verderben zu stürzen.
(3) Trotzdem leite ihn weiter die Liebe zu seinem Bruder, daneben die Rücksicht auf die Volksmeinung. (4) Denn wenn Caesar zu hart gegen seinen Bruder vorgehe, werde jeder annehmen, es sei mit seinem Einverständnis geschehen, weil ihn ein freundschaftliches Verhältnis mit Caesar verbinde. Die Folge wäre, daß sich ganz Gallien von ihm abwendete. (5) Als er unter Tränen immer weiter flehentlich in Caesar drang, ergriff dieser seine rechte Hand und forderte ihn auf, nicht weiter zu bitten, sondern sich zu beruhigen. Er schätze Diviciacus, erklärte er, so sehr, daß er das Vergehen gegen das römische Volk und seine eigene Betroffenheit mit Rücksicht auf den Wunsch und die Bitte des Diviciacus hintanstellen werde. (6) Er ließ Dumnorix kommen und zog seinen Bruder zu dem Gespräch hinzu: Dabei wies er auf die Vorwürfe hin, die gegen ihn erhoben wurden, und setzte ihm seine eigene Auffassung und die Klagen, die aus seinem Stamm gekommen waren, auseinander. Zum Schluß mahnte er ihn, in Zukunft alles Verdächtige zu unterlassen, und sagte, über das Vergangene werde er um seines Bruders Diviciacus willen hinwegsehen. Er ließ Dumnorix beobachten, um über seine Handlungen und Gespräche unterrichtet zu sein.
21 (1) Am selben Tag erhielt er von Kundschaftern die Nachricht, daß der Feind am Fuß eines Berges haltgemacht habe, 8 Meilen von seinem eigenen Lager entfernt. Daraufhin schickte Caesar Leute ab, die erkunden sollten, wie der Berg beschaffen sei und welche Aufstiegsmöglichkeiten ringsum bestünden. (2) Sie meldeten, das Gelände sei günstig. Caesar befahl nun T. Labienus, einem Legionskommandanten im Rang eines Praetors,[50] um die dritte Nachtwache mit zwei Legionen und unter Begleitung von wegkundigen Führern den Bergrücken zu ersteigen, und machte ihn zugleich mit seinem Plan vertraut. (3) Er selbst eilte um die 4. Nachtwache[51] auf demselben Weg wie die Feinde ihnen nach. An die Spitze

stellte er die gesamte Reiterei. (4) Gleichzeitig sandte er P. Considius[52], den er für einen äußerst erfahrenen Soldaten hielt und der schon unter Sulla[53] und später unter M. Crassus[54] gekämpft hatte, mit Kundschaftern voraus.

22 (1) Während Labienus bei Tagesanbruch den Berg besetzt hatte und Caesar selbst nicht mehr als 1500 Schritt vom feindlichen Lager entfernt war – die Feinde hatten, wie Caesar später von Kriegsgefangenen erfuhr, weder von seinem Heranrücken noch von dem Unternehmen des Labienus etwas gemerkt –, (2) sprengte im Morgengrauen Considius mit verhängtem Zügel heran und meldete, der Berg, den Labienus besetzen solle, werde von den Feinden gehalten. Er habe das an den gallischen Waffen und Feldzeichen erkannt. (3) Daraufhin führte Caesar seine Truppen auf die nächstgelegene Anhöhe und stellte sie zum Kampf auf. Labienus, der von Caesar den Befehl hatte, nicht eher den Kampf zu eröffnen, als Caesars Truppen in der Nähe des feindlichen Lagers sichtbar würden, damit der Angriff gegen die Feinde von allen Seiten zugleich erfolgen könne, hielt den Berg besetzt und wartete mit der Eröffnung des Kampfes auf Caesars Truppen. (4) Zu fortgeschrittener Tageszeit erfuhr Caesar durch Kundschafter, daß der Berg doch von seinen Truppen besetzt gehalten werde, die Helvetier aber abgezogen seien. Considius habe ihm, von panischer Angst erfüllt, Beobachtungen gemeldet, die er in Wahrheit gar nicht gemacht habe. (5) Caesar folgte an diesem Tag wie gewöhnlich dem Feind in einiger Entfernung und schlug 3 Meilen vom feindlichen Lager entfernt sein eigenes auf.

23 (1) Da nur noch zwei Tage blieben, bis das Heer seine Getreideration erhalten mußte, zudem die größte und reichste Stadt der Haeduer nicht weiter als 18 Meilen entfernt war, bog Caesar am folgenden Tag von der Richtung der Helvetier ab und marschierte schnell nach Bibracte[55], weil er meinte, er müsse sich zunächst um die Getreidever-

sorgung kümmern. (2) Dies wurde von flüchtigen Sklaven des L. Aemilius[56], eines Decurio der gallischen Reiter, den Feinden verraten. (3) Die Helvetier änderten daraufhin ihren Plan, bogen ebenfalls ab und begannen, unsere Nachhut zu verfolgen und zum Kampf zu reizen. Möglicherweise glaubten sie, die Römer hätten aus Furcht vor ihnen die Verfolgung aufgegeben, um so mehr, als sie es am Vortag nicht zum Kampf hatten kommen lassen, obwohl sie den Berg besetzt hielten. Vielleicht auch hofften sie, das römische Heer vom Getreidenachschub abschneiden zu können.

24 (1) Als Caesar dies bemerkte, führte er seine Truppen auf die nächstgelegene Anhöhe und entsandte die Reiterei[57], um die feindlichen Angriffe aufzuhalten, (2) während er selbst auf halber Höhe des Hügels aus vier Veteranenlegionen[58] eine dreifache Schlachtordnung[59] aufstellte. (3) Die zwei Legionen, die er kürzlich im diesseitigen Gallien ausgehoben hatte, sowie die gesamten Hilfstruppen[60] stellte er auf dem Kamm des Hügels auf, so daß oberhalb von ihm die ganze Anhöhe mit Soldaten besetzt war. In der Zwischenzeit ließ er das Gepäck[61] an einen Ort bringen und diesen von den Angehörigen der zwei Legionen, die er oben aufgestellt hatte, befestigen. (4) Auch die Helvetier, die mit allen Wagen folgten, zogen den hinderlichen Troß an einer Stelle zusammen. (5) In dichtgeschlossenen Reihen warfen sie unsere Reiter zurück, bildeten eine Phalanx[62] und rückten gegen unsere erste Schlachtreihe vor.

25 (1) Caesar ließ zunächst sein Pferd, dann alle anderen außer Sichtweite bringen, damit die Gefahr für alle gleich sei und niemand an Flucht denken könne.[63] Nach anfeuernden Worten an seine Soldaten eröffnete er den Kampf. (2) Die Soldaten, die an erhöhter Stelle standen, durchbrachen mühelos mit ihren Wurfspießen[64] die Phalanx der Feinde. Als diese in Auflösung geraten war, griffen sie die Feinde mit gezogenem Schwert an.[65] (3) Für die Gallier bedeutete es im Kampf ein schweres Hindernis, daß durch einen Wurfspieß mehrere ihrer Schilde[66] auf einmal durchbohrt wurden und dann aneinanderhingen. Da sich das Eisen verbog, konnten sie sie weder herausziehen noch ungehindert kämpfen, weil sie ihren linken Arm nicht mehr gebrauchen konnten. (4) Daher zogen es viele vor, nachdem sie ihren Arm hin und her geschüttelt hatten, die Schilde loszulassen und mit ungeschütztem Körper zu kämpfen. (5) Da ihre Kraft durch zahlreiche Verwundungen schließlich nachließ, begannen sie zu weichen und sich auf eine Anhöhe zurückzuziehen, die etwa eine Meile entfernt war. (6) Als sie die Anhöhe besetzt hatten und unsere Soldaten nachrückten, griffen etwa 15 000 Boier und Tulinger, die das helvetische Heer beschlossen und die letzten des Zuges beschützten, unsere Soldaten unmittelbar vom Marsch aus von ihrer offenen Flanke her an und versuchten, sie einzukreisen. Sobald dies die Helvetier, die sich schon auf die Anhöhe zurückgezogen hatten, bemerkten, begannen sie, von neuem Widerstand zu leisten und den Kampf aufzunehmen. (7) Die Römer drehten ihre Feldzeichen um und kämpften nun nach zwei Seiten: die erste und zweite Schlachtreihe wandte sich gegen die, die sich nach ihrer Niederlage schon auf dem Rückzug befunden hatten, die dritte leistete den neuen Angreifern Widerstand.

26 (1) So wurde lange und heftig nach zwei Seiten gekämpft. Als die Helvetier jedoch dem Ansturm unserer Soldaten nicht länger standhalten konnten, zog sich ein Teil wie zuvor auf die Anhöhe zurück, die anderen wandten sich zum Troß und zu den Wagen. (2) Obwohl nämlich der Kampf von der siebten Stunde bis zum Abend[67] andauerte, konnte man während der ganzen Schlacht nicht einen Feind beobachten, der die Flucht ergriffen hätte. (3) Bis in die tiefe Nacht hinein wurde sogar beim Troß gekämpft, denn hier hatten sie die Wagen als Schutzwehr aufgestellt, so daß sie von erhöhter Stelle aus ihre Wurfgeschosse gegen unsere angreifenden Soldaten schleudern konnten. Einige warfen aus ihren Stellungen zwischen den Wagen und Rädern sogar von unten herauf Speere und Spieße und verwundeten unsere Soldaten. (4) Diese eroberten jedoch schließlich nach langem Kampf den Troß und die Wagenburg. Sie nahmen dabei die Tochter des Orgetorix und einen seiner Söhne gefangen. (5) Etwa 130 000 Menschen überlebten diese Schlacht und setzten ihren Marsch die ganze Nacht hindurch fort. Am vierten Tag kamen sie in das Gebiet der Lingonen[68], ohne den Zug auch nachts nur einmal unterbrochen zu haben. Unsere Soldaten hatten ihnen nicht folgen können, weil sie drei Tage brauchten, um die Verwundeten zu versorgen und die Toten zu begraben. (6) Caesar schickte jedoch Boten mit Briefen an die Lingonen und warnte sie davor, die Helvetier mit Getreide und anderen Dingen zu unterstützen, denn wenn sie ihnen Hilfe leisteten, werde er sie genauso wie die Helvetier behandeln. Nach drei Tagen setzte er sich wieder mit allen Truppen gegen die Helvetier in Marsch.

27 (1) Der Mangel an allem Notwendigen veranlaßte schließlich die Helvetier, Gesandte an Caesar zu schicken, um über eine Kapitulation zu verhandeln. (2) Als sie unterwegs auf ihn stießen, warfen sie sich ihm zu Füßen und baten demütig und unter Tränen um Frieden. Dann leisteten sie seinem Befehl Folge, dort, wo sie sich gerade befänden, auf ihn zu warten. (3) Nachdem Caesar angelangt war, forderte er die Stellung von Geiseln und die Auslieferung von Waffen, Sklaven und Überläufern. (4) Während die Helvetier dies alles noch sammelten und zusammensuchten, brach die Nacht herein. Da verließen in den ersten Nachtstunden etwa 6000 Menschen aus dem Stamm der Verbigener das Lager der Helvetier und strebten eilig zum Rhein, um in das Gebiet der Germanen zu gelangen. Vielleicht hatte sie Furcht davor erfaßt, daß sie nach der Übergabe der Waffen ums Leben gebracht würden, vielleicht auch hofften sie, sich retten zu können, in dem Glauben, daß in einer so großen Menge von Kapitulanten ihre Flucht verborgen bleiben oder gar nicht bemerkt werden könne.

28 (1) Sobald Caesar jedoch davon erfuhr, verlangte er von den Stämmen, durch deren Gebiet die Verbigener gezogen waren, diese zu suchen und zurückzubringen, wenn sie dem Vorwurf der Beihilfe entgehen wollten. Als die Verbigener zurückgebracht wurden, behandelte er sie wie Feinde,[69] (2) während er die Kapitulation aller übrigen annahm, nachdem sie Geiseln, Waffen und Überläufer ausgeliefert hatten. (3) Dann erließ er den Befehl, daß die Helvetier, Tulinger und Latobriger in das Gebiet zurückkehren sollten, das sie verlassen hatten, und ordnete an, daß die Allobroger sie mit Getreide versorgten, da die Helvetier nach Verlust ihrer Vorräte in der Heimat nichts vorfänden, womit sie ihren Hunger stillen könnten. Zugleich sollten sie die Städte und Dörfer, die sie verbrannt hatten, wieder aufbauen. (4) Caesar ging dabei vor allem von folgender Überlegung aus: Man müsse verhindern, daß die Gebiete, die die Helvetier verlassen hatten, wüst blieben, und so den Germanen, die jenseits des Rheins leben, wegen der Güte des Bodens einen Anreiz böten, aus ihrem Gebiet in das der Helvetier hinüberzuziehen. Damit wären sie Grenznachbarn der Provinz Gallien und der Allobroger. (5) Als die Haeduer darum baten, die Boier[70], die ihrer hervorragenden Tapferkeit wegen bekannt waren, in ihrem Gebiet anzusiedeln, gab Caesar seine Zustimmung. Die Haeduer wiesen ihnen Land zu und verliehen ihnen einige Zeit später die gleiche freie Rechtsstellung, die ihre eigenen Bürger besaßen.

29 (1) Im Lager der Helvetier fand man Tafeln in griechischer Schrift,[71] die Caesar übergeben wurden. Sie enthielten eine namentliche Aufstellung und die Zahl derer, die aus der Heimat ausgezogen waren, und zwar getrennt nach Waffenfähigen und ebenso nach Knaben, Frauen und

Greisen. (2) Zusammen ergab das eine Zahl von 263 000 Helvetiern, 36 000 Tulingern, 14 000 Latobrigern, 23 000 Rauracern, 32 000 Boiern; wehrfähig waren davon 92 000. (3) Im ganzen belief sich die Zahl auf 368 000. Nachdem auf Anordnung Caesars eine Volkszählung bei denen durchgeführt worden war, die nach Hause zurückkehrten, ergab sich eine Zahl von 110 000.[72]

30 (1) Nach Beendigung des Krieges gegen die Helvetier kamen aus fast ganz Gallien die führenden Männer der einzelnen Stämme als Gesandte zu Caesar, um ihm Glück zu wünschen: (2) Es sei ihnen klar, daß die Strafe, die Caesar in diesem Krieg an den Helvetiern vollzogen habe, zwar in erster Linie auf die früheren Vergehen der Helvetier gegen das römische Volk zurückgegangen sei, daß sie dennoch nicht weniger im Interesse Galliens als des römischen Volkes gelegen habe. (3) Denn trotz hervorragender Lebensbedingungen hätten die Helvetier ihre Heimat mit dem Plan verlassen, ganz Gallien mit Krieg zu überziehen und es unter ihre Herrschaft zu bringen. Sie hätten beabsichtigt, sich danach aus dem weiten gallischen Gebiet den Platz zum Wohnsitz auszuwählen, der ihnen in ganz Gallien am günstigsten und fruchtbarsten schien. In der Folge hätten sie dann die übrigen Stämme tributpflichtig gemacht. (4) Die Gesandten sprachen die Bitte aus, daß mit dem Einverständnis Caesars eine Versammlung aus Vertretern ganz Galliens[73] zu einem bestimmten Termin einberufen werde. Sie hätten einige Anliegen, die sie ihm nach gemeinsamer Absprache vortragen wollten. (5) Caesar willigte ein. Sie setzten einen Termin für die Versammlung fest und verpflichteten sich untereinander durch einen Eid, daß keiner von ihnen etwas verlauten lasse, wenn er nicht auf gemeinsame Absprache hin dazu ermächtigt werde.

31 (1) Als die geplante Versammlung stattgefunden hatte, kamen die gleichen führenden Männer, die Caesar vorher aufgesucht hatten, noch einmal zu ihm und baten um eine geheime Unterredung an einem verborgenen Ort: Sie sollte ihr und ihrer Stämme Schicksal zum Gegenstand haben. (2) Als Caesar sich einverstanden erklärte, warfen sie sich ihm alle weinend zu Füßen: Sie setzten alles daran, daß das, was sie ihm zu berichten im Begriffe seien, nicht an die Öffentlichkeit dringe. Dies sei ihnen nicht weniger wichtig, als von Caesar zu erreichen, daß er auf ihre Wünsche eingehe. Denn wenn etwas verraten werde, sähen sie sich schon alle zu Tode gefoltert. (3) Der Haeduer Diviciacus übernahm es, für die Gallier zu sprechen: Es gebe zwei Parteien in ganz Gallien. Die eine werde von den Haeduern angeführt, die andere von den Arvernern[74]. (4) Nachdem beide viele Jahre lang erbittert um die Vorherrschaft gestritten hätten, sei es dahin gekommen, daß die Arverner und die Sequaner germanische Söldner angeworben hätten. Zunächst seien etwa 15 000 über den Rhein gekommen. (5) Als sich jedoch diese wilden und barbarischen Menschen an die Vorzüge des fruchtbaren gallischen Landes, die Lebensweise und den dort herrschenden Reichtum gewöhnt hätten, seien noch mehr Stammesgenossen über den Rhein geholt worden. Gegenwärtig befänden sich daher in Gallien schon etwa 120 000 Germanen. (6) Die Haeduer und die Stämme, die unter ihrem Schutz stünden, seien gezwungen gewesen, ständig mit ihnen zu kämpfen. Sie seien ihnen jedoch unterlegen, hätten große Verluste hinnehmen müssen und Adel, Senat[75] und Reiterei völlig eingebüßt. (7) Da ihre Kraft durch die dauernden Kämpfe und Verluste gebrochen sei, habe man sie zwingen können, die Vornehmsten ihres Stammes den Sequanern als Geiseln zu stellen, obwohl sie doch auf Grund ihrer Tapferkeit und ihrer freundschaftlichen Verbindung[76] zum römischen Volk vorher in Gallien den größten Einfluß besessen hätten. Zugleich habe sich der Stamm durch einen Eid verpflichten müssen, weder die Geiseln zurückzufordern, noch das römische Volk um Unterstützung anzugehen, noch abzulehnen, auf die Dauer unter ihrer Herrschaft und in ihrer Gewalt zu bleiben. (8) Er sei der einzige aus dem ganzen Stamm der Haeduer, den sie nicht dazu hätten bringen können, den Eid zu leisten oder seine Kinder als Geiseln auszuliefern. (9) Daher sei er aus seinem Stammesgebiet geflohen und nach Rom zum Senat gekommen, um Unterstützung zu fordern,[77] da er allein weder durch einen Eid noch durch Geiseln gebunden sei. (10) Den siegreichen Sequanern sei jedoch noch Schlimmeres zugestoßen als den besiegten Haeduern, denn Ariovist,[78] der König der Germanen, habe sich in ihrem Land niedergelassen und ein Drittel des Gebietes besetzt, das fruchtbarste in ganz Gallien. Nun habe er angeordnet, daß die Sequaner noch ein weiteres Drittel aufgäben, weil vor wenigen Monaten 24 000 Haruden[79] zu ihm gekommen seien, für die er Land und Wohnsitze beschaffen müsse. (11) In wenigen Jahren werde es dahin kommen, daß sie alle aus dem gallischen Gebiet vertrieben würden, während die Germanen alle über den Rhein kämen. Das Land der Germanen sei nämlich mit dem der Gallier überhaupt nicht zu vergleichen, ebensowenig wie die gallische Lebensweise mit der germanischen. (12) Nachdem Ariovist jedoch einmal die Gallier in der Schlacht bei Magetobriga[80] geschlagen habe, regiere er selbstherrlich und grausam, fordere die Kinder des höchsten Adels als Geiseln und strafe und foltere sie auf jede Weise, wenn etwas nicht nach seinem Wink und Willen geschehe. (13) Er sei ein jähzorniger und unberechenbarer Barbar[81], sie könnten die Art seiner Herrschaft nicht länger ertragen. (14) Wenn die Gallier bei Caesar und dem römischen Volk keine Unterstützung fänden, bliebe ihnen allen nur dasselbe übrig wie den Helvetiern, nämlich auszuwandern, um fern von den Germanen eine neue Heimat und neue Wohnsitze zu finden, und so ihr Glück zu versuchen, wie auch immer ihr Vorhaben ausgehen werde. (15) Es bestehe jedoch kein Zweifel daran, daß Ariovist, falls man ihm dies verrate, alle Geiseln, die er in seiner Gewalt habe, hinrichten lassen werde. (16) Caesar aber könne durch das große Ansehen, das er selbst und sein Heer genieße, durch den kürzlich von ihm errungenen Sieg und den Ruf des römischen Volkes die Germanen so in Furcht versetzen, daß sie nicht noch eine größere Zahl Menschen über den Rhein brächten. Er sei in der Lage, ganz Gallien vor den Verbrechen Ariovists zu schützen.

32 (1) Im Anschluß an die Rede des Diviciacus begannen alle Anwesenden, Caesar unter vielen Tränen um Unterstützung zu bitten. (2) Caesar bemerkte jedoch, daß die Sequaner als einzige sich nicht so verhielten wie die anderen, sondern mit gesenktem Kopf zu Boden blickten. Verwundert fragte er sie, was der Grund sei. (3) Die Sequaner antworteten nicht, sondern verharrten schweigend in der gleichen Traurigkeit. Als er jedoch darauf bestand, sie um Auskunft zu bitten, freilich nicht einen zum Sprechen bringen konnte, antwortete schließlich wieder der Haeduer Diviciacus: (4) Das Schicksal der Sequaner sei noch unglücklicher und bedrückender als das der übrigen. Sie allein wagten nicht einmal insgeheim, Klage zu erheben und um Unterstützung zu bitten, weil sie die Grausamkeit Ariovists hier, wo er abwesend sei, genauso fürchteten, wie wenn er in aller Öffentlichkeit dabei wäre. (5) Denn während die übrigen wenigstens die Möglichkeit zur Flucht hätten, müßten sie alle Greueltaten Ariovists aushalten, da sie ihn in ihr Gebiet aufgenommen hätten und sich ihre Städte alle in seiner Gewalt befänden.

33 (1) Nachdem Caesar dies erfahren hatte, sprach er den Galliern Mut zu und gab die Zusage, sich mit dieser Angelegenheit zu befassen. Er habe begründete Hoffnung, daß Ariovist sich mit Rücksicht auf Caesars früheres Entgegenkommen[82] und sein Ansehen von weiteren Übergriffen abbringen lasse. (2) Mit diesen Worten entließ er die Versammlung. Es gab zudem in dieser Angelegenheit gewichtige Gründe, die es ihm ratsam erscheinen ließen, darüber nachzudenken und etwas zu unternehmen, vor allem, weil er sah, daß die Haeduer, die der Senat zu wiederholten Malen als Brüder und Verwandte[83] bezeichnet hatte, Gewaltherrschaft und Sklaverei durch die Germanen erdulden mußten, und weil er sich vor Augen stellte, daß sich ihre Geiseln bei Ariovist und den Sequanern befanden. In Anbetracht der Größe der Herrschaft des römischen Volkes erachtete Caesar dies nicht nur für seine Person, sondern auch für den Staat als äußerst unwürdig. (3) Er sah voraus, daß sich die Germanen allmählich daran gewöhnen würden, den Rhein zu überschreiten, und daß es eine Gefahr für das römische Volk bedeuten werde, wenn eine große Anzahl von ihnen nach Gallien käme. (4) Wenn sie erst einmal ganz Gallien besetzt hätten, so glaubte er, hielte diese wilden und barbarischen Menschen nichts ab, wie zuvor die Cimbern und Teutonen[84] in die Provinz einzufallen und von dort weiter nach Italien zu ziehen, zumal nur die Rhône die Grenze zwischen dem Gebiet der Sequaner und unserer Provinz bildete. Caesar glaubte, daß man dieser Entwicklung so schnell wie möglich entgegentreten müsse. (5) Ariovist selbst hatte ihm gegenüber einen derartigen Hochmut und eine derartige Anmaßung an den Tag gelegt, daß ihm dies nicht länger erträglich schien.

34 (1) Daher beschloß er, Gesandte an Ariovist zu schikken, die ihn auffordern sollten, einen Ort für eine Unterredung auszuwählen, der von beiden Lagern gleich weit entfernt sei: Caesar erklärte seine Absicht, mit ihm über Staatsangelegenheiten und für sie beide höchst wichtige Dinge zu verhandeln. (2) Die Antwort Ariovists an die Gesandtschaft lautete: Wenn er selbst etwas von Caesar wollte, würde er zu ihm kommen; wenn Caesar dagegen Wünsche an ihn habe, müsse er schon zu ihm kommen. (3) Außerdem wage er nicht, ohne Heer in den von Caesar besetzten Teil Galliens zu kommen, andererseits

sei es ihm jedoch unmöglich, sein Heer ohne große Schwierigkeiten für den Nachschub an einem Ort zusammenzuziehen. (4) Es sei ihm zudem unklar, was Caesar oder gar das römische Volk in Gallien, das er besiegt und in seinen Besitz gebracht habe, zu schaffen hätten.

35 (1) Auf diese Erwiderung hin schickte Caesar noch einmal Gesandte an Ariovist, um ihm folgendes mitzuteilen: (2) Wenn er, der von ihm und dem römischen Volk soviel Auszeichnung erfahren habe, da er unter seinem Consulat vom Senat mit dem Titel Freund und König[85] geehrt worden sei, nun ihm und dem römischen Volk so seinen Dank erstatte, daß er einer Einladung zu einem Gespräch Schwierigkeiten entgegensetze und glaube, man brauche über gemeinsame Probleme weder zu reden noch sie überhaupt kennenzulernen, dann stelle er an ihn folgende Forderungen: (3) Erstens, daß er nicht noch eine größere Zahl von Menschen über den Rhein nach Gallien bringe, zweitens, daß er die Geiseln, die ihm die Haeduer gestellt hätten, zurückgebe und den Sequanern gestatte, mit seinem Einverständnis auch ihre Geiseln den Haeduern zurückzugeben. Endlich solle er die Haeduer nicht durch Übergriffe provozieren und sie oder ihre Bundesgenossen angreifen. (4) Wenn Ariovist sich danach richte, werde er selbst und das römische Volk ihm dauernde Freundschaft und Dankbarkeit bewahren. Gehe er jedoch nicht auf seine Forderungen ein, werde er, Caesar, Übergriffe gegen die Haeduer nicht zulassen, da unter dem Consulat des M. Messalla und M. Piso[86] ein Senatsbeschluß gefaßt worden sei, daß jeder, der die Provinz Gallien verwalte, die Haeduer und die übrigen Freunde des römischen Volkes verteidigen solle, soweit er das mit dem Staatsinteresse vereinbaren könne.

36 (1) Hierauf ließ Ariovist erwidern, es sei Kriegsrecht, daß die Sieger den Besiegten befehlen könnten, was auch immer sie wollten. Genauso sei auch das römische Volk gewöhnt, sich bei Ansprüchen an Besiegte nicht nach Vor-

schriften von dritter Seite zu richten, sondern nach seinem eigenen Gutdünken zu handeln. (2) Wenn er selbst dem römischen Volk nicht vorschreibe, wie es nach seinem eigenen Recht verfahren müsse, dürfe das römische Volk auch ihn nicht im Gebrauch seines Rechts einschränken. (3) Da die Haeduer es auf einen Krieg hätten ankommen lassen, nach kriegerischen Auseinandersetzungen jedoch von ihm besiegt worden seien, habe er sie tributpflichtig gemacht. (4) Caesar habe ein schweres Unrecht begangen, als er ihm durch seine Ankunft in Gallien den Steuerertrag geschmälert habe. (5) Er werde den Haeduern die Geiseln nicht zurückgeben, er werde sie und ihre Bundesgenossen jedoch auch nicht widerrechtlich angreifen, wenn sie sich an das hielten, was sie mit ihm vereinbart hätten, und jährlich ihren Tribut zahlten. Sollten sie dies jedoch nicht tun, werde das Brudervolk Rom für sie zu weit entfernt sein. (6) Was die Tatsache angehe, daß Caesar betont habe, er werde Übergriffe gegen die Haeduer nicht hinnehmen, so habe sich noch nie jemand mit ihm auf einen Kampf eingelassen, ohne dabei in sein Verderben zu stürzen. (7) Wenn Caesar wolle, solle er angreifen; er werde sehen, was die nie besiegten, in höchstem Maße waffenerprobten Germanen, die vierzehn Jahre lang kein Dach über dem Kopf gehabt hätten, mit ihrer Tapferkeit zu leisten vermöchten.

37 (1) Zur gleichen Zeit, als Caesar diese Antwort erhielt, kamen Gesandte von den Haeduern und Treverern[87] an: (2) Die Haeduer erhoben Klage, daß die Haruden, die kürzlich nach Gallien gebracht worden wären, ihr Gebiet verwüsteten. Nicht einmal durch die Stellung von Geiseln hätten sie von Ariovist Frieden erkaufen können. (3) Die Treverer berichteten, am Ufer des Rheins hätten sich die Einwohner von 100 suebischen[88] Gauen versammelt, die unter der Führung der Brüder Nasua und Cimberius versuchten, den Rhein zu überschreiten. (4) Da diese Berichte Caesar aufs äußerste beunruhigten,

glaubte er, schnell handeln zu müssen, damit der Widerstand gegen Ariovist nicht dadurch erschwert würde, daß sich vorher noch eine neue Gruppe von Sueben mit den alten Truppen Ariovists vereinigt hätte. (5) Daher regelte er, so schnell er konnte, die Getreideversorgung und setzte sich in Eile gegen Ariovist in Marsch.

38 (1) Nach drei Tagen Wegs wurde ihm gemeldet, Ariovist habe sich schon drei Tagesmärsche von seinem Gebiet entfernt und rücke mit allen seinen Truppen gegen die größte Stadt der Sequaner, Vesontio,[89] vor, um sie zu besetzen. (2) Caesar war der Ansicht, dies mit allen Mitteln verhindern zu müssen, (3) da in der Stadt ausgezeichnete Möglichkeiten bestanden, sich mit allem für einen Krieg Notwendigen zu versorgen. (4) Sie lag zudem strategisch so geschützt, daß sie eine gute Gelegenheit bot, den Krieg hinzuziehen. Denn fast die ganze Stadt umschloß kreisförmig der Fluß Dubis[90], (5) und an der Stelle, die der Flußlauf offenließ und die nicht breiter als 1 600 Fuß war, befand sich ein sehr hoher Berg,[91] dessen Ausläufer auf jeder Seite an die Flußufer stießen. (6) Eine Mauer umschloß ihn und machte ihn so zu einer Festung, die mit der Stadt verbunden war. (7) In ausgedehnten Eilmärschen[92] zog Caesar bei Tag und Nacht hierher, nahm die Stadt ein und legte eine Besatzung hinein.

39 (1) Während Caesar sich wenige Tage bei Vesontio aufhielt, um die Getreideversorgung und den Nachschub zu regeln, ergriff das ganze Heer plötzlich ein solcher Schrecken, daß die Gemüter aller nicht wenig in Panik gerieten. Dies ging auf Erkundigungen, die unser Heer eingezogen hatte, und Äußerungen der Gallier und Händler[93] zurück. Sie erklärten beharrlich, die Germanen seien von ungeheurer Körpergröße,[94] unglaublich tapfer und waffenerprobt, und wenn sie mit ihnen des öfteren zusammengestoßen seien, hätten sie nicht einmal die Mienen und den scharfen Blick ihrer Augen aushalten können. (2) Die Furcht ergriff zuerst die Militärtribunen[95],

Praefecten[96] und die Kriegsteilnehmer, die Caesar aus Freundschaft von Rom gefolgt waren und keine große Kriegserfahrung besaßen.[97] (3) Der eine von ihnen brachte diesen, der andere jenen Grund vor, der ihn angeblich zwang aufzubrechen, und bat um die Einwilligung Caesars, abreisen zu dürfen. Die Scham jedoch veranlaßte einige, zurückzubleiben, um nicht in den Verdacht der Furchtsamkeit zu geraten. (4) Es war ihnen allerdings unmöglich, ihre Mienen zu verstellen, und bisweilen konnten sie ihre Tränen nicht zurückhalten. Sie zogen sich daher in ihre Zelte zurück und beklagten ihr persönliches Schicksal oder jammerten mit Freunden über die gemeinsame Gefahr. Im ganzen Lager wurden allgemein Testamente verfaßt. (5) Allmählich verwirrten sie mit ihrem Reden und ihrer Furcht auch die, die schon lange an den Kriegsdienst gewöhnt waren: Soldaten, Centurionen[98] und Anführer der Reiterei. (6) Wer unter diesen nicht als furchtsam gelten wollte, sprach davon, daß er zwar vor dem Feind keine Furcht habe, wohl aber vor der engen Wegstrecke und den weiten Wäldern, die zwischen uns und Ariovist lagen, oder daß er fürchte, der Getreidenachschub könne nicht zufriedenstellend aufrechterhalten werden. (7) Eine dritte Gruppe meldete Caesar sogar, wenn er den Befehl gäbe, das Lager abzubrechen und den Marsch anzutreten, würden die Soldaten aus Furcht seinen Befehl mißachten und nicht abmarschieren.

40 (1) Als Caesar die Lage erkannt hatte, berief er den Kriegsrat ein und zog die Centurionen aller Einheiten hinzu. Hier erhob er schwere Vorwürfe: Erstens darüber, daß sie glaubten, es sei ihre Aufgabe, Überlegungen darüber anzustellen, wohin und nach welchem strategischen Plan sie geführt würden. (2) Unter seinem Consulat habe sich Ariovist außerordentlich eifrig um die Freundschaft des römischen Volkes bemüht. Wie könne man glauben, er werde sich so leichtfertig von dieser eingegangenen Bindung lösen? (3) Er, Caesar, sei überzeugt davon, daß

Ariovist nicht auf das Wohlwollen, das er bei ihm und dem römischen Volk genieße, verzichten werde, wenn er seine Forderungen zur Kenntnis genommen und eingesehen habe, wie berechtigt seine Vorschläge seien. (4) Wenn er dagegen in blinder Wut Krieg angefangen habe, warum sollten sie ihn dann fürchten? Oder warum sollten sie dann nicht vielmehr auf ihre Tapferkeit und seine sorgfältige Planung vertrauen? (5) Als zur Zeit unserer Väter von diesem Feind Gefahr drohte, habe das Heer nach C. Marius'[99] Sieg über die Cimbern und Teutonen offenbar nicht weniger Lob verdient als der Feldherr; dasselbe habe sich erst vor kurzer Zeit bei dem Sklavenkrieg in Italien ereignet,[100] als den Sklaven zunächst nichts anderes als die Übung und die Disziplin, die sie von uns gelernt hätten, zu Hilfe gekommen seien, (6) woraus man sehen könnte, wie wichtig die Kraft zum Durchhalten sei. Denn obwohl die unbewaffneten Sklaven die Römer einige Zeit völlig unbegründet in Furcht versetzt hätten, seien sie später besiegt worden, als sie bewaffnet gewesen seien und schon siegreiche Gefechte hinter sich gehabt hätten. (7) Schließlich seien dies dieselben Germanen, mit denen die Helvetier wiederholt gekämpft und die sie nicht nur meistens in ihrem eigenen, sondern auch in germanischem Gebiet geschlagen hätten. Dennoch seien die Helvetier unserem Heer nicht gewachsen gewesen. (8) Wenn jemanden die Niederlage und die Flucht der Gallier beunruhige, könne er bei näherer Untersuchung herausfinden, daß Ariovist sie besiegt habe, als sie durch die lange Dauer des Krieges schon erschöpft gewesen seien: Da er sich viele Monate lang in seinem Lager und in den Sümpfen festgesetzt und ihnen keine Gelegenheit zum Kampf gegeben habe, hätten sie schließlich den Gedanken daran aufgegeben und sich zerstreut. Da plötzlich habe er sie angegriffen und mehr auf Grund eines wohldurchdachten Plans als auf Grund seiner Tapferkeit besiegt. (9) Wenn dieses Vorgehen auch bei unerfahrenen Barbaren angebracht gewesen sei, so könne nicht einmal Ariovist hoffen, unsere Heere auf diese Art überlisten zu können. (10) Wer dagegen seine Furcht unter dem Vorwand der Sorge um den Getreidenachschub oder die schlechten Wegverhältnisse verberge, handle anmaßend, denn er mißtraue entweder der Pflichterfüllung seines Feldherrn oder wage es, ihm Vorschriften zu machen. (11) Dies sei seine Sorge. Die Sequaner, Leucer[101] und Lingonen hülfen mit Getreide aus, zudem sei das Korn auf den Feldern schon reif; über die Wegstrecke könnten sie sich bald selbst ein Urteil bilden. (12) Was sie über die Weigerung der Soldaten, ihm zu gehorchen und abzumarschieren, sagten, beunruhige ihn nicht, denn wenn jemals ein Heer den Gehorsam verweigert habe, so habe das, wie er wisse, daran gelegen, daß den Feldherrn nach einer Niederlage das Glück verlassen habe oder daß er nach Entdeckung eines Verbrechens der Habsucht überführt worden sei. (13) Seine eigene Lauterkeit sei jedoch an seinem ganzen Leben, sein Glück am Krieg gegen die Helvetier abzulesen. (14) Daher werde er das, was er ursprünglich auf einen späteren Termin habe verschieben wollen, sofort ausführen und in der folgenden Nacht um die vierte Wache abmarschieren, um so schnell wie möglich zu sehen, ob bei ihnen Scham- und Pflichtgefühl oder Furcht die Oberhand behalte. (15) Sollte aber der Fall eintreten, daß ihm niemand folge, so werde er eben mit der 10. Legion allein aufbrechen, denn bei ihr sei er sich völlig sicher. Er werde sie zu seiner persönlichen Schutztruppe machen. Mit dieser Legion verband Caesar besonders viel; auf Grund ihrer Tapferkeit setzte er das größte Vertrauen in sie.[102]

41 (1) Diese Rede bewirkte bei allen eine erstaunliche Sinneswandlung und erfüllte sie mit höchstem Tatendrang und Kampfeseifer. (2) Vor allen anderen ließ ihm die 10. Legion durch ihre Militärtribunen danken, daß er ein so gutes Urteil über sie abgegeben habe, und bekräftigte, sie stehe ihm für den Krieg voll zur Verfügung. (3) Nach ihr besprachen sich auch die übrigen Legionen mit ihren Militärtribunen und ranghöchsten Centurionen und ließen sich bei Caesar entschuldigen: Niemals habe sie Furcht oder Zweifel befallen, und sie seien immer der Ansicht gewesen, das Urteil über die Kriegführung stehe Caesar und nicht ihnen zu. (4) Caesar nahm ihre Entschuldigung an. Da er von den Galliern zu Diviciacus das größte Vertrauen hatte, ließ er ihn einen Weg ausfindig machen, auf dem er das Heer mit einem Umweg von mehr als 50 Meilen durch offenes Gelände führen konnte. (5) Dann brach er, wie angekündigt, um die 4. Nachtwache auf. Nach einem ununterbrochenen Marsch von sechs Tagen erhielt er am siebten von Kundschaftern die Nachricht, die Truppen Ariovists seien noch 24 Meilen von unserem Heer entfernt.

42 (1) Als Ariovist von Caesars Ankunft erfuhr, schickte er Gesandte zu ihm: Er sei einverstanden damit, daß das Gespräch stattfinde, das Caesar vorher verlangt habe, da Caesar näher herangekommen sei und er daher ohne Bedenken darauf eingehen zu können glaube. (2) Caesar wies diesen Vorschlag nicht zurück und glaubte schon, Ariovist sei wieder zur Vernunft gekommen, da er jetzt von sich aus vorschlug, was er vorher, als Caesar darum bat, abgelehnt hatte. (3) Er hoffte sehr, daß Ariovist mit Rücksicht auf das Entgegenkommen, das er von Caesar und dem römischen Volk erfahren hatte, von seiner starren Haltung abrücken werde, wenn er erst einmal seine Forderungen zur Kenntnis genommen hätte. Als Termin für die Unterredung wurde der fünfte Tag nach dieser Vereinbarung festgesetzt. (4) Über die Gesandtschaften, die in der Zwischenzeit wiederholt zwischen ihnen hin und her gingen, forderte Ariovist, daß Caesar zu der Unterredung keine Fußtruppen mitbringe, da er fürchte, daß Caesar ihn durch ein Täuschungsmanöver überlisten wolle. Jeder solle in Begleitung von Reitern erscheinen; andernfalls werde er nicht kommen. (5) Da Caesar die Unterredung nicht an dieser zusätzlich gestellten Bedingung scheitern lassen wollte, jedoch nicht wagte, sein Schicksal den gallischen Reitern anzuvertrauen, hielt er es für das geeignetste, allen gallischen Reitern die Pferde zu nehmen und sie von den Legionären der 10. Legion, zu der er am meisten Zutrauen hatte, reiten zu lassen, um so für den Notfall seine ergebensten Soldaten als Schutz bei sich zu haben. (6) Als dies so ausgeführt wurde, bemerkte ein Soldat der 10. Legion nicht ohne Witz, Caesar verschaffe ihm mehr, als er versprochen habe: Mit der Zusage, die 10. Legion zu seiner persönlichen Schutztruppe zu machen, erhebe er sie sogar in den Ritterstand.[103]

43 (1) Es gab dort ein weites, ebenes Gelände, auf dem sich eine recht große Anhöhe befand. Sie lag etwa gleich weit von Ariovists und Caesars Lager entfernt. (2) Dorthin kamen die beiden, wie vereinbart, zur Unterredung. Caesar ließ die Legion, die ihn zu Pferde begleitet hatte, 200 Schritt von der Anhöhe entfernt halten. In gleicher Entfernung stellten sich die Reiter Ariovists auf (3) Ariovist verlangte jedoch, daß sie in Begleitung von je zehn Soldaten die Unterredung vom Pferd aus führten. (4) Als beide angelangt waren, erinnerte Caesar zu Beginn seiner Rede an die Gunstbeweise, die Ariovist von ihm und dem Senat erhalten habe, insofern als ihn der Senat mit dem Königs- und Freundestitel ausgezeichnet und großzügig beschenkt habe. Er legte dar, daß dies bisher nur wenigen zuteil geworden sei und gewöhnlich für große Verdienste verliehen werde. (5) Ariovist habe diese Ehrungen allein dem Entgegenkommen und der Großzügigkeit des Senats und seiner selbst zu verdanken, denn er habe weder einen Anlaß dazu gegeben, noch habe er sie aus einem vertretbaren Grund verlangen können. (6) Caesar fuhr fort, daß andererseits die von alters her bestehenden und zu Recht engen Beziehungen zwischen Rom und den Haeduern zu berücksichtigen seien, und legte dar, (7) daß der Senat wiederholt äußerst ehrenvolle Entscheidungen zugunsten der Haeduer getroffen habe, daß sie zudem die Herrschaft über ganz Gallien längst besessen hätten, ehe sie um einen Freundschaftsvertrag mit dem römischen Volk gebeten hätten. (8) Die Politik des römischen Volkes bestehe gewöhnlich darin, für seine Bundesgenossen und Freunde keinen Nachteil entstehen zu lassen, sondern ihren Einfluß, ihre Würde und ihre Ehre zu vermehren. Wer könne also zulassen, daß ihnen entrissen werde, was sie zu Beginn der Freundschaft mit dem römischen Volk besessen hätten? (9) Darauf stellte Caesar dieselben Forderungen, die er durch die Gesandten hatte übermitteln lassen: Ariovist solle weder die Haeduer noch ihre Bundesgenossen angreifen, er solle die Geiseln zurückgeben, und wenn er schon keine Germanen in die Heimat zurückschicken könne, so solle er nicht zulassen, daß weitere den Rhein überschritten.

44 (1) Ariovist erwiderte nur kurz auf diese Forderungen Caesars, hob dagegen seine eigenen Leistungen hervor: (2) Er sei nicht aus eigenem Antrieb über den Rhein gekommen, sondern die Gallier hätten ihn darum gebeten und ihn herbeigeholt; er habe die Heimat und seine Freunde auf Grund bedeutender Geldleistungen der Gallier und mit hochgespannten Erwartungen verlassen. Die Gallier selbst hätten seinem Stamm Wohnsitze überlassen und freiwillig Geiseln gestellt; nach Kriegsrecht verlange er Tribut, den die Sieger in der Regel den Besiegten auferlegten. (3) Nicht er habe die Gallier, sondern die Gallier hätten ihn angegriffen. Alle Stämme Galliens seien zum Krieg gegen ihn ausgezogen und hätten gegen ihn im Feld gestanden. In einer einzigen Schlacht habe er ihre gesamten Truppen völlig geschlagen[104]. (4) Wenn sie einen zweiten Versuch wagen wollten, dann sei er wiederum zum Kampf bereit; wenn sie in Frieden leben wollten, sei es unbillig, ihm den Tribut zu verweigern, den sie bis zu diesem Zeitpunkt freiwillig gezahlt hätten. (5) Die Freundschaft mit dem römischen Volk müsse ihm Ehre

und Schutz bedeuten, dürfe sich jedoch nicht zu seinem Nachteil auswirken. In dieser Erwartung habe er sie gewollt. Wenn das römische Volk der Anlaß sei, daß ihm seine Tribute verringert und die unterworfenen Stämme abspenstig gemacht würden, werde er ebenso bereitwillig auf die Freundschaft des römischen Volkes verzichten, wie er sie einst angestrebt habe. (6) Was die große Zahl von Germanen angehe, die er nach Gallien bringe, so tue er das, um sich zu schützen, nicht, um gegen Gallien Krieg zu führen. Dafür zeuge die Tatsache, daß er nur auf Aufforderung hin gekommen sei und keinen Angriffskrieg geführt, sondern sich nur verteidigt habe. (7) Er sei früher nach Gallien gekommen als das römische Volk; niemals vorher habe ein Heer des römischen Volkes die Grenze der Provinz Gallien überschritten; was wolle Caesar eigentlich von ihm? (8) Warum dringe er in seinen Besitz ein? Dieses Gallien sei seine Provinz wie jenes unsere. Ebenso wie es ihm nicht gestattet werden dürfe, in unser Gebiet einzufallen, so unbillig sei es von uns, ihn in seinen Rechten einzuschränken. (9) Was die Tatsache angehe, daß Caesar behaupte, er nenne die Haeduer Freunde des römischen Volkes, so sei er kein so unerfahrener Barbar, um nicht zu wissen, daß die Haeduer die Römer im letzten Krieg gegen die Allobroger[105] nicht unterstützt hätten und daß auch die Haeduer selbst in den jüngsten Auseinandersetzungen mit ihm und den Sequanern vom römischen Volk keinen Beistand erfahren hätten. (10) Ihm dränge sich daher der Verdacht auf, Caesar schiebe ein Freundschaftsverhältnis vor, um ihn mit dem Heer, das er in Gallien stehen habe, zu vernichten. (11) Wenn Caesar nicht weiche und das Heer aus diesem Gebiet abziehe, werde er ihn nicht als Freund, sondern als Feind ansehen. (12) Es werde führenden Männern des römischen Volkes und vielen Mitgliedern des Adels willkommen sein, wenn er ihn umbringe, das habe er von ihnen selbst durch ihre Boten erfahren. Ihrer aller Wohlwollen und

Freundschaft könne er sich durch Caesars Tod erkaufen.[106] (13) Wenn er dagegen abziehe und ihm den ungehinderten Besitz Galliens überlasse, werde er es ihm großzügig vergelten und alle Kriege, die Caesar führen wolle, für ihn siegreich beenden, ohne daß es für Caesar mit Mühe oder Gefahr verbunden wäre.

45 (1) In seiner Erwiderung ging Caesar ausführlich darauf ein, warum er sein Vorhaben nicht aufgeben könne. Weder er noch das römische Volk ließen in der Regel zu, daß man so hochverdiente Bundesgenossen im Stich lasse; auch bestreite er, daß Ariovist einen größeren Anspruch auf Gallien habe als das römische Volk. (2) Nach der Unterwerfung der Arverner und Rutener[107] durch Q. Fabius Maximus[108] habe ihnen das römische Volk verziehen und ihr Gebiet weder zur Provinz gemacht noch ihnen Tribute auferlegt. (3) Wenn man es für notwendig halte, die längst vergangenen Zeiten in Augenschein zu nehmen, so sehe man, daß der Anspruch des römischen Volkes auf Gallien am besten zu begründen sei.[109] Wenn man sich nach dem Urteil des Senates richten wolle, so stehe Gallien die Freiheit zu,[110] denn es sei der Wille des Senates gewesen, daß es seine eigene Verfassung behalte, obwohl es im Krieg überwunden worden sei.

46 (1) Während der Verhandlungen wurde Caesar gemeldet, daß die Reiter Ariovists sich der Anhöhe weiter näherten, auf unsere Reiter zuritten und Steine und Wurfgeschosse auf sie schleuderten. (2) Caesar brach das Gespräch ab, zog sich zu seiner Truppe zurück und befahl, unter keinen Umständen ein Wurfgeschoß auf den Feind zurückzuschleudern. (3) Denn obwohl er wußte, daß ein Gefecht mit der feindlichen Reiterei für seine ausgesuchte Legion gefahrlos sein würde, glaubte er, es nicht dazu kommen lassen zu dürfen, damit die Feinde nach einer Niederlage nicht behaupten könnten, sie seien im Vertrauen auf eine friedliche Verhandlung hintergangen worden. (4) Bei den Soldaten wurde später verbreitet, mit welcher Anmaßung Ariovist in der Verhandlung den Römern ganz Gallien streitig gemacht habe: Die Tatsache, daß er das Gespräch dadurch hätte scheitern lassen, daß seine Reiter die unseren angegriffen hätten, erfüllte unser Heer in noch höherem Maße mit Tatendrang und Kampfeseifer.

47 (1) Zwei Tage später schickte Ariovist Gesandte an Caesar: Er wolle mit ihm über die Punkte verhandeln, deren Erörterung sie begonnen, jedoch nicht zu Ende geführt hätten. Er möge entweder einen zweiten Termin festsetzen oder, wenn er dazu nicht geneigt sei, einen von seinen Legaten zu ihm schicken. (2) Caesar schien kein Grund mehr für ein Gespräch vorzuliegen, zumal sich die Germanen am Vortag nicht hatten zurückhalten können, Wurfgeschosse auf unsere Soldaten zu schleudern. (3) Auch hielt er es für überaus gefährlich, einen seiner Legaten zu entsenden und ihn den wilden Menschen preiszugeben. (4) Es erschien ihm am zweckmäßigsten, C. Valerius Procillus[111] zu entsenden. Dieser war der Sohn des C. Valerius Caburus, ein junger Mann von höchster Tapferkeit und Bildung, dessen Vater von C. Valerius Flaccus[112] das römische Bürgerrecht erhalten hatte. Für ihn sprach seine Zuverlässigkeit und seine Kenntnis der gallischen Sprache, die auch Ariovist aus langer Gewohnheit häufig benutzte. Hinzu kam, daß die Germanen keinen Anlaß hatten, ihm etwas anzutun. Zusammen mit ihm entsandte er M. Metius, dem Ariovist durch Gastfreundschaft[113] verbunden war. (5) Sie erhielten den Auftrag, Ariovists Rede entgegenzunehmen und Caesar darüber zu berichten. (6) Als Ariovist sie in seinem Lager erblickte, fragte er in Gegenwart seines Heeres mit lauter Stimme, warum sie zu ihm kämen? Etwa, um auszukundschaften? Als sie zu sprechen versuchten, hinderte er sie daran und warf sie in Ketten.

48 (1) Am gleichen Tag schob er sein Lager vor und bezog 6 Meilen von Caesars Lager entfernt am Fuße eines

Berges Stellung. (2) Am folgenden Tag führte er seine Truppen an Caesars Lager vorüber und errichtete 2 Meilen jenseits davon ein neues Lager, mit dem Plan, Caesar von Getreide und anderem Nachschub abzuschneiden, der aus dem Gebiet der Sequaner und Haeduer geliefert werden sollte. (3) Von diesem Tag an führte Caesar fünf Tage hintereinander seine Truppen vor das Lager und blieb dort in Schlachtordnung stehen, so daß Ariovist Gelegenheit hatte, es zu einer kriegerischen Entscheidung kommen zu lassen, wenn er wollte. (4) Ariovist hielt während dieser Tage sein Heer jedoch immer im Lager zurück und ließ es Tag für Tag nur zu Reitergefechten kommen. (5) Die Taktik, auf die sich die Germanen durch lange Übung festgelegt hatten, war dabei folgende: 6000 Reiter wurden von ebenso vielen außerordentlich schnellen und tapferen Fußsoldaten begleitet, wobei jeder einzelne Reiter sich aus dem ganzen Heer einen Soldaten zu seiner Deckung ausgesucht hatte.[114] (6) Im Gefecht kämpften sie vereint, und die Reiter zogen sich jeweils zu den Fußsoldaten zurück. Wenn an einer Stelle der Kampf härter wurde, eilten diese dort zusammen; (7) wenn jemand schwer verwundet vom Pferd stürzte, nahmen die Fußsoldaten ihn in die Mitte. Wenn es darum ging, weiter vorzurücken oder sich schneller zurückzuziehen, erreichten sie auf Grund ihrer ständigen Übung eine solche Geschwindigkeit, daß sie, an den Mähnen der Pferde hängend, mit diesen Schritt halten konnten.

49 (1) Als Caesar erkannte, daß Ariovist in seinem Lager blieb, wählte er, um nicht länger vom Nachschub abgeschnitten zu werden, jenseits der Stelle, an der die Germanen standen, etwa 600 Schritt von ihnen entfernt einen geeigneten Ort für ein Lager aus, stellte sein Heer in dreifacher Schlachtordnung[115] auf und zog so dorthin. (2) Die erste und zweite Schlachtreihe sollte nach seinem Befehl unter Waffen bleiben, während die dritte ein festes Lager errichtete. (3) Diese Stelle war, wie schon gesagt, etwa

600 Schritt vom Feind entfernt. Ariovist ließ etwa 16 000 kampfbereite Fußsoldaten mit der gesamten Reiterei dorthin marschieren. Diese Truppen sollten unser Heer in Schrecken versetzen und die Errichtung des Lagers verhindern. (4) Caesar ließ nichtsdestoweniger die erste und zweite Schlachtreihe, wie zuvor beschlossen, den Kampf aufnehmen, während die dritte den Lagerbau vollenden sollte. (5) Als das Lager befestigt war,[116] ließ er dort zwei Legionen und einen Teil der Hilfstruppen zurück, während er die vier übrigen Legionen in das größere Lager zurückführte.

50 (1) Am folgenden Tag ließ Caesar wie gewohnt seine Truppen aus beiden Lagern ausrücken und stellte sie in etwas weiterem Abstand vom größeren Lager zur Schlacht auf, um den Feinden Gelegenheit zum Kampf zu bieten. (2) Als er jedoch erkannte, daß sie nicht einmal dann heranrückten, führte er das Heer um die Mittagsstunde in die Lager zurück. Da endlich schickte Ariovist einen Teil seines Heeres zum Sturm auf das kleinere Lager vor. (3) Bis zum Abend wurde auf beiden Seiten heftig gekämpft. Nachdem es auf beiden Seiten viele Verwundete gegeben hatte, führte Ariovist bei Sonnenuntergang seine Truppen ins Lager zurück. (4) Als Caesar von Gefangenen wissen wollte, warum Ariovist sich nicht auf eine Entscheidungsschlacht einließe, erfuhr er folgendes: Bei den Germanen sei es Brauch, daß die Familienmütter mit Hilfe von Runen und Weissagungen bestimmten, wann es richtig sei, eine Schlacht zu schlagen und wann nicht.[117] (5) Sie hätten erklärt, die Götter seien gegen einen Sieg der Germanen, wenn sie vor dem folgenden Neumond eine Schlacht lieferten.

51 (1) Am folgenden Tag ließ Caesar in beiden Lagern eine ihm ausreichend erscheinende Besatzung zurück und stellte alle Hilfstruppen[118] im Blickfeld des Feindes vor dem kleineren Lager auf. Weil er an Legionssoldaten angesichts der Menge der Feinde zahlenmäßig unterlegen war, benutzte er auch die Hilfstruppen, um eine größere Zahl vorzutäuschen. Er selbst rückte in dreifacher Schlachtordnung bis zum Lager des Feindes vor. (2) Da endlich sahen sich die Germanen gezwungen, ihre Truppen aus dem Lager herauszuführen, und stellten sich mit kleinen Zwischenräumen nach Stämmen geordnet auf: Haruden, Marcomannen,[119] Tribocer, Vangionen, Nemeter,[120] Sedusier[121] und Sueben. Die ganze Streitmacht war mit Karren und Wagen umsäumt,[122] um niemandem Hoffnung auf Flucht zu lassen. (3) Auf die Wagen stellten sie die Frauen, die beim Aufbruch des Heeres in die Schlacht die Soldaten mit ausgebreiteten Armen unter Tränen anflehten,[123] sie nicht in römische Knechtschaft geraten zu lassen.

52 (1) Caesar stellte an die Spitze der einzelnen Legionen je einen Legaten und den Quaestor[124], damit sie jeder als Zeugen für seine Tapferkeit habe. (2) Er selbst eröffnete den Kampf vom rechten Flügel aus, weil er beobachtet hatte, daß hier die schwächste Stelle des Feindes lag. (3) Als das Zeichen zum Angriff gegeben wurde, stürmten unsere Soldaten so heftig gegen den Feind vor, und die Feinde liefen so schnell und plötzlich nach vorn, daß ihnen keine Möglichkeit blieb, ihre Wurfspieße zu schleudern. (4) Sie verzichteten auf die Wurfspieße und kämpften im Handgemenge mit dem Schwert. Die Germanen bildeten jedoch wie gewohnt schnell eine Phalanx und fingen den Angriff mit den Schwertern auf. (5) Dabei gab es einige unter unseren Soldaten, die in die Phalanx eindrangen, die Schilde mit den Händen wegrissen und die Feinde von oben herab verwundeten. (6) Während auf dem linken Flügel die Front der Feinde ins Wanken geriet und sie zur Flucht gezwungen wurden, brachten sie auf dem rechten Flügel auf Grund ihrer großen Zahl unsere Reihen heftig in Bedrängnis. (7) Als der junge P. Crassus[125], der die Reiterei befehligte, dies bemerkte, schickte er unseren bedrangten Soldaten die dritte Schlachtreihe zur Unterstützung, da er beweglicher war als die, die im Kampfesgetümmel standen.

53 (1) So setzte die Schlacht erneut ein. Da wandten die Feinde in ihrer Gesamtheit den Rücken und hielten in ihrer Flucht nicht eher ein, als bis sie zum Rhein gelangt waren, etwa 5 Meilen[126] vom Schlachtfeld entfernt. (2) Nur wenige versuchten dort, im Vertrauen auf ihre Körperkräfte, den Rhein zu durchschwimmen, andere fanden Boote und konnten sich retten. (3) Unter diesen war Ariovist, der ein am Ufer angebundenes Boot fand und damit floh.[127] Die übrigen holte unsere Reiterei ein und tötete sie. (4) Ariovist hatte zwei Frauen,[128] eine Suebin, die er von zu Hause mitgebracht hatte, und eine Norikerin, Schwester des norischen Königs Voccio. Ihr Bruder hatte sie Ariovist geschickt, der sie in Gallien geheiratet hatte. Beide Frauen kamen auf der Flucht ums Leben. Von seinen beiden Töchtern wurde die eine getötet, die andere gefangengenommen. (5) C. Valerius Procillus, der auf der Flucht von seinen Bewachern durch Ketten dreifach gefesselt mitgeschleppt wurde, fiel Caesar selbst in die Hände, als er mit der Reiterei die Feinde verfolgte. (6) Daß er einen der ehrenhaftesten Männer der Provinz Gallien, seinen Vertrauten und Gastfreund, den Feinden entrissen und sich zurückgegeben sah, bereitete Caesar nicht weniger Freude als der Sieg selbst, auch, daß das Schicksal die Größe der Freude und des Jubels nicht durch des Freundes Untergang verdunkelt hatte. (7) Dieser berichtete, daß man in seiner Gegenwart dreimal über ihn das Los geworfen habe, ob er sofort verbrannt oder für später aufbewahrt werden sollte. Dem Ausgang der Lose habe er zu verdanken, daß er unverletzt sei. (8) Auch M. Metius fand man und brachte ihn zu Caesar zurück.

54 (1) Als die Nachricht von dieser Schlacht auf die andere Seite des Rheins zu den Sueben drang, die bis an das Ufer nachgekommen waren, begannen sie den Rückzug in die Heimat. Sobald die Bewohner der an den Rhein grenzenden Gebiete jedoch merkten, von welcher Furcht die Sueben ergriffen waren, verfolgten sie sie und töteten eine große Anzahl von ihnen. (2) Nachdem Caesar in einem Sommer zwei so bedeutende Kriege siegreich beendet hatte, ließ er sein Heer etwas früher, als es die Jahreszeit erforderte, in das Gebiet der Sequaner ins Winterlager abrücken.[129] (3) Die Leitung des Winterlagers übertrug er Labienus. Er selbst brach in das diesseitige Gallien auf, um Gerichtstage abzuhalten.[130]

Zweites Buch

1 (1) Während Caesar sich im diesseitigen Gallien aufhielt[131] und, wie wir oben berichteten, das Heer im Winterlager lag,[132] drangen immer häufiger Gerüchte zu ihm, die durch Briefe des Labienus bestätigt wurden, daß sich alle Belger, die, wie erwähnt, einen der drei Teile Galliens[133] bewohnen, gegen das römische Volk zusammenschlössen und untereinander Geiseln austauschten. (2) Die Gründe für die Verschwörung waren folgende: Erstens fürchteten sie, daß nach der Unterwerfung des gesamten übrigen Galliens unser Heer gegen sie geführt würde, (3) zweitens wurden sie von einigen Galliern in Unruhe versetzt, teils weil diese zwar dagegen gewesen waren, daß die Germanen länger in Gallien blieben, jedoch auch schlecht ertrugen, daß das Heer des römischen Volkes in Gallien überwinterte und auf die Dauer dort blieb, teils weil sie einen Umsturz herbeizuführen suchten, da sie von Natur aus unbeständig und leichtfertig sind. (4) Da in Gallien oft mächtige Männer, die die Möglichkeit hatten, eine Gefolgschaft zu bilden, die Führung eines Stammes an sich rissen, versuchten einige auch deshalb Unruhe zu erregen, weil dies unter unserer Herrschaft nicht mehr so leicht möglich wäre.

2 (1) Die Berichte und Briefe veranlaßten Caesar, zwei neue Legionen[134] im diesseitigen Gallien auszuheben und zu Beginn des Sommers dem Legaten Q. Pedius[135] den Auftrag zu geben, sie in das Innere Galliens zu führen. (2) Er selbst kam zum Heer, sobald die Versorgung mit Futter in Gang gekommen war. (3) Die Senonen[136] und die übrigen Gallier an der Grenze zu den Belgern erhielten von Caesar den Auftrag, auszukundschaften, was bei den Belgern geschehe, und ihm darüber zu berichten. (4) Aus allen ihren Nachrichten ging immer wieder hervor, daß die Belger Truppen zusammenzögen und das

Heer an einem Ort versammelten. (5) Da nun glaubte Caesar, mit dem Aufbruch gegen die Belger nicht länger zögern zu dürfen. (6) Nachdem er für den Getreidenachschub vorgesorgt hatte, brach er nach elf Tagen auf und gelangte in etwa 15 Tagen an die Grenzen des belgischen Gebietes.[137]

3 (1) Als Caesar dort überraschend und schneller als erwartet eintraf, schickte der belgische Stamm der Remer[138], der an der Grenze zu Gallien lebt, Iccius und Andecumborius, die Führer ihres Stammes, als Gesandte zu Caesar, (2) um ihm zu sagen, die Angehörigen ihres Stammes unterstellten sich und ihren ganzen Besitz dem Schutz und der Herrschaft des römischen Volkes; sie stimmten mit den übrigen Belgern nicht überein und seien auch in keiner Weise an der Verschwörung gegen das römische Volk beteiligt. (3) Sie seien bereit, ihm Geiseln zu stellen und seine Aufträge auszuführen, ebenso auch sein Heer in ihre Städte aufzunehmen und mit Getreide und anderem Notwendigem zu versorgen. (4) Alle übrigen Belger stünden unter Waffen, und die Germanen, die diesseits des Rheins lebten, hätten sich mit ihnen vereinigt. (5) Die Erregung sei so groß, daß sie, die Remer, nicht einmal die Suessionen[139] von einer Verständigung mit den Belgern hätten abschrecken können, obwohl sie Brüder und Verwandte der Remer seien, die dieselbe Rechtsordnung wie sie und im Krieg einen gemeinsamen Oberbefehl, im Frieden eine gemeinsame Regierung hätten.

4 (1) Als Caesar sich bei ihnen nach den einzelnen Stämmen, der zahlenmäßigen Stärke ihres Heeres und nach ihrer Kampfkraft erkundigte, erfuhr er, (2) daß die meisten Belger von den Germanen abstammten und in der Vergangenheit über den Rhein gekommen waren. Sie hätten sich wegen der Fruchtbarkeit des Bodens dort angesiedelt und die Gallier, die dort lebten, vertrieben. Zur Zeit unserer Väter seien sie die einzigen gewesen, die die Cimbern und Teutonen daran gehindert hätten, in ihr Gebiet einzudrin-

gen, als diese das gesamte übrige Gallien verheert hätten. (3) Die Erinnerung daran habe dazu geführt, daß sie großen Einfluß für sich in Anspruch nähmen und sich im Krieg sehr viel zutrauten. (4) Die Remer berichteten, sie hätten alles über ihre zahlenmäßige Stärke erfahren, weil sie auf Grund enger verwandtschaftlicher und freundschaftlicher Beziehungen wüßten, wie viele Leute jeder bei der allgemeinen Versammlung der Belger für diesen Krieg in Aussicht gestellt habe. (5) Die Bellovacer[140] seien die kriegstüchtigsten unter ihnen und den anderen an Bevölkerungszahl und Einfluß überlegen: Sie könnten 100000 Bewaffnete stellen und hätten davon 60000 besonders ausgewählte zugesagt. Dafür forderten sie die Führung im ganzen Krieg. (6) Die Suessionen seien ihre Grenznachbarn und hätten das größte und fruchtbarste Gebiet in Besitz. (7) Noch zu unseren Zeiten sei Diviciacus ihr König gewesen, der mächtigste Mann in ganz Gallien, der nicht nur über einen großen Teil des gallischen Gebietes, sondern auch über Britannien geherrscht habe. Nun sei Galba ihr König. Auf Grund seiner Gerechtigkeit und Klugheit sei ihm mit allgemeiner Zustimmung die Leitung des ganzen Krieges übertragen worden. (8) Die Suessionen besäßen zwölf Städte und sagten die Stellung von 50000 Soldaten zu, ebenso viele wie die Nervier[141], die bei ihnen selbst als besonders wild gälten und am weitesten entfernt lebten. (9) Die Atrebaten[142] wollten 15000 Mann stellen, die Ambianer[143] 10000, die Moriner[144] 25000, die Menapier[145] 9000, die Caleten[146], Veliocasser[147] und Viromanduer[148] je 10000, die Atuatucer[149] 19000; (10) die Condrusen,[150] Eburonen,[151] Caeroser[152] und Caemanen[153] – sie alle heißen Germanen – stellten vermutlich 40000 Mann.

5 (1) Caesar bestärkte die Remer in ihrer Haltung, erwiderte ihnen sehr entgegenkommend und forderte ihren gesamten Senat auf, sich bei ihm einzufinden und die Kinder der vornehmsten Adligen als Geiseln zu ihm zu bringen.

Die Remer erfüllten seine Aufträge sorgfältig und zum festgesetzten Termin. (2) Caesar selbst stellte dem Haeduer Diviciacus eindringlich vor Augen, wie große Bedeutung es für den römischen Staat und das Schicksal ihrer beiden Völker habe, daß die feindlichen Gruppen getrennt blieben, damit man nicht auf einmal mit einer so großen Zahl kämpfen müßte. (3) Man könne das erreichen, wenn die Haeduer ihre Truppen in das Gebiet der Bellovacer eindringen ließen, um deren Felder zu verwüsten. Mit diesen Aufträgen entließ er ihn. (4) In der Zwischenzeit war die Gesamtmacht der Belger, wie Caesar erfuhr, an einem Ort konzentriert und gegen ihn in Marsch gesetzt worden. Da zudem vorausgesandte Späher und die Remer meldeten, die Feinde seien nicht mehr weit entfernt, ließ Caesar eiligst das Heer über den Fluß Axona[154] setzen, der durch das Grenzgebiet der Remer fließt, und errichtete dort sein Lager.[155] (5) Dadurch schützten die Flußufer die eine Seite des Lagers, und es entstand im Rücken Caesars ein Raum, der vor den Feinden sicher war. Außerdem erreichte Caesar dadurch, daß der Nachschub von den Remern und den übrigen Stämmen ungefährdet zu ihm gelangen konnte. Über den Fluß führte eine Brücke. (6) Dorthin verlegte Caesar eine Wachmannschaft und ließ auf dem anderen Ufer den Legaten Q. Titurius Sabinus[156] mit sechs Cohorten zurück. Schließlich ließ er das Lager mit einem 12 Fuß hohen Wall und einem 18 Fuß breiten Graben befestigen.

6 (1) Bibrax,[157] eine Ortschaft der Remer, war etwa 8 Meilen von diesem Lager entfernt. In einem Sturmangriff gingen die Belger unmittelbar aus dem Marsch heraus dazu über, den Ort zu belagern. Nur mit Mühe konnten sie an diesem Tag aufgehalten werden. (2) Die Belger gehen bei der Belagerung genauso vor wie die Gallier: Sobald sie die Mauern völlig mit einer starken Streitmacht eingeschlossen haben, fangen sie an, von allen Seiten Steine auf die Mauern zu schleudern. Sobald die Mauern von Vertei-

digern entblößt sind, bilden sie ein Schilddach[158], rücken gegen die Tore vor und versuchen, die Mauern zum Einsturz zu bringen. (3) Ebendies gelang damals mühelos. Denn als eine so gewaltige Anzahl von Gegnern Steine und Wurfgeschosse schleuderte, konnte sich niemand mehr auf den Mauern halten. (4) Als die Nacht dem Ansturm ein Ende setzte, schickte der Remer Iccius, der in der Stadt das Kommando hatte, Boten zu Caesar; als Angehöriger des höchsten Adels besaß er in seinem Volk großes Ansehen und war einer der Gesandten gewesen, die zu Caesar gekommen waren, um über den Frieden zu verhandeln. Er ließ Caesar melden, er könne dem Feind nicht länger standhalten, wenn ihm keine Verstärkung geschickt werde.

7 (1) Um Mitternacht sandte Caesar den Bewohnern der Stadt Numider, kretische Bogenschützen und balearische Schleuderer[159] zu Hilfe. Sie wurden von den Boten geführt, die von Iccius gekommen waren, (2) und ihre Ankunft ließ die Remer auf wirksame Verteidigung ihrer Stadt hoffen. Dadurch erhöhte sich ihr Kampfeseifer, während die Feinde aus dem gleichen Grund die Hoffnung aufgaben, sich der Stadt mit Gewalt bemächtigen zu können. (3) Daher blieben sie nur noch kurze Zeit in der Nähe der Stadt, verwüsteten das Land der Remer und zündeten alle Dörfer und Gehöfte an, zu denen sie sich Zugang verschaffen konnten. Dann aber zogen sie schnell mit ihrem gesamten Heer in Richtung auf das Lager Caesars und errichteten in einer Entfernung von weniger als 2 Meilen ihr eigenes Lager. (4) Wie man aus dem Rauch und den Lagerfeuern entnehmen konnte, war dieses Lager mehr als 8 Meilen breit.

8 (1) Caesar beschloß zunächst mit Rücksicht auf die gewaltige Zahl der Feinde und den Ruf, der ihrer außerordentlichen Tapferkeit vorausging, eine Schlacht hinauszuzögern. (2) Er prüfte jedoch in täglichen Reitergefechten, wie groß einerseits die Tapferkeit der Feinde, andererseits der Wagemut unserer Soldaten waren. (3) Bald hatte er erkannt, daß unsere Soldaten nicht unterlegen waren. Auch eignete sich die natürliche Beschaffenheit des Geländes vor dem Lager besonders gut dazu, ein Heer in Schlachtordnung aufmarschieren zu lassen, denn die Anhöhe, auf der das Lager stand, erhob sich nur wenig über die Ebene, und ihre Vorderseite entsprach genau dem Raum, den man mit einem zur Schlacht aufgestellten Heer ausfüllen konnte. Auf beiden Seiten fiel sie steil ab, während sie auf der Vorderseite sanft geneigt in die Ebene überging. (4) Auf den beiden Seiten ließ Caesar Quergräben von etwa 400 Fuß ziehen und am Ende dieser Gräben Castelle errichten. Dort stellte er Schleudermaschinen[160] auf, damit die Feinde, deren Stärke vor allem in ihrer Zahl lag, nicht durch einen Angriff auf die Flanken sein Heer einkesseln könnten, nachdem es sich zur Schlacht formiert hatte. (5) Nach Ausführung dieser Maßnahmen ließ er die zwei Legionen, die er gerade ausgehoben hatte, im Lager zurück, um sie einsetzen zu können, wenn er irgendwo Unterstützung brauchte. Die übrigen sechs Legionen ließ er vor dem Lager in Schlachtordnung aufmarschieren. Auch die Feinde hatten ihre Truppen aus dem Lager herausgeführt und zur Schlacht aufgestellt.

9 (1) Zwischen unserem und dem feindlichen Heer lag ein kleiner Sumpf. Die Feinde warteten darauf, daß unsere Soldaten ihn überquerten; diese jedoch waren gerüstet, den Gegner anzugreifen, wenn dieser daranging, den Sumpf zu überschreiten, und daher kampfunfähig wäre. (2) Unterdessen fand zwischen beiden Fronten ein Reitergefecht statt. Da keins der beiden Heere Anstalten machte, über den Sumpf zu gehen, das Reitergefecht jedoch zu unseren Gunsten ausgegangen war, führte Caesar seine Soldaten ins Lager zurück. (3) Die Feinde rückten von hier aus weiter zum Fluß Axona vor, der, wie erwähnt, hinter unserem Lager vorbeifloß. (4) Dort fanden sie Furten und versuchten, einen Teil ihrer Truppen

über den Fluß zu setzen, um, wenn es möglich wäre, den Brückenkopf, den der Legat Q. Titurius kommandierte, zu besetzen und die Brücke abzureißen. (5) Sollte sich das als undurchführbar erweisen, hatten sie die Absicht, die Felder der Remer zu verwüsten und dadurch die Versorgung des Heeres unmöglich zu machen, die in diesem Krieg vor allem von der Landwirtschaft der Remer abhing.

10 (1) Von Titurius benachrichtigt, führte Caesar die gesamte Reiterei, die leichtbewaffneten Numider, Schleuderer und Bogenschützen über die Brücke und rückte schnell gegen die Feinde vor. Am Fluß kam es zu einem heftigen Gefecht. (2) Unsere Soldaten griffen die Gegner an, die beim Übergang über den Fluß keinen Widerstand leisten konnten, und töteten eine große Anzahl von ihnen. (3) Als die übrigen über ihre Leichen hinweg mit großer Unerschrockenheit versuchten, über den Fluß zu kommen, trieb sie der Hagel der Wurfgeschosse zurück. Unsere Reiterei kreiste zudem die ein, die als erste ans Ufer gelangt waren, und tötete sie. (4) Als die Feinde begriffen, daß sie vergeblich gehofft hatten, die Ortschaft zu erobern und den Fluß zu überschreiten, und sahen, daß unsere Soldaten nicht auf ungünstiges Gelände vorrücken würden, um zu kämpfen, während ihnen schon das Getreide auszugehen drohte, beriefen sie eine Versammlung ein, auf der sie beschlossen, es sei das beste, wenn jeder in seine Heimat zurückkehre. Sie wollten sich erst dann wieder treffen, wenn das Land, in das die Römer als nächstes einrückten, verteidigt werden müsse. Da sie in der Heimat auf die dort lagernden Kornvorräte zurückgreifen konnten, wollten sie die Entscheidung lieber im eigenen als im fremden Land herbeiführen. (5) Neben den genannten Gründen wurde ihre Entscheidung auch dadurch beeinflußt, daß sie erfahren hatten, Diviciacus nähere sich mit den Haeduern dem Gebiet der Bellovacer. Sie konnten daher die Bellovacer nicht überreden, länger zu bleiben und es zu unterlassen, ihren Stammesgenossen beizuspringen.

11 (1) Nach diesem Beschluß verließen sie um die zweite Nachtwache mit viel Lärm und Geschrei ihr Lager, ohne feste Ordnung und Führung, da jeder als erster auf dem Marsch sein wollte und sich beeilte, in die Heimat zu kommen. Dadurch sah ihr Aufbruch ganz wie eine Flucht aus. (2) Als Caesar sofort durch Späher davon erfuhr, fürchtete er einen Hinterhalt, weil er noch nicht durchschaut hatte, warum sie aufbrachen. Er hielt daher das Heer und die Reiterei im Lager zurück. (3) Als er jedoch von Kundschaftern bei Tagesanbruch über die wahre Sachlage in Kenntnis gesetzt wurde, schickte er die gesamte Reiterei voraus, um die feindliche Nachhut aufzuhalten. An ihre Spitze stellte er die Legaten Q. Pedius und L. Aurunculeus Cotta[161]. Dem Legaten T. Labienus befahl er, ihr sofort mit drei Legionen zu folgen. (4) Als die Reiter die letzten des feindlichen Zuges angriffen und auf einer meilenweiten Verfolgung eine große Zahl der Flüchtigen töteten, machte der Schluß des Zuges, zu dem auch unsere Fußsoldaten inzwischen vorgedrungen waren, plötzlich halt und leistete unserem Angriff tapfer Widerstand. (5) Die Feinde, die sich weiter vorn im Zug befanden, glaubten jedoch, ihnen drohe noch keine Gefahr, und da sie sich durch nichts verpflichtet fühlten und an kein Kommando gebunden waren, suchten sie alle in völliger Auflösung ihr Heil in der Flucht, als sie das Kampfgeschrei hörten. (6) Unsere Soldaten töteten daher ungefährdet den ganzen Tag über eine große Anzahl von ihnen. Erst bei Sonnenuntergang ließen sie davon ab und kehrten wie befohlen ins Lager zuruck.

12 (1) Bevor sich der Feind nach der panischen Flucht wieder sammeln konnte, führte Caesar am folgenden Tag das Heer in das Gebiet der Suessionen, das dem der Remer benachbart ist. In einem Gewaltmarsch eilte er sofort zur Stadt Noviodunum[162]. (2) Da er hörte, daß sie von Verteidigern entblößt sei, versuchte er, sie aus dem Marsch heraus im Sturm zu nehmen. Obwohl sie nur schwach verteidigt wurde, hinderten ihn jedoch der breite Graben und die hohe Mauer daran, sie einzunehmen. (3) Nachdem er ein befestigtes Lager hatte errichten lassen, ließ er Laufgänge[163] vortreiben und alles bereitstellen, was für einen Sturm notwendig war. (4) Währenddessen sammelte sich in der folgenden Nacht die gesamte Menge der flüchtenden Suessionen in der Stadt. (5) Als aber die Laufgänge rasch an die Stadt herangeführt, ein Damm[164] aufgeworfen und Türme[165] errichtet wurden, beeindruckte der gewaltige Belagerungsapparat, von dem die Gallier bisher nichts gesehen noch gehört hatten, und die Schnelligkeit der Römer die Suessionen so, daß sie Gesandte an Caesar schickten, um über eine Kapitulation zu verhandeln. Auf Grund der Bitten der Remer erreichten sie, daß sie verschont wurden.

13 (1) Nachdem Caesar die Ersten des Stammes und sogar zwei Söhne des Königs Galba als Geiseln in Empfang genommen hatte und ihm alle Waffen aus der Stadt ausgeliefert worden waren, nahm er die Kapitulation der Suessionen an und zog mit seinem Heer gegen die Bellovacer. (2) Diese hatten sich mit ihrer gesamten Habe in die Stadt Bratuspantium[166] geflüchtet. Als Caesar mit seinem Heer noch etwa 5 Meilen von Bratuspantium entfernt war, kamen alle erwachsenen Männer aus der Stadt, streckten ihm die Hände entgegen[167] und bedeuteten mit Rufen, daß sie sich ihm auf Gnade oder Ungnade ergäben und nicht gegen das römische Volk kämpfen wollten. (3) Als er bei der Stadt angelangt war und dort sein Lager aufschlagen ließ, flehten von der Mauer herab auch die Knaben und Frauen nach ihrem Brauch mit ausgebreiteten Armen die Römer um Frieden an.

14 (1) Diviciacus, der nach dem Abzug der Belger die Truppen der Haeduer entlassen hatte und zu Caesar zurückgekehrt war, machte sich zu ihrem Fürsprecher:

(2) Seit jeher seien die Bellovacer die Schutzbefohlenen und Freunde der Haeduer gewesen. (3) Nur unter dem Druck ihrer führenden Männer seien sie von den Haeduern abgefallen und hätten das römische Volk angegriffen. Diese Adligen hätten behauptet, Caesar habe die Haeduer derartig geknechtet, daß sie gezwungen seien, jede nur denkbare entwürdigende Behandlung und Schmach zu ertragen. (4) Die Hauptvertreter dieser Politik seien nach Britannien geflohen, als sie erkannten, wieviel Unglück sie über ihren Stamm gebracht hätten. (5) Nicht nur die Bellovacer selbst, sondern auch stellvertretend für sie die Haeduer bäten ihn, Milde und Mäßigung gegen sie walten zu lassen. (6) Wenn er so verfahre, werde gleichzeitig das Ansehen der Haeduer bei allen Belgern steigen, mit deren Hilfstruppen und materieller Unterstützung sie im Kriegsfall bisher regelmäßig durchhielten.

15 (1) Mit Rücksicht auf das große Ansehen des Diviciacus und der Haeduer sagte Caesar zu, ihre freiwillige Kapitulation[168] anzunehmen und sie zu verschonen. Da es ein Stamm war, der bei den Belgern großen Einfluß besaß und an Zahl alle übertraf, forderte er 600 Geiseln. (2) Nach ihrer Übergabe und nach Auslieferung aller in der Stadt vorhandenen Waffen zog er von dort weiter in das Gebiet der Ambianer, die sich ihm mit ihrer gesamten Habe sofort ergaben. (3) An ihr Gebiet stieß das der Nervier. Als Caesar sich nach ihrer Natur und ihrer Lebensweise erkundigte, erfuhr er folgendes: (4) Kein Handelsmann erlange Zutritt zu ihnen. Es sei bei ihnen verboten, Wein und andere Luxusgüter einzuführen, weil sie glaubten, daß sie dies verweichliche und ihre Tapferkeit vermindere.[169] (5) Sie seien wild und außerordentlich tapfer. Sie machten den übrigen Belgern erbitterte Vorwürfe und klagten sie an, daß sie durch die Kapitulation vor dem römischen Volk ihre von den Ahnen ererbte Tapferkeit aufgegeben hätten. (6) Sie erklärten mit Ent-

schiedenheit, keine Gesandten schicken und kein Friedensangebot annehmen zu wollen.
16 (1) Als Caesar drei Tage durch ihr Gebiet gezogen war, erfuhr er von Gefangenen, daß sich jenseits des Flusses Sabis,[170] der nicht weiter als 10 Meilen von seinem Lager entfernt war, (2) alle Nervier gelagert hätten und dort zusammen mit den Atrebaten und Viromanduern, ihren Grenznachbarn, die Ankunft der Römer erwarteten. (3) Die Nervier hatten nämlich die Atrebaten und Viromanduer überredet, mit ihnen im Kampf gegen die Römer ihr Kriegsglück zu versuchen. (4) Caesar erfuhr ferner, daß sie die Truppen der Atuatucer erwarteten, die sich bereits auf dem Marsch befänden. (5) Die Frauen und die auf Grund ihres Alters kampfuntauglichen Männer hätten sie eilends an einen Ort gebracht, zu dem es wegen der Sümpfe in der Nähe für ein Heer keinen Zugang gebe.
17 (1) Als Caesar davon erfuhr, sandte er Späher und Centurionen voraus, um eine geeignete Stelle für ein Lager auszuwählen. (2) Da sich eine Anzahl von Belgern und anderen Galliern, die vor Caesar kapituliert hatten, in seinem Gefolge befanden und ihn auf dem Marsch begleiteten, wurden sie mit der Ordnung vertraut, die unser Heer in diesen Tagen gewöhnlich auf dem Marsch einhielt.[171] Wie man später von Kriegsgefangenen erfuhr, kamen einige von ihnen bei Nacht zu den Nerviern und erklärten ihnen, nach jeder einzelnen Legion komme jeweils ein langer Zug Troß und Kriegsgerät, so daß es nicht schwierig sei, die erste Legion bei ihrem Eintreffen im Lager anzugreifen, bevor sie ihr Gepäck abgelegt hätte, da die übrigen Legionen dann noch weit entfernt seien. (3) Sei sie geschlagen und der Troß geplündert, würden die übrigen Legionen nicht wagen, weiteren Widerstand zu leisten. (4) Die Männer, die diesen Vorschlag unterbreiteten, erhielten Unterstützung durch folgenden Umstand: Da die Nervier nicht in der Lage waren, Reiterei einzusetzen – bis heute kümmern sie sich nicht darum; ihre ganze

Schlagkraft liegt bei den Fußtruppen –, hatten sie von alters her eine Methode entwickelt, die Reiterei ihrer Grenznachbarn abzuwehren, wenn sie bei ihnen eingefallen waren, um Beute zu machen: Sie schnitten junge Bäume ein und bogen sie. Zwischen ihre zahlreichen in die Breite wachsenden Zweige pflanzten sie Brombeer- und Dornbüsche und stellten so einen Schutzverhau her, der an die Stelle einer Mauer trat und undurchdringlich war, ja sogar jede Sicht versperrte. Weil unser Zug dadurch aufgehalten werde, glaubten die Nervier, man dürfe den Vorschlag nicht beiseiteschieben.

18 (1) Das Gelände, das unsere Soldaten für ein Lager ausgesucht hatten, sah folgendermaßen aus: Eine Anhöhe fiel in gleichmäßiger Neigung zum Fluß Sabis ab, den wir oben erwähnten. (2) Vom Fluß aus stieg ein weiterer Hügel mit gleicher Neigung an, der dem ersten gegenüberlag und sein Gegenstück bildete. Sein unterer Teil war etwa auf 200 Schritt hin unbewaldet, während er in der Höhe mit Bäumen bestanden war, die die Sicht erschwerten. (3) In diesen Wäldern hielten sich die Feinde verborgen. Im freien Gelände, am Fluß entlang, wurden nur einzelne Reiterposten beobachtet. Der Fluß war ungefähr drei Fuß tief.

19 (1) Caesar folgte der Reiterei, die er vorausgeschickt hatte, mit allen Truppen sofort nach. Die Organisation und Ordnung des Marsches sahen jedoch anders aus, als es die Belger den Nerviern hinterbracht hatten.[172] (2) Denn weil das Heer in die Nähe des Feindes kam, setzte sich Caesar an die Spitze von sechs Legionen, die er nach seiner Gewohnheit kampfbereit marschieren ließ. (3) Ihnen schloß sich der Troß des gesamten Heeres an. Den Schluß des Zuges bildeten die zwei Legionen, die zuletzt ausgehoben worden waren und jetzt die Bewachung des Trosses übernahmen. (4) Unsere Reiter überquerten mit Schleuderern und Bogenschützen den Fluß und eröffneten den Kampf mit der feindlichen Reiterei. (5) Wiederholt zog sich diese in die Wälder zu ihrem Heer zurück, um von dort aus erneut unsere Reiter anzugreifen. Unsere Reiterei rückte zwar bis dahin vor, wo das offene Gelände aufhörte, wagte jedoch nicht, die zurückweichenden Feinde weiter als bis zum Rand des offenen Geländes zu verfolgen. Inzwischen maßen die sechs Legionen, die als erste eingetroffen waren, die Abschnitte für den Bau des Lagers aus[173] und gingen daran, es zu befestigen. (6) Sobald die Feinde, die sich in den Wäldern versteckt hielten, die ersten Abteilungen unseres Trosses erblickten – sie hatten vorher diesen Augenblick für die Eröffnung des Kampfes vereinbart und schon in den Wäldern ihr Heer und dessen einzelne Einheiten in Schlachtordnung aufgestellt –, feuerten sie sich gegenseitig an, brachen plötzlich mit allen Truppen hervor und griffen unsere Reiter an. (7) Nachdem sie diese mühelos geschlagen und vertrieben hatten, wandten sie sich in unglaublicher Geschwindigkeit zum Fluß, so daß es aussah, als ob sie sich fast gleichzeitig bei den Wäldern, am Fluß und sogar schon im Handgemenge mit unseren Soldaten befänden. (8) Mit derselben Geschwindigkeit stürmten sie den Hügel hinauf, auf unser Lager und die Soldaten zu, die an diesem arbeiteten.

20 (1) Caesar hätte alle Maßnahmen gleichzeitig treffen müssen: Die Fahne hissen,[174] die signalisierte, daß man zu den Waffen greifen müsse, mit der Tuba Alarm geben,[175] die Soldaten, die sich etwas weiter entfernt hatten, um Material für den Lagerwall zu beschaffen, von der Arbeit abrufen und herbeiholen, das Heer zur Schlacht aufstellen, die Soldaten anfeuern[176] und das Zeichen zum Angriff geben. (2) Die Ausführung dieser Maßnahmen wurde zum großen Teil durch die kurze Zeit und durch den Angriff der Feinde erschwert. (3) Zwei Umstände verringerten diese Schwierigkeiten: einmal die praktische Erfahrung der Soldaten, die in den vergangenen Kämpfen so viel Übung erlangt hatten, daß sie imstande waren, die notwendigen Maßnahmen ebenso richtig auf sich selbst ge-

stellt zu treffen, als wenn sie ihnen von anderer Seite vorgeschrieben würden. Dazu kam, daß Caesar den einzelnen Legaten verboten hatte, sich von ihren Legionen oder der Arbeit am Lager zu entfernen, solange die Befestigung nicht vollendet war. (4) Da der Feind so schnell und in nächster Nähe erschien, warteten sie nicht erst Befehle Caesars ab, sondern trafen allein die Maßnahmen, die ihnen gut erschienen.
21 (1) Caesar gab daher nur die notwendigsten Anordnungen und eilte herab, um seine Soldaten anzufeuern, wo immer er sie antraf. Dabei stieß er auf die 10. Legion. (2) Um sie anzufeuern, sagte er nicht viel mehr, als daß sie an ihre bewährte Tapferkeit denken, sich nicht verwirren lassen und dem Angriff der Feinde tapfer standhalten solle. (3) Da die Feinde schon in Wurfweite eines Geschosses standen, gab er das Zeichen zum Angriff. (4) Als er sich auf die andere Seite wandte, um auch hier die Soldaten anzufeuern, begegnete er schon Kämpfenden. (5) Die Zeit war so knapp bemessen und der Feind so auf Kampf eingestellt, daß die Soldaten nicht mehr dazu kamen, die Helme aufzusetzen oder die Hüllen von den Schilden zu ziehen, geschweige denn die Kampfabzeichen anzulegen.[177] (6) Jeder stellte sich da auf, wohin er gerade von der Schanzarbeit kam und wo er das nächstbeste Feldzeichen erblickte, so daß niemand Zeit damit verlor, nach seiner Einheit zu suchen.
22 (1) Da sich das Heer mehr nach den Gegebenheiten des Geländes, nach der Steigung der Anhöhe und den augenblicklichen Erfordernissen aufstellte als nach militärischer Regel, waren die Legionen voneinander getrennt und leisteten dem Feind an verschiedenen Stellen Widerstand. Sie wurden zudem durch die eben erwähnten dichten Verhaue behindert, die, auf dem Gelände verteilt, die Sicht versperrten. Daher konnten weder bestimmte Hilfstruppen zum Einsatz bereitgestellt werden, noch konnte man überblicken, was die Lage an den einzelnen Kampf-

abschnitten erforderte. Deshalb war es unmöglich, daß einer allein alle Befehle erteilte. (2) In dieser außerordentlich ungünstigen Lage nahm der Kampf einen unterschiedlichen Verlauf.
23 (1) Auf dem linken Flügel der Front standen die Soldaten der 9. und 10. Legion den Atrebaten gegenüber, denen dieser Frontabschnitt zugefallen war. Unsere Soldaten schleuderten ihre Wurfspieße, und da die Atrebaten durch den schnellen Lauf erschöpft und durch Verwundungen geschwächt waren, gelang es unseren Soldaten, die Feinde schnell von der Anhöhe herab in den Fluß zu treiben. Als sie versuchten, über den Fluß zu entkommen, töteten unsere Soldaten bei der Verfolgung einen großen Teil der Kampfunfähigen mit dem Schwert. (2) Sie zögerten nicht, auch selbst den Fluß zu überschreiten, und obwohl sie dabei in ungünstiges Gelände gerieten und der Feind daraufhin den Kampf erneut aufnahm und Widerstand leistete, schlugen sie ihn in die Flucht. (3) Genauso hatten an einer anderen Stelle die 8. und 11. Legion, jeweils auf sich gestellt, die Viromanduer, auf die sie gestoßen waren, von der Höhe herab überwältigt und kämpften mit ihnen nun unmittelbar an den Ufern des Flusses. (4) Auf dem rechten Flügel hatte sich die 12. Legion und nicht weit davon die 7. festgesetzt. Dagegen war das Lager von vorn und auf der linken Seite ganz ungedeckt, so daß alle Nervier unter der Führung des Oberbefehlshabers Boduognatus in dichtgeschlossenen Reihen dorthin stürmten. (5) Ein Teil von ihnen ging daran, die Legionen von der ungeschützten Flanke her einzukreisen, ein Teil wandte sich unmittelbar gegen die Höhe, auf der das Lager stand.
24 (1) Im selben Augenblick trafen unsere Reiter und die leichtbewaffneten Fußsoldaten, die zu den Heeresteilen gehörten, die der Feind, wie erwähnt, beim ersten Angriff in die Flucht geschlagen hatte, während des Rückzugs ins Lager wieder auf die Feinde und flohen erneut in anderer

Richtung. (2) Die Troßknechte, die von der Porta Decumana[178] und von der höchsten Stelle der Anhöhe aus zugesehen hatten, wie unsere siegreichen Soldaten über den Fluß gingen, verließen das Lager, um Beute zu machen. Als sie jedoch zurückblickten und bemerkten, daß der Feind schon in unserem Lager stand, flohen sie kopflos. (3) Zugleich erhob sich Lärm und Geschrei unter den Leuten, die mit dem Troß ankamen und sich jetzt, von Panik ergriffen, nach allen Seiten zerstreuten. (4) Der Stamm der Treverer, der bei den Galliern wegen seiner Tapferkeit einen einzigartigen Ruf genießt, hatte Caesar Reiter zur Unterstützung geschickt. Als diese jetzt sahen, wie sich unser Lager mit unzähligen Feinden füllte, daß die Legionen schwer bedrängt wurden und völlig eingekesselt waren, als sie zudem bemerkten, daß die Troßknechte, Reiter, Schleuderer und Numider aufgelöst und zerstreut in alle Richtungen flohen, gaben sie unsere Sache unter dem Eindruck all dieser Ereignisse verloren und wandten sich heimwärts. Zu Hause angelangt, meldeten sie ihrem Stamm, die Römer seien völlig geschlagen, der Feind sei im Besitz des Lagers und des Trosses.

25 (1) Gleich nach den anfeuernden Worten an die 10. Legion wandte sich Caesar zum rechten Flügel, da er bemerkte, daß seine Soldaten dort hart bedrängt wurden. Die Soldaten der 12. Legion hatten die Feldzeichen an eine Stelle gebracht, und da sie sich dort eng zusammendrängten, behinderten sie sich gegenseitig beim Kampf. Die Centurionen der 4. Cohorte waren alle gefallen; auch der Feldzeichenträger[179] war umgekommen, das Feldzeichen verloren und die Centurionen der übrigen Cohorten waren fast alle verwundet oder tot. Unter diesen befand sich auch der ranghöchste Centurio, P. Sextius Baculus,[180] ein überaus tapferer Mann, der so oft und schwer verwundet worden war, daß er sich nicht mehr aufrecht halten konnte. Caesar bemerkte, daß auch die übrigen langsamer wurden, daß sich in den hintersten Reihen einige versprengte Soldaten aus dem Kampfgetümmel zurückzogen und versuchten, den Wurfgeschossen auszuweichen, während die Feinde, die von vorn die Hügel hinaufkamen, den Kampf ununterbrochen fortsetzten und uns auch von beiden Seiten her bedrohten. Caesar sah, daß die Lage dort höchst gefährlich war, er hatte jedoch keinerlei Truppen zur Verfügung, die er hätte zu Hilfe schicken können: (2) Da nahm er einem Soldaten aus den hinteren Reihen den Schild weg, da er selbst ohne Schild gekommen war, drang bis zur ersten Reihe vor, rief die Centurionen alle beim Namen und feuerte die übrigen Soldaten an, während er ihnen befahl, zum Angriff überzugehen und die Manipel[181] auseinanderzuziehen, damit sie ihre Schwerter leichter gebrauchen könnten. (3) Sein Erscheinen erfüllte die Soldaten mit neuer Hoffnung und frischem Mut. Da sich jeder vor den Augen des Feldherrn und in dieser besonders gefährlichen Situation anstrengen wollte, gelang es, dem Angriff der Feinde für eine Weile etwas von seiner Stoßkraft zu nehmen.

26 (1) Als Caesar sah, daß die 7. Legion, die daneben stand, ebenso vom Feind bedrängt wurde, befahl er den Militärtribunen, die Legionen allmählich zu vereinigen und den Feind nach beiden Seiten hin[182] anzugreifen. (2) Da sie sich hierdurch gegenseitig unterstützen konnten und nicht fürchten mußten, daß sie der Feind von hinten her einkreiste, begannen sie, härteren Widerstand zu leisten und tapferer zu kämpfen. (3) Inzwischen kamen für die Feinde auf der Höhe die Soldaten der zwei Legionen in Sicht, die als Nachhut den Troß gesichert und auf die Nachricht von der Schlacht hin ihren Marsch beschleunigt hatten. (4) Labienus, der das Lager der Feinde erobert hatte und von oben her beobachtete, was in unserem Lager vorging, schickte unseren Soldaten die 10. Legion zu Hilfe. (5) Sobald diese aus der Flucht der Reiter und Troßknechte entnahm, wo die Lage kritisch war und in welch bedrohlicher Situation sich das Lager und der

Feldherr befanden, gab sie das Äußerste an Schnelligkeit her.

27 (1) Mit ihrem Erscheinen änderte sich die Lage völlig, so daß unsere Soldaten den Kampf wieder aufnahmen, auch die, die schon verwundet zu Boden gesunken waren und sich jetzt auf ihre Schilde stützten. (2) Als die Troßknechte bemerkten, daß Panik die Feinde ergriff, gingen sie sogar unbewaffnet auf ihre bewaffneten Gegner los. Die Reiter, die nun mit Tapferkeit ihre schändliche Flucht wiedergutmachen wollten, kämpften überall mit und übertrafen die Legionäre noch an Eifer. (3) Die Feinde zeigten jedoch eine derartige Tapferkeit, auch als kaum noch Hoffnung auf Rettung bestand, daß sich, wenn die erste Reihe gefallen war, die folgende auf die am Boden liegenden Soldaten stellte und auf ihren Leichen stehend weiterkämpfte. (4) Als auch diese Soldaten fielen und die Leichen sich türmten, warfen die Überlebenden von diesem Grabhügel aus Wurfgeschosse auf unsere Soldaten und schleuderten die Speere zurück, die sie von uns auffingen. (5) Man mußte zu dem Schluß kommen, daß Menschen von derart außergewöhnlicher Kampfkraft nicht unbegründet gewagt hatten, einen so breiten Fluß zu überqueren, so steile Ufer zu erklimmen und sich in so ungünstiges Gelände zu begeben: Die Größe ihres Mutes hatte die schwierigsten Unternehmungen mühelos aussehen lassen.

28 (1) In dieser Schlacht wurde fast der gesamte Stamm der Nervier ausgelöscht. Daher waren die älteren Männer, die, wie erwähnt, mit den Knaben und Frauen überstürzt ins Watt und in die Sumpfgegenden gebracht worden waren, auf die Nachricht von der Schlacht hin der Überzeugung, daß der Sieger jetzt völlige Handlungsfreiheit habe, während die Besiegten alles zu gewärtigen hätten. (2) Sie schickten deshalb mit Zustimmung aller Überlebenden Gesandte an Caesar, um die Kapitulation anzubieten. Um das Unglück ihres Stammes deutlich zu machen, berichteten sie, daß von ihren 600 Senatoren[183] noch drei, von 60 000 Stammesangehörigen knapp 500 übriggeblieben seien, die noch Waffen tragen könnten. (3) Damit deutlich würde, daß er gegen Unglückliche und Demütige Barmherzigkeit walten lasse, wandte Caesar seine ganze Aufmerksamkeit auf ihre Schonung. Er forderte die Nervier auf, weiterhin in ihrem Land und ihren Städten zu leben, und befahl ihren Grenznachbarn, ihren gesamten Stamm von jedem unrechtmäßigen und böswilligen Vorgehen gegen die Nervier abzuhalten.

29 (1) Die oben erwähnten Atuatucer, die unterwegs waren, um den Nerviern zu Hilfe zu kommen, machten auf die Nachricht von der Schlacht hin kehrt und zogen in die Heimat zurück. (2) Sie verließen alle Städte und kleineren befestigten Orte und brachten ihre gesamte Habe in eine einzige Stadt[184], die durch ihre Lage hervorragend geschützt war. (3) Ringsum fielen die Felsen auf allen Seiten steil ab und boten eine gute Fernsicht. Nur an einer Stelle ließen sie einen Zugang frei, der sanft abfiel und nicht mehr als 200 Fuß breit war. Diesen Ort hatten die Atuatucer mit einer überaus hohen doppelten Mauer befestigt. Jetzt verstärkten sie die Mauer mit Felsblöcken von gewaltigem Gewicht und mit zugespitzten Pfählen. (4) Die Atuatucer stammten von den Cimbern und Teutonen ab. Diese hatten bei ihrem Zug in unsere Provinz und nach Italien alles Hinderliche, was sie nicht mit sich nehmen konnten, diesseits des Rheins untergebracht und eine Abteilung von 6000 Mann dort zur Bewachung und zum Schutz zurückgelassen. (5) Nach ihrem Untergang wurde dieser Teil des Stammes viele Jahre lang von den in der Nähe lebenden Stämmen umhergetrieben. Nachdem sie jedoch immer wieder selbst Angriffe unternommen oder sich gegen fremde verteidigt hatten, kamen alle Parteien überein, in Frieden miteinander zu leben. Die Cimbern und Teutonen hatten sich dann diesen Ort zum Wohnsitz ausgewählt.

30 (1) In der ersten Zeit nach Erscheinen unseres Heers machten sie immer wieder Ausfälle aus der Stadt und verwickelten uns in kleinere Gefechte. (2) Später mußten sie in der Stadt bleiben, da Caesar sie durch einen Wall von 15 Meilen Länge und einen dichten Ring von Wachposten eingeschlossen hatte. (3) Als sie bemerkten, daß in der Ferne die Laufgänge vorgetrieben, dann der Belagerungsdamm aufgeworfen und ein Belagerungsturm errichtet wurden, erhoben sie zuerst von der Mauer herab ein Gelächter und spotteten darüber, daß diese gewaltigen Vorbereitungen in so weiter Entfernung getroffen wurden: (4) Mit welchen Händen und mit welchen Kräften trauten wir uns wohl zu, einen Turm von derartigem Gewicht auf die Mauer schaffen zu können, besonders da wir doch von so kleiner Gestalt seien? Da sie selbst alle so groß sind, verachten uns die Gallier meistens wegen unseres kleinen Wuchses.

31 (1) Als sie jedoch sahen, daß sich die Belagerungsmaschinen in Bewegung setzten und sich den Mauern näherten, erschütterte sie der neue und ungewohnte Anblick so, daß sie Gesandte an Caesar schickten, die über den Frieden verhandeln sollten und folgendes ausführten: (2) Sie glaubten, daß die Römer den Krieg nicht ohne göttliche Hilfe führten, da sie die Belagerungsmaschinen trotz ihrer großen Höhe mit derartiger Geschwindigkeit fortbewegten und dann aus der Nähe Mann gegen Mann kämpfen könnten. (3) Daher seien sie entschlossen, sich und ihre gesamte Habe Caesar auszuliefern. (4) Sie bäten nur inständig um eins: Wenn er sich vielleicht auf Grund seiner Milde und Güte, wovon sie über andere gehört hätten, entschließe, die Atuatucer zu schonen, möge er sie nicht ihrer Waffen berauben. (5) Fast alle umliegenden Stämme seien ihre Feinde und haßten sie wegen ihrer Tapferkeit. Wenn sie die Waffen auslieferten, könnten sie sich jedoch nicht mehr gegen sie verteidigen. (6) Falls sie in diese Lage gerieten, zögen sie es vor, jedes erdenkliche

Unglück durch die Römer zu erleiden, als qualvoll von denen umgebracht zu werden, bei denen sie vorher stets die führende Rolle gespielt hätten.
32 (1) Caesar erwiderte darauf: Er werde ihren Stamm verschonen, mehr seiner Gewohnheit folgend, als weil sie es verdient hätten, wenn sie kapitulierten, ehe der Sturmbock die Mauer berannt habe. Es gebe für sie aber keine Kapitulation ohne Auslieferung der Waffen. (2) Er werde das tun, was er auch bei den Nerviern getan habe, nämlich den angrenzenden Stämmen befehlen, nichts Unrechtmäßiges gegen Menschen zu unternehmen, die sich dem römischen Volk unterworfen hätten. (3) Als die Atuatucer von den Forderungen in Kenntnis gesetzt worden waren, erklärten sie sich über ihre Gesandten bereit, sie zu erfüllen. (4) Sie warfen so viele Waffen von der Mauer in den Graben, den Caesar vor der Stadt hatte ziehen lassen, daß die Berge von Waffen fast die Höhe der Mauer und des Belagerungsdammes erreichten. Dennoch hatten sie, wie sich später herausstellte, etwa ein Drittel davon in der Stadt zurückbehalten und versteckt. Am selben Tag wurden die Tore geöffnet und der Kriegszustand beendet.
33 (1) Gegen Abend befahl Caesar, die Tore zu schließen und die Soldaten aus der Stadt abzuziehen, damit es nicht zu Ausschreitungen gegenüber den Einwohnern käme. (2) Wie sich herausstellte, hatten diese schon vorher Verrat geplant. Da sie glaubten, daß unsere Wachtposten nach der Kapitulation abgezogen würden oder wenigstens ihren Dienst nachlässiger erfüllten, machten sie plötzlich um die 3. Nachtwache an der Stelle, wo der Zugang zu unseren Befestigungswerken am wenigsten steil schien, mit allen Truppen einen Ausfall aus der Stadt. Teils benützten sie dazu die Waffen, die sie zurückbehalten und verborgen hatten, teils hatten sie auch Schilde aus Baumrinde oder aus Rutengeflecht hergestellt und mit Fellen bezogen, wie es im Augenblick die kurze Vorbereitungszeit erforder-

te. (3) Durch Feuerzeichen wurde jedoch schnell Gefahr signalisiert, wie Caesar es vorher für einen solchen Fall befohlen hatte, so daß von den nächsten Wachtposten aus alles dorthin eilte. (4) Die Feinde kämpften so verbissen, wie man es von tapferen Männern erwarten mußte, die auf ungünstigem Gelände mit dem Mut der Verzweiflung gegen Soldaten antraten, die vom Wall und von den Belagerungstürmen Wurfgeschosse schleuderten. Ihre einzige Hoffnung lag in ihrer Tapferkeit. (5) Nachdem etwa 4000 Mann gefallen waren, wurden die übrigen in die Stadt zurückgedrängt. (6) Am folgenden Tag wurden die Tore aufgebrochen, doch verteidigte sich niemand mehr. Caesar überließ unseren Soldaten die Stadt und verkaufte die gesamte Beute. (7) Die Einkäufer gaben ihm eine Zahl von 53 000 Menschen[185] an.

34 (1) Um dieselbe Zeit erhielt Caesar von P. Crassus, den er mit einer Legion zu den Venetern, Unellern,[186] Osismern, Coriosoliten, Essuviern, Aulercern und Redonen[187] geschickt hatte, die Nachricht, daß er alle diese Stämme in die Abhängigkeit und unter die Herrschaft des römischen Volkes gebracht habe. Sie sind Seevölker und leben an den Küsten des Ozeans.

35 (1) Nach diesen kriegerischen Erfolgen herrschte in ganz Gallien Ruhe. Von dem Krieg drangen jedoch so eindrucksvolle Berichte zu den Barbaren, daß auch die Stämme, die jenseits des Rheins lebten, Gesandte an Caesar schickten mit der Zusage, Geiseln zu stellen und seine Aufträge auszuführen. (2) Da Caesar schnell nach Italien und Illyrien[188] aufbrechen wollte, befahl er den Gesandtschaften, zu Beginn des nächsten Sommers zu ihm zurückzukehren. (3) Er ließ die Legionen im Land der Carnuten, Anden und Turonen[189] und anderer Stämme, die in der Nähe des Kriegsschauplatzes lebten, ins Winterlager führen und reiste nach Italien ab. (4) Auf die Berichte Caesars hin beschloß der Senat für diese Erfolge ein Dankfest von 15 Tagen, was nie jemand zuvor erreicht hatte.[190]

Drittes Buch

1 (1) Bei seinem Aufbruch nach Italien beauftragte Caesar Ser. Galba[191], mit der 12. Legion und einem Teil der Reiterei in das Gebiet der Nantuaten, Veragrer und Seduner[192] zu ziehen, das sich vom Gebiet der Allobroger, dem Genfer See und der Rhône bis zu den Gipfeln der Alpen erstreckt. (2) Der Grund für diese Expedition lag in seiner Absicht, den Weg durch die Alpen zu öffnen,[193] der für die Handelsleute gewöhnlich mit großen Gefahren und hohen Zollkosten verbunden war. (3) Für den Fall, daß Ser. Galba es für notwendig erachtete, gab er ihm die Vollmacht, dort eine Legion überwintern zu lassen. (4) Nach einigen für die Römer siegreichen Gefechten und der Eroberung mehrerer Stützpunkte der dortigen Stämme schickten diese von allen Seiten Gesandte zu ihm und stellten Geiseln. Als der Frieden wiederhergestellt war, verlegte Galba zwei Cohorten ins Land der Nantuaten und ging selbst mit den übrigen Cohorten der Legion in einem Dorf der Veragrer mit Namen Octodurus[194] ins Winterlager. (5) Dieses Dorf lag in einem Tal am Ende einer kleinen Ebene und war ringsum von außerordentlich hohen Bergen umgeben. (6) Da es ein Fluß[195] in zwei Teile teilte, überließ Galba den einen Teil den Galliern zum Überwintern, während er sie den anderen räumen ließ und ihn seinen Cohorten zuwies. Diesen Teil schützte er mit Wall und Graben.[196]

2 (1) Als einige Tage im Winterlager verstrichen waren, gab Galba den Befehl, Getreide dorthin zu schaffen. Da erhielt er plötzlich von Spähern die Nachricht, daß bei Nacht alle Gallier aus dem Teil des Dorfes, den er ihnen zugestanden hatte, abgezogen seien, daß aber die Berge, die sich darüber erhoben, von einer großen Menge der Veragrer und Seduner besetzt seien. (2) Mehrere Gründe hatten den Ausschlag dafür gegeben, daß die Gallier plötzlich den Plan faßten, den Krieg wieder zu eröffnen und die Legion zu vernichten. (3) Einmal schätzten sie die Stärke einer einzelnen Legion gering ein, zumal da diese zahlenmäßig unvollständig war. Zwei Cohorten waren nämlich abgezogen worden, und mehrere Soldaten hatten sich einzeln mit dem Auftrag entfernt, für Nachschub zu sorgen. (4) Außerdem glaubten sie, daß in diesem ungünstigen Gelände ihr Ansturm keinen Augenblick aufgehalten werden könne, wenn sie von den Bergen in das Tal herunterstürmten und dabei ihre Wurfgeschosse schleuderten. (5) Hinzu kam die Kränkung, daß man ihnen ihre Kinder als Geiseln weggenommen hatte, und die Überzeugung, daß die Römer die Pässe der Alpen nicht zu besetzen versuchten, um Handelswege zu sichern, sondern um davon auf die Dauer Besitz zu ergreifen und der Provinz die benachbarten Gebiete einzugliedern.

3 (1) Da Galba auf Grund der Kapitulation und der Geiselnahme geglaubt hatte, er brauche keinen Krieg zu führen, waren die Arbeiten am Lager und seiner Befestigung noch nicht abgeschlossen. Außerdem hatte er nicht ausreichend für Getreide und anderen Nachschub vorgesorgt. Auf die erwähnte Meldung hin rief Galba deshalb sofort den Kriegsrat ein, um dessen Meinung zu hören. (2) Da entgegen aller Erwartung so plötzlich eine sehr bedrohliche Lage entstanden war, man zudem beobachten konnte, daß fast sämtliche Höhen dicht mit Bewaffneten besetzt waren, während andererseits unser Heer von jeder militärischen Unterstützung und der Nachschubversorgung abgeschnitten war, (3) bestand nur noch wenig Hoffnung auf Rettung. Daher machten einige den Vorschlag, daß man den Troß zurücklassen und versuchen sollte, sich schnell durch einen Ausbruch über denselben Weg, auf dem das Heer gekommen war, in Sicherheit zu bringen. (4) Die Mehrheit beschloß jedoch, diesen Plan für den äußersten Notfall zurückzustellen, inzwischen die Entwicklung der Dinge abzuwarten und das Lager zu verteidigen.

4 (1) Man hatte kaum Gelegenheit gefunden, diesem Beschluß entsprechend Anordnungen zu treffen und Maßnahmen zu ergreifen, als auch schon die Feinde nach kurzer Zeit das Signal zum Angriff gaben. Sie stürmten von allen Seiten herab und schleuderten Steine und Speere gegen den Lagerwall. (2) Zunächst leisteten unsere Soldaten mit unverbrauchten Kräften tapfer Widerstand und schleuderten vom Wall erfolgreich ihre Wurfgeschosse. Wenn ein Teil des Lagers von Verteidigern entblößt und bedrängt schien, liefen sie dorthin und sprangen ein. (3) Während des lang anhaltenden Kampfes jedoch konnten die Feinde, die erschöpft waren, den Kampfplatz verlassen, während andere mit frischer Kraft nachrückten, so daß unsere Soldaten ins Hintertreffen gerieten. (4) Denn auf Grund ihrer kleinen Zahl stand ihnen diese Möglichkeit nicht offen; ein erschöpfter Soldat konnte sich nicht nur nicht zurückziehen, ja es war einem Verwundeten sogar unmöglich, den Platz, auf dem er stand, aufzugeben und sich in Sicherheit zu bringen.
5 (1) Als sich die Schlacht schon ununterbrochen über mehr als sechs Stunden hingezogen hatte, verließen unsere Soldaten die Kräfte, zudem fehlte es an Wurfgeschossen. Die Feinde dagegen drängten immer heftiger vor, und während unsere Soldaten mehr und mehr erlahmten, begannen die Feinde, den Lagerwall einzureißen und den Graben zuzuschütten. Als die Lage höchst kritisch wurde, (2) liefen der ranghöchste Centurio der Legion, P. Sextius Baculus, der, wie erwähnt, in der Nervierschlacht mehrmals schwer verwundet worden war, und ebenso der Militärtribun C. Volusenus,[197] ein außerordentlich einsichtsvoller und tapferer Mann, zu Galba und erklärten ihm, es gebe nur noch eine einzige Hoffnung auf Rettung, die darin bestehe, daß man zum letzten Mittel greife und einen Ausbruch versuche. (3) Galba ließ daher schnell die Centurionen kommen, um den Soldaten mitzuteilen, sie sollten den Kampf für kurze Zeit unterbrechen, nur vor

den Wurfgeschossen in Deckung gehen und sich etwas von der Anstrengung erholen, um danach auf ein Signal hin einen Ausfall aus dem Lager zu machen und ihre ganze Hoffnung für die Rettung auf ihre Tapferkeit zu setzen.
6 (1) Sie handelten befehlsgemäß, machten plötzlich aus allen Toren einen Ausfall, so daß den Feinden keine Gelegenheit blieb zu erkennen, was vor sich ging, oder gar, sich zu sammeln. (2) So wandte sich das Glück. Während die Feinde in der Hoffnung gekommen waren, sich des Lagers zu bemächtigen, kreisten unsere Soldaten sie jetzt überall ein, fingen sie ab und töteten aus einer Zahl, die 30 000[198] überstieg, mehr als ein Drittel; es stand fest, daß so viele Feinde zum Lager gekommen waren. Die übrigen, die nun Panik ergriff, schlugen sie in die Flucht und ließen nicht einmal zu, daß sie oben auf den Höhen haltmachten. (3) Als sie so alle Truppen der Feinde vertrieben und den Toten die Waffen abgenommen hatten, zogen sie sich in die Lagerbefestigung zurück. (4) Galba wollte nach dieser Schlacht das Schicksal nicht noch einmal herausfordern und rief sich ins Gedächtnis, daß die Dinge einen ganz anderen Verlauf genommen hatten, als er es bei seiner Ankunft im Lager geplant hatte. Der Mangel an Getreide und Nachschub beunruhigte ihn am meisten, so daß er am nächsten Tag alle Häuser des Dorfes in Brand stecken ließ und rasch in die Provinz zurückkehrte. (5) Da ihn hieran kein Feind hinderte oder den Marsch aufhielt, konnte er seine Legion heil in das Gebiet der Nantuaten und von da in das der Allobroger bringen, wo er ins Winterlager ging.[199]
7 (1) In dem Glauben, daß nach diesen Erfolgen die Ruhe in Gallien in jeder Hinsicht wiederhergestellt sei, da die Belger besiegt, die Germanen vertrieben und die Seduner in den Alpen geschlagen worden waren, brach Caesar im Verlauf des Winters nach Illyrien auf, um auch die dortigen Stämme zu besuchen und das Land kennenzulernen.

Da brach in Gallien plötzlich ein Krieg aus. (2) Die Ursache dafür war folgende: Der junge P. Crassus hatte mit der 7. Legion in der Nähe der Küste bei den Anden das Winterlager bezogen. (3) Da in diesem Gebiet Mangel an Getreide herrschte, schickte er mehrere Praefecten und Militärtribunen zu benachbarten Stämmen, um Getreide und anderen Nachschub zu fordern. (4) Aus ihrem Kreis hatte er T. Terrasidius zu den Unellern und Essuviern, M. Trebius Gallus zu den Coriosoliten und Q. Velanius gemeinsam mit T. Sillius[200] zu den Venetern entsandt.

8 (1) Der letztgenannte Stamm besaß im gesamten Küstengebiet dieser Gegend den größten Einfluß.[201] Er verfügte nämlich über die meisten Schiffe, mit denen er gewöhnlich nach Britannien fuhr, und übertraf alle anderen an Erfahrung und Kenntnissen in der Seefahrt. Da hier die Brandung wegen des offenen Meeres besonders stark ist, gab es nur wenige vereinzelte Häfen, die die Veneter alle in Besitz hatten, so daß sie von fast allen Völkern, die dort Seefahrt betrieben, Steuern erheben konnten. (2) Sie machten den Anfang damit, Sillius und Velanius, dazu andere, deren sie habhaft werden konnten, festzuhalten, weil sie glaubten, sie könnten im Austausch gegen sie ihre eigenen Geiseln, die sie Crassus gestellt hatten, wiedererlangen. (3) Da die Gallier zu schnellen und plötzlichen Entschlüssen neigen, veranlaßte ihr Beispiel ihre Nachbarn, aus dem gleichen Grund Trebius und Terrasidius festzuhalten. Nach einem raschen Austausch von Gesandtschaften verschworen sie sich, vertreten durch ihre führenden Männer, nur nach gemeinsamem Plan zu handeln und die Folgen dieses Vorgehens gemeinsam zu tragen. (4) Auch die übrigen Stämme versetzten sie dadurch in Unruhe, daß sie verbreiteten, sie wollten lieber weiter in Freiheit, die sie von den Ahnen her übernommen hätten, leben als die Versklavung durch die Römer ertragen. (5) Als es den Venetern gelungen war, das gesamte Küstengebiet schnell für ihre Überzeugung zu gewinnen,

schickten sie eine gemeinsame Gesandtschaft an Crassus mit der Aufforderung, er möge ihnen ihre Geiseln zurückgeben, wenn er seine eigenen Leute zurückbekommen wolle.

9 (1) Als Caesar durch Crassus davon erfuhr, gab er den Auftrag, da er noch zu weit entfernt war, in der Zwischenzeit Kriegsschiffe auf dem Liger[202] zu bauen, der in den Ozean mündet. Außerdem sollten aus der Provinz Ruderer angefordert und dazu Seeleute und Steuerleute aufgetrieben werden. (2) Nachdem diese Anordnungen umgehend ausgeführt worden waren, eilte er selbst zum Heer, sobald es die Jahreszeit erlaubte. (3) Als seine Ankunft bekannt wurde, merkten die Veneter und ebenso die übrigen Stämme, daß sie vergeblich gehofft hatten, ihre Geiseln zurückzuerhalten.[203] Gleichzeitig wurde ihnen klar, welches Verbrechens sie sich schuldig gemacht hatten, als sie die Gesandten,[204] die bei allen Völkern stets als heilig und unverletzlich gelten, bei sich zurückgehalten und in Fesseln gelegt hatten. Sie beschlossen daher, sich der Größe der Gefahr entsprechend für einen Krieg[205] zu rüsten und sich vor allem um Schiffe und deren Ausrüstung zu kümmern, denn da sie auf die Lage ihres Gebietes vertrauten, setzten sie hierauf die größte Hoffnung. (4) Es war ihnen bekannt, daß das Watt unserem Fußvolk zeitweise den Weg abschnitt und daß für uns die Schiffahrt auf Grund mangelnder Ortskenntnis und der kleinen Zahl an Häfen mit Schwierigkeiten verbunden war. (5) Außerdem vertrauten sie darauf, daß der Mangel an Getreide unsere Heere daran hindern würde, sich länger in ihrer Gegend aufzuhalten: (6) Und wenn schon alles wider Erwarten ungünstig für sie auslaufen werde, liege doch ihre Hauptstärke bei der Flotte, da die Römer weder mit Schiffen umgehen könnten noch um die Untiefen, Häfen und Inseln der Gegend kennten, in der sie Krieg führen wollten. (7) Sie wußten genau, daß sich die Seefahrt in einem Binnenmeer[206] sehr von der in dem riesigen und endlosen offenen Ozean unterschied. (8) Auf der Grundlage dieser Überlegungen befestigten sie ihre Städte, schafften vom Land ungedroschenes Getreide dorthin und zogen möglichst viele Schiffe im Gebiet der Veneter zusammen, (9) wo Caesar – das stand für sie fest – den Krieg eröffnen würde. (10) Als Bundesgenossen für diesen Krieg gewannen sie die Osismer, Lexovier, Namneten, Ambiliater, Moriner, Diablinthen[207] und Menapier. Außerdem holten sie Hilfstruppen aus Britannien, das ihrem Land gegenüber liegt.

10 (1) Obwohl die oben erwähnten Schwierigkeiten für eine Kriegführung bestanden, trieb Caesar dennoch vieles dazu, diesen Krieg zu beginnen: (2) Das Unrecht, das in der Gefangennahme der römischen Ritter[208] bestand, der Aufstand, der nach erfolgter Kapitulation ausgebrochen war, der Abfall trotz Geiselübergabe und eine Verschwörung, an der so viele Stämme beteiligt waren. Vor allem aber wollte er verhindern, daß die übrigen Völker glaubten, sie könnten ebenso handeln, wenn er in diesem Fall nachlässig verfuhr. (3) Da er wußte, daß die Gallier in der Regel alle geneigt sind, einen Umsturz herbeizuführen, und sich auf Grund ihrer wankelmütigen Gesinnung schnell zu einem Krieg aufstacheln lassen, daß aber auch allgemein die menschliche Natur von Freiheitsdrang erfüllt ist und Sklaverei haßt, glaubte er, sein Heer in einzelnen Einheiten über größere Gebiete verteilen zu müssen, ehe sich noch mehr Stämme der Verschwörung anschlössen.

11 (1) Er schickte daher den Legaten T. Labienus mit der Reiterei in das Gebiet der Treverer, die in unmittelbarer Nähe des Rheins leben. (2) Labienus hatte den Auftrag, die Remer und Belger aufzusuchen und dafür zu sorgen, daß sie ihre Verpflichtungen einhielten. Da das Gerücht umging, die Gallier hätten Germanen zu Hilfe geholt, sollte sie Labienus abwehren, falls sie versuchten, den Rhein mit Gewalt auf Schiffen zu überqueren. (3) P.

Crassus erhielt den Auftrag, mit zwölf Legionscohorten und einer großen Anzahl Reiter nach Aquitanien aufzubrechen, um zu verhindern, daß Gallien von hier aus Hilfstruppen erhalte und daß sich diese beiden großen Völker vereinigten. (4) Den Legaten Q. Titurius Sabinus schickte Caesar mit drei Legionen zu den Unellern, Coriosoliten und Lexoviern, um dafür zu sorgen, daß sich ihre Truppen nicht vereinigten. (5) Dem jungen D. Brutus[209] übertrug Caesar die Führung der Flotte und der gallischen Schiffe, die er von den Pictonen,[210] Santonen und den übrigen unterworfenen Gebieten hatte zusammenkommen lassen. Der Aufbruch gegen die Veneter sollte erfolgen, sobald es irgend möglich war. Caesar selbst eilte mit Fußtruppen dorthin.

12 (1) In der Regel waren die Städte so angelegt, daß sie am Ende von Landzungen oder auf Vorgebirgen erbaut und zu Fuß unerreichbar waren, wenn vom offenen Meer her die Flut heranströmte, was in einem Abstand von zwölf Stunden stets zweimal am Tag geschah. Da bei zurückweichender Flut Schiffe auf Sandbänke aufliefen, waren die Städte auch für Schiffe schwer erreichbar. (2) Beides zusammen machte daher die Belagerung einer Stadt sehr schwierig. (3) Wenn die Einwohner dennoch einmal einer großangelegten Belagerung nicht gewachsen waren, wenn Damm und Molen das Meer gestaut und die Höhe der Stadtmauern erreicht hatten, so daß die Einwohner alle Hoffnung aufzugeben begannen, ließen sie eine große Zahl von Schiffen landen, über die sie reichlich verfügten, schafften ihren ganzen Besitz fort und zogen sich in die nächstgelegenen Städte zurück. (4) Dort verteidigten sie sich aufs neue unter den gleichen günstigen Umständen. (5) Über lange Strecken des Sommers konnten sie so leichter, um so leichter, als starke Stürme unsere Schiffe abhielten und die Seefahrt vor fast unüberwindlichen Schwierigkeiten stand, denn es handelte sich um ein weites, offenes Meer mit starken Strömungen, wo es nur wenige oder fast gar keine Häfen gab.

13 (1) Ihre eigenen Schiffe waren folgendermaßen konstruiert und ausgerüstet: Ihre Kiele waren bedeutend flacher als die unserer Schiffe, so daß sie leichter über Untiefen und das Niedrigwasser bei Ebbe hinwegsteuern konnten. (2) Dagegen ragten der Bug und ebenso das Heck ziemlich hoch empor, für hohen Wellengang bei Flut und Stürmen sehr angemessen. (3) Die Schiffe waren ganz aus starkem Holz, um jede gewaltsame Erschütterung aushalten zu können. (4) Die Ruderbänke, die aus fußhohen Balken bestanden, waren mit daumenstarken Nägeln befestigt. (5) Die Anker hingen statt an Tauen an eisernen Ketten, (6) als Segel wurden Felle und ganz dünn gegerbtes Leder verwendet, sei es, daß es zu wenig Leinen gab, sei es, daß sie seine Verwendung als Segel nicht kannten. Sehr viel wahrscheinlicher ist jedoch, daß sie der Meinung waren, daß gewöhnliche Segel die gewaltigen Stürme auf dem Ozean und die mächtige Kraft der Böen nicht aushielten und daß die außergewöhnlich schweren Schiffe mit Leinensegeln nicht zufriedenstellend zu lenken seien. (7) Ein Zusammenstoß dieser Schiffe mit unserer Flotte zeigte, daß die unseren an Schnelligkeit und Kraft der Ruderschläge überlegen waren, während sich die der Veneter in ihrer Bauart sehr viel besser für die geographischen Bedingungen und die Stärke der Stürme eigneten als unsere. (8) Diese konnten ihnen nämlich nicht einmal mit dem Rammsporn Schäden zufügen, weil sie zu stabil gebaut waren, und nur unter Anstrengung konnte man sie mit dem Wurfgeschoß erreichen, weil sie so hoch aufragten. Aus demselben Grund war es auch nicht einfach, sie mit Enterhaken heranzuziehen. (9) Es kam hinzu, daß sie, wenn sie vor dem Wind liefen, seinen Ansturm sehr viel besser aushielten, außerdem aber sich in seichtem Gewässer sicherer bewegten und bei Ebbe nicht die Felsen und Riffe zu fürchten brauchten. All dies trug dazu bei, daß unsere Flotte begründete Furcht vor kommenden Gefechten hatte.

Drittes Buch 77

14 (1) Als Caesar nach Eroberung einiger Städte einsah, daß es vergeblich war, so große Anstrengungen zu unternehmen, da er den Feind nach Einnahme einer Stadt weder am Entkommen hindern noch ihm sonst Schaden zufügen konnte, beschloß er, auf die Ankunft der Flotte zu warten. (2) Sobald die Feinde diese bei ihrem Eintreffen sichteten, ließen sie etwa 220 Schiffe aus dem Hafen auslaufen, die voll einsatzfähig und mit jeder Art von Waffen bestückt waren. Sie stellten sie in Schlachtlinie unserer Flotte gegenüber auf. (3) Brutus, der den Oberbefehl über unsere Flotte hatte, und die Militärtribunen und Centurionen, die die einzelnen Schiffe kommandierten, waren unsicher, wie sie vorgehen und auf welche Taktik sie sich festlegen sollten. (4) Sie wußten, daß man die feindlichen Schiffe nicht mit den Schiffsschnäbeln rammen konnte. Selbst wenn sie Türme[211] errichteten, waren die Hecks der barbarischen Schiffe diesen an Höhe überlegen, so daß die Wurfgeschosse, die man von unten her schleuderte, nicht mit vollem Erfolg eingesetzt werden konnten, während die Wurfgeschosse, die von den Galliern kamen, um so verheerender wirkten. (5) Eine einzige Vorkehrung, die unser Heer getroffen hatte, war von großem Nutzen, nämlich überaus scharfe Sicheln,[212] die in lange Stangen eingelassen und befestigt waren und große Ähnlichkeit mit den Sicheln hatten, die für das Einreißen von Mauern verwendet werden. (6) Wenn man mit den Sicheln die Taue, die die Rahen mit dem Mast verbanden, erfassen und anziehen konnte und gleichzeitig die Rudergeschwindigkeit des Schiffes steigerte, rissen die Taue. (7) Waren sie durchgerissen, stürzten die Rahen herab, und da der Vorteil der gallischen Schiffe einzig und allein in den Segeln und in der Takelage bestand, wurden die Schiffe augenblicklich manövrierunfähig, wenn die Taue rissen. (8) Der Ausgang des weiteren Kampfes hing dann allein von der Tapferkeit ab, worin unsere Soldaten weit überlegen waren, und das um so mehr, als der Kampf vor den Augen Caesars und des gesamten Heeres stattfand. (9) Da unser Heer alle Hügel und erhöhten Plätze, die eine gute Aussicht auf das nahe Meer boten, besetzt hielt, konnte keine auch nur einigermaßen tapfere Tat verborgen bleiben.

15 (1) Als, wie beschrieben, die Rahen niedergegangen waren und jeweils zwei oder drei unserer Schiffe ein einzelnes feindliches in die Mitte genommen hatten, setzten unsere Soldaten ihre letzten Kräfte ein, um auf die Schiffe der Feinde hinüberzuklettern. (2) Als die Barbaren dies bemerkten, suchten sie ihr Heil in der Flucht, weil schon mehrere Schiffe erobert worden waren und weil sie keine Gegenmaßnahme gegen unser Vorgehen treffen konnten. (3) Als sich ihre Schiffe schon alle in Windrichtung gedreht hatten, trat plötzlich eine derartige Windstille ein, daß sie sich nicht von der Stelle bewegen konnten. (4) Das bot die beste Gelegenheit, unser Vorhaben zu Ende zu führen, (5) denn unsere Soldaten holten ein Schiff nach dem anderen ein und eroberten es, so daß nur ganz wenige aus der Gesamtzahl an Land gelangten, als die Nacht hereinbrach. Der Kampf hatte ungefähr von der 4. Stunde[213] bis zum Sonnenuntergang gedauert.

16 (1) Mit dieser Schlacht war der Krieg gegen die Veneter und alle Stämme des Küstengebiets entschieden,[214] (2) denn es waren nicht nur alle jungen Männer, sondern auch alle älteren, soweit sie Erfahrung und Ansehen besaßen, dorthin gekommen; zugleich hatte man alle Schiffe, die zur Verfügung standen, an diesem einen Ort zusammengezogen. (3) Nach ihrem Verlust bestand für die Überlebenden keine Möglichkeit mehr, irgendwohin auszuweichen oder die Städte zu verteidigen. Sie ergaben sich Caesar daher mit ihrer gesamten Habe. (4) Caesar beschloß, sie mit aller Härte zu bestrafen, um zu erreichen, daß die Barbaren in Zukunft den völkerrechtlichen Schutz der Gesandten gewissenhafter beachteten. Er ließ daher den gesamten Senat hinrichten und verkaufte die übrige Bevölkerung.[215]

17 (1) Während sich dies bei den Venetern zutrug, kam Q. Titurius Sabinus mit den Truppen, die ihm Caesar anvertraut hatte, in das Gebiet der Uneller. (2) An deren Spitze stand Viridovix, der im Besitz des Oberbefehls über alle abgefallenen Stämme war und aus ihrer Bevölkerung ein großes Heer und andere große Truppenverbände aufgestellt hatte. (3) In diesen wenigen Tagen[216] hatten die Aulercer-Eburovicer und Lexovier ihren Senat umgebracht, der nicht am Krieg mitschuldig sein wollte. Sie hatten ihre Tore geschlossen und sich mit Viridovix vereinigt. (4) Außerdem war von überall her aus Gallien eine große Menge von Verbrechern und Räubern zusammengekommen, die die Hoffnung auf Beute und die Lust am Krieg veranlaßt hatten, ihre Landwirtschaft und ihre tägliche Arbeit aufzugeben. (5) Sabinus blieb ruhig im Lager, das in jeder Hinsicht günstig gelegen war. Als Viridovix sich in einer Entfernung von nur zwei Meilen ihm gegenüber gelagert hatte und täglich seine Truppen herausführte, um ihm den Kampf anzubieten, zog sich Sabinus allmählich nicht nur die Verachtung der Feinde zu, sondern wurde auch durch die Äußerungen unserer Soldaten ziemlich scharf kritisiert. (6) Sein Verhalten erweckte einen derartigen Eindruck von Furcht, daß die Feinde schon wagten, bis an den Lagerwall heranzukommen. (7) Der Grund für seine Handlungsweise war seine Überzeugung, daß vor allem während der Abwesenheit des Oberbefehlshabers ein Legat nicht mit einer so großen feindlichen Übermacht kämpfen dürfe, wenn sich nicht ein günstiges Gelände oder ein anderer Vorteil böte.

18 (1) Als sich der Eindruck von seiner Furcht verfestigt hatte, wählte Sabinus aus den gallischen Truppen, die er zur Unterstützung bei sich hatte, einen geeigneten, verschlagenen Mann aus. (2) Diesen überredete er, gegen große Belohnung und Versprechungen, zum Feinde überzugehen, und erklärte ihm seine Absichten. (3) Sobald der Gallier als Überläufer zu den Feinden gelangte, stellte er ihnen die Furcht der Römer vor Augen und erläuterte, vor welch schwierige Lage sich Caesar selbst durch den Angriff der Veneter gestellt sehe. (4) Sabinus sei nahe daran, das Heer in der folgenden Nacht heimlich aus dem Lager wegzuführen und in Marsch zu setzen, um Caesar zu Hilfe zu kommen. (5) Als die Feinde das hörten, riefen alle, eine solche Gelegenheit, ihr Vorhaben zu einem guten Ende zu bringen, dürften sie nicht vorbeigehen lassen; man müsse sofort zum Lager der Römer aufbrechen. (6) Viele Umstände sprachen für diesen Plan der Gallier: Sabinus hatte sich in den vergangenen Tagen sehr zögernd verhalten, der Überläufer bestätigte seine Furcht, es fehlte ihnen auch an Lebensmitteln, da sie nicht gründlich genug dafür Vorsorge getroffen hatten. Hinzu kamen die Erwartungen, die der Krieg mit den Venetern weckte, und endlich der Umstand, daß die Menschen gewöhnlich gern glauben, was sie sich wünschen. (7) All dies veranlaßte die Feinde dazu, Viridovix und die anderen Heerführer nicht eher aus der Versammlung fortzulassen, bis sie ihnen zugestanden hatten, zu den Waffen zu greifen und zum Lager der Römer zu eilen. (8) Als sie ihnen die Einwilligung abgerungen hatten, sammelten sie voll Freude, als ob sie bereits den Sieg errungen hätten, Reisig und Zweige, um damit die römischen Lagergräben aufzufüllen. Dann brachen sie zum römischen Lager auf.

19 (1) Das Lager befand sich auf einer Anhöhe, die auf eine Strecke von etwa einer Meile sanft von der Ebene her anstieg. Die Feinde stürzten in schnellem Lauf dorthin. Da sie den Römern möglichst wenig Zeit lassen wollten, sich zu sammeln und zu bewaffnen, kamen sie völlig atemlos an. (2) Sabinus feuerte seine Soldaten an, und während sie schon zum Kampf drängten, gab er das Signal, bereit zu sein. Dann ordnete er an, aus zwei Toren zugleich einen überraschenden Ausfall zu machen, während die Feinde noch durch die Lasten, die sie mit sich schleppten, im Kampf behindert waren. (3) Die Gunst des Ortes, die

militärische Unerfahrenheit und die Erschöpfung der Feinde, dazu die Tapferkeit unserer Soldaten, verbunden mit ihrer praktischen Erfahrung aus früheren Kämpfen, führten dazu, daß die Feinde nicht einmal dem ersten Ansturm unserer Soldaten standhielten, sondern sich sofort zur Flucht wandten. (4) Da die Kräfte unserer Soldaten noch unverbraucht waren, holten sie sie ein und töteten eine große Anzahl. Die Reiter verfolgten die übrigen und ließen nur wenige entkommen, denen die Flucht gelang. (5) So erhielt Sabinus zum selben Zeitpunkt die Nachricht von der Seeschlacht, wie Caesar von Sabinus' Sieg erfuhr, und umgehend ergaben sich alle Stämme dem Titurius. (6) Denn obwohl die Gallier schnell zu begeistern und in demselben Grad bereit sind, Krieg anzufangen, sind sie ihrer Veranlagung nach weich und unfähig, Mißerfolge auszuhalten.

20 (1) Etwa zur gleichen Zeit war P. Crassus nach Aquitanien gekommen. Wie oben beschrieben, umfaßt dieses Gebiet nach Ausdehnung und Bevölkerungszahl schätzungsweise ein Drittel Galliens. Als Crassus sah, daß er in dem Gebiet Krieg führen müsse, in dem vor wenigen Jahren der Legat L. Valerius Praeconinus mit seinem Heer eine Niederlage erlitten hatte und umgekommen war, während der Proconsul L. Manlius nach dem Verlust seines Trosses die Flucht ergriffen hatte,[217] erkannte er, daß er hier mit höchster Wachsamkeit zu Werke gehen mußte. (2) Er sorgte deshalb für Getreidevorrat und kümmerte sich um die Bereitstellung von Reiterei und Hilfstruppen. Aus Tolosa, Carcaso und Narbo,[218] Städten der Provinz Gallien, die an den Grenzen zu diesem Gebiet liegen, rief er zahlreiche besonders tapfere Männer namentlich zu den Waffen und führte dann das Heer in das Gebiet der Sotiater[219]. (3) Als diese von seiner Ankunft erfuhren, zogen sie starke Truppenverbände zusammen und griffen mit ihrer Reiterei, in der ihre Hauptstärke lag, auf dem Marsch unsere Nachhut an. Es kam zunächst zu ei-

nem Reitergefecht, bei dem ihre Reiterei geschlagen wurde. (4) Als unsere Reiter darauf die Feinde verfolgten, erschienen plötzlich die feindlichen Fußtruppen, die in einer Vertiefung im Hinterhalt gelegen hatten; sie griffen unsere Reiter an, die sich verstreut hatten, und begannen den Kampf aufs neue.

21 (1) Es wurde lange und hart gekämpft, da die Sotiater im Vertrauen auf frühere Siege glaubten, die Rettung ganz Aquitaniens hänge allein von ihrer Tapferkeit ab. Dagegen wollten unsere Soldaten zeigen, was sie ohne ihren Feldherrn und die übrigen Legionen unter einem so jungen Führer leisten konnten. Endlich wandten sich die Feinde zur Flucht, da sie durch viele Wunden geschwächt waren. (2) Nachdem eine große Zahl gefallen war, begann Crassus aus dem Marsch heraus den Sturm auf die Stadt der Sotiater. Da die Einwohner tapferen Widerstand leisteten, ließ er Laufgänge und Belagerungstürme heranfahren. (3) Die Einwohner versuchten mehrmals einen Ausbruch, einige Male unterminierten sie den Damm und die Laufgänge. Die Aquitaner besitzen hierin die mit Abstand größte Erfahrung, weil es bei ihnen an vielen Stellen Kupferbergwerke und sonstigen Erzbergbau gibt. Als sie jedoch sahen, daß sie auf Grund der Umsicht unserer Soldaten damit nichts ausrichten konnten, schickten sie Gesandte an Crassus und baten, ihre freiwillige Kapitulation anzunehmen. Sobald sie das erreicht hatten, lieferten sie auf seinen Befehl hin die Waffen aus.

22 (1) Während die ganze Aufmerksamkeit unserer Soldaten hierauf gerichtet war, versuchte an einer anderen Stelle der Stadt Adiatuanus, der den Oberbefehl hatte, mit 600 »Geweihten« einen Ausfall zu machen. Die Gallier nennen diese »Geweihten« »Soldurii«.[220] (2) Ihre Lebensweise sieht so aus, daß sie alle Annehmlichkeiten des Lebens gemeinsam mit denen genießen, mit denen sie Freundschaft geschlossen haben; wenn einem von ihnen Gewalt widerfährt, tragen sie gemeinsam mit ihm sein

Unglück oder begehen Selbstmord. (3) Bis heute kann sich niemand an einen von ihnen erinnern, der sich nach dem Tod des Mannes, dem er Freundschaft gelobt hatte, zu sterben geweigert hätte. (4) Als sich bei dem erwähnten Ausfall jedoch auf diesem Teil der Belagerungswerke ein Geschrei erhob und unsere Soldaten zu den Waffen eilten, kam es dort zu einem heftigen Kampf. Obwohl Adiatuanus in die Stadt zurückgedrängt wurde, erreichte er trotzdem von Crassus, daß er unter den vorherigen Bedingungen kapitulieren durfte.
23 (1) Nach der Übergabe der Waffen und Geiseln brach Crassus in das Gebiet der Vocaten[221] und Tarusaten[222] auf. (2) Die Nachricht, daß Crassus eine Stadt, die auf Grund ihrer Lage und Befestigung besonders geschützt schien, wenige Tage nach seinem Eintreffen erobert hatte, versetzte die Barbaren so in Unruhe, daß sie begannen, nach allen Richtungen Gesandtschaften zu schicken, geheime Bündnisse zu schließen, sich untereinander Geiseln zu stellen und ein Heer auszurüsten. (3) Sie schickten sogar Gesandte an die Stämme, die an den Grenzen zu Aquitanien im diesseitigen Spanien leben, um von dort Hilfstruppen mit den Führern dazu herbeizuholen. (4) Mit deren Eintreffen war ihre Bedeutung und die Zahl der Kriegsteilnehmer so gestiegen, daß sie den Versuch machten, Krieg zu führen. (5) Man hatte nämlich als Führer der spanischen Truppen Männer ausgewählt, die viele Jahre lang mit Q. Sertorius[223] zusammengewesen waren, so daß man von ihnen annahm, sie besäßen größte Erfahrung in der Kriegführung. (6) Sie ordneten auch ganz nach römischer Gewohnheit an, strategisch wichtige Stellen zu besetzen, befestigte Lager zu errichten und die Unseren vom Nachschub abzuschneiden. (7) Crassus war sich bewußt, daß er seine Truppen auf Grund ihrer geringen Zahl nur schwer auseinanderziehen könne, während der Feind umherschweifte, gleichzeitig die Wege besetzte und eine ausreichende Bewachung im Lager zurücklassen

konnte. Da er erkannte, daß der Transport von Getreide und Nachschub aus diesem Grund für sein Heer sehr schwierig wurde, während die Zahl der Feinde sich von Tag zu Tag vermehrte, glaubte er, er dürfe nicht zögern, die Entscheidung in einer Schlacht herbeizuführen. (8) Er brachte die Angelegenheit vor den Kriegsrat, und als er bemerkte, daß alle der gleichen Meinung waren, bestimmte er den nächsten Tag für die Schlacht.
24 (1) Bei Tagesanbruch ließ er alle Truppen vorrücken, stellte sie in doppelter Schlachtreihe auf, die Hilfstruppen in die Mitte der Front. Dann wartete er ab, wozu sich die Feinde entschließen würden. (2) Obwohl diese im Vertrauen auf ihre große Zahl und ihren alten Kriegsruhm der Ansicht waren, daß sie unsere wenigen Soldaten mit Sicherheit besiegen würden, glaubten sie doch, es sei sicherer, den Sieg ohne Blutvergießen zu erringen, indem sie die Wege besetzten und den Nachschub sperrten. (3) Wenn die Römer sich dann aus Mangel an Getreide allmählich zurückzögen, planten sie, den Gegner in aller Ruhe anzugreifen, weil dieser auf dem Marsch behindert und wegen der Belastung durch das Gepäck unterlegen wäre. (4) Der Plan wurde von den Führern gebilligt, und die Feinde blieben daher im Lager, als die Römer vorrückten. (5) Crassus durchschaute ihr Vorhaben. Da das Zögern und die anscheinend allzu große Furcht der Feinde unsere Soldaten nur kampfeslustiger gemacht hatten und alle zusammen riefen, man dürfe nicht länger mit dem Angriff aufs Lager warten, feuerte Crassus die Soldaten an und stürmte auf allgemeinen Wunsch zum Lager der Feinde vor.
25 (1) Dort füllten die einen die Gräben auf, die anderen vertrieben mit einem Hagel von Wurfgeschossen die Verteidiger vom Lagerwall und den Befestigungen, sogar die Hilfstruppen, denen Crassus im Kampf nicht viel zutraute, erweckten den Eindruck von Kämpfenden, indem sie für Nachschub an Steinen und Wurfgeschossen sorgten

und Rasenstücke für die Errichtung eines Dammes herbeischafften. Gleichzeitig kämpften die Feinde mutig und ausdauernd und schleuderten mit Erfolg von ihrem erhöhten Platz aus Wurfgeschosse. (2) Da meldeten Crassus Reiter, die um das Lager herumgeritten waren, bei der Porta Decumana sei das Lager weniger gründlich befestigt, so daß man dort leicht eindringen könne.
26 (1) Crassus forderte die Reiterpraefecten auf, ihren Reitern große Belohnungen zu versprechen, um sie dadurch anzufeuern, und erklärte ihnen seinen Plan. (2) Sie führten daraufhin befehlsgemäß die Cohorten, die zum Schutz des Lagers zurückgelassen und vom Kampf noch nicht erschöpft waren, aus dem Lager heraus. Um vom Lager der Feinde aus nicht gesehen zu werden, führten sie sie in einem großen Bogen darum herum, und während aller Augen und Sinne auf den Kampf gerichtet waren, gelangten sie schnell zu dem erwähnten Teil der Lagerbefestigung. (3) Sie rissen sie nieder und hatten sich im Lager der Feinde festgesetzt, ehe diese sie überhaupt bemerkten oder erkennen konnten, was geschah. (4) Als unsere Soldaten jedoch das Geschrei hörten, das sich an dieser Stelle erhob, belebte dies aufs neue ihre Kräfte, wie es in der Regel geschieht, wenn man den Sieg vor Augen hat, und sie begannen, noch heftiger gegen den Gegner vorzugehen. (5) Die Feinde, die von allen Seiten eingekreist waren, gaben jede Hoffnung auf und versuchten, über die Lagerbefestigung hinweg herabzuspringen und sich so durch die Flucht zu retten. (6) Unsere Reiterei verfolgte sie in dem völlig offenen Gelände, so daß von 50 000 Mann, die, wie man wußte, aus Aquitanien und von den Cantabrern[224] zusammengekommen waren, kaum der vierte Teil übrigblieb. Dieser zog sich tief in der Nacht in ein Lager zurück.
27 (1) Auf die Nachricht vom Ausgang dieser Schlacht ergab sich Crassus der größte Teil Aquitaniens und stellte ihm freiwillig Geiseln. Zu den Kapitulierenden gehörten

die Tarbeller, Bigerionen, Ptianier, Garunner, Tarusaten, Elusaten, Gaten, Auscer, Vocaten, Sibulaten und Cocosaten.²²⁵ (2) Nur wenige Stämme, die weit entfernt lebten, unterließen es im Vertrauen auf die Jahreszeit zu kapitulieren, da der Winter vor der Tür stand.

28 (1) Um dieselbe Zeit führte Caesar sein Heer gegen die Moriner und Menapier, obwohl der Sommer fast vergangen war, da er glaubte, diesen Krieg schnell beenden zu können. Nach der Unterwerfung ganz Galliens waren die Menapier und Moriner als einzige übriggeblieben, die noch unter Waffen standen und keine Gesandten zu ihm geschickt hatten, um über Frieden zu verhandeln. Die Moriner und Menapier gingen daran, den Krieg auf andere Art zu führen als die übrigen Gallier. (2) Da sie erkannten, daß die größten Völkerschaften, die sich auf eine Schlacht eingelassen hatten, geschlagen und überwunden worden waren, brachten sie sich und ihre Habe in den Wäldern und Sümpfen in Sicherheit, die ihr Gebiet in zusammenhängenden Flächen bedeckten. (3) Als Caesar am Rand der Waldgebiete angelangt war, ordnete er an, ein befestigtes Lager zu errichten. Da sich in der Zwischenzeit kein Feind hatte blicken lassen, zerstreuten sich unsere Soldaten bei der Arbeit. Plötzlich stürmten die Feinde von allen Seiten aus dem Wald hervor und eröffneten den Angriff auf unsere Soldaten. (4) Diese griffen rasch zu den Waffen und trieben die Feinde in die Wälder zurück. Zwar töteten sie mehrere, folgten den übrigen jedoch zu lange in unwegsamem Gelände, so daß sie einige der Ihren verloren.

29 (1) Caesar befahl nun, für die Dauer der noch verbleibenden Tage die Wälder abzuholzen und das ganze Holz, das man geschlagen hatte, mit den Baumkronen zur Feindseite hin aufzustapeln und so nach beiden Seiten eine Art Wall zu errichten, um zu verhindern, daß von der Flanke her ein Angriff auf unsere unbewaffneten und nichtsahnenden Soldaten erfolgen könne. (2) Innerhalb weniger Tage hatte man mit unglaublicher Schnelligkeit eine große Strecke kahlgeschlagen, so daß unsere Soldaten schon im Besitz des Viehs und des hintersten Trosses der Feinde waren, während diese sich in die dichteren Waldgebiete abzusetzen versuchten. Da setzten derartige Unwetter ein, daß man die Arbeit unterbrechen mußte. Bald konnten sich unsere Soldaten auf Grund der ununterbrochenen Regenfälle nicht mehr in den Zelten[226] aufhalten. (3) Daher ließ Caesar die gesamten Felder der Feinde verwüsten und ihre Dörfer und Gehöfte in Brand setzen, ehe er sein Heer zurückführte und es in Winterlager bei den Aulercern, Lexoviern und ebenso bei den übrigen Stämmen verlegte, die kürzlich noch Krieg gegen uns geführt hatten.[227]

Viertes Buch

1 (1) Im folgenden Winter, unter dem Consulat von Cn. Pompeius und M. Crassus, überschritten die germanischen Stämme der Usipeter und Tencterer[228] in großer Zahl den Rhein nahe dem Ort, wo er in die Nordsee mündet. (2) Der Grund für ihren Übergang war, daß sie sich seit mehreren Jahren dauernd in Unruhe hielten und mit Krieg überzogen, so daß sie daran gehindert waren, ihre Felder zu bebauen.
(3) Der Stamm der Sueben ist der weitaus größte und kriegerischste unter allen Germanen. (4) Er soll aus 100 Gauen bestehen, deren jeder jährlich jeweils ein Heer von 1000 Mann aufstellt, um außerhalb ihres Gebietes in den Krieg zu ziehen. Der Rest, der in der Heimat bleibt, sorgt für die Ernährung der Gemeinschaft. (5) Im nächsten Jahr stehen diese wieder ihrerseits unter Waffen, und die anderen bleiben zu Hause. (6) So sind sie in der Landwirtschaft und in Theorie und Praxis der Kriegführung in dauernder Übung. (7) Es gibt bei ihnen kein Land, das in gesondertem Privatbesitz wäre, und ebensowenig ist es erlaubt, länger als ein Jahr in einem Gebiet zu bleiben, um dort Ackerbau zu treiben. (8) Sie ernähren sich auch weniger von Getreide als überwiegend von Milch und Fleisch und sind viel auf der Jagd. (9) Dieser Umstand, verbunden mit der Art der Ernährung, der täglichen Übung und der Freiheit in der Lebensführung, die darin besteht, daß sie von Kind an nicht zu irgendwelchen Verpflichtungen oder zu Disziplin erzogen werden und nichts gegen ihren eigenen Willen tun, stärkt die Kräfte und bringt Menschen von ungeheurer Körpergröße hervor. (10) Obwohl die Gegend dort überaus kalt ist, haben sie sich angewöhnt, in den Flüssen zu baden und nichts außer Fellen als Kleidung zu tragen. Da diese sehr kurz sind, bleibt der größte Teil des Körpers nackt.

2 (1) Die Verbindung zu Handelsleuten wird vorwiegend zu dem Zweck aufrechterhalten, daß sie das, was sie im Krieg erbeutet haben, verkaufen können, weniger mit dem Wunsch, irgend etwas einzuhandeln. (2) Die Germanen benutzen nicht einmal importierte Pferde, an denen die Gallier ihre höchste Freude haben und die sie sich für viel Geld beschaffen, sondern ziehen die Pferde, die es bei ihnen gibt, welche jedoch klein und häßlich sind, in täglicher Übung zu größter Zähigkeit heran. (3) In Reitergefechten springen sie oft vom Pferd und kämpfen zu Fuß weiter; ihre Pferde haben sie dazu abgerichtet, an ihrem Platz zu verharren, so daß sie sich, wenn es angebracht scheint, schnell zu ihnen zurückziehen können. (4) Nichts ist nach ihrer Auffassung schändlicher und weichlicher, als einen Sattel zu benutzen. (5) Daher wagen sie es auch, eine unbeschränkt große Zahl von Reitern mit gesattelten Pferden anzugreifen, auch wenn sie selbst nur ganz wenige sind. Die Einfuhr von Wein haben sie völlig untersagt, weil sie der Ansicht sind, daß er die Menschen zu träge und weichlich mache, um Anstrengungen aushalten zu können.

3 (1) Sie glauben, es bringe in der Öffentlichkeit besonderen Ruhm, wenn das Land an ihren Grenzen auf möglichst weite Strecken hin unbewohnt ist. Dies sei, meinen sie, ein Zeichen dafür, daß sich eine große Zahl von Stämmen ihrer Macht nicht gewachsen gezeigt habe. (2) Es heißt daher, daß das Land auf einer Seite des Gebiets der Sueben ungefähr 600 Meilen weit brachliegt.[229] (3) Auf der anderen Seite schließt das Gebiet der Ubier[230] an, die für germanische Verhältnisse ein großes und blühendes Volk sind. Sie sind etwas zivilisierter als die übrigen Germanen, weil ihr Gebiet an den Rhein stößt und sie viel Verkehr mit Händlern haben. Wegen der Nähe zu Gallien haben sie selbst gallische Sitten angenommen. (4) Da der Stamm zu groß und bedeutend war, konnten die Sueben sie nicht aus ihrem Gebiet vertreiben, obwohl sie es in

zahlreichen Kriegen versucht hatten. Sie schwächten sie jedoch und machten sie steuerpflichtig.
4 (1) In derselben Lage befanden sich die oben erwähnten Usipeter und Tencterer. Mehrere Jahre lang hatten sie den Sueben Widerstand geleistet. Endlich waren sie jedoch von ihrem Land vertrieben worden und drei Jahre lang ziellos durch germanisches Gebiet gewandert, ehe sie zum Rhein gelangten.[231] In dieser Gegend lebten die Menapier, (2) die zu beiden Seiten des Flusses Felder, Dörfer und Gehöfte besaßen. (3) Die Ankunft einer derartig großen Zahl von Menschen hatte sie jedoch so in Schrecken versetzt, daß sie ihre Gehöfte jenseits des Flusses verließen und Wachtposten verteilten, die die Germanen am Übergang hinderten. (4) Obwohl die Usipeter und Tencterer alles versuchten, gelang es ihnen nicht, den Übergang mit Gewalt zu erzwingen, da sie zu wenig Schiffe hatten. Wegen der Wachtposten der Menapier konnten sie auch nicht heimlich hinüberkommen. (5) Daher gaben sie vor, den Rückzug in ihre heimatlichen Wohnsitze anzutreten, kehrten jedoch nach drei Tagen Wegs wieder um und ließen ihre Reiterei die ganze Strecke in einer Nacht zurückreiten. So überwältigten sie die völlig ahnungslosen Menapier. (6) Diese hatten von Spähern die Nachricht vom Abzug der Germanen erhalten und waren ohne Bedenken wieder auf das jenseitige Ufer des Rheins in ihre Dörfer zurückgekehrt. (7) Die Germanen töteten sie und brachten sich in den Besitz ihrer Schiffe, so daß sie über den Fluß kamen, ehe der Teil der Menapier, der auf dem diesseitigen Ufer des Rheins lebte, etwas erfuhr. Sie beschlagnahmten alle Gehöfte der Menapier und lebten für den Rest des Winters von deren Vorräten.
5 (1) Als Caesar davon erfuhr, fürchtete er die Unzuverlässigkeit der Gallier, weil sie in ihren Beschlüssen und Absichten unberechenbar und immer darauf aus sind, einen politischen Umsturz herbeizuführen. Er glaubte da-

her, er dürfe ihnen nichts in eigener Verantwortung überlassen. (2) Die Gallier haben zudem die Gewohnheit, Durchreisende sogar gegen deren Willen festzuhalten und jeden auszufragen, was er über alle möglichen Ereignisse gehört und erfahren habe. Wenn Kaufleute in die Städte kommen, stellt sich das Volk um sie herum und zwingt sie, laut zu berichten, woher sie kommen und was sie in den jeweiligen Gegenden erfahren haben. (3) Durch Auskünfte, die häufig auf Hörensagen beruhen, lassen sie sich leicht beeinflussen und fassen oft Pläne in höchst wichtigen politischen Angelegenheiten, die sie sofort bereuen müssen, da sie unsicheren Gerüchten anhängen, denn die meisten geben fingierte Auskünfte, um den Galliern nach dem Munde zu reden.

6 (1) Da Caesar diese Angewohnheit bekannt war, brach er früher als gewöhnlich zu seinem Heer auf, um dem Entstehen eines größeren Krieges zuvorzukommen. (2) Bei seiner Ankunft erfuhr er, daß sich sein Verdacht bestätigt hatte: (3) Einige Stämme hatten Gesandtschaften zu den Germanen geschickt und sie aufgefordert, vom Rhein aus weiter ins Land zu kommen. Sie wollten alle Forderungen erfüllen, die die Germanen stellten. (4) Diese Aussicht hatte die Germanen veranlaßt, ihre Streifzüge auszudehnen, so daß sie schon in das Gebiet der Eburonen und Condrusen vorgedrungen waren, die unter der Schutzherrschaft der Treverer stehen. (5) Caesar berief daraufhin die führenden Männer Galliens ein. Da er es für besser hielt, das, was er wußte, zu verheimlichen, beruhigte und ermutigte er sie lediglich, befahl, berittene Truppen zu stellen, und gab seinen Entschluß bekannt, gegen die Germanen Krieg zu führen.

7 (1) Nachdem er die Getreideversorgung geregelt und eine Elitetruppe von Reitern zusammengestellt hatte, begann er mit dem Marsch in die Gegend, in der die Germanen sein sollten. (2) Als er nur noch wenige Tagesmärsche von ihnen entfernt war, kamen Gesandte, die folgendes ausführten: (3) Die Germanen fingen zwar nicht als erste mit einem Krieg gegen das römische Volk an, seien jedoch bereit, zu kämpfen, wenn man sie dazu reize, weil sie von ihren Ahnen den Brauch übernommen hätten, sobald sie jemand angreife, sich zu wehren und nicht um Gnade zu flehen. (4) Sie wollten jedoch noch folgendes dazu bemerken: Sie seien nicht aus eigenen Stücken gekommen, sondern weil sie aus der Heimat vertrieben worden seien. Wenn die Römer auf ein gutes Verhältnis mit ihnen Wert legten, könnten sie nützliche Freunde sein. In diesem Fall möchten sie ihnen entweder Land zuweisen oder zulassen, daß sie das behielten, was sie sich mit Waffen erkämpft hätten. (5) Allein den Sueben müßten sie nachgeben, denen im Ernstfall nicht einmal die unsterblichen Götter gewachsen seien; sonst gebe es aber niemanden auf der Erde, den sie nicht bezwingen könnten.

8 (1) Caesar antwortete darauf, wie es angebracht schien, wobei er am Ende seiner Rede folgendes ausführte: Er könne keinen Freundschaftsvertrag mit ihnen schließen, wenn sie weiter in Gallien blieben. (2) Es sei nicht richtig, daß Leute, die ihr eigenes Gebiet nicht wirksam verteidigen könnten, fremdes besetzten. Es gebe in Gallien auch nirgends brachliegendes Land, das man ihnen ohne Rechtsverletzung zuweisen könne, zumal es sich um eine so große Zahl von Menschen handele, (3) doch sei es ihnen gestattet, sich im Gebiet der Ubier niederzulassen, wo sie wollten. Deren Gesandte seien gerade bei ihm, führten Klage über das Unrecht, das ihnen die Sueben antäten, und bäten ihn um Unterstützung. Dieses Zugeständnis werde er von den Ubiern erreichen.

9 (1) Die Gesandten sagten zu, ihrem Stamm Bericht zu erstatten, die Angelegenheit zu beraten und nach drei Tagen zu Caesar zurückzukehren. In der Zwischenzeit, baten sie, möge er nicht näher an ihr Lager heranrücken. (2) Caesar erwiderte jedoch, auch diese Bitte könne

er ihnen nicht erfüllen. (3) Er wußte nämlich, daß ein großer Teil ihrer Reiterei wenige Tage zuvor über die Maas zu den Ambivariten[232] aufgebrochen war, um Beute zu machen und Getreide zu beschaffen. Er glaubte, sie wollten einen Aufschub erwirken, weil sie diese Reiter zurückerwarteten.
10 (1) Die Maas entspringt in dem Teil der Vogesen, der im Gebiet der Lingonen liegt, (2) und nimmt einen Teil des Rheines auf, der Waal heißt.[233] Dadurch entsteht die Insel der Bataver.[234] Nicht weiter als 80 Meilen vom Meer entfernt, mündet die Maas in den Rhein. (3) Der Rhein entspringt im Gebiet der Lepontier,[235] die in den Alpen leben, und fließt mit reißender Strömung eine lange Strecke durch die Gebiete der Nantuaten, Helvetier, Sequaner, Mediomatricer[236], Tribocer und Treverer. (4) In der Nähe des Ozeans teilt er sich in mehrere Arme, so daß viele große Inseln entstehen. Eine Vielzahl davon wird von wilden und barbarischen Völkern bewohnt, (5) unter denen es einige geben soll, die nur von Fischen und Vogeleiern leben. Der Rhein mündet dann mit vielen Armen ins Meer.[237]
11 (1) Als Caesar nicht mehr weiter als 12 Meilen vom Feind entfernt war, kehrten die Gesandten wie vereinbart zurück. Sie trafen ihn auf dem Marsch an und drangen in ihn, er möge nicht weiter vorrücken. (2) Als sie dies nicht erreichten, baten sie wiederholt, er möge den Reitern, die die Spitze seines Zuges bildeten, den Befehl geben, nicht zu kämpfen; ihnen dagegen möge er die Gelegenheit geben, Gesandte an die Ubier zu schicken. (3) Sie legten dar, daß sie auf den Vorschlag, den Caesar mache, eingehen wollten, wenn die führenden Männer und der Senat der Ubier ihnen gegenüber durch einen Eid zusicherten, sich daran zu halten. Um dies Vorhaben auszuführen, möge er ihnen einen Zeitraum von drei Tagen gewähren. (4) Obwohl auch dies alles nach Caesars Meinung darauf abzielte, einen Aufschub von drei Tagen zu gewin-

nen, bis ihre Reiter zurückkehrten, die noch nicht eingetroffen waren, sagte er dennoch zu, er werde an diesem Tag nicht weiter als 4 Meilen bis zu einer Wasserstelle vorrücken. (5) Sie sollten sich dort am folgenden Tag in möglichst großer Zahl versammeln, damit er erfahre, welche Forderungen sie stellten. (6) In der Zwischenzeit ließ er den Praefecten, die mit der gesamten Reiterei vorausgezogen waren, mitteilen, sie sollten die Feinde nicht zum Kampf reizen; wenn sie jedoch selbst herausgefordert würden, sollten sie standhalten, bis er mit dem Haupttheer näher herangerückt sei.

12 (1) Unsere Reiterei war 5000 Mann stark, während die Feinde nicht mehr als 800 hatten, weil die übrigen noch nicht zurückgekehrt waren, die jenseits der Maas Getreide holen sollten. Sobald die Feinde unsere Reiterei zu Gesicht bekamen, griffen sie trotzdem plötzlich an und brachten die Unseren schnell in Verwirrung, weil diese nichts Derartiges befürchtet hatten; denn die Gesandten der Feinde hatten für diesen Tag einen Waffenstillstand ausgehandelt und Caesar erst kurz zuvor verlassen. (2) Als unsere Reiter jedoch zur Gegenwehr übergingen, sprangen die Feinde nach ihrer Gewohnheit auf die Füße, durchbohrten unsere Pferde von unten, warfen einige Reiter vom Pferd, trieben die übrigen in die Flucht und jagten sie vor sich her, so daß unsere Soldaten in ihrer Panik nicht eher in ihrer Flucht innehielten, als bis sie in Sichtweite unseres Heereszuges gelangt waren. (3) Bei diesem Gefecht fielen 74 unserer Reiter, (4) unter diesen Piso Aquitanus[238], ein außerordentlich tapferer Mann von vornehmer Herkunft, dessen Großvater in seinem Stamm die Königswürde besessen hatte und vom Senat mit dem Freundestitel ausgezeichnet worden war. (5) Als dieser seinem Bruder, den die Feinde abgeschnitten hatten, zu Hilfe kommen wollte, entriß er ihn zwar der Gefahr, doch wurde sein Pferd verwundet und warf ihn ab. Trotzdem kämpfte er höchst tapfer weiter, solange er konnte.

(6) Umringt von Feinden, fiel er endlich schwerverwundet zu Boden. Als sein Bruder, der sich aus dem Kampf zurückgezogen hatte, dies von fern mit ansah, spornte er sein Pferd an, stürzte sich dem Feind entgegen und fand ebenfalls den Tod.

13 (1) Caesar war nach dieser Schlacht der Ansicht, daß er weder weitere Gesandtschaften anzuhören noch auf Bedingungen einzugehen brauche, die Leute stellten, die in der hinterlistigen Absicht, ihn in eine Falle zu locken, um Frieden gebeten, jetzt dagegen selbst den Krieg angefangen hatten. (2) Er hielt es für die größte Dummheit, abzuwarten, bis die feindlichen Truppen Verstärkung erhielten und ihre Reiterei zurückkehrte. (3) Auch war ihm, da er die Unzuverlässigkeit der Gallier kannte, bewußt, wieviel Ansehen die Feinde bei ihnen schon durch dieses eine Gefecht gewonnen hatten. Er glaubte daher, man dürfe ihnen auch nicht die geringste Zeit lassen, irgendwelche neuen Beschlüsse zu fassen. (4) Nachdem er sich so entschieden und mit den Legaten und dem Quaestor seinen Plan besprochen hatte, den Kampf nicht für einen einzigen Tag auszusetzen, ereignete sich etwas sehr Vorteilhaftes: An dem auf die Schlacht folgenden Tag kam morgens eine zahlreiche Gesandtschaft der Germanen zu ihm ins Lager, die aus allen ihren Führern und Ältesten bestand. Sie bewiesen damit die schon bekannte Perfidie und Verstellung. (5) Sie wollten sich, so wurde gesagt, dafür rechtfertigen, daß sie es am Vortag im Widerspruch zu den auf ihren Wunsch hin erfolgten Vereinbarungen zu einer Schlacht hatten kommen lassen. Gleichzeitig wollten sie in betrügerischer Absicht einen Waffenstillstand erreichen, wenn es irgend möglich wäre. (6) Caesar war hocherfreut, sie in seine Gewalt zu bekommen, und befahl, sie festzuhalten. Dann führte er seine gesamten Truppen aus dem Lager heraus und wies die Reiterei an, den Schluß des Zuges zu bilden, weil er annahm, daß sie durch das jüngste Gefecht noch verstört sei.

14 (1) Er ließ das Heer in dreifacher Schlachtordnung marschieren und legte einen Weg von acht Meilen so schnell zurück, daß er eher zum Lager des Feindes gelangte, als die Germanen erfassen konnten, was vor sich ging. (2) Mit einem Schlag gerieten sie in große Panik, weil wir so schnell anrückten, ihre Führer abwesend waren und sie keine Zeit mehr hatten, zu den Waffen zu greifen, geschweige denn einen Kriegsrat abzuhalten. Sie waren so verwirrt, daß sie unsicher waren, ob sie lieber mit ihren Truppen gegen den Feind ausrücken oder aber das Lager verteidigen oder sofort ihr Heil in der Flucht suchen sollten. (3) Während sich ihre Furcht noch darin zeigte, daß sie schrien und hin- und herliefen, brachen unsere Soldaten, die der Zorn über den Verrat vom Vortag anstachelte, in das Lager ein. (4) Dort leisteten die, die sich schnell bewaffnen konnten, unseren Soldaten noch einigen Widerstand und kämpften zwischen den Wagen und dem schweren Gepäck. (5) Die übrige Menge aber, die aus Frauen und Kindern bestand, denn die Germanen waren mit ihrer gesamten Bevölkerung aus der Heimat ausgezogen und über den Rhein gekommen, flüchtete sofort nach allen Richtungen. Um sie einzuholen, sandte Caesar die Reiterei hinter ihnen her.

15 (1) Als die Germanen das Geschrei hinter sich hörten und sahen, wie die Ihren getötet wurden, warfen sie ihre Waffen weg, ließen ihre Feldzeichen im Stich und stürzten aus dem Lager. Da ihnen jedoch, (2) als sie zum Zusammenfluß der Maas und des Rheins gelangten, der weitere Fluchtweg abgeschnitten war, kamen dort viele um, während sich die übrigen in den Fluß stürzten. Von Furcht, Erschöpfung und der reißenden Strömung überwältigt, fanden auch sie den Tod. (3) Unsere Soldaten blieben alle am Leben und hatten nur ganz wenige Verwundete. So zogen sie sich nach der Furcht, die ihnen ein so großer Krieg eingeflößt hatte – die Zahl der Feinde hatte 430 000 betragen[239] –, wieder in das Lager zurück. (4) Caesar erlaubte den Männern, die er im Lager festgehalten hatte, abzuziehen. (5) Da sie jedoch Strafen und Folterungen durch die Gallier befürchteten, deren Land sie verheert hatten, sagten sie, sie wollten lieber bei ihm bleiben. Caesar überließ ihnen die Entscheidung.

16 (1) Nach dem Ende des Krieges mit den Germanen hielt Caesar es aus vielen Gründen für nötig, den Rhein zu überschreiten. Da er sah, wie leicht sich die Germanen verleiten ließen, in Gallien einzufallen, wurde sein Vorhaben am meisten durch die Absicht gerechtfertigt, ihnen Furcht um ihren eigenen Besitz einzuflößen, wenn sie sähen, daß auch das Heer des römischen Volkes imstande sei und es wage, den Rhein zu überschreiten. (2) Es kam hinzu, daß der Teil der Reiterei der Usipeter und Tencterer, der nicht am Krieg teilgenommen hatte, nach der Flucht der Stammesgenossen sich über den Rhein in das Gebiet der Sugambrer[240] zurückgezogen und sich mit diesen vereinigt hatte. (3) Wie oben erwähnt, war die Reiterei über die Maas gegangen, um Beute zu machen und Getreide zu beschaffen. Als Caesar Gesandte mit der Forderung zu den Sugambrern schickte, die Leute auszuliefern, die mit Gallien und mit ihm Krieg angefangen hätten, erwiderten sie, (4) der Rhein sei die Grenze der Herrschaft des römischen Volkes. Wenn er es für Unrecht halte, daß die Germanen gegen seinen Willen nach Gallien hinübergingen, könne er jenseits des Rheins keinen Anspruch auf Herrschaft oder Befehlsgewalt erheben. (5) Die Ubier aber, die als einzige von den rechtsrheinischen Stämmen Gesandte an Caesar geschickt, einen Freundschaftsvertrag mit ihm geschlossen und Geiseln gestellt hatten, baten jetzt dringend um Unterstützung, weil sie von den Sueben schwer bedrängt wurden. (6) Wenn ihn andere politische Aufgaben verhindern sollten, möge er wenigstens ein Heer über den Rhein schicken; das gebe ihnen zunächst genügend Unterstützung und Hoffnung für die Zukunft. (7) Nach der Niederlage Ariovists und nach dem

Ende des letzten Krieges genieße das römische Heer bei ihnen einen derartigen Ruhm und eine derartige Hochschätzung bis zu den fernsten germanischen Völkern hin, daß ihnen schon das Ansehen und die Freundschaft des römischen Volkes Sicherheit geben könne. Sie sagten zu, eine große Zahl von Schiffen für den Transport des Heeres zur Verfügung zu stellen.

17 (1) Ich habe oben erwähnt, daß diese Gründe Caesar veranlaßt hatten, den Rhein zu überschreiten. Er glaubte jedoch, es sei nicht sicher genug, dies mit Schiffen durchzuführen, auch meinte er, es entspreche nicht dem Ansehen, das er und das römische Volk genossen. (2) Obwohl sich zeigte, daß der Bau einer Brücke auf Grund der Breite, Tiefe und reißenden Strömung des Flusses mit größten Schwierigkeiten verbunden war, glaubte er dennoch, er müsse den Versuch dazu unternehmen oder andernfalls darauf verzichten, das Heer hinüberzuführen. (3) Er entwickelte folgendes Verfahren für den Bau der Brücke:[241] Je zwei eineinhalb Fuß starke Balken wurden unten etwas angespitzt und ihr Maß der Tiefe des Flusses angepaßt. Die Paare wurden in einem Abstand von zwei Fuß miteinander verbunden. (4) Dann wurden sie mit Kränen in den Fluß versenkt, fest in Stellung gebracht und mit Rammen in den Grund getrieben. Sie standen nicht senkrecht wie gewöhnliche Brückenpfähle, sondern waren schräg nach vorn geneigt wie Dachsparren, so daß sie der Strömung des Flusses keinen Widerstand boten. (5) Ihnen gegenüber brachte Caesar in einer Entfernung von 40 Fuß jeweils zwei auf dieselbe Weise verbundene Pfähle an, die von unten her gegen die Gewalt und den Druck der Strömung geneigt waren. (6) Quer auf die Pfahlpaare wurden zwei Fuß dicke Balken gelegt. Dabei wurde der Abstand, den das Verbindungsgerüst zwischen den Pfählen eines Paares herstellte, auf beiden Seiten durch je zwei Bolzen am oberen Ende der Pfähle gesichert. (7) Damit die Balken eines Pfahlpaares auseinandergehalten wurden und jeweils in entgegengesetzter Richtung sicher befestigt waren, stand der Bau so unerschütterlich und erhielt eine solche Beschaffenheit, daß die Verbindung zwischen den Pfahlpaaren um so stärker wurde, je kräftiger die Strömung dagegen andrang. (8) Hierauf wurden die Pfahlpaare in Querrichtung mit horizontalen Balken belegt und miteinander verbunden. Das Brückengerüst deckte man mit Stangen und Flechtwerk. (9) Nicht genug damit, es wurden flußabwärts weitere Pfähle in schräger Richtung eingerammt, die man als Wellenbrecher anbrachte und mit dem ganzen Bau verband, so daß sie die Gewalt der Strömung brachen. (10) Oberhalb der Brücke wurden in einigem Abstand weitere Pfähle eingerammt, die zum Schutz dienen sollten gegen Baumstämme oder Schiffe, die die Barbaren vielleicht flußabwärts schickten, um die Brücke zum Einsturz zu bringen. Sie sollten deren Stoßkraft abschwächen, damit sie die Brücke nicht beschädigten.

18 (1) Zehn Tage, nachdem man begonnen hatte, das Holz heranzuschaffen, war das ganze Werk vollendet, und das Heer zog hinüber. (2) Caesar ließ auf beiden Seiten der Brücke eine starke Wachabteilung zurück und zog rasch in das Gebiet der Sugambrer. (3) Während dieser Zeit erschienen Gesandte von verschiedenen Stämmen bei ihm. Er kam ihrer Bitte nach Frieden großzügig entgegen und forderte sie auf, ihm Geiseln zu stellen. (4) Von dem Zeitpunkt an, als mit dem Brückenbau begonnen wurde, hatten die Sugambrer auf Anraten einiger Usipeter und Tencterer, die sich bei ihnen befanden, Vorbereitungen für die Flucht getroffen und waren aus ihrem Gebiet abgezogen. Sie nahmen ihren gesamten Besitz mit und verbargen sich in der Einsamkeit der Wälder.

19 (1) Caesar hielt sich nur wenige Tage in ihrem Gebiet auf,[242] um alle Dörfer und Gehöfte in Brand zu stecken und das Getreide auf den Feldern zu schneiden, ehe er sich in das Land der Ubier zurückzog. Diesen sagte er Hilfe zu, falls sie von den Sueben bedrängt würden, und erfuhr dabei folgendes von ihnen: (2) Nachdem die Sueben durch Späher vom Bau der Brücke erfahren hatten, beriefen sie, ihren Bräuchen folgend, einen Landtag ein. Durch Boten ließen sie die Bevölkerung aller Teile ihres Landes auffordern, die Städte zu verlassen und Frauen, Kinder und allen Besitz in die Wälder zu schaffen. Die Wehrfähigen sollten sich alle an einem Ort versammeln. (3) Dazu hatten sie einen Platz gewählt, der etwa in der Mitte des gesamten Gebiets lag, das sie in ihrem Besitz hatten. Sie waren entschlossen, an dieser Stelle die Ankunft der Römer abzuwarten und es hier zur entscheidenden Schlacht kommen zu lassen. (4) Als Caesar dies erfuhr, stellte er fest, daß er alles erreicht hatte, was Anlaß zu seinem Entschluß gewesen war, das Heer über den Rhein zu führen: Er hatte den Germanen Angst eingejagt, die Sugambrer bestraft und die Ubier von dem Druck durch die Sueben befreit. Daher glaubte er, nach einem Aufenthalt von insgesamt 18 Tagen auf dem jenseitigen Rheinufer sei genug für das Ansehen und die politischen Interessen des römischen Volkes geschehen. Er zog sich wieder nach Gallien zurück und ließ die Brücke abreißen.

20 (1) Obwohl sich der Sommer dem Ende zuneigte und der Winter in dieser Gegend sehr früh beginnt, da Gallien in den nördlichen Breiten liegt, wollte Caesar unbedingt nach Britannien aufbrechen,[243] weil er immer wieder sah, daß in fast allen gallischen Kriegen die Feinde von dort mit Hilfstruppen unterstützt wurden. (2) Auch wenn die Jahreszeit es nicht mehr erlaubte, einen Krieg zu führen, glaubte er dennoch, es bringe für ihn Vorteile mit sich, wenn er nur auf der Insel landete, die Menschen dort genauer kennenlernte und Informationen über die Gegend, die Häfen und die übrigen Landungsmöglichkeiten sammelte. (3) Das alles war den Galliern in der Regel nicht bekannt. Außer Handelsleuten ist niemand sonst so verwegen, die Bewohner dieser Insel aufzusuchen, und selbst diese kennen nur die Küste und die Gegend, die Gallien gegenüber liegt.[244] (4) Obwohl Caesar von überall her Handelsleute zu sich rief, konnte er weder von ihnen erfahren, wie groß die Insel sei, noch, welche Völker sie bewohnten, noch, wie groß die Bevölkerungsdichte sei. Ebensowenig erhielt er Auskunft über ihre Art, Krieg zu führen, oder über das Recht, nach dem sie lebten, und endlich auch nicht darüber, welche Häfen für die Landung größerer Schiffe geeignet seien.

21 (1) Er hielt es daher für angebracht, C. Volusenus mit einem Kriegsschiff vorauszuschicken, um dies zu erforschen, bevor er sich in irgendeine Gefahr begab. (2) Er beauftragte ihn, alles auszukundschaften und dann so schnell wie möglich zu ihm zurückzukehren. (3) Er selbst setzte sich mit allen Truppen in das Gebiet der Moriner in Marsch, weil von dort die Überfahrt nach Britannien am kürzesten war.[245] (4) Hierher ließ er aus allen Richtungen Schiffe von den benachbarten Gebieten und die Flotte zusammenkommen, die im Sommer zuvor für den Krieg gegen die Veneter gebaut worden war. (5) Da in der Zwischenzeit sein Plan bekannt geworden und durch Händler den Britanniern übermittelt worden war, kamen von einigen Stämmen dieser Insel Gesandte zu ihm. Sie sagten ihm die Stellung von Geiseln zu und wollten sich der Herrschaft des römischen Volkes unterwerfen. (6) Caesar hörte sie an, machte ihnen großzügige Zusagen und forderte sie auf, bei diesem Entschluß zu bleiben. Dann schickte er sie in ihre Heimat zurück; er gab ihnen Commius[246] mit, (7) den er nach dem Sieg über die Atrebaten als deren König eingesetzt hatte und von dessen Tüchtigkeit und Einsicht er überzeugt war. Zudem hielt er ihn für einen ihm ergebenen Mann, dessen Ansehen in diesen Gegenden sehr viel galt. (8) Er gab ihm den Auftrag, die Stämme aufzusuchen, die er erreichen könne, und ihnen nahezulegen, sich unter den Schutz des römischen Volkes zu stellen. Gleichzeitig sollte er melden, Caesar selbst werde in Kürze eintreffen. (9) Volusenus nahm die gesamten Gebiete in Augenschein, so gut es einem Mann gelingen konnte, der nicht wagte, das Schiff zu verlassen und sich damit den Barbaren auszuliefern. Nach vier Tagen kehrte er zu Caesar zurück und berichtete, was er dort gesehen habe.

22 (1) Während sich Caesar in dieser Gegend aufhielt, um die Flotte zusammenzustellen, kamen von einem großen Teil der Moriner Gesandte zu ihm, um sich für die Pläne, die sie in der vergangenen Zeit verfolgt hatten, zu entschuldigen und darzulegen, daß sie Krieg gegen das römische Volk geführt hätten, weil sie als barbarische Völker nicht mit unseren Gewohnheiten vertraut gewesen seien. Sie versprachen, alle Forderungen Caesars in Zukunft zu erfüllen. (2) Caesar hielt dies für ein glückliches Zusammentreffen, weil er in seinem Rücken keinen Feind zurücklassen wollte, auf Grund der Jahreszeit jedoch auch keine Gelegenheit mehr hatte, sich kriegerisch mit ihnen auseinanderzusetzen. Auch war er der Ansicht, daß die Beschäftigung mit so geringfügigen Angelegenheiten hinter dem Zug nach Britannien zurückzustehen habe. Daher befahl er ihnen nur, eine große Zahl von Geiseln zu stellen. (3) Sobald sie sie herbeigebracht hatten, nahm er ihre freiwillige Unterwerfung an. Nachdem etwa 80 Lastschiffe zusammengekommen waren und somit nach seinem Ermessen eine ausreichende Zahl zur Verfügung stand, um zwei Legionen[247] zu transportieren, verteilte er die Kriegsschiffe, über die er zusätzlich verfügte, auf die Legaten, den Quaestor und die Praefecten. (4) Hinzu kamen noch 18 Lastschiffe, die in einer Entfernung von 8 Meilen durch den Wind aufgehalten wurden, so daß sie nicht in denselben Hafen[248] einlaufen konnten. Diese wies er den Reitern zu. (5) Das übrige Heer ließ er unter den Legaten Q. Titurius Sabinus und L. Aurunculeius Cotta gegen die Menapier und die Gaue der Moriner marschieren, von denen noch keine Gesandtschaften zu ihm gekommen waren. (6) Der Legat P. Sulpicius Rufus[249] erhielt den Befehl, den Hafen mit einer Schutztruppe besetzt zu halten, in einer zahlenmäßigen Stärke, die Caesar ausreichend schien.

23 (1) Sobald nach Anordnung dieser Maßnahmen günstiges Wetter für die Seefahrt eintrat, ließ er etwa um die 3. Nachtwache die Schiffe ablegen. Vorher befahl er den Reitern, in den anderen Hafen vorzurücken, sich dort an Bord zu begeben und ihm zu folgen. (2) Während sie diesen Befehl etwas zu zögernd ausführten, kam Caesar selbst schon etwa um die 4. Stunde des Tages mit den ersten Schiffen an der britannischen Küste an und stellte fest, daß dort auf allen Anhöhen bewaffnete feindliche Truppen aufgestellt waren. (3) Dieser Ort war dergestalt beschaffen, daß man, da die Berge sehr nahe ans Meer heranrückten, den Strand von den Höhen aus mit Wurfgeschossen erreichen konnte.[250] (4) Da Caesar diese Stelle als Landeplatz für völlig ungeeignet hielt, ließ er Anker werfen und wartete bis zur 9. Stunde darauf, daß die übrigen Schiffe dort einträfen. (5) In der Zwischenzeit versammelte er die Legaten und Militärtribunen und erklärte ihnen, was er von Volusenus erfahren hatte und was nun geschehen sollte. Er ermahnte sie, alle Befehle auf seinen Wink hin augenblicklich auszuführen, wie es die Strategie, vor allem auf See, wo sich die Lage schnell und immerfort verändere, erfordere. (6) Nachdem er sie entlassen hatte, gab er das Signal, die Anker zu lichten, da gleichzeitig die Flut einsetzte und ein günstiger Wind aufkam, und fuhr etwa 7 Meilen weiter. In der Nähe einer unbewaldeten und ebenen Stelle ließ er die Schiffe vor Anker gehen.

24 (1) Die Barbaren durchschauten jedoch den Plan der Römer, schickten ihre Reiterei und die Kriegswagen voraus, die sie in Kämpfen in der Regel einzusetzen pflegen, und folgten mit den übrigen Truppen unverzüglich nach. Sie hinderten unsere Soldaten am Verlassen der Schiffe, (2) so daß die Lage für uns sehr schwierig wurde,

denn die Schiffe konnten wegen ihres Ausmaßes nur in größerer Tiefe vor Anker gehen, während unsere Soldaten das Gelände nicht kannten und ihre Hände nicht gebrauchen konnten, weil sie mit dem Gewicht der vielen Waffen belastet waren. Trotzdem sollten sie zugleich von den Schiffen springen, im Wasser Halt finden und mit den Feinden kämpfen. (3) Diese waren mit der Gegend wohlvertraut, befanden sich im Trockenen oder waren nur wenig ins Wasser vorgerückt, so daß sie alle ihre Glieder frei gebrauchen konnten. Sie schleuderten kühn ihre Wurfgeschosse und trieben ihre Pferde an, die an diese Kampfesweise gewöhnt waren. (4) Das alles versetzte unsere Soldaten in Panik, und da sie in dieser Art von Kampf völlig unerfahren waren, gingen sie nicht mit derselben Lebhaftigkeit und Begeisterung vor, die sie gewöhnlich zeigten, wenn zu Fuß gekämpft wurde.
25 (1) Als Caesar dies bemerkte, ließ er die leichter zu manövrierenden Kriegsschiffe,[251] deren Anblick dem Feind ungewohnter war, etwas von den Lastschiffen wegrudern, ihre Geschwindigkeit erhöhen und vor der offenen Flanke des Feindes vor Anker gehen. Von hier aus sollten die Soldaten die Feinde mit Schleudern, Bogen und schweren Geschützen zurücktreiben und in die Flucht schlagen. (2) Diese Maßnahme erwies sich für uns als sehr nützlich, denn die Form der Schiffe, die Bewegung der Ruder und die ungewohnten, schweren Geschütze beeindruckten die Feinde so, daß sie stehenblieben und, wenn auch nur wenig, zurückwichen. (3) Als unsere Soldaten vor allem wegen der Tiefe des Wassers immer noch zögerten, beschwor der Adlerträger der 10. Legion die Götter, der Legion einen glücklichen Ausgang dieses Unternehmens zu gewähren, und rief: »Springt herab, Kameraden, wenn ihr den Adler nicht den Feinden ausliefern wollt. Ich jedenfalls werde meine Pflicht gegen den Staat und gegen den Feldherrn erfüllen.« (4) Sobald er dies mit lauter Stimme gerufen hatte, sprang er vom Schiff

und trug den Adler gegen die Feinde voran. (5) Da feuerten sich unsere Soldaten gegenseitig an, eine derartige Schande nicht zuzulassen, und sprangen alle vom Schiff. (6) Als die Soldaten von den nächsten Schiffen sie beobachteten, folgten sie ihnen sofort und rückten gegen den Feind vor.

26 (1) Auf beiden Seiten wurde hart gekämpft. Da unsere Soldaten jedoch keinen festen Stand finden konnten, war es ihnen unmöglich, ihre Ordnung aufrechtzuerhalten. Da sie ihren eigenen Feldzeichen nicht folgen konnten und sich, je nachdem, von welchem Schiff sie gerade kamen, dem Feldzeichen anschlossen, auf das sie stießen, gerieten sie sehr in Verwirrung. (2) Die Feinde dagegen kannten jede flache Stelle, und sobald sie vom Strand aus einzelne von Bord gehen sahen, spornten sie ihre Pferde an und drangen auf die durch ihr Gepäck behinderten Soldaten ein. (3) Eine größere Zahl von ihnen umzingelte jeweils einige wenige, während die übrigen von der offenen Flanke her ihre Wurfgeschosse auf alle unsere Soldaten schleuderten. (4) Als Caesar dies bemerkte, ließ er die Rettungsboote der Kriegsschiffe und ebenso die Aufklärungsschiffe mit Soldaten besetzen und schickte sie den übrigen Soldaten zu Hilfe, wenn er sah, daß sie in Bedrängnis geraten waren. (5) Sobald unsere Soldaten an Land Fuß gefaßt hatten, griffen sie, gefolgt vom ganzen übrigen Heer, die Feinde an und schlugen sie in die Flucht. Sie konnten sie jedoch nicht allzuweit verfolgen, weil die Reiter nicht in der Lage gewesen waren, ihren Kurs zu halten und die Insel zu erreichen. Dies war das einzige, was zum bewährten Kriegsglück Caesars fehlte.

27 (1) Sobald sich die Feinde nach ihrer Niederlage und anschließenden Flucht wieder gesammelt hatten, schickten sie umgehend Gesandte mit der Bitte um Frieden an Caesar. Sie sagten zu, Geiseln zu stellen und alle seine Forderungen zu erfüllen. (2) Gemeinsam mit den Gesandten erschien der Atrebate Commius, den Caesar, wie

oben erwähnt, nach Britannien vorausgeschickt hatte.
(3) Als er an Land gegangen war und den Feinden als
Unterhändler die Aufträge Caesars übermitteln wollte,
hatten sie ihn ergriffen und in Fesseln geschlagen. (4)
Nach der Schlacht ließen sie ihn wieder frei und machten
bei den Friedensverhandlungen die Masse ihrer Bevölkerung für seine Gefangennahme verantwortlich. Sie baten, dem Volk diese unüberlegte Handlung nicht anzulasten. (5) Caesar warf ihnen vor, daß sie ohne Ursache mit
dem Krieg begonnen hätten, obwohl sie vorher aus freien
Stücken Gesandtschaften aufs Festland geschickt hätten,
um ihn um Frieden zu bitten. Er sagte ihnen jedoch zu,
diese Unüberlegtheit zu verzeihen, und forderte die Stellung von Geiseln. (6) Die Britannier lieferten sofort einen Teil davon aus, während sie erklärten, den Rest in wenigen Tagen übergeben zu wollen: Sie müßten diese Geiseln aus weiter entfernten Gebieten herbeiholen. (7) In
der Zwischenzeit befahlen sie, daß die Bevölkerung aufs
Land zurückkehren solle, während die führenden Männer
allmählich von allen Seiten zusammenkamen, um sich und
ihre Stämme dem Wohlwollen Caesars zu empfehlen.

28 (1) Nachdem dadurch der Frieden bereits hergestellt
worden war, verließen vier Tage nach Caesars Ankunft in
Britannien die 18 Schiffe, die, wie oben erwähnt, die Reiter an Bord genommen hatten, bei leichter Brise den entfernteren Hafen[252] auf dem Festland. (2) Als sie sich der
britannischen Küste näherten und schon vom Lager aus
gesichtet wurden, erhob sich plötzlich ein derartiger
Sturm, daß keines der Schiffe seinen Kurs halten konnte.
Die einen wurden zurückgeworfen, woher sie ausgelaufen
waren, die anderen gerieten in Seenot und wurden zum
südlichen Teil der Insel, der näher nach Westen liegt, abgetrieben. (3) Obwohl sie vor Anker gingen, wurden sie
von den Fluten überspült, so daß sie gezwungen waren,
bei anbrechender Nacht wieder in See zu stechen und Kurs
auf das Festland zu nehmen.

29 (1) Es traf sich, daß in dieser Nacht Vollmond war. Zu diesem Zeitpunkt treten auf dem Ozean gewöhnlich Springfluten auf.[253] Dies war den Unseren jedoch unbekannt. (2) Daher überspülte die Flut die Kriegsschiffe, die Caesar für den Transport des Heeres hatte bereitstellen lassen und die auf den Strand gezogen worden waren. Gleichzeitig beschädigte der Sturm die Lastschiffe, die vor Anker lagen, und so war es uns unmöglich, geeignete Maßnahmen zu ergreifen, um Abhilfe zu schaffen. (3) Mehrere Schiffe brachen auseinander, die übrigen wurden seeuntüchtig, da sie Taue, Anker und die übrige Ausrüstung verloren, und es kam, wie es kommen mußte, beim ganzen Heer zu einer großen Verwirrung. (4) Es gab nämlich keine anderen Schiffe, die das Heer zurückbringen konnten, zudem fehlte alles, was notwendig gewesen wäre, um die Schiffe wieder instand zu setzen. Da alle fest geglaubt hatten, man müsse in Gallien überwintern, hatte man auch keine Vorsorge getroffen, um hier die Getreideversorgung für den Winter sicherzustellen.

30 (1) Als dies bekannt wurde, trafen sich die führenden Männer Britanniens, die nach der Schlacht gemeinsam zu Caesar gekommen waren, zu einem Gespräch. Sie sahen, daß es den Römern an Reitern, Schiffen und Getreide fehlte, und schlossen auf eine ganz geringe Zahl von römischen Soldaten, da das Lager sehr geringe Ausmaße hatte, was jedoch auch dadurch gekommen war, daß Caesar die Legionen ohne schweres Gepäck herübergebracht hatte. (2) Die Britannier hielten es für das beste, zunächst den Kampf wieder aufzunehmen, dann unsere Soldaten von Getreide und Nachschub abzuschneiden und den Kampf bis in den Winter hinzuziehen. Sie vertrauten fest darauf, daß in Zukunft niemand mehr nach Britannien übersetzen würde, um dort Krieg zu führen, wenn das römische Heer geschlagen oder ihm der Rückweg abgeschnitten sei. (3) Daher machten sie erneut eine Verschwörung und begannen, sich allmählich aus dem Lager zu entfernen und heimlich ihre Leute vom Land zurückzuholen.

31 (1) Obwohl Caesar noch nichts von ihren Plänen erfahren hatte, ließen das Mißgeschick seiner Schiffe und die Tatsache, daß die Britannier die Auslieferung der Geiseln unterbrachen, in ihm den Verdacht aufkommen, daß das eintreten werde, was dann wirklich geschah. (2) Daher traf er für jeden möglichen Fall Schutzmaßnahmen: Täglich ließ er Getreide von den Feldern ins Lager schaffen und benutzte das Holz und das Eisen der am schwersten beschädigten Schiffe, um die übrigen damit auszubessern. Gleichzeitig ließ er alles für die Reparatur und Ausrüstung Notwendige vom Festland nach Britannien bringen. (3) Da die Soldaten seine Anordnungen mit höchstem Eifer ausführten, gelang es ihm, indem er den Verlust von zwölf Schiffen in Kauf nahm, die übrigen wieder seetüchtig zu machen.

32 (1) Während dieser Arbeiten war, wie gewöhnlich, eine einzelne Legion zum Getreideholen ausgeschickt worden, und zwar die 7. Bis zu diesem Zeitpunkt hatte noch niemand Verdacht auf einen Krieg geschöpft, weil ein Teil der Einheimischen auf den Feldern blieb, ein Teil sogar ständig im Lager aus und ein ging. Da meldeten Caesar die Soldaten, die vor den Lagertoren Wache hielten, man habe in der Richtung, in die die Legion marschiert sei, eine ungewöhnlich große Staubwolke aufsteigen sehen. (2) Caesar vermutete zutreffend, daß die Barbaren einen neuen Plan gefaßt hätten, und befahl den Cohorten, die auf Wache standen, mit ihm in die betreffende Gegend aufzubrechen, während von den restlichen Cohorten zwei die Wache übernahmen und die anderen sich bewaffnen und ihm sofort nachfolgen sollten. (3) Er hatte sich kaum ein wenig vom Lager entfernt, als er beobachtete, daß die Feinde seine Soldaten bedrängten, die nur mit Mühe standhielten, und daß von allen Seiten Wurfgeschosse auf die Legion niedergingen, die sich dicht zusammengedrängt hatte. (4) Da überall sonst das gesamte Getreide schon geschnitten war, hatten die Feinde vermutet, daß unsere Soldaten an diese letzte, noch nicht abgeerntete Stelle kämen, und hatten sich nachts in den Wäldern verborgen. (5) Als unsere Soldaten die Waffen abgelegt hatten und, in einzelne Gruppen verstreut, damit beschäftigt waren, das Korn zu mähen, hatten sie sie plötzlich angegriffen, einige getötet und die übrigen völlig in Verwirrung gebracht, da sich die Einheiten aufgelöst hatten. Gleichzeitig hatten die Feinde sie mit ihrer Reiterei und den Streitwagen eingekreist.

33 (1) Der Kampf von diesen Streitwagen aus verläuft folgendermaßen:[254] Zuerst fahren die Britannier nach allen Richtungen über das gesamte Schlachtfeld und schleudern Wurfgeschosse, wobei sie meist schon durch den Schrecken, den die Pferde verbreiten, und den Lärm der Räder die feindlichen Reihen in Verwirrung bringen. Sobald sie in die berittenen Einheiten eingedrungen sind, springen sie von den Wagen und kämpfen zu Fuß weiter. (2) Währenddessen fahren die Wagenlenker etwas aus dem Kampfgebiet heraus und stellen sich so auf, daß sie den Ihren, falls diese von einer feindlichen Übermacht bedrängt werden, eine gute Möglichkeit bieten, sich ungehindert zu ihrem Heer zurückzuziehen. (3) So zeigen sie im Kampf die Beweglichkeit von Reitern und die Standfestigkeit von Fußsoldaten. Durch Gewohnheit und tägliche Übung haben sie es dabei so weit gebracht, daß die Wagenlenker sogar auf abschüssigem, steilem Gelände die Pferde in vollem Lauf aufhalten, in kürzester Frist bändigen und schwenken lassen können. Ja, sie laufen sogar über die Deichsel und stellen sich auf das Joch der Pferde, um sich von dort wiederum in größter Geschwindigkeit auf die Wagen zurückzuziehen.

34 (1) Da diese neuartige Kampfesweise unsere Soldaten völlig in Verwirrung brachte, kam Caesar ihnen im rechten Augenblick zu Hilfe. Denn die Feinde machten halt,

als er erschien, während unsere Soldaten sich von dem Schrecken erholten. (2) Caesar glaubte jedoch trotz dieses Erfolges, es sei kein günstiger Zeitpunkt, um den Feind zum Kampf zu reizen und eine Schlacht zu liefern, blieb daher an seinem Standort und führte die Legionen nach kurzer Zeit ins Lager zurück. (3) Da unsere Soldaten voll in Anspruch genommen waren, entfernten sich währenddessen auch die Britannier, die auf dem Land zurückgeblieben waren. (4) Für mehrere Tage folgte dann ohne Unterbrechung[255] ein Unwetter aufs andere, so daß unsere Soldaten im Lager blieben und die Feinde vom Kampf abgehalten wurden. (5) Die Barbaren schickten jedoch in der Zwischenzeit Boten nach allen Richtungen aus, die ihren Stammesgenossen öffentlich bekannt machten, wie gering die Zahl unserer Soldaten sei, und ihnen vor Augen hielten, eine wie gute Gelegenheit sich biete, Beute zu machen und für immer ihre Freiheit zu gewinnen, wenn sie die Römer aus dem Lager vertrieben. (6) Dadurch sammelte sich schnell eine große Menge Reiterei und Fußvolk und rückte zum Lager vor.

35 (1) Obwohl Caesar sah, daß dasselbe eintreten werde, was an den vergangenen Tagen geschehen war, daß sich nämlich die Feinde nach einer Niederlage schnell durch die Flucht der Gefahr entziehen würden, stellte er trotzdem die Legionen in Schlachtordnung vor dem Lager auf. Dazu verfügte er jetzt über etwa 30 Reiter, die der Atrebate Commius, den wir oben erwähnten, mit über das Meer gebracht hatte. (2) Es kam zu einer Schlacht, in deren Verlauf die Feinde dem Ansturm unserer Soldaten nicht allzulang standhalten konnten, so daß sie sich zur Flucht wandten. (3) Unsere Soldaten verfolgten sie, soweit ihre Kräfte für einen schnellen Lauf ausreichten, und töteten einige von ihnen. Dann steckten sie alle Gehöfte weit und breit in Brand und zogen sich wieder ins Lager zurück.

36 (1) Noch am gleichen Tag schickten die Feinde Gesandte an Caesar mit der Bitte um Frieden. (2) Dieser verdoppelte die Zahl der Geiseln, die er vorher gefordert hatte, und befahl, sie aufs Festland zu bringen, denn da der Zeitpunkt der Tagundnachtgleiche herankam, glaubte er, man dürfe die beschädigten Schiffe bei der Überfahrt nicht den Winterstürmen aussetzen. (3) Als günstiges Wetter eintrat, ließ er daher kurz nach Mitternacht die Anker lichten. Die Schiffe gelangten alle wohlbehalten zum Festland. (4) Zwei der Lastschiffe wurden jedoch etwas weiter nach Süden abgetrieben, so daß sie nicht dieselben Häfen anlaufen konnten wie die übrigen.

37 (1) Als etwa 300 Soldaten von diesen Schiffen an Land gesetzt worden waren und rasch das Lager zu erreichen suchten, umstellte sie eine zunächst nicht allzu große Zahl von Morinern, die Caesar bei seinem Aufbruch nach Britannien völlig unterworfen zurückgelassen hatte. Die Hoffnung auf Beute trieb sie, so daß sie unseren Soldaten befahlen, die Waffen niederzulegen, wenn sie nicht getötet werden wollten. (2) Die Soldaten bildeten jedoch einen Kreis und verteidigten sich. Da aber stießen auf den Lärm hin rasch noch etwa weitere 6000 Moriner hinzu. Als Caesar davon Meldung erhielt, schickte er seinen Soldaten die gesamte Reiterei aus dem Lager zu Hilfe. (3) In der Zwischenzeit kämpften unsere Soldaten mehr als vier Stunden lang mit höchster Tapferkeit und hielten dem Ansturm der Feinde stand. Sie töteten mehrere Feinde, während nur wenige von ihnen selbst verwundet wurden. (4) Als danach jedoch unsere Reiterei in Sicht kam, warfen die Feinde die Waffen weg und flohen, wobei ein großer Teil von ihnen fiel.

38 (1) Am folgenden Tag schickte Caesar den Legaten T. Labienus mit den Legionen, die er aus Britannien zurückgebracht hatte, gegen die Moriner, die den Aufstand gemacht hatten. (2) Da die Sümpfe ausgetrocknet waren und ihnen daher keinen Zufluchtsort boten, wohin sie sich wie in den vergangenen Jahren hätten zurückziehen können, unterwarfen sich fast alle dem Labienus. (3) Die Legaten Q. Titurius und L. Cotta, die an der Spitze ihrer Legionen in das Gebiet der Menapier gezogen waren, hatten deren gesamte Felder verwüstet, das Korn geschnitten und die Gehöfte in Brand gesteckt. Da sich die Menapier jedoch alle in überaus dicht bewaldetem Gebiet verborgen hielten, kehrten die Legaten zu Caesar zurück. (4) Dieser ließ alle Legionen im Gebiet der Belger überwintern. Dorthin schickten ihm insgesamt nur zwei Stämme aus Britannien Geiseln, die übrigen unterließen es. (5) Diese Erfolge, die aus den Briefen Caesars hervorgingen, veranlaßten den Senat, ein Dankfest von 20 Tagen zu beschließen.[256]

Fünftes Buch

1 (1) Als Caesar unter dem Consulat des L. Domitius und Ap. Claudius vom Winterlager nach Italien aufbrach, wie er es gewöhnlich jedes Jahr tat, gab er den Legaten, denen er die Legionen unterstellt hatte, den Auftrag, dafür zu sorgen, daß im Winter möglichst viele Schiffe gebaut und die alten wiederhergestellt würden. Er erklärte ihnen ihre Maße und ihre Form. (2) Um sie schneller beladen und an Land ziehen zu können, ließ er sie etwas niedriger bauen als die Schiffe, die wir auf unserem Meer gewöhnlich verwenden.[257] Das war um so eher möglich, als er wußte, daß der Wellengang wegen der häufigen Gezeitenwechsel dort weniger hoch war. Um Lasten und eine Menge von Zugvieh transportieren zu können, sollten sie auch etwas breiter als die auf den anderen Meeren eingesetzten Schiffe gebaut werden. (3) Zudem befahl er, sie alle als leichte Ruderschiffe zu bauen,[258] wozu sie ihre geringe Höhe besonders geeignet machte. (4) Was zur Ausrüstung der Schiffe notwendig war, ließ Caesar aus Spanien[259] herbeischaffen. (5) Dann brach er nach Illyrien auf, sobald er die Gerichtstage im diesseitigen Gallien abgehalten hatte. Er hatte nämlich gehört, daß das an unsere Provinz grenzende Gebiet durch Einfälle der Pirusten[260] verwüstet würde. (6) Als er in Illyrien eintraf, befahl er den dortigen Stämmen, Soldaten zu stellen und sie an einem bestimmten Ort zu sammeln. (7) Als dies bekanntwurde, schickten die Pirusten Gesandte zu ihm, die darlegten, daß nichts von den Vorfällen auf öffentlichen Beschluß hin geschehen sei. Sie erklärten, sie seien bereit, auf jede Weise für die widerrechtlich verursachten Schäden aufzukommen. (8) Caesar nahm ihre Erklärung an und forderte die Stellung von Geiseln, die er zu einem bestimmten Zeitpunkt auszuliefern befahl. Sollten sie dies nicht tun, so erklärte er, werde er den Stamm mit Krieg strafen. (9) Als die Geiseln befehlsgemäß ausgeliefert worden waren, bestellte er für die betroffenen Stämme Schiedsleute, die den angerichteten Schaden schätzen und die Höhe der Strafe feststellen sollten.

2 (1) Nachdem Caesar diese Angelegenheiten geregelt und Gerichtstage abgehalten hatte, kehrte er in das diesseitige Gallien zurück und brach von dort zum Heer auf. (2) Als er hier eingetroffen war, besichtigte er alle Winterlager. Obwohl es an allem Notwendigen mangelte, hatten die Soldaten einen so einzigartigen Eifer bewiesen, daß Caesar etwa 600 Schiffe der oben beschriebenen Art und 28 Kriegsschiffe ausgerüstet vorfand. Es fehlte nicht mehr viel, daß man sie in wenigen Tagen auslaufen lassen konnte. (3) Caesar sprach den Soldaten seine Anerkennung aus und legte den Leitern des Unternehmens seinen Plan dar. Dann befahl er allen, im Hafen Itius[261] zusammenzukommen, da er wußte, daß die Überfahrt nach Britannien von diesem Hafen aus die geringsten Schwierigkeiten bot. Die Strecke zwischen Britannien und dem Festland betrug hier etwa 30 Meilen. Er ließ eine ihm ausreichend erscheinende Zahl von Soldaten zurück, um die Überfahrt vorzubereiten, (4) und brach selbst mit vier kampfbereiten Legionen und 800 Reitern in das Gebiet der Treverer auf. Diese erschienen nämlich nie zu den Landtagen und führten ebensowenig seine Befehle aus. Dagegen hieß es, daß sie die Germanen und die rechtsrheinischen Stämme aufwiegelten.[262]

3 (1) Der Stamm der Treverer hat die bei weitem stärkste Reiterei in ganz Gallien und verfügt über zahlreiche Fußtruppen. Sein Gebiet grenzt, wie oben beschrieben, an den Rhein. (2) Zwei Männer stritten in diesem Stamm um die politische Führung: Indutiomarus und Cingetorix.[263] (3) Sobald bekannt wurde, daß Caesar mit seinen Legionen eingetroffen sei, kam der eine der beiden, Cingetorix, zu Caesar und versicherte ihm, daß er mit seinem Anhang alle Verpflichtungen Caesar gegenüber einhalten und den

Freundschaftsvertrag mit dem römischen Volk nicht brechen werde. Gleichzeitig erklärte er Caesar, was bei den Treverern vor sich ging. (4) Dagegen schickte sich Indutiomarus an, Reiterei und Fußvolk zu sammeln und Vorbereitungen für einen Krieg zu treffen. Die Männer, die auf Grund ihres Alters keinen Kriegsdienst leisten konnten, sollten im Ardenner Wald versteckt werden. Dieses Waldgebiet erstreckt sich unendlich weit vom Rhein mitten durch das Gebiet der Treverer bis zum Anfang des Gebiets der Remer. (5) Einige führende Männer aus dem Stamm der Treverer jedoch, die durch das Ansehen des Cingetorix beeinflußt und durch die Ankunft unseres Heeres in Furcht versetzt waren, kamen zu Caesar, wo jeder für sich bei ihm die Sicherung seines Besitzstandes zu erreichen suchte, da sie die Gesamtheit ihres Stammes nicht vertreten könnten. Da fürchtete Indutiomarus, daß er von allen verlassen werde, und schickte Gesandte zu Caesar mit der Erklärung, (6) der Grund dafür, daß er sich nicht von seinen Stammesgenossen trennen und zu Caesar habe kommen wollen, sei der, daß er den Stamm so leichter zur Erfüllung seiner Verpflichtungen zwingen könne. Denn wenn der gesamte Adel abziehe, werde das niedere Volk auf Grund seiner Unverständigkeit wankelmütig. (7) So aber habe er den ganzen Stamm in der Hand und werde, wenn Caesar es gestatte, zu ihm ins Lager kommen und sein und seines Stammes Schicksal in Caesars Hände legen.

4 (1) Caesar erkannte, warum Indutiomarus dies sagte und was ihn von seinem Vorhaben abschreckte. Er befahl ihm aber trotzdem, mit 200 Geiseln zu ihm zu kommen, da er nicht gezwungen sein wollte, den Sommer im Gebiet der Treverer zu verbringen, während alles schon für den Krieg in Britannien vorbereitet war. (2) Als die Geiseln eintrafen, unter ihnen der Sohn und alle Verwandten des Indutiomarus, die Caesar namentlich angefordert hatte, sprach Caesar ihm beschwichtigend zu und ermahnte ihn,

seine Verpflichtungen einzuhalten. (3) Nichtsdestoweniger rief er die führenden Männer der Treverer zusammen, um jeden einzelnen wieder mit Cingetorix auszusöhnen: Einerseits wußte er, daß er damit die Verdienste des Cingetorix belohnte, andererseits hielt er es auch für überaus wichtig, daß Cingetorix möglichst großen Einfluß bei seinen Stammesgenossen besaß, denn er hatte erkannt, daß die Ergebenheit des Cingetorix ihm gegenüber besonders groß war. (4) Diese Maßnahme traf Indutiomarus empfindlich, da sie zur Folge hatte, daß seine Beliebtheit bei seinem Stamm abnahm. Da er uns schon vorher feindlich gesinnt war, nahm seine Verbitterung durch diese Kränkung bedeutend zu.

5 (1) Nach Regelung dieser Angelegenheit traf Caesar mit den Legionen im Hafen von Itius ein. (2) Dort erfuhr er, daß ein Sturm 60 Schiffe, die im Gebiet der Melder[264] gebaut worden waren, verschlagen hatte, so daß sie ihren Kurs nicht hatten halten können und zu ihrem Ausgangspunkt zurückgekehrt waren. Die übrigen fand Caesar mit allem versehen zum Auslaufen bereit vor. (3) Auch die 4000 Mann starke Reiterei kam aus ganz Gallien nach Itius, dazu die führenden Adligen aus allen Stämmen. (4) Caesar hatte beschlossen, nur ganz wenige von ihnen, deren Treue ihm gegenüber er genau kannte, in Gallien zurückzulassen, die übrigen jedoch gewissermaßen als Geiseln mitzunehmen. Er fürchtete nämlich, daß in seiner Abwesenheit in Gallien Unruhen ausbrechen könnten.

6 (1) Unter anderen befand sich bei diesen Galliern der Haeduer Dumnorix,[265] von dem oben die Rede war. Caesar hatte beschlossen, ihn vor allem mitzunehmen, weil ihm bekannt war, daß dieser immer auf Umsturz sann und die Macht an sich reißen wollte, zudem ein bedeutender Mann war, der bei den Galliern großes Ansehen genoß. (2) Hinzu kam, daß Dumnorix sogar beim Landtag der Haeduer behauptet hatte, Caesar wolle ihm die Herr-

schaft über seinen Stamm übertragen. Die Haeduer hatte diese Behauptung zwar tief getroffen, doch wagten sie nicht, Gesandte zu Caesar zu schicken, um sich dagegen zu verwahren oder ihn durch Bitten umzustimmen. (3) Caesar hatte dies von seinen Gastfreunden erfahren. Dumnorix bemühte sich zunächst mit dringenden Bitten auf jede nur mögliche Art von Caesar zu erreichen, daß er in Gallien zurückgelassen würde. Er behauptete einerseits, er sei nicht ans Seefahren gewöhnt und fürchte das Meer, andererseits, er sei durch die Erfüllung religiöser Pflichten verhindert. (4) Als er sah, daß ihm sein Wunsch hartnäckig abgeschlagen wurde, gab er jede Hoffnung auf, sein Ziel durch Bitten zu erreichen, und begann, die führenden Männer Galliens aufzuhetzen und sie einzeln beiseite zu nehmen, um ihnen einzureden, sie sollten auf dem Festland bleiben. (5) Er versetzte sie dadurch in Schrekken, daß er Befürchtungen bei ihnen wachrief, Gallien werde nicht ohne Grund seines gesamten Adels beraubt: Caesar habe nämlich den Plan, sie alle nach der Überfahrt nach Britannien umzubringen, da er sich scheue, sie vor den Augen Galliens zu töten. (6) Er band sich bei den übrigen durch sein Ehrenwort und forderte sie auf zu schwören, das, was sie für Gallien als vorteilhaft erkannt hätten, nach gemeinsamer Planung durchzuführen. Caesar wurde dies wiederholt von mehreren Seiten hinterbracht.

7 (1) In Kenntnis dieser Tatsache und weil er dem Stamm der Haeduer so viel Ansehen und Bedeutung zumaß, hielt Caesar es nach wie vor für nötig, Dumnorix mit allen Mitteln in die Schranken zu weisen und ihn von seinem Vorhaben abzubringen, (2) aber auch, Vorsorge zu treffen, daß Dumnorix ihm selbst oder dem römischen Staat keinen Schaden zufügen könne, denn er bemerkte, daß der Wahnsinn des Dumnorix mehr und mehr zunahm. (3) Gezwungen, etwa 25 Tage[266] an diesem Ort zu bleiben, weil der Nordwestwind, der gewöhnlich dort über längere Zeit des Jahres weht, die Abfahrt verhinderte, be-

mühte sich Caesar daher, Dumnorix zur Einhaltung seiner Verpflichtungen zu zwingen, während er gleichzeitig nichts unterließ, um alles über seine Pläne zu erfahren. (4) Als endlich geeignetes Wetter eintrat, befahl er den Soldaten und Reitern, an Bord zu gehen. (5) Während alle damit beschäftigt waren, schickte sich Dumnorix jedoch an, mit der Reiterei der Haeduer hinter dem Rücken Caesars aus dem Lager zurück in die Heimat zu ziehen. (6) Als Caesar dies gemeldet wurde, ließ er die Einschiffung unterbrechen, stellte alles andere hintan und schickte einen großen Teil der Reiterei aus, der Dumnorix verfolgen und auf seine Anordnung hin zurückbringen sollte. (7) Für den Fall, daß dieser Gewalt anwenden und nicht gehorchen sollte, befahl er, ihn zu töten, denn er war überzeugt, daß Dumnorix in seiner Abwesenheit unvernünftig handeln werde, wenn er schon in seiner Anwesenheit seinen Befehl mißachtet hätte. (8) Als Dumnorix zurückgerufen wurde, begann er, Widerstand zu leisten und sich mit der Waffe in der Hand zu verteidigen. Gleichzeitig beschwor er die Treue seiner Anhänger, indem er wiederholt ausrief, er sei frei und Bürger eines freien Staates. (9) Die Soldaten handelten, wie ihnen befohlen worden war, umstellten ihn und machten ihn nieder. Die Reiter der Haeduer aber kehrten alle zu Caesar zurück.

8 (1) Hierauf ließ Caesar Labienus mit drei Legionen und 2000 Reitern auf dem Festland zurück. Er sollte die Häfen schützen und für Nachschub und Getreide sorgen, gleichzeitig jedoch die Vorgänge in Gallien beobachten und jeweils den zeitlichen und örtlichen Umständen entsprechende Maßnahmen treffen. (2) Caesar selbst stach mit fünf Legionen und ebenso vielen Reitern, wie auf dem Festland zurückblieben, bei Sonnenuntergang in See und fuhr bei leichtem Südwestwind auf das Meer hinaus. Ungefähr um Mitternacht trat jedoch eine Windstille ein, so daß er den Kurs nicht halten konnte. Nachdem er durch eine Strömung noch weiter abgetrieben war, sah er bei Tagesanbruch, daß er Britannien zur Linken[267] hinter sich gelassen hatte. (3) Indem er darauf einen erneuten Wechsel der Strömung ausnutzte, versuchte er durch angestrengtes Rudern, den Teil der Insel zu erreichen, der nach seinen Erfahrungen aus dem vergangenen Sommer für die Landung der Flotte am besten geeignet war. (4) Dabei verdiente die Tüchtigkeit der Soldaten besonderes Lob, denn sie hielten auf den schweren Lastschiffen, ohne das anstrengende Rudern zu unterbrechen, ihren Kurs auf gleicher Höhe mit den Kriegsschiffen. (5) Schon ungefähr um die Mittagszeit landete das Heer mit allen Schiffen in Britannien. Dort wurden keine Feinde sichtbar. (6) Sie waren jedoch, wie Caesar später von Gefangenen erfuhr, mit vielen Truppen dorthin gekommen, die Menge der Schiffe hatte sie aber in Schrecken versetzt, so daß sie den Strand verlassen und sich auf den Anhöhen verborgen hatten. Zusammen mit den Schiffen vom Vorjahr und den privaten,[268] die sich jeder zu eigenem Gebrauch gebaut hatte, erschienen nämlich in einem Augenblick mehr als 800 Schiffe am Horizont.

9 (1) Nachdem Caesar das Heer an Land gesetzt und einen für das Lager geeigneten Ort gefunden hatte, erfuhr er von Gefangenen, in welcher Gegend die Truppen der Feinde standen. Er ließ daraufhin zehn Cohorten an der Küste zurück, ebenso 300 Reiter, um die Schiffe zu bewachen, und rückte um die 3. Nachtwache rasch gegen die Feinde vor. Er hegte dabei um so weniger Befürchtung für die Schiffe, als er sie an einem sanft abfallenden und offenen Strand verankert zurückließ. (2) Die Bewachungseinheiten und die Schiffe unterstellte er Q. Atrius.[269] Nach einem nächtlichen Marsch von etwa 12 Meilen kamen die Truppen der Feinde in Sicht. (3) Diese setzten sich mit ihrer Reiterei und den Streitwagen in Richtung auf einen Fluß[270] in Bewegung und begannen, unsere Soldaten von einer Anhöhe aus abzuwehren und sich in einen

Kampf einzulassen. (4) Als sie unsere Reiterei vertrieb, zogen sie sich wieder in die Wälder zurück, wo sie einen auf Grund seiner natürlichen Beschaffenheit und Befestigung hervorragenden Zufluchtsort besaßen. Wie es schien, hatten sie ihn schon vorher bei innerbritannischen Kämpfen eingerichtet, (5) denn durch zahlreiche gefällte Bäume waren alle Zugänge gesperrt. (6) Nur in kleinen Abteilungen kamen sie zum Kampf aus den Wäldern hervor, um unsere Soldaten davon abzuhalten, in die Festung einzudringen. (7) Die Soldaten der 7. Legion aber stellten ein Schilddach her und warfen vor der Befestigung einen Damm auf, so daß es ihnen gelang, sie einzunehmen und die Feinde aus den Wäldern zu vertreiben. Dabei gab es bei uns nur wenige Verwundete. (8) Caesar verbot jedoch, die flüchtigen Feinde allzuweit zu verfolgen, weil er die Gegend nicht kannte. Da zudem schon ein großer Teil des Tages verstrichen war, wollte er noch ausreichend Zeit haben, das Lager zu befestigen.

10 (1) Am folgenden Tag teilte er morgens Soldaten- und Reitereinheiten in drei Gruppen und schickte sie auf den Marsch, um die Feinde zu verfolgen, die geflohen waren. (2) Als das Heer schon eine beträchtliche Strecke vorgerückt war und die Nachhut der Feinde bereits sichtbar wurde, kamen Reiter von Q. Atrius mit der Meldung zu Caesar, in der letzten Nacht habe sich ein schwerer Sturm erhoben, so daß fast alle Schiffe beschädigt und auf den Strand geworfen worden seien, weil weder Anker noch Taue gehalten hätten und die Seeleute und Steuermänner der Gewalt des Sturmes nicht gewachsen gewesen seien. (3) Infolgedessen seien die Schiffe zusammengestoßen und großer Schaden entstanden.

11 (1) Auf diese Nachricht hin ließ Caesar die Legionen und die Reiterei zurückrufen. Sie sollten jedoch auf dem Marsch dem Feind Widerstand leisten. Er selbst kehrte zu den Schiffen zurück. (2) Hier sah er mit eigenen Augen fast annähernd dasselbe, was er von den Boten und aus den

schriftlichen Mitteilungen erfahren hatte: Zwar waren etwa 40 Schiffe verlorengegangen, doch schien die Wiederherstellung der übrigen möglich zu sein, wenn auch unter großem Arbeitsaufwand. (3) Caesar befahl daher, aus den Legionen die Zimmerleute abzustellen und weitere vom Festland herbeizuholen. (4) Labienus schrieb er, mit den Legionen, die dieser bei sich hatte, so viele Schiffe als möglich zu bauen. (5) Obwohl die entsprechenden Maßnahmen viel Mühe und Arbeit bedeuteten, hielt er es für das günstigste, alle Schiffe an Land zu ziehen und durch eine durchgehende Befestigung mit dem Lager zu verbinden. (6) Während der Arbeit daran vergingen etwa zehn Tage, wobei die Soldaten nicht einmal nachts ihre anstrengende Tätigkeit unterbrachen. (7) Als die Schiffe an Land gezogen worden waren und das Lager eine vorzügliche Befestigung erhalten hatte, hinterließ Caesar dieselben Einheiten wie zuvor als Schutz für die Schiffe und kehrte dorthin zurück, woher er aufgebrochen war. (8) Als er eintraf, hatten sich schon von allen Seiten stärkere Truppen der Britannier versammelt und auf gemeinsamen Beschluß die Leitung und Durchführung des Krieges Cassivellaunus übertragen. Etwa 80 Meilen vom Meer entfernt bildet ein Fluß, der Themse heißt, die Grenze zwischen seinem Gebiet und dem der Küstenstämme. (9) In der vergangenen Zeit hatte Cassivellaunus immer wieder mit den übrigen Stämmen Krieg geführt, jetzt jedoch hatten ihm die Britannier unter dem Eindruck unserer Ankunft die Leitung des gesamten Krieges und das Oberkommando übertragen.

12 (1) Im Innern Britanniens leben Menschen, die behaupten, sie seien nach der Überlieferung der Insel selbst entsprossen.[271] (2) An der Küste leben die Stämme, die von Belgien herüberkamen, um Krieg zu führen und Beute zu machen. Sie tragen fast alle noch die Namen der Stämme, denen sie angehörten, als sie nach Britannien gelangten.[272] Nach ihren Kriegszügen blieben sie dort und

begannen, das Land zu bebauen. (3) Es handelt sich um eine unübersehbar große Zahl von Menschen. Ihre überaus zahlreichen Gehöfte sehen in der Regel den gallischen sehr ähnlich. Ihr Besitz an Vieh ist beträchtlich. (4) Als Währung benutzen sie Kupfer- oder Goldmünzen oder statt dessen Eisenbarren, die ein bestimmtes Gewicht haben.[273] (5) Im Landesinneren gibt es Zinn, in den Küstenregionen Eisen,[274] das aber nur in geringen Mengen vorkommt. Wie in Gallien gibt es Holz jeder Art außer Buchen und Tannen. (6) Die Einwohner meinen, es sei frevelhaft, Hasen, Hühner oder Gänse zu verzehren, doch halten sie sie zum Vergnügen. Das Klima ist gemäßigter als in Gallien, weil es weniger kalt wird.

13 (1) Die Insel hat die Form eines Dreiecks, dessen eine Seite Gallien zugewandt ist.[275] Die eine Ecke dieser Seite, die bei Kent anzunehmen ist und wo in der Regel alle Schiffe aus Gallien landen, weist nach Osten, die andere, weiter unten, nach Süden. Diese Seite der Insel ist etwa 500 Meilen lang. (2) Die zweite liegt in der Richtung nach Spanien und ist nach Westen gerichtet. Hier liegt die Insel Hibernia, die, wie man vermutet, etwa halb so groß ist wie Britannien. Die Entfernung zwischen ihr und Britannien ist genauso groß wie die zwischen Britannien und Gallien. (3) Auf halbem Weg nach Hibernia liegt die Insel Mona;[276] außerdem soll es noch mehrere kleinere vorgelagerte Inseln geben. Einige Autoren berichten über diese Inseln, um die Wintersonnenwende sei es dort 30 Tage lang ununterbrochen Nacht.[277] (4) Obwohl wir Erkundigungen einzogen, konnten wir nichts darüber erfahren, außer daß wir sahen, daß nach genauen Messungen mit der Wasseruhr die Nächte kürzer sind als auf dem Festland.[278] (5) Die Länge dieser zweiten Seite beträgt nach Meinung der Bewohner 700 Meilen. (6) Die dritte Seite liegt nach Norden; jenseits davon gibt es kein vorgelagertes Land mehr. Die eine Ecke dieser Seite weist jedoch vor allem nach Germanien. Ihre Länge wird auf 800 Meilen geschätzt. (7) Der Umfang der ganzen Insel beträgt also 2000 Meilen.[279]

14 (1) Die bei weitem zivilisiertesten unter den Britanniern sind die Einwohner Kents, das sich ganz an der Küste hinzieht. Ihre Bräuche unterscheiden sich nur wenig von denen der Gallier. (2) Die Bewohner des Innern bauen kein Getreide an, sondern leben von Milch und Fleisch und tragen als Bekleidung Felle. Alle Britannier aber reiben sich mit Waid[280] ein, was eine Blaufärbung bewirkt, so daß sie im Kampf dadurch noch schrecklicher aussehen. (3) Sie lassen ihre Haare lang wachsen, sind dagegen bis auf den Kopf und die Oberlippe am ganzen Körper glatt rasiert. (4) Sie haben je zehn oder auch zwölf Frauen gemeinsam, vor allem unter Brüdern, aber auch unter Vätern und Söhnen. (5) Wenn eine Frau ein Kind zur Welt bringt, gilt dieses als das Kind desjenigen, dem die Mutter als Jungfrau zugeführt wurde.[281]

15 (1) Die Reiter und Streitwagen der Feinde lieferten sich auf dem Rückmarsch unseres Heeres[282] mit der Reiterei ein hartes Gefecht, doch blieben die Unseren am Ende in jeder Hinsicht siegreich und trieben die Feinde in die Wälder und in hügeliges Gelände zurück. (2) Nachdem sie eine Anzahl Feinde getötet hatten, verfolgten die Reiter die Feinde jedoch zu stürmisch, so daß sie auch selbst einige Verluste hatten. (3) Als sich unsere Soldaten aber nach einiger Zeit ohne viel Vorsicht wieder mit der Befestigung des Lagers beschäftigten, brachen die Feinde plötzlich aus den Wäldern hervor und griffen die Soldaten an, die vor dem Lager Wache standen. (4) Es kam zu einem harten Kampf. Caesar schickte zwei Cohorten zu Hilfe, und zwar die ersten von zwei Legionen. Obwohl sich diese mit einem sehr geringen Abstand voneinander aufgestellt hatten, gerieten unsere Soldaten durch die neue Kampfesart[283] so in Panik, daß die Feinde höchst verwegen die Mitte der Front durchbrachen und sich unverletzt von dort wieder zurückziehen konnten. (5) An diesem Tag fiel der Militärtribun Q. Laberius Durus.[284] Da Caesar weitere Cohorten zu Hilfe schickte, wurden die Feinde zurückgeschlagen.

16 (1) Bei dieser ganzen Art des Kampfes, dessen Verlauf alle vor dem Lager mit ansahen, wurde deutlich, daß unsere Fußsoldaten auf einen Feind dieser Art nur schlecht eingestellt waren, weil das Gewicht der Waffen sie hinderte, dem Gegner zu folgen, wenn er zurückwich, und weil sie nicht wagten, ihre Feldzeichen zu verlassen. (2) Auch für die Reiter war ein solches Gefecht mit großen Gefahren verbunden, da die Feinde auch hier meistens in voller Absicht zurückwichen, um jedesmal, wenn sie die Reiter dadurch etwas von unseren Legionen abgezogen hatten, von den Streitwagen zu springen und mit uns unter ungleichen Bedingungen, nämlich zu Fuß, weiterzukämpfen. (3) Diese Taktik wurde in Reitergefechten gleichermaßen beim Zurückweichen wie bei der Verfolgung eingehalten und brachte uns jeweils in dieselbe Gefahr. (4) Es kam hinzu, daß die Feinde nie in dichtgeschlossenen Reihen, sondern in großem Abstand voneinander kämpften und überall kleinere Einheiten aufgestellt hatten, die jeweils die Kämpfenden wieder aufnahmen, um die ermüdeten durch unverbrauchte neue Soldaten zu ersetzen.

17 (1) Am folgenden Tag gingen die Feinde fern vom Lager auf den Anhöhen in Stellung, zeigten sich nur selten und forderten unsere Reiter zunächst weniger heftig als am Vortag zum Kampf heraus. (2) Als Caesar jedoch um die Mittagszeit drei Legionen und die gesamte Reiterei unter dem Legaten C. Trebonius[285] zum Futterholen ausgeschickt hatte, griffen sie plötzlich von allen Seiten die Futterholer an, und zwar so, daß sie nicht einmal vor den Feldzeichen und den Legionen haltmachten. (3) Unsere Soldaten gingen stürmisch zum Gegenangriff über, schlugen sie in die Flucht und verfolgten sie unbeirrt, bis die Reiterei, die auf die Unterstützung vertraute, die sie in den nachfolgenden Legionen hatte, (4) die Feinde kopflos vor sich her jagte und eine große Anzahl getötet hatte, ohne ihnen die Möglichkeit zu lassen, sich wieder zu sammeln oder sich aufzustellen, geschweige denn von den Streitwagen herabzuspringen. (5) Nach dieser Flucht zogen sofort alle Hilfstruppen der Feinde ab, die sich von überall her eingefunden hatten, und nach dieser Zeit mußten wir niemals wieder mit der vereinigten Streitmacht des Feindes kämpfen.

18 (1) Da Caesar erkannte, was die Feinde planten, führte er das Heer in das Gebiet des Cassivellaunus an die Themse. Diese kann man nur an einer Stelle zu Fuß überschreiten, und auch dort nur mit Mühe. (2) Als Caesar hier eintraf, stellte er fest, daß sich am anderen Ufer des Flusses zahlreiche Truppen der Feinde aufgestellt hatten. (3) Sie hatten vorn am Ufer spitze Pfähle eingeschlagen und es so gesichert. In derselben Art waren Pfähle in den Grund des Flusses eingerammt, die das Wasser verbarg. (4) Als Caesar durch Überläufer und Gefangene davon erfuhr, sandte er die Reiterei voraus und befahl den Legionen, ihr sofort zu folgen. (5) Obwohl den Soldaten das Wasser bis zum Hals stand, gingen sie derart schnell und heftig vor, daß die Feinde ihrem Ansturm und ebenso dem der Reiterei nicht standhalten konnten. Sie gaben daher ihre Stellung am Ufer auf und wandten sich zur Flucht.

19 (1) Cassivellaunus hatte alle Hoffnung auf einen Kampf aufgegeben. Er hatte daher, wie oben berichtet,[286] die Mehrzahl seiner Truppen entlassen und beobachtete nur mit etwa 4000 Streitwagenkämpfern, die er zurückbehalten hatte, unseren weiteren Marsch. Dabei entfernte er sich etwas vom Weg und verbarg sich in einer unzugänglichen und bewaldeten Gegend. In den Gebieten, durch die wir, wie er wußte, marschieren würden, ließ er das Vieh und die Einwohner von den Feldern in die Wälder treiben. (2) Als sich unsere Reiterei zu sorglos über die Fel-

der verstreute, um Beute zu machen und das Land zu verwüsten, sandte Cassivellaunus ihr plötzlich aus den Wäldern auf allen bekannten Wegen und Pfaden seine Streitwagen entgegen, so daß unsere Reiter in höchst gefährliche Kämpfe mit ihnen verwickelt wurden. Die Furcht hielt sie daraufhin davon ab, weiter umherzustreifen. (3) Caesar beschränkte sich unter diesen Umständen darauf zu verbieten, sich zu weit von den Legionen zu entfernen, und ließ nur zu, daß man dem Feind durch Verwüstung der Felder und Verbrennung der Gehöfte soviel Schaden zufügte, als sich mit dem anstrengenden Marsch der Legionäre vereinbaren ließ.[287]
20 (1) In der Zwischenzeit schickten die Trinovanter[288] Gesandte zu Caesar und versprachen, sich ihm zu ergeben und seine Befehle auszuführen. Der Stamm war in diesem Gebiet wohl der mächtigste, und zu ihm gehörte auch der junge Mandubracius, der sich Caesar angeschlossen hatte und zu ihm aufs Festland gekommen war, weil Cassivellaunus seinen Vater, der in dem Stamm die Königswürde besessen hatte, umgebracht hatte. Er selbst war dem Tod nur durch die Flucht entronnen. (2) Die Trinovanter ersuchten Caesar, Mandubracius vor der Verfolgung durch Cassivellaunus zu schützen und ihn seinem Stamm zurückzugeben, damit er an dessen Spitze treten und die Herrschaft übernehmen könne. (3) Caesar forderte von ihnen die Stellung von 40 Geiseln und Getreide für sein Heer, dann schickte er Mandubracius zu ihnen. (4) Sie kamen umgehend seinen Forderungen nach, indem sie die genaue Zahl der Geiseln und Getreide sandten.
21 (1) Da die Trinovanter den Schutz Caesars erfuhren und gleichzeitig den römischen Soldaten jeder Übergriff gegen sie verboten wurde, schickten auch die Cenimagner, Segontiacer, Ancaliten, Bibrocer und Casser[289] Gesandtschaften und ergaben sich Caesar. (2) Von ihnen erfuhr er, daß die Stadt des Cassivellaunus nicht weit von seinem Aufenthaltsort entfernt liege und durch Wälder

und Sümpfe gesichert sei. Es habe sich dort eine ziemlich große Zahl von Menschen und Vieh versammelt. (3) Die Britannier bezeichnen einen Ort schon als Stadt, wenn sie in unzugänglichen Waldgebieten eine Stelle mit Wall und Graben befestigt haben, zu der sie sich in der Regel flüchten, wenn sie feindlichen Einfällen ausweichen wollen.[290] (4) Caesar brach mit den Legionen dorthin auf und fand einen Ort vor, der von Natur aus und durch seine Befestigung hervorragend gesichert war. Dennoch bemühte er sich, den Ort von zwei Seiten aus im Sturmangriff zu nehmen. (5) Die Feinde blieben zwar eine Zeitlang in ihrer Stellung, vermochten dann jedoch dem Ansturm unserer Soldaten nicht standzuhalten und verließen die Stadt fluchtartig an einer anderen Seite. (6) Man fand dort eine große Anzahl Vieh. Gleichzeitig wurden viele Feinde auf der Flucht ergriffen und niedergemacht.

22 (1) Während der Ereignisse in dieser Gegend sandte Cassivellaunus Boten nach Kent, das, wie wir oben beschrieben, an der Küste liegt. Dieses Gebiet beherrschten vier Könige: Cingetorix, Carvilius, Taximagulus und Segovax. Cassivellaunus befahl ihnen, ihre gesamten Truppen zusammenzuziehen, das römische Lager an der Küste überraschend anzugreifen und zu bestürmen. (2) Als sie in der Nähe des Lagers eintrafen, machten unsere Soldaten einen Ausfall und töteten viele der Feinde, ja sie nahmen sogar einen vornehmen feindlichen Heeresführer, Lugotorix, gefangen und kehrten selbst wohlbehalten zurück. (3) Als Cassivellaunus die Nachricht von dieser Schlacht erhielt, sandte er unter dem Eindruck seiner zahlreichen Verluste, seines verwüsteten Gebietes und vor allem auch tief getroffen durch den Abfall der anderen Stämme, Gesandte zu Caesar. Über den Atrebaten Commius als Vermittler sollten sie seine Unterwerfung anbieten. (4) Caesar hatte beschlossen, auf dem Festland ins Winterlager zu gehen, weil in Gallien immer wieder plötzliche Unruhen ausbrachen. Aus diesem Grund und weil der Sommer dem Ende zuging und der Krieg, wie er klar erkannte, leicht noch länger verschleppt werden konnte, forderte er die Stellung von Geiseln und setzte fest, was Britannien von nun an jährlich dem römischen Volk an Steuern zahlen sollte.[291] (5) Gleichzeitig untersagte er Cassivellaunus scharf, Mandubracius oder den Trinovantern Schaden zuzufügen.

23 (1) Nach Empfang der Geiseln führte Caesar das Heer zur Küste zurück, wo er die Schiffe wiederhergestellt vorfand. (2) Er ließ sie ins Wasser ziehen und beschloß, da er eine große Zahl von Gefangenen bei sich hatte und einige Schiffe infolge des Sturms verlorengegangen waren, das Heer in zwei Etappen zurückbringen zu lassen. (3) Es traf sich, daß trotz der zahlreichen Seefahrten in diesem und im vergangenen Jahr kein Schiff aus der großen Flotte verlorenging, das Legionssoldaten transportierte. (4) Es gelangten jedoch nur außerordentlich wenige Schiffe, die Caesar leer vom Festland zurückgeschickt wurden, zu ihrem Bestimmungshafen. Die übrigen wurden fast alle vom Sturm verschlagen. Hierbei handelte es sich sowohl um Schiffe, die nach dem ersten Transport die Soldaten auf dem Festland abgesetzt hatten, als auch um einige der 60, die Labienus später hatte bauen lassen. (5) Als Caesar eine Zeitlang vergeblich auf ihre Ankunft gewartet hatte, drängte er die Soldaten notgedrungen auf engem Raum zusammen, um nicht durch die Jahreszeit an der Überfahrt gehindert zu werden, (6) denn die Tagundnachtgleiche[292] stand kurz bevor. Da jedoch völlig ruhiges Wetter eintrat, als er zu Beginn der 2. Nachtwache die Anker lichtete, konnte er bei Tagesanbruch das Festland erreichen und brachte alle Schiffe unversehrt hinüber.

24 (1) Nachdem die Schiffe an Land gebracht worden waren und Caesar in Samarobriva[293] für Gallien einen Landtag abgehalten hatte, sah er sich gezwungen, anders als in den vergangenen Jahren, das Heer für die Überwinterung legionsweise auf mehr Stämme als sonst zu verteilen, weil in diesem Jahr die Getreideernte in Gallien auf Grund der Trockenheit unzureichend ausgefallen war. (2) Der Legat C. Fabius[294] sollte eine Legion des Heeres ins Gebiet der Moriner führen, Q. Cicero[295] eine zweite ins Land der Nervier, eine dritte sollte unter L. Roscius[296] bei den Essuviern überwintern. T. Labienus erhielt den Befehl, bei den Remern im Stammesgebiet der Treverer mit einer vierten Legion ins Winterlager zu gehen, (3) während Caesar drei weitere Legionen unter dem Kommando des Quaestors M. Crassus und der Legaten L. Munatius Plancus[297] und C. Trebonius bei den Belgern stationierte. (4) Eine Legion, die er erst kürzlich nördlich des Po ausgehoben hatte,[298] sandte er mit weiteren fünf Cohorten ins Land der Eburonen, deren Hauptgebiet zwischen Maas und Rhein liegt und die damals unter der Herrschaft des Ambiorix und Catuvolcus standen. (5) Diesen Teil des Heeres unterstellte Caesar den Legaten Q. Titurius Sabinus und L. Aurunculeius Cotta. (6) Er war der Ansicht, er könne den Mangel an Getreide am ehesten ausgleichen, wenn er die Legionen auf diese Art verteilte. (7) Gleichzeitig aber waren die Winterlager aller genannten Legionen in einem Gebiet von 100 Meilen Durchmesser konzentriert.[299] Eine Ausnahme bildete die Legion, die L. Roscius in den ruhigsten und völlig befriedeten Teil Galliens bringen sollte. (8) Caesar selbst beschloß, in der Zwischenzeit in Gallien zu bleiben, bis er sicher wußte, daß die Legionen stationiert und ihre Winterlager befestigt wären.

25 (1) Tasgetius war ein Carnute vornehmster Herkunft, denn seine Ahnen hatten in diesem Stamm stets die Königswürde innegehabt. (2) Im Hinblick auf seine Tüchtigkeit und seine wohlwollende Haltung Caesar gegenüber, dem er in allen Kriegen eine besondere Stütze gewesen war, hatte ihn dieser wieder in den Stand seiner Ahnen eingesetzt. (3) Er regierte schon im dritten Jahr, als ihn seine Feinde umbrachten, die viele seiner Stammesgenossen ganz offen dazu angestiftet hatten. (4) Caesar wurde davon benachrichtigt. Da die Verschwörung weitere Kreise ergriff, fürchtete er, daß der Stamm auf ihr Drängen hin abfallen würde, und befahl daher L. Plancus, rasch mit seiner Legion von Belgien in das Gebiet der Carnuten zu marschieren und dort ins Winterlager zu gehen. Wenn er erfahren hätte, wer für den Tod des Tasgetius verantwortlich sei, solle er die Schuldigen gefangennehmen und zu ihm schicken. (5) In der Zwischenzeit erhielt er von den Legaten und Quaestoren[300], denen er die Führung der Legionen übertragen hatte, die Nachricht, daß sie an ihrem Bestimmungsort angelangt seien und dort befestigte Winterlager errichtet hätten.

26 (1) In den rund 15 Tagen nach Ankunft der Legionen in den Winterlagern brach plötzlich ein auf Abfall zielender Aufruhr aus, den Ambiorix und Catuvolcus auslösten. (2) Obwohl sie sich an den Grenzen ihres Gebietes Sabinus und Cotta zur Verfügung gestellt und Getreide ins Winterlager geliefert hatten, waren sie in der Folgezeit durch Boten des Treverers Indutiomarus dazu bewogen worden, ihre Stammesgenossen zum Kampf aufzurufen. Sie kamen plötzlich mit einer großen Schar zum Lager, um es zu bestürmen, nachdem sie vorher Soldaten, die Holz holten, überwältigt hatten. (3) Unsere Soldaten griffen schnell zu den Waffen und bestiegen den Lagerwall; gleichzeitig schwärmten an einer Seite spanische Reiter aus und schlugen die Feinde in einem Reitergefecht, so daß diese ihr Vorhaben aufgaben und ihre Soldaten von der Belagerung abzogen. (4) Darauf riefen sie uns nach ihrer Gewohnheit laut zu, es möge einer der Unseren zu einer Unterredung kommen. Sie hätten einiges, worüber sie sprechen wollten und das beide Seiten angehe. Sie hofften, daß dadurch das Ausmaß des Streites verringert werden könne.

27 (1) C. Arpinius, ein römischer Ritter und Freund des Titurius, wurde zu ihnen gesandt, mit ihm ein gewisser

Q. Iunius[301] aus Spanien, der schon früher regelmäßig als Gesandter Caesars zu Ambiorix gekommen war. (2) Ambiorix führte ihnen gegenüber etwa folgendes aus: Auf Grund der ihm von Caesar erwiesenen Dienste stehe er tief in dessen Schuld, denn er sei auf sein Bemühen hin von der Tributzahlung befreit worden, die er vorher seinen Grenznachbarn, den Atuatucern, regelmäßig gezahlt habe. Caesar habe ihm auch seinen Sohn und seinen Neffen zurückgeschickt, die den Atuatucern als Geiseln gesandt worden seien und die diese wie Sklaven in Ketten gehalten hätten. (3) Es sei weder auf seinen Beschluß hin noch mit seiner Zustimmung geschehen, was er hinsichtlich der Bestürmung des römischen Lagers unternommen habe; vielmehr sei er von seinem Stamm dazu gezwungen worden. Seine Herrschaft sei so geartet, daß das Volk ihm gegenüber nicht weniger Rechte habe als er gegenüber dem Volk. (4) Darüber hinaus liege für seinen Stamm die Veranlassung für diesen Krieg darin, daß er der überraschenden Verschwörung in Gallien keinen Widerstand habe entgegensetzen können. Er selbst könne dafür leicht seine unterlegenen Kräfte als Beweis anführen, weil er nicht so unerfahren sei zu glauben, er könne mit seinen Truppen das römische Volk besiegen. (5) Gallien habe sich jedoch auf einen gemeinsamen Plan geeinigt: Alle Winterlager Caesars sollten an diesem bestimmten Tag angegriffen werden, um zu verhindern, daß eine Legion der anderen zu Hilfe kommen könne. (6) Es sei schwierig gewesen, als Gallier Galliern etwas abzuschlagen, besonders weil der Anschein erweckt würde, der Plan sei gefaßt worden, um die allgemeine Freiheit wiederzuerlangen. (7) Da er seiner nationalen Verpflichtung nun Genüge getan habe, könne er wieder Rücksicht darauf nehmen, daß ihn die Dienste Caesars verpflichteten. Im Hinblick auf ihre Freundschaft bitte er Titurius inständig, für seine und seiner Soldaten Rettung zu sorgen. (8) Eine große Zahl von germanischen Söldnern habe den Rhein überschritten; in zwei Tagen seien sie da. (9) Die Römer müßten selbst entscheiden, ob sie, bevor die benachbarten Stämme etwas merkten, ihre Soldaten aus dem Winterlager abziehen und entweder zu Cicero oder zu Labienus führen wollten. Das Lager Ciceros sei etwa 50 Meilen entfernt, das des Labienus etwas weiter. (10) Er verspreche ihnen und wolle sich auch durch einen Eid darauf festlegen, daß er unserem Heer einen ungefährdeten Marsch durch sein Gebiet ermöglichen werde. (11) Mit diesem Vorgehen nütze er einerseits seinem Stamm, den er damit von dem Winterlager der Römer entlaste, andererseits erweise er Caesar damit seine Dankbarkeit für die empfangenen Wohltaten. Nach dieser Rede entfernte sich Ambiorix.

28 (1) Arpinius und Iunius berichteten den Legaten, was sie erfahren hatten. Diese gerieten über die unvorhergesehene Lage in Verwirrung und meinten, man dürfe diese Darlegungen, auch wenn sie von feindlicher Seite kämen, nicht unberücksichtigt lassen. Was sie vor allem beunruhigte, war, daß es ihnen unwahrscheinlich schien, daß ein so unbekannter und unbedeutender Stamm wie die Eburonen aus freien Stücken gewagt haben sollte, einen Krieg mit dem römischen Volk anzufangen. (2) Daher brachten sie die Angelegenheit vor den Kriegsrat, wo es zu großen Meinungsverschiedenheiten kam. (3) L. Aurunculeius, mehrere Militärtribunen und die ranghöchsten Centurionen waren der Ansicht, man dürfe nicht leichtfertig etwas unternehmen und ohne ausdrücklichen Befehl Caesars aus dem Lager abmarschieren. (4) Sie wiesen darauf hin, daß sie in dem befestigten Winterlager beliebig großen, sogar auch starken Truppen der Germanen standhalten könnten. Beweis dafür sei, daß sie den ersten Ansturm der Feinde mit größter Tapferkeit abgeschlagen und ihnen obendrein bedeutende Verluste zugefügt hätten. Ihre Getreideversorgung sei nicht gefährdet. (5) In der Zwischenzeit würden auch aus den nächstgelegenen Winter-

lagern und von Caesar selbst Hilfstruppen eintreffen. (6) Und was sei endlich leichtsinniger und zugleich unehrenhafter, als auf Anregung des Feindes über so entscheidende Angelegenheiten Beschlüsse zu fassen?
29 (1) Dagegen rief Titurius immer wieder, wenn sich erst größere Truppen des Feindes mit den Germanen vereinigt hätten und anrückten, sei es zum Handeln zu spät, ebenso, wenn den nächstgelegenen Winterlagern etwas zugestoßen sei. Die Zeit für eine Entscheidung sei nur kurz. (2) Er glaube, Caesar sei nach Italien aufgebrochen. Denn andernfalls hätten die Carnuten nicht gewagt, den Mord an Tasgetius zu planen. Wenn Caesar noch da wäre, hätten auch die Eburonen unsere Schlagkraft nicht so gering eingeschätzt, daß sie gegen unser Lager vorrückten. (3) Er richte sich nicht nach dem Rat des Feindes, sondern sehe den Tatsachen ins Auge: Der Rhein sei nahe; die Germanen seien sehr erbittert über den Tod Ariovists und über unsere vorherigen Siege; (4) Gallien sei empört über die vielen Niederlagen, die es erlitten habe und die es unter die Herrschaft des römischen Volkes gezwungen hätten, während sein früherer Kriegsruhm ausgelöscht sei. (5) Wer endlich könne ihm einreden, daß sich Ambiorix ohne begründete Hoffnung auf Erfolg zu einem solchen Plan entschlossen habe? (6) Sein Vorschlag biete nach beiden Seiten hin Sicherheit: Wenn nichts allzu Schlimmes eintrete, werde man ungefährdet zu der nächstgelegenen Legion gelangen; wenn ganz Gallien im Einvernehmen mit den Germanen stehe, liege die Hoffnung auf Rettung allein in der Schnelligkeit. (7) Welchen Erfolg aber verspreche der Rat Cottas und der übrigen, die nicht mit ihm, Titurius, übereinstimmten? Zwar bedeute er für den Augenblick keine Gefahr, doch sei gewiß bei einer längeren Belagerung eine Hungersnot zu befürchten.
30 (1) Als im Verlauf des Streites die Meinungen im Kriegsrat aufeinanderprallten und Cotta und die rang-

höchsten Offiziere weiter harten Widerstand leisteten, sagte Sabinus so laut, daß es ein großer Teil der Soldaten deutlich hören konnte: (2) »Setzt euch durch, wenn ihr es so wollt; ich bin unter euch nicht derjenige, der am meisten Angst um sein Leben hat. Die hier werden es schon merken. Wenn ein Unglück geschieht, werden sie von dir Rechenschaft fordern. (3) Wenn du es zuließest, würden sie sich übermorgen mit den Soldaten der nächsten Winterlager vereinen und gemeinsam mit den anderen den Krieg überstehen, nicht dagegen verstoßen und verbannt, weit entfernt von den übrigen, durch Hunger oder Schwert umkommen.«

31 (1) Da erhob sich der Kriegsrat, seine Mitglieder ergriffen die Kontrahenten bei den Händen und baten sie inständig, nicht durch ihre hartnäckige Zwietracht höchste Gefahr heraufzubeschwören. (2) Die Lage sei leicht zu bewältigen, ob man nun bleibe oder aufbreche, wenn nur alle einer Meinung seien und ein gemeinsames Vorgehen billigten. Wenn sie dagegen uneinig seien, sehe man keine Hoffnung auf Rettung. So wurde die Auseinandersetzung bis Mitternacht weitergeführt. (3) Endlich gab Cotta, zutiefst beunruhigt, nach, und die Ansicht des Sabinus gewann die Oberhand. Es wurde verkündet, daß man bei Tagesanbruch aufbreche. (4) Für den Rest der Nacht blieben alle wach, weil jeder Soldat seine Sachen daraufhin durchsah, was er mitnehmen könne und was von der Winterausrüstung zurückbleiben müsse. (5) Alle Argumente wurden noch einmal gründlich bedacht, warum man einerseits nicht ohne Gefahr bleiben könne, andererseits, daß die Gefahr durch die Erschöpfung und den verlorenen Schlaf der Soldaten nur größer würde. (6) So brach man bei Tagesanbruch aus dem Lager auf und marschierte in einem überaus langen Zug mit beträchtlichem Gepäck ab. Die Römer erweckten den Eindruck, als seien sie überzeugt, daß der Rat nicht von ihrem Feind, sondern ihrem besten Freund Ambiorix erteilt worden sei.

32 (1) Die Feinde hatten an dem nächtlichen Lärm und daran, daß die Soldaten wachblieben, gemerkt, daß der Aufbruch bevorstand. Daraufhin stellten sie den Römern eine Falle, indem sie sich in zwei Gruppen teilten und in den Wäldern in einem günstig gelegenen Versteck, das etwa 2 Meilen vom römischen Lager entfernt war, das Eintreffen der Römer erwarteten. (2) Als der größere Teil des Heereszuges in ein weites Tal hinabgestiegen war, erschienen sie plötzlich von beiden Enden des Tals und begannen, die Nachhut unseres Zuges zu bedrängen, während sie der Vorhut den Aufstieg versperrten, so daß sie unsere Soldaten auf äußerst ungünstigem Gelände zum Kampf zwangen.

33 (1) Weil Titurius vorher keinerlei Vorsichtsmaßregeln getroffen hatte, verlor er in dieser Lage schließlich den Kopf, lief ängstlich von einem zum andern und wies den Cohorten ihre Stellungen an, doch wirkten alle seine Anordnungen so furchtsam, daß man sah, wie er die Kontrolle über die Situation verlor. Dies geschieht den Menschen in der Regel, wenn sie gezwungen sind, in einer augenblicklichen Notlage Entscheidungen zu treffen. (2) Cotta jedoch, der sich gedacht hatte, daß dies auf dem Marsch geschehen könne, und der daher gegen den Abzug gewesen war, versäumte jetzt nichts, um für die Rettung aller zu sorgen. Er erfüllte seine Pflicht als Feldherr, indem er die Soldaten durch Zurufe anfeuerte, und kämpfte in der Schlacht, wie es einem Soldaten zukommt. (3) Da der Heereszug so lang war, konnten die beiden Legaten nur schwer selbst überall hingelangen und an jeder einzelnen Stelle für die entsprechenden Maßnahmen sorgen. Sie ließen daher durchgeben, das Gepäck im Stich zu lassen und einen Kreis zu bilden. (4) Obwohl dieser Entschluß in einem solchen Fall nicht zu tadeln war, erwies er sich dennoch als unvorteilhaft. (5) Er bewirkte, daß die Hoffnung auf Rettung bei den Soldaten schwand, während er den Kampfeseifer der Feinde wachsen ließ, weil es den Anschein hatte, daß nur höchste Panik und Verzweiflung zu diesem Schritt geführt hatten. (6) Außerdem trat ein, was geschehen mußte, daß die Soldaten scharenweise ihre Feldzeichen verließen und sich beeilten, aus dem Gepäck das herauszuziehen und an sich zu reißen, woran sie am meisten hingen. Der ganze Schauplatz war von Jammern und Geschrei erfüllt.

34 (1) Die Feinde aber bewiesen Umsicht. Ihre Führer ließen an der ganzen Front durchsagen, daß sich niemand von der Stelle rühren solle; die Beute sei ihnen sicher, und was auch immer die Römer zurückließen, bleibe ihnen. Sie sollten daher in der Überzeugung handeln, daß alles von einem Sieg abhänge. (2) An Zahl und Tapferkeit im Kampf waren die Feinde unseren Soldaten gleich.[302] Obwohl diese von ihrem Führer und dem Glück im Stich gelassen wurden, setzten sie ihre ganze Hoffnung auf Rettung in ihre Tapferkeit, so daß, wann immer eine Cohorte zum Kampf vorstürmte, an dieser Stelle eine große Zahl von Feinden fiel. (3) Als Ambiorix dies bemerkte, ließ er weitergeben, man solle nur von fern Wurfgeschosse auf die Römer schleudern und nicht näher heranrücken, sondern zurückweichen, wo die Römer angriffen. Da die eigenen Waffen zu leicht und die Römer durch tägliche Übung gut diszipliniert seien, könne man ihnen da keinen Schaden zufügen; (4) wenn die Römer sich jedoch wieder zu ihren Feldzeichen zurückzögen, solle man ihnen folgen.

35 (1) Die Feinde hielten sich genau an diese Vorschrift, so daß sie eilends zurückwichen, wann immer eine Cohorte aus dem Kreis hervorbrach und zum Angriff überging. (2) Da währenddessen die Abteilung ungedeckt war, gingen notwendigerweise von der offenen Flanke her Wurfgeschosse auf sie nieder; (3) sobald sie sich aber wieder an den Ort zurückziehen wollte, von dem aus sie losgestürmt war, wurde sie von den Feinden, die vor ihr ausgewichen waren, aber auch von denen, die in der Nähe standen, umzingelt. (4) Wenn sie ihre Stellung im Kreis jedoch halten wollten, blieb ihnen weder die Möglichkeit, ihre Tapferkeit zu beweisen, noch konnten sie auf dem engen Raum den Wurfgeschossen ausweichen, die die feindliche Übermacht auf sie schleuderte. (5) Dennoch leisteten sie Widerstand, auch wenn sie mit so vielen Nachteilen kämpfen mußten und zudem viele Verwundete hatten. Obwohl sich der Kampf über einen großen Teil des Tages hinzog – er dauerte von Tagesanbruch bis zur 8. Stunde –, verhielten sie sich in jeder Hinsicht ehrenhaft: (6) Da wurden T. Balventius, der im vergangenen Jahr der ranghöchste Centurio einer Legion gewesen war und als tapferer Mann großes Ansehen genoß, beide Oberschenkel von einem Spieß[303] durchbohrt; (7) Q. Lucanius, der denselben Rang innehatte, fiel nach außerordentlich tapferem Kampf, als er seinem Sohn zu Hilfe kam, der von den Feinden eingekreist worden war. (8) Während der Legat C. Cotta alle Cohorten und Centurien anfeuerte, wurde er durch einen Schleuderstein im Gesicht verwundet.

36 (1) Dies alles bewog Q. Titurius, als er Ambiorix in der Ferne erblickte, wie er seine Soldaten anfeuerte, seinen Dolmetscher Cn. Pompeius[304] zu ihm zu schicken, um ihn um Schonung für sich und seine Soldaten zu bitten. (2) Als Cn. Pompeius Ambiorix ansprach, antwortete dieser, wenn Titurius mit ihm reden wolle, so sei es ihm gestattet; was die Rettung der Soldaten angehe, so hoffe er, dies von seinem Volk erreichen zu können. Titurius selbst werde auf jeden Fall nichts geschehen; dafür verbürge er sich mit seinem Wort. (3) Titurius versuchte, sich mit dem verwundeten Cotta darüber zu verständigen, daß es geraten sei, den Kampf abzubrechen und gemeinsam mit Ambiorix zu verhandeln; er hoffe, von Ambiorix ihre eigene Rettung und die der Soldaten erreichen zu können. Cotta weigerte sich jedoch, zu einem bewaffneten Feind zu gehen, und beharrte auf diesem Standpunkt.

37 (1) Sabinus gab daraufhin den Militärtribunen, die sich gerade in seiner Umgebung befanden, und den ranghöchsten Centurionen den Befehl, ihm zu folgen. Als er in die Nähe des Ambiorix gekommen war, wurde er aufgefordert, die Waffen niederzulegen. Er kam diesem Befehl nach und ließ seine Begleitung das gleiche tun. (2) Während über die Waffenstillstandsbedingungen verhandelt wurde, zog Ambiorix das Gespräch absichtlich in die Länge. Inzwischen kreisten die Feinde Sabinus allmählich ein und töteten ihn. (3) Darauf erhoben sie nach ihrer Gewohnheit ein wildes, lautes Siegesgeschrei und griffen unsere Soldaten an, deren Reihen sie völlig in Verwirrung brachten. (4) Dabei wurde C. Cotta mit dem größten Teil der Soldaten im Kampf getötet. Der Rest zog sich ins Lager zurück, von dem sie ausgezogen waren. (5) Unter diesen Soldaten befand sich auch der Adlerträger L. Petrosidius, der den Adler über den Wall ins Lager warf, als er von einer großen Zahl von Feinden bedrängt wurde; er selbst fiel vor dem Lager in tapferstem Kampf. Die Soldaten hielten der Bestürmung nur mit Mühe bis zum Einbruch der Nacht stand. (6) In der Nacht brachten sie sich alle selbst um, weil sie an ihrer Rettung verzweifelten. (7) Nur wenige konnten aus der Schlacht entkommen. Sie gelangten auf Irrwegen durch die Wälder zu dem Legaten T. Labienus ins Winterlager und benachrichtigten ihn über das Vorgefallene.[305]

38 (1) In seiner Begeisterung über den Sieg brach Ambiorix sofort mit seinen Reitern zu den Atuatucern auf, die an den Grenzen seines Gebietes lebten. Er unterbrach den Ritt weder bei Tag noch bei Nacht und befahl dem Fußvolk, ihm sofort zu folgen. (2) Nachdem er den Atuatucern seinen Sieg geschildert und sie zum Kampf aufgestachelt hatte, zog er am nächsten Tag zu den Nerviern weiter und forderte sie auf, sich die Gelegenheit nicht entgehen zu lassen, ihre Freiheit für immer wiederzuerlangen und sich an den Römern für das zu rächen, was sie ihnen ange-

tan hätten. (3) Er legte dar, daß zwei Legaten tot und ein großer Teil des Heeres untergegangen sei. (4) Es sei leicht, die Legion, die unter Cicero im Winterlager stehe, überraschend zu schlagen und niederzumachen. Ambiorix erklärte öffentlich, die Nervier dabei unterstützen zu wollen. Es gelang ihm mühelos, sie zu überreden.
39 (1) Sie schickten daher umgehend Gesandte zu den Ceutronen, Grudiern, Levacern, Pleumoxiern und Geidumnern,[306] die alle unter ihrer Herrschaft standen, sammelten so viele Truppen wie nur möglich und marschierten rasch und unbemerkt zum Lager Ciceros, zu dem das Gerücht vom Untergang des Titurius noch nicht gedrungen war. (2) Wie nicht anders zu erwarten, traf Cicero auch noch das Unglück, daß einige Soldaten, die in die Wälder ausgerückt waren, um Brennholz und Material für die Lagerbefestigung zu beschaffen, durch das plötzliche Erscheinen der feindlichen Reiterei abgeschnitten und von den Feinden eingekreist wurden. (3) Dann gingen diese in Scharen[307] daran, die Legion im Winterlager zu bestürmen. Es waren die Eburonen, Nervier, Atuatucer zusammen mit den Bundesgenossen und Schutzbefohlenen aller dieser Stämme. Unsere Soldaten eilten schnell zu den Waffen und besetzten den Lagerwall. (4) Nur mit Mühe hielten sie an diesem Tag dem Feind stand, da dieser seine ganze Hoffnung auf seine überraschende Schnelligkeit setzte und fest darauf vertraute, er werde für immer Sieger bleiben, wenn er an diesem Tag den Sieg erringe.
40 (1) Cicero schickte umgehend Briefe an Caesar und versprach den Überbringern hohe Belohnung, wenn sie die Briefe durch die feindlichen Linien brächten. Da jedoch alle Wege besetzt waren, wurden die ausgesandten Boten abgefangen. (2) In der Nacht errichteten die Römer aus dem Bauholz, das sie zur Lagerbefestigung herbeigeschafft hatten, mindestens 120 Verteidigungstürme.[308] Mit unerhörter Geschwindigkeit führten sie alles zu Ende, was an der Befestigung noch zu fehlen

schien. (3) Am folgenden Tag gingen die Feinde, die jetzt noch viel mehr Truppen zusammengezogen hatten, zum Sturmangriff auf das Lager über und füllten den Graben auf. Unsere Soldaten leisteten auf dieselbe Art wie am Vortag Widerstand. (4) Dasselbe geschah an den darauffolgenden Tagen. (5) Auch in der Nacht wurde die Arbeit ununterbrochen fortgesetzt, weder den Kranken noch den Verwundeten gönnte man Ruhe. (6) Alles, was für die Abwehr des feindlichen Angriffs am folgenden Tag erforderlich war, wurde nachts vorbereitet. Man stellte eine große Zahl von Pfählen bereit, deren Spitzen im Feuer gehärtet waren, und ebenso eine große Zahl von schweren Wurfspeeren[309] für den Kampf vom Lagerwall aus. Die Schutztürme wurden mit Brettern bedeckt und Schießscharten und Brustwehren aus Reisiggeflecht angebracht. (7) Obwohl Cicero von äußerst schwacher Gesundheit war, gönnte er sich nicht einmal nachts einen Augenblick der Ruhe, so daß die Soldaten von selbst bei ihm zusammenliefen und ihn durch Zurufe zwangen, sich zu schonen.

41 (1) Da erklärten die Führer und andere vornehme Männer der Nervier, die mit Cicero in einem freundschaftlichen Verhältnis standen und daher leichter ein Gespräch mit ihm führen konnten, sie wollten sich mit ihm unterreden. (2) Als ihnen Gelegenheit dazu gegeben wurde, legten sie ihm dasselbe dar, was Ambiorix in seinen Verhandlungen mit Titurius ausgeführt hatte: (3) Gallien stehe unter Waffen, die Germanen hätten den Rhein überschritten, Caesars Winterlager,[310] ebenso die anderen, werde belagert. (4) Sie fügten auch die Nachricht über den Tod des Sabinus hinzu. Um Glauben zu erwecken, wiesen sie auf die Anwesenheit des Ambiorix hin. (5) Weiter erklärten sie, man befinde sich in einem Irrtum, wenn man von denen Schutz erwarte, die an ihrer Rettung zweifelten. Sie, die Nervier, hätten trotzdem nur dies eine gegen Cicero und das römische Volk einzuwenden, daß bei ihnen Winterlager eingerichtet würden. Sie wollten nicht, daß dies zu einer Gewohnheit werde. (6) Sie erlaubten den Römern, unversehrt aus dem Winterlager abzuziehen und ohne jede Furcht zu marschieren, wohin sie wollten. (7) Cicero erwiderte darauf nur eins: Es sei nicht die Gewohnheit des römischen Volkes, sich von einem bewaffneten Feind Bedingungen stellen zu lassen; (8) wenn die Nervier den Kriegszustand beenden wollten, sollten sie Gesandte an Caesar schicken und könnten dabei mit seiner Unterstützung rechnen. Bei Caesars Sinn für Gerechtigkeit hoffe er, daß sie die Erfüllung ihrer Bitten erreichen könnten.

42 (1) Da die Nervier sich so in ihrer Hoffnung getäuscht sahen, kesselten sie das Winterlager mit einem Wall von 10 Fuß und einem Graben von 15 Fuß ein. (2) Durch die Erfahrungen der letzten Jahre hatten sie das von uns gelernt. Zudem lehrten sie es einige Gefangene aus unserem Heer, die sie in ihrer Gewalt hatten. (3) Da sie jedoch keine eisernen Werkzeuge besaßen, die für diese Arbeit geeignet waren, sahen sie sich gezwungen, Rasenstücke mit dem Schwert auszustechen und mit den Händen die Erde zu schaufeln und in Mänteln wegzutragen.[311] (4) Daran konnte man allerdings erkennen, um wie viele Menschen es sich handelte; in weniger als drei Stunden hatten sie ein Belagerungswerk von 15 Meilen Umfang vollendet. (5) In den folgenden Tagen gingen sie daran, Belagerungstürme entsprechend der Höhe unseres Walles aufzurichten und Mauersicheln und Schutzdächer[312] herzustellen, deren Bau sie ebenfalls die Gefangenen gelehrt hatten.

43 (1) Als sich am 7. Tag der Belagerung ein heftiger Sturm erhob, begannen die Feinde, mit Schleudern glühende Tongeschosse und glühende Wurfspieße auf die Baracken zu schießen, die nach gallischer Sitte mit Stroh gedeckt waren.[313] (2) Diese fingen schnell Feuer, das sich durch die Gewalt des Windes über das ganze Lager ausbreitete. (3) Darauf erhoben die Feinde ein lautes Geschrei, als ob sie den Sieg schon sicher in Händen hätten, und begannen, die Belagerungstürme und Schilddächer heranzuschieben und den Lagerwall mit Leitern zu ersteigen. (4) Obwohl die Hitze unsere Soldaten überall versengte und ein Hagel von Wurfgeschossen auf sie niederging, während sie gleichzeitig merkten, daß das ganze Gepäck und ihre gesamte Habe verbrannte, waren sie so tapfer und unerschrocken, daß nicht nur keiner den Lagerwall verließ, um zu entkommen, sondern auch kaum einer zurückblickte. Im Gegenteil, sie kämpften in dieser Lage alle besonders hitzig und tapfer. (5) Dieser Tag war bei weitem der härteste für unsere Soldaten. Dennoch war das Ergebnis, daß an diesem Tag die größte Zahl von Feinden verwundet oder getötet wurde, da sie sich unmittelbar unterhalb des Walles zusammengedrängt hatten und die hinten stehenden Soldaten den vorderen keine Möglichkeit ließen, zurückzuweichen. (6) Als das Feuer etwas nachließ und an einer Stelle ein Belagerungsturm herangeschoben wurde, der den Lagerwall schon berührte, gaben die Centurionen der 3. Cohorte ihre Stellung auf und ließen auch alle ihre Soldaten zurückweichen. Dann begannen sie, die Feinde mit Winken und Zurufen aufzufordern hereinzukommen, wenn sie wollten. (7) Niemand wagte einen Schritt nach vorn. Da schleuderten die Römer von allen Seiten Steine und vertrieben die Feinde. Den Turm ließen sie in Flammen aufgehen.

44 (1) In dieser Legion dienten zwei außerordentlich tapfere Centurionen, die schon vor der Beförderung zum höchsten Rang standen, Titus Pullo und Lucius Vorenus. (2) Diese standen in ständigem Streit miteinander, wer den anderen übertreffe. In all jenen Jahren hatten sie als erbitterte Rivalen miteinander um ihren Rang gekämpft. (3) Von diesen beiden sagte Pullo, als bei der Lagerbefestigung aufs härteste gekämpft wurde: »Was zögerst du noch, Vorenus? Auf welche Gele-

genheit wartest du noch, deine Tapferkeit zu beweisen? Dieser Tag wird unseren Wettstreit entscheiden.« (4) Mit diesen Worten ging er über die Lagerbefestigung und stürzte sich auf den Feind dort, wo er am dichtesten zu stehen schien. (5) Da hielt es auch Vorenus nicht auf dem Lagerwall, er folgte Pullo auf dem Fuß, weil er um sein Ansehen bei allen anderen fürchtete. (6) Aus einer gewissen Entfernung schleuderte Pullo seinen Wurfspieß in die Feinde und durchbohrte einen, der gerade aus der feindlichen Menge nach vorn stürmte. Als dieser schwer getroffen starb, bedeckten ihn die Feinde mit ihren Schilden, schleuderten alle ihre Wurfgeschosse auf Pullo und machten ihm so ein weiteres Vorrücken unmöglich. (7) Pullos Schild wurde durchbohrt, und ein Wurfgeschoß blieb in seinem Wehrgehänge stecken, (8) so daß sich seine Schwertscheide durch den Treffer verschob. Als er versuchte, sein Schwert zu ziehen, war daher seine rechte Hand behindert, so daß er wehrlos war, als die Feinde ihn umzingelten. (9) Da kam ihm sein Feind Vorenus zu Hilfe und stand dem Bedrängten bei. (10) Sofort wandte sich daraufhin die feindliche Menge von Pullo ab und Vorenus zu, (11) da sie glaubten, der Speer habe Pullo durchbohrt. Vorenus kämpfte im Handgemenge mit dem Schwert, tötete einen Feind und trieb die übrigen ein Stück zurück. (12) Während er jedoch allzu stürmisch vordrang, stolperte er in eine Bodenvertiefung und stürzte. (13) Als die Feinde ihn einkreisten, brachte ihm wiederum Pullo Unterstützung, so daß sich beide, nachdem sie mehrere Feinde niedergemacht hatten, unversehrt und mit höchstem Ruhm bedeckt in die Befestigung zurückziehen konnten. (14) So trieb das Schicksal mit der heftigen Rivalität der beiden sein Spiel, daß nämlich jeder dem Rivalen zu Hilfe kam und ihn rettete und daß nicht zu entscheiden war, wen von beiden man als den tapfereren ansehen mußte.

45 (1) Je schwieriger und bedrückender die Belagerung

von Tag zu Tag wurde, vor allem deshalb, weil ein großer Teil der Soldaten schwer verwundet war, so daß allmählich nur noch wenige Verteidiger übrigblieben, desto häufiger wurden Boten mit Briefen zu Caesar geschickt. Von diesen wurde ein Teil sofort ergriffen und vor den Augen unserer Soldaten unter Foltern getötet. (2) Im römischen Lager befand sich ein einziger Nervier mit Namen Vertico, ein Mann von anständiger[314] Herkunft, der zu Beginn der Belagerung zu Cicero übergegangen war und sich ihm als zuverlässig erwiesen hatte. (3) Dieser stellte einem seiner Sklaven die Freiheit und große Belohnungen in Aussicht und überredete ihn dadurch, einen Brief zu Caesar zu bringen.[315] (4) Der Sklave befestigte den Brief an seinem Spieß und brachte ihn so hinaus, und da er sich als Gallier unter Galliern bewegen konnte, ohne Verdacht zu erregen, gelangte er zu Caesar. (5) So erfuhr dieser durch den Sklaven von der Gefahr, in der sich Cicero und seine Legion befanden.

46 (1) Auf diese Nachricht hin sandte Caesar sofort, etwa um die 11. Stunde, einen Boten in das Gebiet der Bellovacer zu dem Quaestor M. Crassus, dessen Winterlager etwa 25 Meilen von ihm entfernt lag.[316] (2) Er befahl ihm, um Mitternacht mit seiner Legion aufzubrechen und rasch zu ihm zu stoßen. (3) Crassus marschierte sofort nach Eintreffen des Boten ab. Einen zweiten Boten sandte Caesar an den Legaten C. Fabius[317] mit der Aufforderung, seine Legion in das Gebiet der Atrebaten zu führen, da er wußte, daß er selbst durch diese Gegend ziehen müßte. (4) Labienus schrieb er, er möge mit seiner Legion in Richtung auf das Gebiet der Nervier marschieren, wenn es die militärische Lage erlaube.[318] Da der übrige Teil des Heeres etwas zu weit entfernt stand, glaubte Caesar, er könne nicht auf dessen Anrücken warten. Er zog allerdings noch etwa 400 Reiter aus den nächstgelegenen Winterlagern zusammen.

47 (1) Etwa um die dritte Stunde erhielt Caesar von Vorreitern die Nachricht von Crassus' Ankunft. Er selbst rückte an diesem Tag 20 Meilen vor. (2) Crassus übertrug er das Kommando in Samarobriva und wies ihm eine ganze Legion zu, weil dort das gesamte schwere Kriegsgerät des Heeres und die Geiseln der einzelnen Stämme blieben; auch sein Archiv und das gesamte Getreide, das er hatte dorthin schaffen lassen, um den Winter überstehen zu können, ließ er zurück. (3) Fabius, der noch weniger Zeit gebraucht hatte, als Caesar ihm in seinem Befehl zugestanden hatte, kam ihm mit seiner Legion auf dem Marsch entgegen. (4) Inzwischen hatte Labienus vom Untergang des Sabinus und der Niedermetzelung der Cohorten erfahren. Gleichzeitig waren alle Truppen der Treverer gegen ihn vorgerückt, so daß er fürchtete, es werde wie eine Flucht aussehen, wenn er jetzt aus dem Lager abmarschierte; (5) infolgedessen werde er einem Angriff der Feinde nicht standhalten können, zumal er wußte, daß die Feinde auf Grund des kürzlichen Sieges an Selbstsicherheit gewonnen hatten. Er antwortete Caesar daher in einem Brief, in dem er beschrieb, welche Gefahr drohe, wenn er die Legion aus dem Winterlager abziehen lasse, und stellte die Ereignisse bei den Eburonen dar. Gleichzeitig unterrichtete er Caesar davon, daß das gesamte Heer der Treverer, Fußvolk und Reiterei, 3 Meilen von seinem Lager entfernt in Stellung gegangen sei.

48 (1) Caesar billigt den Entschluß des Labienus. Wenn er auch mit drei Legionen gerechnet hatte, beschränkte er sich nun auf zwei, da er überzeugt war, daß die einzige Hoffnung, alle Legionen zu retten, in schnellem Handeln bestand. In Eilmärschen gelangte er in das Gebiet der Nervier. (2) Dort erfuhr er von Gefangenen, was sich bei Cicero ereignete und wie gefährlich dort die Lage war. (3) Da gewann er einen der gallischen Reiter mit hohen Belohnungen, Cicero einen Brief zu überbringen. (4) Er schickte ihn in griechischer Sprache,[319] damit die Feinde nichts von unseren Plänen erführen, wenn sie den Brief abfingen. (5) Dem Reiter trug er auf, den Brief an den Riemen seines Speeres zu binden und in die römische Lagerbefestigung zu schleudern, wenn er nicht näher herankommen könne. (6) In dem Brief teilte er mit, er sei mit den Legionen im Anmarsch und werde in Kürze eintreffen. Zugleich forderte er Cicero auf, sich weiter so tapfer zu halten wie bisher. (7) Der Gallier, der sich vor der gefährlichen Situation fürchtete, warf befehlsgemäß seinen Speer ins Lager. (8) Zufällig blieb dieser aber in einem Wachtturm stecken und wurde zwei Tage lang von unseren Soldaten nicht bemerkt, ehe ihn am dritten Tag ein Soldat erblickte, abnahm und zu Cicero brachte. (9) Dieser las den Brief durch, gab seinen Inhalt in einer Versammlung der Soldaten bekannt und erfüllte alle mit größter Freude. (10) Da erblickte man auch schon von ferne den Rauch von Bränden,[320] so daß jeder Zweifel an der Ankunft der Legionen schwand.

49 (1) Als die Gallier durch ihre Kundschafter davon erfuhren, gaben sie die Belagerung auf und rückten mit allen Truppen schnell gegen Caesar vor. Ihr Heer bestand aus etwa 60 000 Bewaffneten. (2) Cicero bot sich dadurch die Gelegenheit, über denselben Vertico, den wir oben erwähnten, einen Gallier zu finden, der Caesar einen Brief überbringen sollte. Cicero ermahnte ihn, sich auf seinem Botengang besonders vorsichtig zu verhalten. (3) In dem Brief teilte er Caesar mit, die Feinde seien von seinem Lager abgezogen und hätten sich mit ihrer gesamten Streitmacht gegen Caesar gewandt. (4) Als dieser etwa um Mitternacht das Schreiben erhielt, unterrichtete er seine Soldaten davon und sprach ihnen für den kommenden Kampf Mut zu. (5) Am folgenden Tag brach er im Morgengrauen das Lager ab und war etwa 4 Meilen vorgerückt, als er jenseits eines Baches in einem Tal die Menge der Feinde erblickte. (6) Es wäre sehr gefährlich gewesen, auf diesem ungünstigen Gelände mit so wenigen Truppen zum Kampf anzutreten. Da er zudem wußte, daß

Cicero von der Belagerung befreit war, gelangte er zu der Ansicht, er könne ohne Bedenken langsamer vorgehen. (7) Er hielt daher an und ließ an der günstigsten Stelle, die er finden konnte, ein befestigtes Lager errichten. Obwohl das Lager schon an sich klein angelegt wurde, weil es für kaum 7000 Menschen gedacht war, die noch dazu kein Kriegsgerät mit sich führten, schränkte Caesar den Platz dafür durch Verengung der Lagerstraßen noch so weit wie möglich ein. Er verfolgte dabei die Absicht, den Feinden möglichst verächtlich zu erscheinen. (8) In der Zwischenzeit sandte er Späher nach allen Richtungen aus, um auszukundschaften, wo man das Tal am bequemsten durchqueren könne.

50 (1) Von kleinen Reitergefechten abgesehen, die sich am Bach abspielten, blieb an diesem Tag jede Seite in ihrer Stellung: (2) Die Gallier wollten weitere Truppen erwarten, die noch nicht eingetroffen waren, (3) Caesar wollte versuchen, die Schlacht diesseits des Tales vor dem Lager stattfinden zu lassen, falls es ihm gelingen sollte, durch Vortäuschung von Furcht die Feinde auf für ihn günstiges Gelände zu locken. (4) Für den Fall, daß er damit keinen Erfolg hätte, wollte er erst die Wege auskundschaften, um dann mit geringerer Gefahr das Tal und den Bach zu überqueren. Bei Tagesanbruch rückte die Reiterei des Feindes gegen unser Lager vor und lieferte unseren Reitern ein Gefecht. (5) Caesar gab den Reitern mit Absicht die Weisung, zu weichen und sich ins Lager zurückzuziehen. Gleichzeitig ließ er das Lager an allen Seiten mit einem höheren Wall befestigen und die Tore versperren. Er befahl den Soldaten, bei der Arbeit daran möglichst viel hin und her zu rennen, als ob sie die Furcht antreibe.

51 (1) Dies alles bewog die Feinde, ihre Truppen über den Bach zu führen und in einem für sie ungünstigen Gelände aufzustellen. Da unsere Soldaten sogar auch vom Wall abgezogen wurden, rückten die Feinde noch näher heran und warfen von allen Seiten ihre Wurfgeschosse über die Befestigung ins Lager. (2) Dann ließen sie durch Ausrufer, die sie rings um das Lager schickten, bekanntgeben, wenn ein Gallier oder ein Römer vor der dritten Stunde zu ihnen übergehen wolle, könne er das gefahrlos tun; nach diesem Zeitpunkt sei dies nicht mehr möglich. (3) Sie legten eine solche Verachtung für uns an den Tag, daß die einen den Lagerwall mit bloßer Hand einzureißen, die anderen den Graben aufzufüllen begannen, da sie den Eindruck hatten, sie könnten nicht durch die Tore ins Lager eindringen. Diese waren nämlich zum Schein durch eine einfache Schicht von Rasenstücken versperrt. (4) Da ließ Caesar aus allen Toren einen Ausfall machen und die Reiterei ausrücken, so daß die Feinde so schnell in die Flucht geschlagen wurden, daß keiner auch nur einen Augenblick stehenblieb, um zu kämpfen. Unsere Soldaten machten eine große Anzahl von ihnen nieder und nahmen allen ihre Waffen ab.

52 (1) Caesar hatte Bedenken, die Feinde allzuweit zu verfolgen, da bald Wald- und Sumpfgebiete kamen und er sah, daß es nur unter großen Verlusten möglich sei, seinen jetzigen Standort zu verlassen, um die Feinde zu verfolgen.³²¹ Daher gelangte er an diesem Tag mit völlig unversehrtem Heer zu Cicero. (2) Er war beeindruckt von den Türmen, die die Feinde errichtet hatten, ebenso von ihren Schilddächern und Belagerungswerken. Als Ciceros Legion vorgeführt wurde, stellte Caesar fest, daß nicht einmal jeder zehnte ohne Verwundung davongekommen war. (3) Er schloß aus all diesem, unter welcher Gefahr und mit welcher Tapferkeit man der Belagerung standgehalten hatte, (4) und bedachte die Verdienste Ciceros und seiner Legion mit hohem Lob. Die Centurionen sprach er einzeln an, ebenso die Militärtribunen, deren Tapferkeit besonders groß gewesen war, wie er aus Ciceros Bericht erfahren hatte. Von Gefangenen erfuhr er Genaueres über Sabinus' und Cottas Untergang. (5) Am folgenden Tag schilderte er in einer Heeresversammlung

die Kämpfe und richtete den Mut der Soldaten durch seinen Zuspruch wieder auf. (6) Er erklärte, daß man den Verlust, den er auf das leichtsinnige Verhalten des Legaten Sabinus zurückführte, um so gelassener tragen könne, als die Gunst der unsterblichen Götter und ihre eigene Tapferkeit den Schaden wiedergutgemacht hätten, so daß die Freude der Feinde nicht von langer Dauer sein werde und sie selbst ihre Erbitterung aufgeben könnten.

53 (1) Inzwischen drang das Gerücht von Caesars Sieg mit unglaublicher Schnelligkeit durch das Gebiet der Remer zu Labienus. Obwohl er sich etwa 60 Meilen von Ciceros Lager entfernt befand und Caesar dort erst nach der 9. Stunde eingetroffen war, erhob sich noch vor Mitternacht vor den Lagertoren ein Geschrei, mit dem die Remer Caesars Sieg verkünden und Labienus Glück wünschen wollten. (2) Als die Siegesnachricht weiter zu den Treverern gelangte, floh Indutiomarus, der für den folgenden Tag einen Sturm auf das Lager des Labienus angesetzt hatte, bei Nacht und führte seine gesamten Truppen in das Land der Treverer zurück. (3) Caesar sandte Fabius mit seiner Legion ins Winterlager zurück, während er selbst beschloß, mit drei Legionen in der Umgebung Samarobrivas in drei Lagern zu überwintern. Da in Gallien so große Unruhen entstanden waren, entschied er sich dafür, selbst den ganzen Winter über beim Heer zu bleiben. (4) Denn auf die Nachricht von der römischen Niederlage und vom Tod des Sabinus hin hatten fast alle gallischen Stämme Pläne für einen Krieg gefaßt, schickten Boten und Gesandtschaften nach allen Richtungen aus und zogen Erkundigungen darüber ein, was die anderen Stämme planten und wer mit dem Krieg beginnen sollte. An verlassenen Orten hielten sie nächtliche Versammlungen ab. (5) Während des gesamten Winters gab es für Caesar fast keinen Augenblick ohne irgendeine beunruhigende Nachricht, da er ständig Meldungen über Aufstandspläne oder Unruhen bei den Galliern empfing. (6) Dazu gehörte auch, daß der Quaestor[322] L. Roscius, dem Caesar das Kommando über die 13. Legion übertragen hatte, die Nachricht sandte, daß sich starke gallische Truppen aus den Stämmen, die die aremorikischen[323] genannt werden, vereinigt hätten, um sein Lager zu bestürmen. (7) Sie seien nicht mehr weiter als 8 Meilen davon entfernt gewesen, als sie auf die Kunde von Caesars Sieg hin wieder abgezogen seien, und zwar so eilig, daß ihr Abmarsch einer Flucht glich.

54 (1) Caesar berief die führenden Männer jeden Stammes zu sich und erreichte, daß sich ein großer Teil Galliens an seine Verpflichtungen hielt, indem er den einen Stämmen klarmachte, daß er wußte, was vor sich ging, und sie dadurch in höchsten Schrecken versetzte, den anderen dagegen ernstlich zuredete. (2) Dennoch planten die Senonen, ein sehr bedeutender Stamm mit großem Einfluß in Gallien, auf Beschluß ihres Senats[324] einen Mordversuch an Cavarinus, den Caesar als König bei ihnen eingesetzt hatte. Zur Zeit, als Caesar nach Gallien kam, hatten Cavarinus' Bruder Moritasgus und davor stets ihrer beider Vorfahren die Königswürde besessen. Da Cavarinus das Attentat vorausgeahnt hatte, war er geflohen, die Senonen hatten ihn jedoch bis an die Grenzen des Landes verfolgt, abgesetzt und aus der Heimat vertrieben. (3) Als eine Gesandtschaft bei Caesar erschienen war, um sich dafür zu rechtfertigen, hatte dieser dem gesamten Adel befohlen, sich bei ihm einzufinden; die Senonen waren der Aufforderung jedoch nicht gefolgt. (4) Bei den barbarischen Menschen wog die Tatsache, daß es einige Leute gab, die mit dem Krieg anfingen, so schwer und führte zu einem derart durchgreifenden Gesinnungswandel, daß uns fast jeder Stamm verdächtig wurde. Eine Ausnahme bildeten die Haeduer und Remer, die Caesar immer besonders ehrenvoll behandelte, die Haeduer auf Grund ihrer alten und beständigen Treue zum römischen Volk, die Remer wegen der Verdienste, die sie sich kürzlich im gallischen Krieg erworben hatten. (5) Ich weiß nicht, ob das Verhalten der anderen so sehr verwunderlich ist, und zwar aus verschiedenen Gründen,[325] vor allem aber, weil die Stämme, die wegen ihrer Tapferkeit im Krieg alle anderen übertrafen, aufs höchste darüber erbittert waren, so viel von dieser allgemeinen Geltung eingebüßt zu haben, daß sie sich der römischen Herrschaft beugen mußten.

55 (1) Die Treverer aber und Indutiomarus ließen in diesem ganzen Winter keine Zeit verstreichen, Gesandte über den Rhein zu schicken und dort die Stämme aufzuwiegeln und ihnen Geld zu versprechen. Da ein großer Teil unseres Heeres umgekommen sei, behaupteten sie, sei der restliche Teil nur noch sehr klein. (2) Dennoch konnten sie keinen germanischen Stamm dazu überreden, den Rhein zu überschreiten, denn die Germanen erklärten, sie hätten es zweimal versucht, einmal in Ariovists Krieg und einmal beim Übergang der Tencterer; ein weiteres Mal wollten sie das Schicksal nicht auf die Probe stellen. (3) Obwohl sie damit die Hoffnung des Indutiomarus erschütterten, begann dieser nichtsdestoweniger, Truppen zusammenzuziehen, sie auszubilden, von den benachbarten Stämmen Pferde zu beschaffen und aus ganz Gallien Verbannte und Verurteilte mit großen Geldgeschenken an sich zu locken. (4) Dadurch hatte er sich in Gallien schon so viel Einfluß verschafft, daß von allen Seiten Gesandtschaften bei ihm eintrafen und ihn im Namen ihrer Stämme, aber auch in eigenem Namen um sein Wohlwollen und seine Freundschaft angingen.

56 (1) Sobald er erkannte, daß die Stämme aus freien Stücken zu ihm kamen, daß auf der einen Seite die Senonen und Carnuten das Bewußtsein ihres Verbrechens antrieb, auf der anderen Seite die Nervier und Atuatucer sich zum Krieg gegen die Römer rüsteten und es ihm nicht an freiwilligen Truppenverbänden fehlen würde, wenn er den Vormarsch über seine Grenzen hinweg begonnen hätte, berief er einen bewaffneten Landtag ein. Nach gallischer Sitte bedeutet das den Kriegsausbruch. (2) Alle erwachsenen Wehrfähigen sind nach allgemein verbindlichem Volksbeschluß gezwungen, sich bewaffnet einzufinden. Wer von ihnen als letzter eintrifft, wird vor den Augen der Menge auf jede mögliche Art gefoltert und anschließend getötet. (3) Auf dieser Versammlung erklärte Indutiomarus den Führer der anderen Partei, seinen Schwiegersohn Cingetorix, der, wie wir oben schilderten, sich Caesar angeschlossen hatte, zum Landesfeind und zog sein Vermögen ein. (4) Anschließend verkündete er in der Versammlung, die Senonen, Carnuten und mehrere andere Stämme Galliens hätten ihn zu Hilfe gerufen; (5) er werde seinen Weg dorthin durch das Gebiet der Remer nehmen, ihre Felder verwüsten, vorher aber noch das Lager des Labienus bestürmen. Hierfür traf er seine Anordnungen.

57 (1) Da Labienus in seinem Lager blieb, das durch seine natürliche Beschaffenheit und die gute Befestigung hervorragend geschützt war, fürchtete er keine Gefahr für sich und die Legionen und dachte nur daran, sich keine Gelegenheit zu einem siegreichen Gefecht entgehen zu lassen. (2) Als er daher von Cingetorix und seinen Verwandten den Inhalt der Rede erfuhr, die Indutiomarus auf der Heeresversammlung gehalten hatte, schickte er Boten an die benachbarten Stämme und ließ von überall her Reiter stellen. (3) Diesen nannte er einen bestimmten Tag, an dem sie sich einfinden sollten. In der Zwischenzeit streifte Indutiomarus fast täglich mit seiner gesamten Reiterei dicht unter den Lagerwällen entlang, einmal, um die Befestigungsanlagen zu erkunden, zum andern, um mit der Besatzung zu sprechen und sie in Schrecken zu versetzen. Meist schleuderten dabei alle seine Reiter von fern ihre Spieße über den Lagerwall. (4) Labienus hielt seine Soldaten in der Befestigung zurück und bemühte sich mit allen Mitteln, mehr und mehr den Anschein von Furcht zu erwecken.

58 (1) Während Indutiomarus mit täglich steigender Verachtung an das Lager herankam, ließ Labienus in einer einzigen Nacht die Reiter aus allen benachbarten Stämmen ein, die er hatte herbeiholen lassen, und wachte so sorgfältig darüber, daß die Truppen im Lager blieben, daß dies Ereignis auf keine Weise verraten werden oder die Kunde davon zu den Treverern durchdringen konnte. (2) Inzwischen rückte Indutiomarus wie gewöhnlich vor das Lager und verbrachte dort einen großen Teil des Tages. Seine Reiter warfen ihre Speere und forderten unter vielen Schmähungen unsere Soldaten zum Kampf heraus. (3) Als diese keine Antwort gaben, zogen die Feinde, als es ihnen angebracht schien, gegen Abend vereinzelt und ohne Ordnung ab. (4) Plötzlich schickte Labienus aus zwei Toren zugleich die gesamte Reiterei hinaus. Da er voraussah, wie es dann auch eintrat, daß die Feinde in Panik versetzt und in die Flucht geschlagen werden würden, gab er Anweisung, daß alle Indutiomarus nachsetzen sollten, und verbot, daß jemand einen anderen Feind verwundete, ehe er gesehen habe, daß Indutiomarus tot sei. Labienus wollte vermeiden, daß Indutiomarus dadurch, daß die Reiter sich bei den übrigen aufhielten, Zeit gewänne und fliehen könnte. Er setzte eine große Belohnung für die aus, die ihn töteten. (5) Als Unterstützung schickte er den Reitern noch Cohorten zu Hilfe. (6) Das Glück verhalf Labienus' Plan zum Erfolg, denn da alle einen einzigen verfolgten, wurde Indutiomarus in einer Furt des Flusses gefangengenommen und getötet. Sein Kopf wurde ins Lager gebracht. Auf dem Rückweg verfolgten die Reiter die Feinde, die sie noch erreichen konnten, und machten sie nieder. (7) Als dies Ereignis bekannt wurde, lösten sich die gesamten Truppen der Eburonen und Nervier auf, die sich schon versammelt hatten. Nach diesem Erfolg hatte Caesar etwas mehr Ruhe in Gallien.

Sechstes Buch

1 (1) Da Caesar aus vielen Gründen einen größeren Aufstand in Gallien erwartete, ließ er durch die Legaten M. Silanus,[326] C. Antistius Reginus[327] und T. Sextius[328] eine Aushebung durchführen. (2) Gleichzeitig bat er den Proconsul Cn. Pompeius um Weisung an die Truppen, die Pompeius als Consul aus der Gallia Cisalpina unter seine Fahnen gerufen hatte,[329] (3) sich bei ihren Einheiten einzufinden und zu Caesar aufzubrechen, da Pompeius selbst, ausgestattet mit dem Oberbefehl, im Staatsinteresse vor Rom bleibe.[330] Nach Caesars Ansicht war es sehr wichtig, für die Zukunft bei den Galliern den Eindruck hervorzurufen, Italien besitze derart große Machtmittel, daß es nicht nur binnen kurzer Zeit in einem Krieg erlittene Verluste ersetzen, sondern seine Truppen sogar noch verstärken könne. (4) Da Pompeius seinen Wunsch mit Rücksicht auf das Staatswohl und ihre persönliche Verbindung erfüllte und die Legaten in aller Eile die Aushebung durchführten, konnte Caesar noch vor Ende des Winters drei neue Legionen zusammenstellen und nach Gallien führen lassen. Da er somit die Zahl der Cohorten, die unter Q. Titurius verlorengegangen waren, verdoppelt hatte,[331] war an der Geschwindigkeit seiner Maßnahmen und der neuen Truppenstärke deutlich geworden, über welch straffe Organisation und welche finanziellen Mittel das römische Volk verfügte.

2 (1) Nach dem Tod des Indutiomarus, über den wir berichteten, übertrugen die Treverer die Herrschaft auf seine Verwandten. Diese hörten nicht auf, die benachbarten Germanen aufzuhetzen und ihnen Geld zu versprechen. (2) Da sie bei den zunächst lebenden Stämmen nichts erreichen konnten, versuchten sie es bei weiter entfernten. So fanden sie einige Stämme, mit denen sie sich durch einen Schwur verbündeten. Als Sicherheit für die

Geldzahlung gaben die Treverer Geiseln. Auch Ambiorix gewannen sie durch einen Vertrag zum Bundesgenossen. (3) Caesar erfuhr davon und sah, daß überall zum Krieg gerüstet wurde: Die Nervier, Atuatucer und Menapier im Bund mit allen linksrheinischen Germanen standen unter Waffen, die Senonen hatten sich nicht, wie befohlen, bei ihm eingefunden, sondern sich mit den Carnuten und den benachbarten Stämmen über Kriegspläne verständigt. Gleichzeitig wurden die Germanen durch zahlreiche Gesandtschaften der Treverer aufgehetzt. Da glaubte Caesar, sich frühzeitiger mit Kriegsplänen befassen zu müssen.

3 (1) In Eilmärschen rückte er daher noch vor Ende des Winters mit den zunächst stationierten vier Legionen,[332] die er vereinigt hatte, überraschend ins Gebiet der Nervier. (2) Bevor diese sich sammeln oder fliehen konnten, hatte Caesar eine große Anzahl von Vieh und Menschen in seine Gewalt gebracht, die er den Soldaten als Beute überließ. Da er auch die Felder der Nervier verwüstet hatte, zwang er sie, sich zu ergeben und Geiseln zu stellen. (3) Nachdem er dieses Unternehmen schnell zu Ende geführt hatte, brachte er die Legionen wieder in die Winterlager zurück. (4) Zu Beginn des Frühlings berief er, wie er es eingeführt hatte, einen gallischen Landtag ein. Da alle Gallier außer den Senonen, Carnuten und Treverern dort erschienen, betrachtete er deren Fehlen als Anfang eines kriegerischen Aufstandes. Um deutlich zu machen, daß er alles andere hintanstelle, verlegte er den Landtag nach Lutetia im Gebiet der Parisier.[333] (5) Sie waren Grenznachbarn der Senonen und hatten mit ihnen zwar in früherer Zeit einen Staat gebildet, schienen sich jetzt jedoch nicht an den Aufstandsplänen beteiligt zu haben. (6) Nachdem Caesar die Verlegung des Landtags auf der Rednertribüne[334] angekündigt hatte, brach er noch am selben Tag mit seinen Legionen gegen die Senonen auf und gelangte in Eilmärschen in ihr Gebiet.

4 (1) Auf die Nachricht von seinem Eintreffen hin ordnete Acco, das Haupt der Verschwörung, an, daß das Volk sich in den Städten sammeln solle. Noch bevor diese Maßnahme völlig durchgeführt werden konnte, wurde während des Aufbruchs gemeldet, die Römer seien da. (2) Die Senonen standen daher notgedrungen von ihrem Vorhaben ab und schickten Gesandte an Caesar, um Gnade zu erbitten. Da der Stamm von alters her unter dem Schutz der Haeduer stand, erhielten sie durch deren Vermittlung Zugang zu Caesar. (3) Dieser zeigte sich den Bitten der Haeduer gegenüber sehr großzügig und nahm die Entschuldigung der Senonen an, weil er der Ansicht war, der Sommer sei die Zeit, in der man sich eher auf einen bevorstehenden Krieg als auf eine gerichtliche Untersuchung einzustellen hätte. (4) Auf seinen Befehl hin wurden 100 Geiseln gestellt, die er den Haeduern zur Bewachung übergab. (5) Auch die Carnuten schickten Gesandte und Geiseln ebendorthin. Sie bedienten sich dabei der Vermittlung der Remer, unter deren Schutz sie standen, und erhielten dieselbe Antwort. (6) Caesar führte den Landtag zu Ende und forderte von den Stämmen die Stellung von Reitern.

5 (1) Nachdem in diesem Teil Galliens wieder Frieden herrschte, wandte Caesar seine ganze Aufmerksamkeit voll Eifer auf den Krieg gegen die Treverer und Ambiorix. (2) Er ließ Cavarinus und die Reiterei der Senonen gemeinsam mit ihm aufbrechen, damit in dem Stamm keine Unruhe entstehe, die ihren Ursprung in dem Jähzorn des Cavarinus oder im wohlverdienten Haß seines Stammes auf ihn hätte. (3) Nach Regelung dieser Angelegenheit versuchte Caesar, da er es für sicher hielt, daß Ambiorix nicht in offener Schlacht kämpfen werde, sich über dessen sonstige Pläne klarzuwerden. (4) An die Grenzen des eburonischen Landes stieß das Gebiet der Menapier, das durch endlose Sümpfe und Waldgebiete geschützt war. Die Menapier hatten als einzige unter den

Galliern nie Gesandte mit der Bitte um Frieden an Caesar geschickt. Caesar wußte, daß Ambiorix mit ihnen Gastfreundschaft verband.[335] Auch hatte er erfahren, daß er über die Vermittlung der Treverer mit den Germanen einen Freundschaftsvertrag geschlossen hatte. (5) Er glaubte daher, zunächst müsse man Ambiorix diese Hilfsquellen abschneiden, ehe man mit ihm selbst Krieg anfinge, damit er sich nicht bei den Menapiern verbergen könne oder notgedrungen mit den rechtsrheinischen Germanen einen Bund eingehe, wenn seine Situation verzweifelt würde. (6) Nachdem Caesar diesen Plan entwickelt hatte, sandte er den Troß des gesamten Heeres zu Labienus ins Land der Treverer und wies zwei Legionen an, dorthin zu marschieren. Er selbst setzte sich mit fünf[336] kampfbereiten Legionen gegen die Menapier in Marsch. (7) Jene stellten keinerlei Truppen auf, sondern vertrauten auf den Schutz, den ihr Land bot, flohen daher in die Wälder und Sümpfe und brachten ihre gesamte Habe dorthin.

6 (1) Caesar teilte seine Truppen mit den Legaten C. Fabius und dem Quaestor M. Crassus, legte rasch Knüppelwege an und rückte so in drei Gruppen vor. Er setzte Gehöfte und Dörfer in Brand, wobei er eine große Zahl von Menschen und Vieh in seine Gewalt bekam. (2) Hierdurch sahen sich die Menapier gezwungen, Gesandte mit der Bitte um Frieden an ihn zu schicken. (3) Er nahm zwar ihre Geiseln an, betonte aber, er werde sie wie Feinde behandeln, wenn sie Ambiorix oder dessen Gesandte in ihrem Gebiet aufnähmen. Nachdem er dies festgesetzt hatte, ließ er den Atrebaten Commius mit der Reiterei als Beobachter bei den Menapiern zurück und brach gegen die Treverer auf.

7 (1) Während Caesar mit diesen Maßnahmen beschäftigt war, rüsteten sich die Treverer, die umfangreiche Truppen, sowohl Fußvolk wie Reiterei, zusammengezogen hatten, Labienus mit der einzelnen Legion, die in ihrem Gebiet überwintert hatte, anzugreifen. (2) Sie waren

schon nicht mehr weiter als zwei Tagemärsche von ihm entfernt, als sie erfuhren, daß auf Anordnung Caesars zwei weitere Legionen eingetroffen seien. (3) Daraufhin beschlossen sie, 15 Meilen von Labienus entfernt ein Lager zu errichten und das Eintreffen der germanischen Hilfstruppen abzuwarten. (4) Labienus erfuhr von ihrem Plan und hoffte, daß ihm das leichtsinnige Verhalten der Feinde Gelegenheit zu einer Schlacht geben werde. Er ließ daher 5 Cohorten zum Schutz des Trosses zurück und brach mit 25 Cohorten und starken Reitertruppen gegen den Feind auf. 1 Meile von ihm entfernt errichtete er ein befestigtes Lager. (5) Zwischen Labienus und den Feinden befand sich ein Fluß, der nur schwer zu überqueren war und steil abfallende Ufer besaß. Labienus hatte weder selbst die Absicht, den Übergang zu wagen, noch hielt er für möglich, daß die Feinde es tun würden. (6) Bei diesen stieg von Tag zu Tag die Hoffnung auf die Hilfstruppen. Absichtlich sprach Labienus ganz offen davon, daß er, da – wie es hieß – die Germanen im Anzug seien, nicht sein Leben und die Existenz seines Heeres aufs Spiel setzen wolle, sondern im Morgengrauen des nächsten Tages das Lager abbrechen und abziehen werde. (7) Diese Reden drangen schnell zu den Feinden, da sich in der großen Schar gallischer Reiter bei Labienus einige befanden, die ihre Herkunft dazu zwang, die gallische Sache zu begünstigen. (8) Labienus ließ nachts die Militärtribunen und ranghöchsten Centurionen zusammenkommen und erklärte ihnen seine Pläne. Um bei dem Feind den Eindruck zu verstärken, daß die Römer Furcht hätten, befahl er, unter mehr Lärm und Unruhe, als es römische Gewohnheit war, das Lager abzubrechen. Dadurch bewirkte er, daß der Aufbruch einer Flucht ähnelte. (9) Weil das römische Lager so nahe lag, wurde auch dies den Feinden durch Kundschafter noch vor Morgengrauen hinterbracht.
8 (1) Kaum war die Nachhut bis vor die Lagerbefestigung ausgerückt, als die Gallier sich untereinander anfeu-

erten, die erhoffte Beute nicht aus den Händen zu lassen. Da die Römer Panik ergriffen habe, sei es überflüssig, die Unterstützung der Germanen abzuwarten. Zudem lasse es ihr Ansehen nicht zu, daß sie mit so starken Truppen nicht wagten, eine so kleine Schar anzugreifen, die sich obendrein auf der Flucht befinde und durch Gepäck behindert werde. Sie zögerten daher nicht, den Fluß zu überschreiten und es dann auf ungünstigem Gelände zur Schlacht kommen zu lassen. (2) Labienus hatte dies im voraus vermutet, und um alle über den Fluß zu locken, ließ er zum Schein weitermarschieren und rückte gemächlich vor. (3) Darauf ließ er das schwere Gepäck ein Stück vorausbringen und auf einem Hügel sammeln, um dann zu seinen Soldaten zu sagen: »Jetzt ist die ersehnte Gelegenheit da, Soldaten. (4) Ihr habt den Feind in ungünstigem und für ihn hinderlichem Gelände, zeigt nun unter unserer Führung dieselbe Tapferkeit, die ihr so oft unter eurem Feldherrn bewiesen habt. Stellt euch vor, er sei hier und sehe allen zu.« (5) Unmittelbar darauf ließ er die Feldzeichen gegen den Feind kehren und das Heer in Schlachtordnung antreten. Einige wenige Reiterscharen hatte er als Schutz bei dem Gepäck gelassen, die übrigen Reiter stellte er an den Flügeln auf. (6) Schnell erhoben unsere Soldaten das Kampfgeschrei und schleuderten ihre Wurfspieße auf die Feinde. Als diese entgegen aller Erwartung das Heer, von dem sie gerade noch geglaubt hatten, es fliehe, zum Angriff übergehen sahen, waren sie nicht in der Lage, dem Ansturm standzuhalten. Schon beim ersten Zusammenstoß wurden sie in die Flucht geschlagen und suchten, in die nahegelegenen Wälder zu entkommen. (7) Labienus verfolgte sie mit der Reiterei, tötete eine große Anzahl und machte mehrere Gefangene. Einige Tage später nahm er die Kapitulation des Stammes entgegen. Denn als die Germanen, die zu Hilfe kamen, von der Flucht der Treverer erfuhren, kehrten sie in ihre Heimat zurück. (8) Die Verwandten des Indutiomarus, die die Anstifter des Aufstandes gewesen waren, begleiteten sie und verließen die Heimat. (9) Cingetorix, der, wie wir oben zeigten, von Anfang an zu seinen Verpflichtungen gestanden hatte, wurde die Führung des Stammes in Krieg und Frieden übertragen.

9 (1) Als Caesar von den Menapiern in das Gebiet der Treverer kam, beschloß er aus zwei Gründen, den Rhein zu überschreiten: Einmal hatten die Germanen den Treverern Hilfstruppen zum Kampf gegen ihn geschickt, (2) zum andern wollte Caesar verhindern, daß Ambiorix bei ihnen Zuflucht fände. (3) Nachdem er sich so entschieden hatte, ließ er etwas oberhalb der Stelle, an der er früher das Heer hinübergeführt hatte, eine Brücke errichten. (4) Da das Verfahren inzwischen bekannt und genau festgelegt war, war der Bau infolge des großen Eifers der Soldaten in wenigen Tagen vollendet. (5) Caesar ließ bei der Brücke auf der Seite der Treverer eine starke Schutztruppe zurück, um zu verhindern, daß bei ihnen plötzlich ein Aufstand ausbräche, und führte die übrigen Truppen und die Reiterei über den Fluß. (6) Die Ubier, die vorher Geiseln gestellt und sich ihm unterworfen hatten, schickten Gesandte zu Caesar, um sich zu rechtfertigen. Sie erklärten, aus ihrem Stamm seien den Treverern keine Hilfstruppen gesandt worden, auch hätten sie ihre Pflichten nicht verletzt. (7) Sie baten inständig darum, sie zu schonen, damit auf Grund des allgemeinen Hasses gegen die Germanen nicht Unschuldige an Stelle der Schuldigen die Strafe erleiden müßten. Sie versprachen, weitere Geiseln zu stellen, wenn Caesar das wünsche. (8) Dieser stellte eine Untersuchung an und fand heraus, daß die Hilfstruppen von den Sueben gekommen waren. Daraufhin gab er sich mit der Rechtfertigung der Ubier zufrieden und erkundigte sich genau nach den Zugängen und Wegen ins Land der Sueben.

10 (1) Inzwischen erhielt Caesar einige Tage später von den Ubiern die Nachricht, daß die Sueben ihre gesamten

Streitkräfte an einem Ort zusammenzögen und die Stämme, die unter ihrer Herrschaft stünden, aufforderten, ihnen Hilfskontingente an Reiterei und Fußvolk zu schikken. (2) Daraufhin sorgte Caesar für Getreide und wählte eine geeignete Stelle für ein Lager aus. Die Ubier wies er an, das Vieh wegzutreiben und ihre gesamte Habe vom Land in die Stadt zu bringen. Er hoffte, daß er die barbarischen und unerfahrenen Menschen veranlassen könne, unter für sie ungünstigen Bedingungen zum Kampf anzutreten, wenn sie der Mangel an Lebensmitteln dazu zwinge. (3) Den Ubiern gab er den Auftrag, wiederholt Kundschafter zu den Sueben zu schicken, um zu erfahren, was sich bei ihnen ereigne. (4) Die Ubier führten seine Befehle aus und berichteten nach wenigen Tagen, als die Sueben genauere Nachrichten über das römische Heer erhalten hätten, seien sie alle mit der Gesamtheit ihrer eigenen und der verbündeten Truppen, die sie zusammengezogen hätten, bis an die allerfernsten Grenzen ihres Landes zurückgewichen. (5) Dort liege ein unendlich großes Waldgebiet, das Bacenis[337] heiße. Dieses erstrecke sich ohne Unterbrechung weit ins Land hinein und bilde einen natürlichen Schutzwall, der die Sueben gegen Übergriffe und Einfälle der Cherusker[338] sichere und umgekehrt.

11 (1) Da wir bis zu dieser Stelle unseres Berichts vorgedrungen sind, scheint es mir nicht unangebracht zu sein, die Bräuche Galliens und Germaniens zu schildern und dabei auf die Punkte einzugehen, in denen sich diese Stämme voneinander unterscheiden.[339] (2) In Gallien gibt es nicht nur in allen Stämmen und ihren einzelnen Gauen und Bezirken, sondern fast in jeder Familie politische Gruppierungen. An der Spitze stehen die, (3) die den Ruf haben, in der öffentlichen Meinung den größten Einfluß zu besitzen. Von ihrem Schiedsspruch und ihrem Urteil hängen die wichtigsten politischen Entscheidungen und Pläne ab. (4) Dies scheint von alters her aus dem

Grund so eingerichtet, damit niemandem aus dem niederen Volk Unterstützung gegenüber einem Mächtigeren versagt bleibe. Denn keiner dieser Führer läßt zu, daß seine Anhänger unterdrückt oder betrogen werden. Wenn er sich anders verhielte, hätte er bei ihnen keinerlei Ansehen mehr. (5) Dieselbe Struktur findet sich auch in Gesamtgallien,[340] denn alle Stämme zusammen sind in zwei Parteien geteilt.

12 (1) Als Caesar nach Gallien kam, standen die Haeduer an der Spitze der einen Partei, die Sequaner führten die andere. (2) Da letztere schon an sich weniger angesehen waren, weil die Haeduer von alters her den größten Einfluß und bedeutende Clientelen besaßen, hatten die Sequaner sich mit den Germanen und Ariovist verbündet und diese unter bedeutenden Opfern, mit großen Versprechungen auf ihre Seite gezogen. (3) Nachdem sie in mehreren Schlachten siegreich gewesen waren, wobei der ganze Adel der Haeduer fiel, war ihre Stellung so übermächtig, (4) daß sie einen großen Teil der Clienten von den Haeduern an sich herüberziehen konnten und die Söhne der führenden Männer als Geiseln erhielten. Sie zwangen die Regierung der Haeduer zu dem Schwur, keine Kriegspläne gegen die Sequaner zu fassen. Nachdem sie noch einen Teil des angrenzenden Landes gewaltsam eingenommen und zu ihrem Besitz gemacht hatten, standen sie an führender Stelle in ganz Gallien. (5) Diese Notlage hatte Diviciacus veranlaßt, zum Senat nach Rom zu reisen und dort um Unterstützung zu bitten. Er war jedoch ohne Erfolg zurückgekehrt. (6) Da mit dem Eintreffen Caesars ein Wandel eintrat, erhielten die Haeduer ihre Geiseln zurück, ihre alten Clientelen bildeten sich wieder, und Caesar verschaffte ihnen obendrein neue, weil die, die einen Freundschaftsvertrag mit den Haeduern eingegangen waren, (7) sahen, daß sie sich nun in einer besseren Lage befanden und unter einer gerechteren Herrschaft lebten. Auch durch anderes war die Beliebtheit und das Ansehen der Haeduer so vermehrt worden, daß die Sequaner ihre führende Stellung verloren hatten. An ihre Stelle waren die Remer getreten. Da zu erkennen war, daß sie bei Caesar in gleicher Gunst standen wie die Haeduer, begaben sich die Stämme, die sich wegen alter Streitigkeiten unter keinen Umständen den Haeduern anschließen konnten, in die Clientel der Remer. (8) Diese übernahmen gewissenhaft ihren Schutz. So besaßen sie einen frischen und überraschend schnell erworbenen Einfluß. (9) Die Lage war damals so, daß den Haeduern die unbestrittene Führung zuerkannt wurde, die Remer aber den zweiten Platz im allgemeinen Ansehen einnahmen.

13 (1) In ganz Gallien gibt es nur zwei Klassen von Männern, die an einigermaßen hervorragender und ehrenvoller Stelle stehen. Denn die untere Volksschicht wird fast wie Sklaven behandelt; sie wagt nicht, selbständig zu handeln, und wird zu keiner Beratung hinzugezogen. (2) Da die meisten unter dem Druck von Schulden oder hohen Steuern leben oder aber durch rechtswidriges Verhalten der Mächtigen bedrängt werden, begeben sich dies in die Sklaverei. Die Adligen besitzen ihnen gegenüber alle Rechte, die ein Herr seinen Sklaven gegenüber hat. (3) Von den erwähnten zwei Klassen ist die eine die der Druiden, die andere die der Ritter. (4) Den Druiden[341] obliegen die Angelegenheiten des Kultus, sie richten die öffentlichen und privaten Opfer aus und interpretieren die religiösen Vorschriften. Eine große Zahl von jungen Männern sammelt sich bei ihnen zum Unterricht, und sie stehen bei den Galliern in großen Ehren. (5) Denn sie entscheiden in der Regel in allen staatlichen und privaten Streitfällen. Wenn ein Verbrechen begangen worden oder ein Mord geschehen ist, wenn der Streit um Erbschaften oder den Verlauf einer Grenze geht, fällen sie auch hier das Urteil und setzen Belohnungen und Strafen fest. (6) Wenn sich ein Privatmann oder das Volk nicht an ihre Entscheidungen hält, untersagen sie ihm die Teilnahme an den Opfern. Diese Strafe gilt bei ihnen als die schwerste, (7) denn die, denen die Teilnahme untersagt ist, gelten als Frevler und Verbrecher, alle gehen ihnen aus dem Weg und meiden den Umgang und das Gespräch mit ihnen, damit sie nicht durch ihre Berührung Schaden erleiden. Wenn sie etwas beanspruchen, wird ihnen kein Recht zuteil, und alle Ehrenstellen sind ihnen verschlossen. (8) An der Spitze aller Druiden steht ein Mann, den den höchsten Einfluß unter ihnen genießt. (9) Stirbt er, so folgt ihm entweder der nach, der unter den übrigen das höchste Ansehen besitzt, oder aber sein Nachfolger wird von den Druiden gewählt, wenn mehrere gleich hohes Ansehen besitzen. Nicht selten wird dann jedoch auch mit Waffen um die leitende Stelle gekämpft. (10) Zu einer bestimmten Zeit des Jahres tagen die Druiden an einem geweihten Ort im Gebiet der Carnuten, das man für das Zentrum ganz Galliens hält. Von allen Seiten kommen dort alle die zusammen, die einen Streitfall auszutragen haben, und unterwerfen sich den Entscheidungen und Urteilen der Druiden. Man glaubt, daß die Lehre der Druiden aus Britannien stammt (11) und nach Gallien herübergebracht worden ist. (12) Daher gehen die, die tiefer in ihre Lehre eindringen wollen, meist nach Britannien, um sie dort zu studieren.

14 (1) Die Druiden nehmen in der Regel nicht am Krieg teil und zahlen auch nicht wie die übrigen Steuern. Sie leisten keinen Kriegsdienst und sind auf jedem Gebiet von der Abgabepflicht ausgenommen. (2) Diese großen Vergünstigungen veranlassen viele, sich aus freien Stücken in ihre Lehre einweihen zu lassen, oder ihre Eltern und Verwandten schicken sie zu den Druiden. (3) Wie es heißt, lernen sie dort eine große Zahl von Versen auswendig. Daher bleiben einige 20 Jahre lang im Unterricht. Sie halten es für Frevel, diese Verse aufzuschreiben, während sie in fast allen übrigen Dingen im öffentlichen und privaten

Bereich die griechische Schrift benutzen. (4) Wie mir scheint, haben sie das aus zwei Gründen so geregelt: Einmal wollen sie nicht, daß ihre Lehre allgemein bekannt wird, zum andern wollen sie verhindern, daß die Lernenden sich auf das Geschriebene verlassen und ihr Gedächtnis weniger üben. Denn in der Regel geschieht es, daß die meisten im Vertrauen auf Geschriebenes in der Genauigkeit beim Auswendiglernen und in ihrer Gedächtnisleistung nachlassen. (5) Der Kernpunkt ihrer Lehre ist, daß die Seele nach dem Tod nicht untergehe, sondern von einem Körper in den anderen wandere. Da so die Angst vor dem Tod bedeutungslos wird, spornt das ihrer Meinung nach die Tapferkeit ganz besonders an. (6) Sie stellen außerdem häufig Erörterungen an über die Gestirne und ihre Bahn, über die Größe der Welt und des Erdkreises, über die Natur der Dinge, über die Macht und Gewalt der unsterblichen Götter und vermitteln dies alles der Jugend.

15 (1) Die andere erwähnte Klasse ist die der Ritter.[342] Immer wenn irgendein Krieg ausbricht und es erforderlich macht, stehen sie alle an der Front. Vor Caesars Eintreffen pflegte fast jährlich der Fall einzutreten, daß sie entweder selbst andere überfielen oder Überfälle zurückschlugen. (2) Wer von ihnen die vornehmste Herkunft oder die meisten Mittel hat, der hat auch die meisten Clienten und Sklaven[343] um sich. Sie kennen nur dies eine Kriterium für Ansehen und Macht.

16 (1) Alle gallischen Stämme sind sehr religiös, (2) und aus diesem Grund opfern die, die von schwerer Krankheit befallen sind oder sich in Krieg und Gefahr befinden, Menschen anstelle von Opfertieren oder geloben solche Opfer. Die Druiden führen diese Opfer durch, (3) denn die Gallier glauben, der Wille der unsterblichen Götter könne nur besänftigt werden, wenn für das Leben eines Menschen ein anderes eingesetzt werde. Auch von Staats wegen haben sie Opferbräuche von der gleichen

Art. (4) Andere Stämme besitzen Opferbilder von ungeheurer Größe, deren Glieder durch Ruten untereinander verbunden sind. Diese füllen sie mit lebenden Menschen aus. Dann werden die Götterbilder von unten angezündet, so daß die Menschen in den Flammen umkommen.[344] Sie glauben zwar, daß die Tötung von Menschen, die bei Diebstahl, Raub oder anderen Verbrechen gefaßt wurden, den unsterblichen Göttern angenehmer ist, wenn es ihnen jedoch an solchen fehlt, gehen sie auch dazu über, Unschuldige zu opfern.

17 (1) Unter den Göttern verehren sie Merkur[345] am meisten. Von ihm besitzen sie besonders viele Götterbilder, ihn halten sie für den Erfinder aller Künste, für den Führer auf allen Straßen und Wegen, und von ihm glauben sie, er habe den größten Einfluß auf den Erwerb von Geld und auf den Handel. Auf Merkur folgen Apollo, Mars, Jupiter und Minerva. (2) Der Glaube an diese Götter hat etwa denselben Inhalt wie bei den übrigen Völkern: Apollo vertreibt Krankheiten, Minerva lehrt die Anfangsgründe des Handwerks und der Künste, Jupiter hat die Herrschaft über die Himmelsbewohner, und Mars lenkt die Kriege. (3) In der Regel weihen sie ihm das, was sie im Krieg erbeuten werden, wenn sie sich zu einer Schlacht entschlossen haben. Haben sie gesiegt, so opfern sie ihm alle erbeuteten Lebewesen, das übrige tragen sie an einer Stelle zusammen. (4) Bei vielen Stämmen kann man an geweihten Orten Hügel sehen, die sie aus diesen Beutestücken errichtet haben. (5) Es geschieht nur selten, daß einer sich gegen die Religion vergeht und Beute bei sich versteckt oder aber wagt, Weihgeschenke wegzunehmen, wenn sie schon niedergelegt worden sind. Auf dieser Tat steht als Strafe härteste Folter und Tod.

18 (1) Alle Gallier rühmen sich, von Vater Dis[346] abzustammen, und sagen, das werde von den Druiden überliefert. (2) Daher begrenzen sie die Zeitabschnitte nicht nach der Zahl der Tage, sondern der Nächte. Bei der Berechnung von Geburtstagen und Jahres- und Monatsanfängen gehen sie so vor, daß der Tag der Nacht folgt. (3) In den übrigen Lebensbereichen unterscheiden sie sich in der Regel dadurch von anderen Völkern, daß sie ihren Söhnen nicht erlauben, sich ihnen in der Öffentlichkeit zu nähern, bevor sie erwachsen und kriegstauglich sind. Sie halten es für eine Schande, wenn ein Sohn im Knabenalter in der Öffentlichkeit im Blickfeld seines Vaters steht.[347]

19 (1) Die Männer lassen, wenn sie von ihren Frauen Vermögen als Mitgift erhalten haben, ihr eigenes Vermögen schätzen und legen einen gleich großen Wert mit der Mitgift zusammen. (2) Über dieses Gesamtvermögen führen sie gemeinsam Buch und sparen den Gewinn; wer von beiden länger lebt, erhält den beiderseitigen Anteil mit dem Gewinn, der mit der Zeit hinzugekommen ist. (3) Die Männer haben gegenüber ihren Frauen ebenso wie gegenüber ihren Kindern Gewalt über Leben und Tod. Wenn das Oberhaupt einer Familie aus hohem Stande gestorben ist, versammeln sich seine Verwandten und verhören die Ehefrauen wie die Sklaven,[348] falls an dem Tod etwas Verdacht erregt. Stellt sich der Verdacht als begründet heraus, verbrennen sie die Frauen, nachdem sie sie auf alle mögliche Art gefoltert haben. (4) Die Begräbnisse sind im Verhältnis zur sonstigen gallischen Lebensweise sehr prächtig und aufwendig. Alles, was dem Toten vermutlich lieb war, werfen sie auf den Scheiterhaufen, auch Tiere und bis vor kurzem noch Sklaven und Clienten, von denen feststand, daß der Tote sie geliebt hatte. Nach den feierlichen Beerdigungsriten werden sie zusammen mit dem Verstorbenen verbrannt.

20 (1) Die Stämme, die in dem Ruf stehen, daß sie ihren Staat besonders gut lenken, haben ein gesetzlich geregeltes Gebot, daß jeder, dem von den Grenznachbarn ein den Staat angehendes Gerücht zu Ohren kommt, dies sofort den Beamten mitteilt und mit niemand anderem darüber

spricht, (2) weil bekannt ist, daß unbesonnene und unerfahrene Menschen oft durch falsche Gerüchte in Schrecken versetzt werden, sich zu verfehlten Handlungen hinreißen lassen und damit Fragen von höchster politischer Bedeutung entscheiden. (3) Die Beamten verschweigen, was ihnen gut scheint, und geben der Menge nur bekannt, was sie für angebracht halten. Es ist verboten, außerhalb der Volksversammlung über Politik zu sprechen.
21 (1) Die Germanen haben ganz andere Bräuche. Denn sie haben weder Druiden, die den kultischen Dingen vorstehen, noch legen sie großen Wert auf Opfer. (2) Unter die Götter zählen sie nur die, die sie wahrnehmen und deren Wirken ihnen augenscheinlich zu Hilfe kommt, die Sonne, den Mond und Vulkan. Den Glauben an die übrigen kennen sie nicht einmal vom Hörensagen.[349] (3) Ihr ganzes Leben besteht aus Jagen und militärischen Übungen. Von klein auf streben sie danach, Härte und Anstrengung zu ertragen. (4) Diejenigen unter ihnen, die am spätesten mannbar werden, genießen bei ihnen das höchste Lob. Die einen glauben, dadurch werde das Wachstum angeregt, die anderen meinen, Kräfte und Muskeln würden dadurch gestärkt. (5) Es zählt bei ihnen zu der höchsten Schande, schon vor dem 20. Lebensjahr mit einer Frau verkehrt zu haben. Hierbei gibt es keine Heimlichkeit, denn beide Geschlechter baden zusammen in den Flüssen und tragen nur Felle oder dürftige Pelzüberwürfe,[350] wobei der größte Teil des Körpers nackt bleibt.
22 (1) Ackerbau betreiben sie wenig, ihre Ernährung besteht zum größten Teil aus Milch, Käse und Fleisch. (2) Auch hat niemand bei ihnen ein bestimmtes Stück Land oder Grundbesitz. Jeweils für ein Jahr weisen die Stammesleitung und die führenden Männer den Sippen, Großfamilien und anderen Genossenschaften ein Stück Land zu, wobei sie Größe und Lage nach ihrem Gutdünken festsetzen. Im Jahr darauf zwingen sie ihre Stammesgenossen weiterzuziehen.[351] (3) Für dieses Ver-

fahren führen sie viele Gründe an: Ihre Stammesgenossen sollen keinen Gefallen an der Seßhaftigkeit finden und dadurch ihre kriegerische Neigung zugunsten des Ackerbaues aufgeben. Es soll auch nicht dahin kommen, daß sie ihr Ackerland erweitern wollen und die Mächtigen die Schwächeren von ihrem Besitz vertreiben, auch sollen sie nicht zu sorgfältig Häuser errichten, um Hitze und Kälte zu entgehen. Auch die Geldgier soll dadurch im Keim erstickt werden, weil sie die Entstehung gegnerischer Parteien und Streit begünstigt. (4) Schließlich wollen sie die Zufriedenheit der unteren Schichten dadurch erhalten, daß jeder sieht, daß seine Mittel genauso groß sind wie die der Mächtigsten.

23 (1) Es gilt bei den Stämmen als höchster Ruhm, wenn sie um ihr Gebiet herum einen möglichst breiten Streifen brachliegender Einöde besitzen.[352] (2) Sie halten es für ein Kennzeichen von Tapferkeit, wenn die Anwohner ihrer Grenzen von ihrem Land vertrieben abziehen und niemand wagt, sich in ihrer Nachbarschaft niederzulassen. (3) Gleichzeitig wird damit die Furcht vor einem plötzlichen Einfall beseitigt, so daß sie glauben, sie seien dadurch sicherer. (4) Wenn sich ein Stamm in einem Krieg verteidigt oder einen Krieg beginnt, wählen sie Beamte, die den Oberbefehl übernehmen und Gewalt über Leben und Tod haben.[353] (5) In Friedenszeiten gibt es keine gemeinsame Regierung, sondern die führenden Männer der einzelnen Gebiete und Gaue sprechen für die jeweilige Bevölkerung Recht und schlichten Streitfälle. (6) Raubzüge, die außerhalb der Stammesgrenzen unternommen werden, betrachten sie nicht als Schande. Sie vertreten den Standpunkt, daß sie erfolgen, um die Jugend zu üben und vom Müßiggang abzuhalten.[354] (7) Sobald in einer Versammlung einer der führenden Männer verkündet, er werde einen solchen Zug anführen, und wer ihm folgen wolle, solle sich melden, stehen die auf, denen das Unternehmen und sein Leiter gefallen, und versprechen

ihre Unterstützung. Sie werden vom ganzen Volk gelobt. (8) Wer von ihnen dem Führer dann nicht folgt, der wird für einen Verräter und Deserteur gehalten, und in Zukunft wird ihm in allen Bereichen die Vertrauenswürdigkeit[355] abgesprochen. (9) Sie halten es für Frevel, einen Gast zu verletzen. Wer aus welchem Grund auch immer zu ihnen kommt, den schützen sie vor Unrecht und halten ihn für unverletzlich. Alle Häuser stehen ihm offen, und die Bewohner teilen ihre Nahrung mit ihm.[356]
24 (1) Es gab eine Zeit, in der die Gallier den Germanen an Tapferkeit überlegen waren, ja sie mit Krieg überzogen und Kolonien jenseits des Rheins[357] gründeten, weil ihre Bevölkerung zu groß war und sie nicht genügend Ackerland besaßen. (2) (Die fruchtbarsten Gebiete Germaniens in der Nähe des hercynischen Waldes,[358] der, wie ich sehe, auch Eratosthenes[359] und einigen anderen Griechen vom Hörensagen bekannt war, den sie aber Orcynien nennen, nahmen damals die tectosagischen Volcer[360] in Besitz und ließen sich dort nieder. (3) Dieses Volk hält sich bis zum heutigen Tag in diesem Gebiet und besitzt den Ruf höchster Gerechtigkeit und größten Kriegsruhms.[361]) (4) Da die Germanen noch jetzt unter denselben dürftigen, ärmlichen und entbehrungsreichen Verhältnissen leben wie damals, ist auch ihre Nahrung und ihre übrige Lebensweise noch die gleiche. (5) Den Galliern aber hat die Nähe der römischen Provinzen und die Kenntnis überseeischer Verhältnisse viel an Reichtum und Verfeinerung der Lebensweise gebracht, (6) so daß sie sich langsam daran gewöhnten, von den Germanen besiegt zu werden, und da sie in vielen Schlachten geschlagen wurden, vergleichen sie sich nicht einmal mehr selbst mit ihnen, was die Tapferkeit angeht.
25[362] (1) Die Ausdehnung des hercynischen Waldes, auf den wir oben hinwiesen, entspricht einem zügigen Fußmarsch ohne Gepäck von neun Tagen; anders kann sie nicht bestimmt werden, da die Einheimischen kein We-

gemäß kennen. (2) Der Wald beginnt im Gebiet der Helvetier, Nemeter und Rauracer und erstreckt sich in gerader Richtung auf die Donau zu bis zum Gebiet der Dacer und Anartier.[363] (3) Hier wendet er sich nach links und zieht sich in verschiedenen Gebieten abseits des Flusses hin; auf Grund seiner beträchtlichen Ausdehnung berührt er dabei die Gebiete vieler Völker. (4) In diesem Teil Germaniens gibt es niemanden, der von sich behaupten könnte, er sei bis zum östlichen oder nordöstlichen Rand des Waldes vorgestoßen, auch wenn er sechzig Tage marschiert wäre, noch weiß jemand, wo der Wald anfängt. (5) Gewiß ist, daß es dort viele Arten von wilden Tieren gibt, die man sonst nicht sieht. Diejenigen, die sich am meisten von den uns bekannten unterscheiden und besonders merkwürdig erscheinen, sollen jetzt folgen:

26 (1) Es gibt ein Rind in der Gestalt eines Hirsches; es hat in der Mitte seiner Stirn zwischen den Ohren ein Horn, das stärker hervorragt und gerader ist als die Hörner, die wir kennen. (2) In seiner Spitze teilt es sich in der Art von Blättern und Zweigen weit auseinander. (3) Männliches und weibliches Tier sehen gleich aus, auch ihre Hörner haben dieselbe Form und Größe.[364]

27 (1) Daneben gibt es Tiere, die Elche[365] genannt werden. Sie sehen ähnlich aus wie Ziegen und haben auch ein buntes Fell. Sie sind jedoch etwas größer als Ziegen, haben stumpfe Hörner und Beine ohne Gelenkknöchel. (2) Sie legen sich zur Ruhe nicht nieder und können nicht wieder auf die Beine kommen oder sich wenigstens vom Boden erheben, wenn sie zufällig zu Fall kommen und stürzen. (3) Sie benutzen daher Bäume als Ruhestätten; daran lehnen sie sich und können so, etwas zur Seite geneigt, ausruhen. (4) Wenn Jäger aus ihren Spuren herausfinden, wohin sie sich gewöhnlich zur Ruhe zurückziehen, untergraben sie von den Wurzeln her alle Bäume an dieser Stelle oder schneiden sie nur so weit an, daß der Eindruck erhalten bleibt, als stünden die Bäume fest.

(5) Wenn sich die Tiere nach ihrer Gewohnheit daran lehnen, bringen sie mit ihrem Gewicht die ihres Halts beraubten Bäume zu Fall und stürzen zusammen mit ihnen um.

28 (1) Eine dritte Art heißt Auerochsen.[366] Diese sind etwas kleiner als Elefanten und haben das Aussehen, die Farbe und die Gestalt von Stieren. (2) Sie besitzen gewaltige Kräfte, sind sehr schnell und schonen weder Menschen noch wilde Tiere, wenn sie sie einmal erblickt haben. Die Einheimischen setzen allen Eifer daran, sie in Gruben zu fangen und zu töten. (3) Diese anstrengende Tätigkeit härtet die jungen Männer ab, die sich in dieser Art von Jagd üben. Wer die meisten Auerochsen getötet hat, trägt hohes Lob davon, wenn die Hörner als Beweis seiner Leistung öffentlich ausgestellt werden. (4) Selbst wenn man sie als ganz junge Tiere fängt, können sie sich nicht an den Menschen gewöhnen und gezähmt werden. (5) Die Spannweite ihrer Hörner sowie deren Aussehen und Gestalt unterscheiden sich sehr von den Hörnern unserer Rinder. (6) Die Einheimischen sammeln sie eifrig, fassen den Rand in Silber und gebrauchen sie bei feierlichen Gastmählern als Pokale.

29 (1) Nachdem Caesar durch die Späher der Ubier erfahren hatte, daß sich die Sueben in die Waldgebiete zurückgezogen hatten, entschloß er sich, nicht weiter vorzurücken. Er fürchtete nämlich, das Getreide werde ausgehen, da sich die Germanen insgesamt sehr wenig um Akkerbau kümmern, wie wir oben dargelegt haben. (2) Um den Barbaren jedoch nicht jegliche Furcht vor seiner möglichen Rückkehr zu nehmen und um die Entsendung von Hilfstruppen zu erschweren, ließ er beim Rückzug des Heeres das Ende der Brücke, das an das Ufer der Ubier stieß, (3) auf 200 Fuß hin abreißen, errichtete aber da, wo die Brücke aufhörte, einen vier Stockwerke hohen Turm. Um die Brücke zu sichern, hinterließ er zwölf Cohorten als Wachmannschaft und schützte die Stelle durch starke

Befestigungen. Das Kommando über diesen Standort und die Schutztruppe gab er dem jungen C. Volcacius Tullus.[367] (4) Er selbst brach zum Krieg gegen Ambiorix auf, als das Getreide reif zu werden begann. L. Minucius Basilus[368] sandte er mit der gesamten Reiterei durch den Ardenner Wald voraus. Dieser ist das größte Waldgebiet in ganz Gallien und erstreckt sich von den Ufern des Rheins und dem Land der Treverer und Nervier mehr als 500 Meilen[369] weit in die Länge. Basilus sollte versuchen, durch schnelles Vorrücken und den dadurch gegebenen zeitlichen Vorteil etwas zu erreichen. (5) Er wies ihn an, im Lager das Anzünden von Wachtfeuern zu verbieten, damit man sein Eintreffen nicht schon von fern erkennen könne. Er selbst werde Basilus, so sagte er, sofort folgen.

30 (1) Basilus handelte wie befohlen. Nach einem für alle unerwartet schnellen Marsch konnte er viele Feinde, die ahnungslos auf ihren Feldern arbeiteten, gefangennehmen. Ihren Angaben folgend eilte er weiter dorthin, wo sich Ambiorix selbst mit wenigen Reitern angeblich aufhielt. (2) Das Glück ist in allen Dingen, besonders aber im Krieg, von Bedeutung. So war es ein großer Zufall, daß Basilus auf einen noch unvorbereiteten und sorglosen Ambiorix traf, und, ehe noch Gerüchte und Boten seine Ankunft melden konnten, vor aller Augen erschien. Doch hatte Ambiorix seinerseits solches Glück, daß er, obwohl er aller militärischen Mittel beraubt war, über die er verfügt hatte, und obwohl die Römer Karren und Pferde erbeutet hatten, dennoch selbst dem Tod entkommen konnte. (3) Dies gelang dadurch, daß seine Begleiter und Freunde in einem Haus mitten im Wald dem Ansturm unserer Reiter eine Zeitlang Widerstand leisten konnten, weil der Zugang zu dem Haus sehr schwierig war. Die Wohnhäuser der Gallier liegen meist so, weil man die Hitze vermeiden will und daher in die Nähe von Flüssen und Baumgruppen strebt.[370] (4) Während seine Freunde kämpften, setzte einer von ihnen Ambiorix auf ein Pferd, und die dichten Wälder deckten seine Flucht. So spielte das Glück eine große Rolle, als Ambiorix in Gefahr geriet und ihr wieder entkam.

31 (1) Es ist unklar, ob Ambiorix seine Truppen absichtlich nicht zusammengezogen hatte, weil er glaubte, es sei nicht der Augenblick für eine Schlacht, oder ob er durch die überraschende Ankunft unserer Reiter in Zeitdruck geriet und so daran gehindert wurde, zumal er glaubte, daß unser übriges Heer sofort nachfolgen werde. (2) Gewiß ist, daß er Boten mit dem Befehl durch das Land schickte, jeder solle für sich selbst sorgen. Daraufhin floh ein Teil der Feinde in den Ardenner Wald, andere in die endlosen Sumpfgebiete. (3) Wer sich in der Nähe der Küste befand, verbarg sich auf den Inseln, die der Wechsel von Ebbe und Flut gewöhnlich entstehen läßt. (4) Viele wanderten aus ihrer Heimat aus und vertrauten sich und ihre gesamte Habe wildfremden Menschen und einer gänzlich ungewissen Zukunft an. (5) Catuvolcus, der König des Teils der Eburonen, der gemeinsam mit Ambiorix den Aufstand geplant hatte, konnte die Anstrengungen des Krieges und der Flucht nicht ertragen, da er schon altersschwach war. Er endete sein Leben mit Taxus, das in Gallien und Germanien häufig vorkommt. Vor seinem Tod verfluchte er Ambiorix mit allen Verwünschungen, weil er den Aufstand ins Werk gesetzt habe.

32 (1) Die Segner[371] und Condrusen, die zu den germanischen Stämmen zählen und zwischen dem Land der Eburonen und dem der Treverer leben, schickten Gesandte an Caesar mit der Bitte, er möge sie nicht als Feinde ansehen und zu dem Schluß kommen, alle Germanen diesseits des Rheins verfolgten ein und dasselbe politische Ziel. Sie hätten keinerlei Kriegspläne gehabt und auch Ambiorix keine Hilfstruppen geschickt. (2) Caesar unterzog die Gefangenen einem Verhör und verschaffte sich Klarheit über die Angelegenheit. Dann befahl er, Eburo-

nen, die sich nach der Flucht bei ihnen gesammelt hätten, zu ihm zurückzubringen. Er versicherte, er werde ihr Gebiet unbehelligt lassen, wenn sie seine Forderung erfüllten. (3) Darauf teilte er seine Truppen in drei Teile und ließ den Troß aller Legionen nach Atuatuca bringen; der Name bezeichnet ein Castell;[372] (4) dieses lag fast im Zentrum des eburonischen Landes. Titurius und Aurunculeius hatten sich dort festgesetzt, um zu überwintern. (5) Neben anderen Gründen hielt Caesar diesen Ort für besonders geeignet, weil die Befestigungen aus dem vergangenen Jahr noch vollständig erhalten waren, so daß dadurch den Soldaten die Arbeit erleichtert wurde. Zum Schutz des Trosses ließ er die 14. Legion zurück, eine von den drei Legionen, die er kurz zuvor ausgehoben und aus Italien mitgebracht hatte. (6) Den Oberbefehl über die Legion und das Lager übertrug er Q. Tullius Cicero, dem er außerdem 200 Reiter zuteilte.

33 (1) Nach der Teilung des Heeres ließ Caesar T. Labienus mit drei Legionen nach dem Ozean zu in die Gegend marschieren, die an das Land der Menapier stößt. (2) C. Trebonius entsandte er mit ebenso vielen Legionen, um das Gebiet zu verwüsten, das an das der Atuatucer grenzt. (3) Er selbst beschloß, mit den restlichen drei Legionen zum Fluß Scaldis[373], der in die Maas mündet, und bis zu den Ausläufern des Ardenner Waldes vorzurücken, da er gehört hatte, daß Ambiorix mit einigen wenigen Reitern dorthin aufgebrochen sei. (4) Beim Abmarsch versicherte er, nach sieben Tagen zurückzukehren, weil er wußte, daß zu diesem Termin die Legion, die er als Schutztruppe zurückließ, ihre Getreideration erhalten mußte. (5) Auch Labienus und Trebonius forderte er auf, zu diesem Termin zurückzukehren, wenn es die Wahrung der römischen Interessen zuließe. Er wollte sich dann noch einmal mit ihnen über ihr gemeinsames Vorgehen verständigen und gegebenenfalls einen neuen Plan für die Kriegführung entwickeln, wenn man mehr über das Vorgehen der Feinde erfahren hätte.

34 (1) Wie wir oben schon zeigten, gab es keine geordneten feindlichen Truppen, keine Stadt und keine Befestigung, von der aus der Feind sich verteidigt hätte, sondern allein eine Menge, die sich nach allen Richtungen zerstreut hatte. (2) Jeder hatte sich da festgesetzt, wo ihm ein verborgenes Tal oder ein Waldstück oder ein unzugängliches Sumpfgebiet Hoffnung auf Schutz und Rettung bot. (3) Diese Stellen waren nur den Nachbarn bekannt; das erforderte gründliche Vorsichtsmaßnahmen, um für die Sicherheit der einzelnen Soldaten zu sorgen, sehr viel weniger dagegen, um das ganze Heer zu schützen, denn von den in Schrecken versetzten und zerstreuten Feinden konnte der Gesamtheit des Heeres keine Gefahr erwachsen. Doch betraf die Sorge um die einzelnen auch die Sicherheit des gesamten Heeres. (4) Denn andererseits trieb die Beutegier viele allzuweit fort, andererseits verhinderten die Wälder, daß geschlossene Abteilungen auf den unsicheren und verborgenen Wegen vordrangen. (5) Wenn die Römer ihr Vorhaben durchführen und die Verbrecher völlig vernichten wollten, hätten sie mehrere Einheiten ausschicken und die Soldaten in einzelne Gruppen aufteilen müssen. (6) Wenn man dagegen die Einheiten unter ihren Feldzeichen behalten wollte, wie es die hergebrachte militärische Regel und die Gewohnheit des römischen Heeres erforderten, bot den Barbaren ihr Aufenthaltsort selbst Schutz. Einzelne Grüppchen waren sogar so verwegen, aus dem Verborgenen Hinterhalte zu legen und vereinzelte Soldaten einzukreisen. (7) Caesar traf dagegen Vorsorge, soweit man dies in einer solch schwierigen Lage mit aller Umsicht tun konnte. Auch wenn die Soldaten alle mit Rachedurst erfüllt waren, ließ er darum lieber einige Möglichkeiten, dem Feind zu schaden, ungenutzt, als ihm nur mit Nachteil für die eigenen Soldaten nennenswerte Verluste beizufügen. (8) Er sandte Boten an die benachbarten Stämme und weckte die Hoffnung auf Beute, indem er alle dazu aufrief, die Eburonen auszuplündern, weil er in den Waldgebieten lieber das Leben von Galliern als das eines römischen Legionärs aufs Spiel setzte. Dadurch, daß sich eine gewaltige Menschenmenge in das Gebiet ergoß, sollte gleichzeitig der Stamm als Strafe für sein unerhörtes Verbrechen mit Stumpf und Stiel ausgerottet werden. Schnell kam von allen Seiten eine große Zahl Gallier zusammen.

35 (1) Während sich dies überall im Gebiet der Eburonen abspielte, kam der 7. Tag heran, bis zu dem Caesar entschlossen gewesen war, zum Troß und den zurückgelassenen Legionen zurückzukehren. (2) Hier konnte man nun sehen, wieviel Bedeutung das Glück im Krieg hat und wie schwerwiegende Zufälle es mit sich bringt. (3) Da die Feinde, wie berichtet, in Panik geraten waren und sich völlig zerstreut hatten, gab es nicht eine Handvoll von ihnen, die auch nur den geringsten Anlaß zu Besorgnis hätte geben können. (4) Das Gerücht, die Eburonen würden ausgeplündert und obendrein sei jedermann aufgerufen, Beute zu machen, drang bis zu den Germanen jenseits des Rheins vor. (5) Da zogen die Sugambrer, die unmittelbar am Rhein leben und, wie oben erwähnt, die Usipeter und Tencterer nach ihrer Flucht aufgenommen hatten, 2000 Reiter zusammen. (6) Sie überschritten den Rhein auf Schiffen und Flößen etwa 3 Meilen unterhalb der Stelle, wo Caesar die Brücke errichtet und eine Besatzung zurückgelassen hatte. Die Sugambrer zogen zuerst in das Gebiet der Eburonen. Dort griffen sie viele zerstreute Flüchtlinge auf und bemächtigten sich einer großen Anzahl von Vieh, wonach die Barbaren besonders begierig sind. Diese Beute verlockte sie, weiter vorzurücken. (7) Sümpfe und Waldgebiete konnten sie nicht aufhalten, da sie für Kriege und Raubzüge wie geschaffen sind. Sie fragten Gefangene aus, wo sich Caesar befinde, und erfuhren, er sei weitermarschiert und das gesamte Heer sei abgezogen. (8) Da sagte einer der Gefangenen: »Was jagt ihr dieser armseligen und dürftigen Beute nach, wo ihr schon die reichsten Leute sein könntet? (9) In drei Stunden könnt ihr Atuatuca erreichen. Dort hat das römische Heer seine wertvollste Habe hingebracht. Die Schutzmannschaft ist so klein, daß sie nicht einmal die Mauer ringsum besetzen kann und daß niemand aus der Befestigung herauswagt.« (10) Dieser Vorschlag lockte die Germanen sehr. Sie ließen das, was sie schon erbeutet hatten, in einem Versteck zurück und wandten sich schnell nach Atuatuca. Dabei benutzten sie den Gefangenen als Führer, dessen Aussage sie die Kenntnis der dortigen Lage verdankten.

36 (1) Obwohl Cicero auf Anweisung Caesars die Soldaten an allen vergangenen Tagen strikt im Lager zurückgehalten und nicht einmal einem Troßknecht erlaubt hatte, die Befestigung zu verlassen, beschlichen ihn am 7. Tag Zweifel, ob Caesar sich an den genannten Zeitraum von sieben Tagen halten werde. Er hatte gehört, daß Caesar weiter vorgestoßen sei, und es war noch nichts über seine Rückkehr zu ihm gedrungen. (2) Gleichzeitig stand er unter dem Eindruck der Vorwürfe der Soldaten, seine Beharrlichkeit wirke sich für sie fast wie eine Belagerung aus, weil er nicht erlaube, daß man die Befestigung verlasse. Da Cicero nicht mit dem Fall rechnete, daß er angegriffen würde, während neun Legionen und eine ungemein starke Reiterei in einer Reichweite von 3 Meilen dem Feind entgegenstanden, der sich zerstreut hatte und zudem fast aufgerieben war, schickte er fünf Cohorten auf die nächstgelegenen Kornfelder, um Getreide zu beschaffen. Zwischen ihnen und dem Lager befand sich nur eine Anhöhe. (3) Im Lager waren einige Verwundete aus den Legionen zurückgelassen worden. Etwa 300 von ihnen, die nach diesen Tagen wieder gesund geworden waren, stellte man zu einer Sondereinheit zusammen und schickte sie gleichfalls aus. Da die Erlaubnis dazu erteilt wurde, schloß sich eine große Anzahl von Troßknechten mit einer bedeutenden Menge Zugvieh an, das im Lager zurückgeblieben war.

37 (1) In ebendiesem Augenblick trafen durch einen unglücklichen Zufall die germanischen Reiter ein. In derselben Richtung, in der sie angeritten kamen, versuchten sie geradewegs weiter durch die Porta Decumana ins Lager einzudringen. (2) Da an dieser Seite Wald die Sicht versperrte, sah man sie erst, als sie in unmittelbarer Nähe waren, so daß sich sogar den Händlern,[374] die vor dem Lagerwall ihre Zelte aufgeschlagen hatten, keine Möglichkeit mehr bot, ins Lager zu entkommen. (3) Dieser unerwartete Angriff brachte unsere ahnungslosen Soldaten völlig in Verwirrung, so daß die wachhabende Cohorte dem ersten Ansturm fast nicht standhielt. (4) Die Feinde ritten nun auch an den übrigen Seiten rings um das Lager herum, um zu sehen, ob sie einen Zugang fänden. (5) Nur mit Mühe schützten unsere Soldaten die Tore. An den übrigen Stellen verhinderten das Gelände selbst und die Lagerbefestigung das feindliche Eindringen. (6) Die ganze Lagerbesatzung zitterte vor Furcht, und einer fragte den anderen nach der Ursache des Lärms. Keiner kümmerte sich darum, wo man den Feind angreifen sollte, noch darum, daß sich jeder dort aufstellte, wohin er gehörte. (7) Der eine verkündete, das Lager sei schon erobert, der andere behauptete, die Barbaren seien nach einem vernichtenden Sieg über das Heer und den Oberbefehlshaber erschienen. (8) Den meisten flößte der Ort jetzt eine abergläubische Furcht ein. Der Untergang Cottas und Titurius', die in demselben Lager gefallen waren, stand ihnen lebhaft vor Augen. (9) Da diese merkwürdige Furcht eine allgemeine Panik auslöste, verstärkte sich bei den Barbaren der Glaube, im Lager befinde sich wirklich keine Schutzmannschaft, wie sie es ja von dem Gefangenen gehört hatten. (10) Sie versuchten daher mit allen Kräften durchzubrechen und feuerten sich gegenseitig an, eine so glückliche Gelegenheit nicht ungenutzt zu lassen.

38 (1) Unter der Besatzung befand sich P. Sextius Baculus, der krank zurückgelassen worden war und den wir

schon oben bei früheren Kämpfen erwähnten. Damals war er unter Caesar ranghöchster Centurio seiner Legion gewesen. Jetzt hatte er schon vier Tage nichts gegessen (2) und kam unbewaffnet aus seinem Zelt hervor, voll Zweifel, daß er oder alle anderen gerettet werden könnten. Er bemerkte, daß die Feinde heftig herandrängten und die Lage äußerst gefährlich wurde. Da nahm er den neben ihm Stehenden die Waffen weg und stellte sich am Tor auf. (3) Ihm folgten die Centurionen der Cohorte, die dort Wache hatte. Gemeinsam hielten sie kurze Zeit im Kampf aus. (4) Schwer verwundet verlor Sextius das Bewußtsein. Als er zusammenbrach, konnte man ihn nur mit Mühe retten, indem man ihn von Hand zu Hand zurückzog. (5) Dennoch faßten die übrigen während dieses Zwischenfalls so viel Mut, daß sie wagten, auf den Befestigungen in Stellung zu gehen und den Eindruck von Verteidigern zu erwecken.
39 (1) Inzwischen hatten unsere Soldaten genügend Getreide beschafft, als sie das Lärmen von fern vernahmen. Die Reiter galoppierten schnell voraus und erkannten, wie gefährlich die Lage war. (2) Hier draußen gab es keinen Schutz, der sich den verschreckten Soldaten geboten hätte. Da sie frisch ausgehoben und in militärischen Dingen völlig unerfahren waren, richteten sie daher ihre Blicke auf die Militärtribunen und Centurionen und warteten auf deren Anweisungen. Niemand war so tapfer, daß ihn nicht das überraschende Ereignis aus der Fassung gebracht hätte: (3) Als die Barbaren von fern die Feldzeichen erblickten, ließen sie vom Sturm auf das Lager ab, (4) weil sie zunächst glaubten, die Legionen kehrten zurück, die, wie sie von den Gefangenen erfahren hatten, weiter weggezogen waren. Als ihnen jedoch klar wurde, wie verächtlich klein die Zahl der Soldaten war, griffen sie sie von allen Seiten an.
40 (1) Die Troßknechte stürzten auf den nächsten Hügel. Von dort wurden sie jedoch schnell herabgetrieben. Sie

warfen sich auf die Manipel, die unter ihren Feldzeichen Aufstellung genommen hatten, wodurch sie die schon verängstigten Soldaten in noch größere Panik versetzten. (2) Die einen waren dafür, einen Keil zu bilden, um auf diese Weise schnell durchzubrechen. Da das Lager so nah war, vertrauten sie darauf, so wenigstens einige retten zu können, auch wenn ein Teil von ihnen eingekreist und niedergemacht würde. (3) Andere waren dafür, sich auf der Spitze der Anhöhe festzusetzen und gemeinsam das gleiche Schicksal zu erleiden. (4) Dieser Plan mißfiel den alten Soldaten, die, wie wir berichteten, zu einer Einheit zusammengestellt, so abmarschiert waren. Sie sprachen sich gegenseitig Mut zu und brachen unter der Führung des römischen Ritters C. Trebonius[375], der an ihrer Spitze stand, mitten durch die Reihen der Feinde. Bis auf den letzten Mann kamen sie unversehrt ins Lager. (5) Da ihnen die Reiter gemeinsam mit den Troßknechten auf dem Fuß folgten, wurden sie mitgerissen und dank der Tapferkeit der Soldaten ebenfalls gerettet. (6) Die Soldaten jedoch, die auf der Anhöhe Stellung bezogen hatten, waren bis dahin noch völlig unerfahren in militärischen Dingen und unfähig, an dem einmal gefaßten Plan festzuhalten und sich von der Anhöhe aus zu verteidigen. Andererseits waren sie auch nicht in der Lage, dieselbe Schnelligkeit und Kraft zu zeigen, die den anderen offensichtlich von Nutzen gewesen waren. Denn als sie versuchten, sich zum Lager zu retten, gerieten sie unterhalb der Anhöhe auf ungünstiges Gelände. (7) Ihre Centurionen, von denen einige aus den unteren Rängen anderer Legionen für ihre Tapferkeit auf höhere Posten in dieser Legion befördert worden waren, kämpften heldenmütig, um nicht den vorher erworbenen Kriegsruhm einzubüßen, und fielen alle. Da die Feinde vor ihrer Tapferkeit zurückwichen, konnte ein Teil der Soldaten wider Erwarten unversehrt ins Lager entkommen. Die anderen wurden von den Barbaren umzingelt und fanden den Tod.[376]

41 (1) Die Germanen gaben die Hoffnung auf, das Lager zu erobern, da sie sahen, daß unsere Soldaten mittlerweile auf den Befestigungen Stellung bezogen hatten. Daher zogen sie sich mit der Beute, die sie in den Wäldern verborgen hatten, wieder über den Rhein zurück. (2) Der Schrecken war jedoch auch nach dem Abzug der Feinde noch so groß, daß C. Volusenus, der mit der Reiterei vorausgeschickt worden war und in der Nacht eintraf, keinen Glauben fand, als er berichtete, Caesar sei bald mit einem unversehrten Heer da. (3) Die Furcht hielt alle so gefangen, daß sie fast wie von Sinnen erklärten, die Reiterei habe sich auf der Flucht ins Lager gerettet, während alle anderen Truppen vernichtet worden seien. Sie bestanden darauf, daß die Germanen nie das Lager bestürmt hätten, wenn das Heer Caesars noch unversehrt gewesen wäre. (4) Erst als Caesar eintraf, schwand die Furcht.

42 (1) Da Caesar die Zufälle im Krieg gut kannte, beklagte er sich bei seiner Rückkehr lediglich darüber, daß man die Cohorten von ihren Posten abgezogen und aus dem schützenden Lager hinausgesandt hatte – man hätte buchstäblich nichts dem Zufall überlassen sollen –, doch erkannte er, wieviel bei dem überraschenden Eintreffen der Feinde dem Zufall zuzuschreiben war, (2) wieviel mehr noch, als er die Barbaren fast unmittelbar vor dem Lagerwall und den Toren hatte umkehren lassen. (3) Was aber von all diesem am erstaunlichsten schien, war die Tatsache, daß die Germanen, die in der Absicht über den Rhein gekommen waren, das Gebiet des Ambiorix zu verwüsten, zum Lager der Römer verschlagen worden waren und damit Ambiorix den größten Dienst erwiesen hatten.

43 (1) Caesar setzte sich wieder in Marsch, um das Land der Feinde zu verheeren, und sandte nach allen Richtungen Reiter aus, die er von den benachbarten Stämmen in großer Zahl hatte stellen lassen. (2) Alle Dörfer und Gehöfte, die auch nur in Sichtweite kamen, wurden in Brand gesteckt, das Vieh wurde getötet und von überall her Beute weggeschleppt. (3) Das Getreide wurde nicht nur von einer so großen Anzahl von Menschen und Vieh verbraucht, sondern lag auch infolge der Regenfälle in dieser Jahreszeit am Boden.[377] Selbst wenn sich daher jemand für den Augenblick verborgen hätte, hätte er nach Abzug der Soldaten aus Mangel an allem Lebensnotwendigen wahrscheinlich umkommen müssen. (4) Da Caesar eine so große Zahl von Reitern in alle Richtungen ausgesandt hatte, geschah es wiederholt, daß man an einen Ort gelangte, wo die Gefangenen sich umsahen, als ob sie Ambiorix gerade noch auf der Flucht gesehen hätten, und sogar behaupteten, er sei noch nicht ganz aus ihrem Gesichtskreis entschwunden. (5) In der Hoffnung, ihn einholen zu können, setzten die Soldaten ihre Anstrengungen ununterbrochen fort, da sie glaubten, sie könnten Caesars höchstes Wohlwollen erlangen. In ihrem Eifer gingen sie dabei fast über ihre natürlichen Kräfte hinaus. Es schien jedoch immer ein wenig zum endgültigen Erfolg gefehlt zu haben, (6) denn Ambiorix brachte sich stets in Verstecken, in Wäldern oder Schluchten in Sicherheit und zog bei Nacht heimlich in andere Landesteile. Dabei umfaßte sein Schutz nicht mehr als vier Reiter. Diesen allein wagte er sein Leben anzuvertrauen.

44 (1) Nachdem das Land in dieser Weise verwüstet worden war, jedoch auch zwei Cohorten verloren waren, führte Caesar das Heer nach Durocortorum[378], einer Stadt der Remer. Er berief dorthin einen gallischen Landtag ein und begann, über die Verschwörung der Senonen und Carnuten eine Untersuchung anzustellen. Über den Anstifter des Plans, Acco, (2) fällte Caesar ein hartes Urteil und ließ ihn nach hergebrachter Sitte hinrichten.[379] Einige flohen, weil sie Caesars Urteil fürchteten. (3) Nachdem er sie für vogelfrei erklärt hatte, legte er zwei Legionen im Land der Treverer ins Winterlager, zwei im lingonischen Gebiet und die sechs übrigen in Agedincum[380] im Gebiet der Senonen. Sobald er für Getreidenachschub gesorgt hatte, brach er wie gewöhnlich nach Italien auf, um dort Gerichtstage abzuhalten.

Siebtes Buch

1 (1) Da in Gallien Ruhe herrschte, brach Caesar, wie er es sich vorgenommen hatte, nach Italien auf, um Gerichtstage abzuhalten. Dort erfuhr er von dem Mord an P. Clodius[381] und wurde von dem Senatsbeschluß in Kenntnis gesetzt, daß alle Wehrpflichtigen in Italien gemeinsam den Fahneneid leisten sollten. Er beschloß daraufhin, überall in der Provinz Truppen auszuheben. (2) Diese Tatsachen drangen schnell in das transalpinische Gallien. Die Gallier schmückten die Gerüchte aus und erfanden noch hinzu, was ihnen aus dieser Situation zwingend hervorzugehen schien: Caesar werde durch Unruhen in der Hauptstadt aufgehalten und könne auf Grund dieser innenpolitischen Kämpfe nicht zum Heer kommen. (3) Da die Gallier schon vorher ihre Unterwerfung unter die Herrschaft des römischen Volkes bitter empfanden, trieb dieser Umstand sie an, ungehemmter und verwegener Kriegspläne ins Auge zu fassen. (4) Die führenden Männer Galliens setzten für ihren Kreis Versammlungen an entlegenen Orten in den Wäldern an, wo sie den Tod Accos beklagten (5) und darauf hinwiesen, daß sie der gleiche Schicksalsschlag treffen könne. Sie klagten über das Unglück ganz Galliens. Gleichzeitig forderten sie mit Versprechungen und Belohnungen aller Art dringend dazu auf, den Krieg zu beginnen und für Gallien die Freiheit wiederzugewinnen, selbst unter Lebensgefahr. (6) Sie erklärten, daß man besonders darauf achten müsse, Caesar vom Heer abzuschneiden, ehe ihre geheimen Pläne bekannt würden. (7) Das sei jedoch insofern leicht, als die Legionen in Abwesenheit des Oberbefehlshabers nicht aus ihren Winterlagern abzurücken wagten. Andererseits könne der Feldherr selbst nicht ohne militärischen Schutz zu den Legionen gelangen. (8) Schließlich sei es besser, auf dem Schlachtfeld zu sterben, als den alten Kriegsruhm und die

Freiheit, die sie von den Ahnen übernommen hätten, nicht wiederzugewinnen.

2 (1) Nachdem man diese Angelegenheit immer wieder durchgesprochen hatte, erklärten die Carnuten, sie scheuten keine Gefahr, wenn es um die Rettung aller gehe, und versprachen, als erste von allen in den Krieg einzutreten. (2) Da sie sich gegenwärtig nicht untereinander Geiseln als Sicherheit geben könnten, ohne ihr Vorhaben bekannt werden zu lassen, baten sie darum, durch einen feierlichen Eid vor den vereinigten Feldzeichen, wodurch nach ihren Bräuchen eine Zeremonie die höchste Weihe erhält, zu bekräftigen, daß die übrigen sie nicht im Stich ließen, wenn sie den Krieg angefangen hätten. (3) Nachdem man die Carnuten hoch gepriesen hatte, leisteten alle Anwesenden den Eid. Als auch der Termin für den Kriegsbeginn festgesetzt worden war, löste sich die Versammlung auf.

3 (1) Als dieser Termin kam, stürmten auf ein Signal hin die Carnuten unter der Führung des Cotuatus und Conconnetodumnus, zweier verwegener Menschen, nach Cenabum,[382] brachten die römischen Bürger um, die sich dort zu Handelszwecken niedergelassen hatten, und plünderten ihr Vermögen. Unter den Toten befand sich C. Fufius Cita, ein römischer Ritter[383] aus gutem Haus, der im Auftrag Caesars die Getreideversorgung geleitet hatte. (2) Das Gerücht von diesem Vorfall drang schnell zu allen gallischen Stämmen. Denn wo auch immer etwas Bedeutenderes und Ungewöhnlicheres geschieht, signalisieren sie es durch Zuruf über die Felder und das übrige Gelände hinweg; andere übernehmen es dann von hier aus und geben es an die nächsten weiter. So geschah es auch damals. (3) Denn das, was sich bei Sonnenaufgang in Cenabum zugetragen hatte, vernahm man vor Ende der ersten Nachtwache im Gebiet der Arverner, obwohl eine Entfernung von 160 Meilen dazwischen liegt.

4 (1) Dort gelang es dem Arverner Vercingetorix,[384] der seine Clienten zusammengerufen hatte, auf ähnliche Weise Begeisterung zu erregen. Vercingetorix war der Sohn des Celtillus, ein junger Mann von höchstem Einfluß. Sein Vater hatte eine führende Rolle in ganz Gallien gehabt, war jedoch von seinem Stamm umgebracht worden, weil er die Alleinherrschaft anstrebte. (2) Als der Plan des Vercingetorix bekannt wurde, stürzte man zu den Waffen. Der Bruder seines Vaters und die übrigen Führer des Stammes, die der Ansicht waren, man dürfe das Schicksal nicht derartig herausfordern, legten Vercingetorix Hindernisse in den Weg und vertrieben ihn aus Gergovia[385]. (3) Dennoch stand er nicht von seinem Vorhaben ab und führte auf dem Land unter Armen und Verbrechern eine Aushebung durch. Mit der Schar, die er so gesammelt hatte, brachte er jeden aus dem Stamm, zu dem er kam, dazu, sich seiner Auffassung anzuschließen. (4) Er feuerte die Leute an, um der gemeinsamen Freiheit willen zu den Waffen zu greifen, und konnte nun, da er über ein starkes Truppenaufgebot verfügte, seine Gegner, die ihn kurz zuvor aus der Stadt gejagt hatten, aus dem Stamm vertreiben. Seine Anhänger erklärten ihn zum König. (5) Er schickte nach allen Richtungen Gesandtschaften und beschwor die Stämme, dem geleisteten Eid treu zu bleiben. (6) Es gelang ihm schnell, die Senonen, Parisier, Pictonen, Cadurcer[386], Turonen, Aulercer, Lemovicen[387], Anden und alle übrigen Stämme, die an den Ozean grenzen, zum Anschluß zu bewegen. Mit allgemeiner Zustimmung wurde ihm der Oberbefehl übertragen. (7) Sobald er dieses Amt übernommen hatte, verlangte er von allen Stämmen die Stellung von Geiseln und forderte sie auf, ihm rasch eine bestimmte Anzahl von Soldaten zuzuführen. (8) Gleichzeitig setzte er fest, wie viele Waffen jeder Stamm in seinem Gebiet herstellen sollte und bis zu welchem Termin. Besonders aber kümmerte er sich um eine Reiterei. (9) Dabei verband er höchste Gründlichkeit mit größter Strenge in der Ausübung seiner Gewalt. Durch harte Strafen zwang er auch Zögernde zu Gehorsam, (10) denn bei größeren Vergehen ließ er die Schuldigen nach Anwendung aller Arten von Foltern verbrennen, bei weniger schwerwiegenden Anlässen ließ er ihnen die Ohren abschneiden oder ein Auge ausstechen und schickte sie nach Hause zurück, um den anderen einen Beweis seiner Strenge zu geben und sie durch die Härte der Strafe in Schrecken zu versetzen.

5 (1) Auf Grund dieser Strafmaßnahmen konnte er schnell ein Heer zusammenziehen und schickte den Cadurcer Lucterius, einen höchst verwegenen Mann, mit einem Teil der Truppen ins Gebiet der Rutener. Er selbst setzte sich ins Land der Bituriger in Marsch. (2) Als er dort eintraf, schickten die Bituriger Gesandte an die Haeduer, unter deren Schutz sie standen, und baten um Unterstützung, damit sie den Truppen der Feinde wirksamer begegnen könnten. (3) Auf Rat der Legaten, die Caesar beim Heer zurückgelassen hatte, schickten die Haeduer den Biturigern Reiterei und Fußtruppen zu Hilfe. (4) Als diese an den Fluß Liger kamen, der die Grenze zwischen dem Land der Bituriger und dem der Haeduer bildet, blieben sie dort einige Tage, und da sie nicht wagten, den Fluß zu überschreiten, kehrten sie nach Hause zurück (5) und meldeten unseren Legaten, sie seien zurückgekehrt, weil sie einen Verrat der Bituriger befürchtet hätten. Es sei ihnen bekannt geworden, daß diese geplant hätten, die Haeduer nach dem Übergang über den Fluß einzuschließen, und zwar die Bituriger selbst von der einen Seite, die Arverner von der anderen. (6) Ob die Haeduer aus diesem den Legaten angegebenen Grund oder in verräterischer Absicht so handelten, scheint nicht mit Sicherheit behauptet werden zu können, weil wir darüber nichts Genaues wissen. (7) Die Bituriger schlossen sich jedenfalls nach Abzug der Haeduer sofort den Arvernern an.

6 (1) Als Caesar diese Vorgänge nach Italien gemeldet wurden, brach er ins transalpinische Gallien auf, da er zu-

dem sah, daß die Verhältnisse in Rom auf Grund des energischen Eingreifens von Cn. Pompeius[388] wieder in geordnete Bahnen gelenkt worden waren. (2) Als er in Gallien eintraf, stand er vor der großen Schwierigkeit, einen Weg zu finden, um zu seinem Heer stoßen zu können. (3) Denn er erkannte, daß die Legionen, wenn er sie in die Provinz beriefe, auf dem Marsch in seiner Abwesenheit in Kämpfe verwickelt würden. (4) Andererseits sah er, daß er sein Leben nicht einmal den Stämmen, die zu diesem Zeitpunkt noch ruhig schienen, ohne weiteres anvertrauen konnte, wenn er selbst zum Heer eilte.
7 (1) Inzwischen gelang es dem Cadurcer Lucterius, der zu den Rutenern gesandt worden war, diesen Stamm für einen Bund mit den Arvernern zu gewinnen. (2) Er zog weiter zu den Nitiobrogern[389] und Gabalern[390], empfing von beiden Stämmen Geiseln und versuchte mit einer großen Truppe, die er mittlerweile aufgestellt hatte, in Richtung auf Narbo in die römische Provinz einzufallen. (3) Als Caesar davon Meldung erhielt, glaubte er, alle anderen Pläne zurückstellen zu müssen, um nach Narbo aufzubrechen. (4) Als er dort eintraf, beruhigte er die verängstigten Bewohner, legte Schutztruppen zu den Rutenern, die in der Provinz wohnen, und zu den arecomischen Volcern[391] und Tolosaten, ebenso in die Umgebung von Narbo an Orte, die dem Feind zunächst gelegen waren. Gleichzeitig befahl er, daß sich ein Teil der Truppen aus der Provinz und die Ersatzmannschaften, die er aus Italien mitgebracht hatte, im Gebiet der Helvetier[392], das an das der Arverner stößt, sammeln sollten.
8 (1) Während sich Lucterius schon auf Grund dieser Vorsorgemaßnahmen aufhalten ließ und fernblieb, weil er glaubte, es sei gefährlich, in den von Truppen geschützten Bereich einzudringen, brach Caesar zu den Helviern auf. (2) Obwohl das Cevennengebirge, das das Gebiet der Arverner von dem der Helvier trennt, in der kältesten Jahreszeit durch hohen Schnee einen Marsch erschwerte,

gelangte Caesar trotzdem an die Grenzen der Arverner, nachdem er unter höchster Anstrengung der Soldaten den Schnee sechs Fuß hoch hatte wegräumen und die Wege freilegen lassen. (3) Die Arverner glaubten, sie seien durch die Cevennen wie durch eine Mauer geschützt, denn in dieser Jahreszeit hatte es bisher dort nicht einmal für einen einzelnen Menschen einen passierbaren Fußweg gegeben. Sie waren daher ahnungslos, als sie plötzlich überwältigt wurden. Caesar befahl den Reitern umherzustreifen, soweit sie könnten, und die Feinde in möglichst großen Schrecken zu versetzen. (4) Durch Gerüchte und Boten drang die Kunde von diesen Ereignissen schnell zu Vercingetorix. Die Arverner umringten ihn alle in höchstem Schrecken und beschworen ihn, für die Sicherheit ihres Besitzes zu sorgen und nicht zuzulassen, daß die Feinde sie ausplünderten, zumal er sehe, daß sie die Hauptlast des Krieges zu tragen hätten. (5) Ihre Bitten veranlaßten Vercingetorix, sein Lager bei den Biturigern abzubrechen und sich ins Gebiet der Arverner zu wenden.

9 (1) Caesar blieb jedoch nur zwei Tage in dieser Gegend. Da er Vercingetorix so eingeschätzt hatte, wie er sich dann tatsächlich verhielt, verließ er das Heer unter dem Vorwand, Ersatztruppen und Reiterei sammeln zu wollen, und setzte den jungen Brutus an die Spitze der zurückbleibenden Truppen. (2) Er wies ihn an, die Reiterei nach allen Richtungen möglichst weit ausschwärmen zu lassen. Er selbst werde sich bemühen, nicht länger als drei Tage vom Lager abwesend zu sein. (3) Nachdem er dies geregelt hatte, gelangte er in Gewaltmärschen nach Vienna[393], ohne daß sein gesamtes Heer etwas davon ahnte. (4) Dort nahm er die Reiterei, die er vor vielen Tagen nach Vienna vorausgeschickt hatte, in ausgeruhtem Zustand in Empfang und eilte sodann, ohne den Marsch bei Tag oder Nacht zu unterbrechen, durch das Gebiet der Haeduer zu den Lingonen, wo zwei Legionen im Winterlager standen. Falls die Haeduer auch den Plan faßten, etwas gegen ihn zu unternehmen, wollte er ihnen durch Schnelligkeit zuvorkommen. (5) Gleich bei seiner Ankunft sandte er den Marschbefehl an die übrigen Legionen und zog alle Truppen an einem Ort zusammen, ehe die Arverner auch nur die Nachricht von seiner Ankunft erhalten konnten. (6) Als Vercingetorix dies bekannt wurde, führte er sein Heer wieder zu den Biturigern zurück und brach von da auf, um Gorgobina,[394] eine Stadt der Boier, zu bestürmen. Caesar hatte die Boier im Krieg gegen die Helvetier besiegt, dort angesiedelt und dem Herrschaftsbereich der Haeduer zugewiesen.[395]

10 (1) Dieses Ereignis brachte Caesars Planung in große Schwierigkeiten: Wenn er die Legionen für den Rest des Winters an einem Ort konzentrierte, lief er Gefahr, daß nach einem Sieg des Vercingetorix über Tributpflichtige der Haeduer ganz Gallien abfiel, weil dann offenkundig wäre, daß Caesar die befreundeten Stämme nicht schützte. Wenn er dagegen früher aus dem Winterlager abzog, konnte es infolge des erschwerten Nachschubs bei der Getreideversorgung Engpässe geben. (2) Dennoch erschien es ihm vorrangig, alle Schwierigkeiten auf sich zu nehmen, ehe er auf Grund einer schmachvollen Niederlage das Vertrauen aller seiner Schutzbefohlenen verlor. (3) Er forderte daher die Haeduer dringend auf, Nachschub herbeizuschaffen, und schickte Boten zu den Boiern voraus, die seine Ankunft melden und sie ermahnen sollten, treu zu bleiben und dem Ansturm der Feinde beherzt Widerstand zu leisten. (4) Nachdem er zwei Legionen und den Troß des gesamten Heeres in Agedincum zurückgelassen hatte, setzte er sich in Richtung auf die Boier in Marsch.

11 (1) Als er am folgenden Tag nach Vellaunodunum[396], einer Stadt der Senonen, kam, beschloß er, sie im Sturm zu nehmen, um keine Feinde hinter sich zurückzulassen und dadurch den Nachschub an Getreide zu erleichtern. In zwei Tagen schloß er die Stadt mit einem Belagerungswall

ein. (2) Als am dritten Tag Gesandte aus der Stadt mit einem Kapitulationsangebot erschienen, befahl Caesar, die Waffen abzuliefern, das Zugvieh herauszuschaffen und 600 Geiseln zu stellen. (3) Dann ließ er den Legaten C. Trebonius zurück, der diese Maßnahmen durchführen sollte. Um so schnell wie möglich an das Ziel seines Marsches zu gelangen, brach er selbst nach Cenabum, einer Stadt der Carnuten, auf. (4) Sobald diese die Nachricht von der Belagerung der Stadt Vellaunodunum erhalten hatten, stellten sie eine Truppe auf, um sie zum Schutz der Stadt dorthin zu schicken. Dabei gingen sie davon aus, daß sich die Belagerung von Vellaunodunum über längere Zeit hinziehen werde. Caesar traf jedoch schon nach zwei Tagen vor Cenabum ein. (5) Er errichtete vor der Stadt ein Lager, verschob die Erstürmung jedoch wegen der fortgeschrittenen Tageszeit auf den nächsten Tag. Er befahl den Soldaten aber, alles dafür bereitzustellen, (6) und wies zudem zwei Legionen an, bewaffnet zu schlafen, weil eine Brücke über den Liger nach Cenabum führte, so daß er fürchten mußte, daß die Einwohner nachts aus der Stadt flüchteten. (7) Tatsächlich verließen die Einwohner kurz vor Mitternacht in aller Stille die Stadt und begannen, den Fluß zu überschreiten. (8) Als Späher dies Caesar meldeten, ließ er die Legionen, denen er befohlen hatte, kampfbereit zu bleiben, die Tore in Brand stecken und eindringen. (9) Er bekam die Stadt in seine Gewalt und nahm bis auf eine ganz geringe Zahl von Feinden alle gefangen,[397] da die schmale Brücke und die anschließenden engen Wege der Menge die Flucht abgeschnitten hatten. Caesar ließ die Stadt plündern und anzünden. Die Beute schenkte er den Soldaten. Anschließend führte er das Heer über den Liger und gelangte in das Gebiet der Bituriger.
12 (1) Sobald Vercingetorix von Caesars Eintreffen erfuhr, gab er die Belagerung von Gorgobina auf und zog ihm entgegen. (2) Caesar hatte inzwischen beschlossen, die auf seinem Weg liegende Stadt der Bituriger, Novio-

dunum,[398] anzugreifen. (3) Als aus dieser Stadt Gesandte mit der Bitte zu ihm kamen, den Einwohnern zu verzeihen und ihr Leben zu schonen, gab er, um sein Vorhaben mit der gleichen Schnelligkeit zu Ende zu führen, die ihm in den meisten Fällen Erfolg gebracht hatte, den Befehl, die Waffen auszuliefern, Pferde zu beschaffen und Geiseln zu stellen. (4) Schon war ein Teil der Geiseln übergeben worden und die Durchführung der anderen Maßnahmen im Gange, wozu Centurionen und einige Soldaten in die Stadt geschickt worden waren, die Waffen und Zugvieh anfordern sollten, da wurde von fern die Reiterei der Feinde sichtbar, die die Spitze des Heereszuges des Vercingetorix bildete. (5) Kaum erblickten die Einwohner der Stadt die Reiter, als sie auch schon Hoffnung auf Unterstützung schöpften. Sie erhoben ein Geschrei, gingen daran, zu den Waffen zu greifen, die Tore zu schließen und die Mauern zu besetzen. (6) Als die Centurionen in der Stadt aus dem Gebaren der Gallier entnahmen, daß diese feindliche Pläne faßten, zogen sie ihr Schwert, besetzten die Tore und konnten so alle ihre Soldaten unverletzt zurückbringen.

13 (1) Caesar befahl, die Reiterei aus dem Lager zu führen, und begann ein Reitergefecht. Da seine Reiter Mühe hatten, sich zu behaupten, sandte er ihnen etwa 400 germanische Reiter[399] zu Hilfe, die er von Anfang an mit sich zu führen pflegte. (2) Die Gallier konnten ihrem Ansturm nicht standhalten und wurden in die Flucht geschlagen, so daß sie sich unter großen Verlusten zu ihrem Haupttheer zurückzogen. Ihre Niederlage wiederum versetzte die Einwohner der Stadt in Schrecken, so daß sie die Männer gefangensetzten, die ihrer Ansicht nach das Volk aufgehetzt hatten, und sie Caesar auslieferten. Dann ergaben sie sich ihm. (3) Daraufhin brach Caesar zur Stadt Avaricum[400] auf. Sie ist die größte Stadt im Gebiet der Bituriger, am stärksten befestigt und in einer sehr fruchtbaren Landschaft gelegen. Caesar hatte die Zuversicht, er

werde den Stamm der Bituriger in seine Gewalt bringen, wenn er Avaricum eingenommen hätte.
14 (1) Nach so vielen aufeinanderfolgenden Niederlagen in Vellaunodunum, Cenabum und Noviodunum berief Vercingetorix seine Anhänger zu einer Versammlung ein. (2) Er legte dar, daß man den Krieg nun auf ganz andere Weise führen müsse als bisher. Mit allen Mitteln müsse man sich bemühen, den Römern die Möglichkeit zu nehmen, für Futter und Nachschub zu sorgen. (3) Dies sei einfach, weil sie selbst über eine überaus starke Reiterei verfügten und ihnen die Jahreszeit[401] gelegen komme. (4) Da kein Futter geschnitten werden könne, müßten sich die Feinde notwendigerweise zerstreuen, um auf den Gehöften Futter anzufordern; alle diese Abteilungen könnten die Reiter Tag für Tag aufreiben. (5) Außerdem müßten sie um der gemeinsamen Rettung willen alle privaten Interessen hintanstellen. Es sei daher notwendig, alle Gehöfte und Dörfer, auf die man stoße, in Brand zu setzen, und zwar von den Grenzen der Boier ab[402] im Bereich des gesamten Gebietes, wohin sich vermutlich die Römer wenden könnten, um Futter zu beschaffen. (6) Ihnen selbst stehe ein großer Vorrat zur Verfügung, weil sie die Bevölkerung des Gebietes, in dem Krieg geführt werde, unterstütze. (7) Die Römer jedoch würden entweder den Mangel nicht aushalten oder sich nur unter großer Gefahr weiter vom Lager entfernen. (8) Es sei gleichgültig, ob sie sie selbst töteten oder ihres Trosses beraubten, denn nach dessen Verlust könnten die Römer nicht weiter Krieg führen. (9) Es sei aber zudem nötig, die Städte in Brand zu stecken, die nicht auf Grund ihrer Befestigung oder ihrer natürlichen Lage vor jeder Gefahr sicher seien, damit es weder für ihre eigenen Truppen Zufluchtsorte gebe, wenn sie den Kriegsdienst verweigern wollten, noch den Römern die Möglichkeit geboten werde, Nachschub und Beute in großen Mengen wegzuschleppen. (10) Wenn diese Maßnahmen auch schwer-

wiegend und hart erschienen, so müsse es doch noch als viel härter erscheinen, wenn ihre Kinder und Frauen in die Sklaverei verschleppt würden, sie selbst aber den Tod fänden. Falls sie besiegt würden, trete dies aber notwendig ein.

15 (1) Nachdem dieser Vorschlag allgemein gebilligt worden war, wurden an einem Tag mehr als 20 Städte der Biturigen in Brand gesteckt. (2) Dasselbe geschah bei den übrigen Stämmen. Ringsum konnte man die Brände sehen. Obwohl alle großen Schmerz darüber empfanden, stellten sie sich als tröstliche Aussicht vor Augen, daß sie das Verlorene sicherlich schnell wiedergewinnen würden, weil sie den Sieg schon fast in Händen hätten. (3) In ihrer gemeinsamen Versammlung beriet man hinsichtlich Avaricums, ob es richtig sei, die Stadt anzuzünden oder sie zu verteidigen. (4) Die Biturigen fielen allen Galliern zu Füßen und baten inständig, man möge sie nicht zwingen, die schönste Stadt fast ganz Galliens, die ein Schutz und Schmuck für den Stamm sei, mit ihren eigenen Händen anzuzünden. (5) Sie versicherten, man könne die Stadt wegen ihrer Lage leicht verteidigen, da sie der Fluß[403] und ein Sumpf beinahe auf allen Seiten einschlössen und es infolgedessen nur einen einzigen und sehr schmalen Zugang gebe. (6) Obwohl Vercingetorix zunächst abriet, gab er dann auf Grund der Bitten der Biturigen und des Mitleids der umstehenden Menge nach, so daß man auf ihre Wünsche einging und geeignete Verteidiger für die Stadt aussuchte.

16 (1) Vercingetorix folgte Caesar in kleineren Marschabschnitten ständig unmittelbar nach und wählte für sein Lager einen Ort aus, der durch Wälder und Sümpfe geschützt war und von Avaricum 16 Meilen entfernt lag. (2) Durch ständige Kundschafter erfuhr er zu den verschiedenen Tageszeiten, was bei Avaricum geschah, und gab entsprechende Anordnungen. (3) Er beobachtete alle unsere Abteilungen, die Futter und Getreide beschaffen sollten. Wenn sie sich zerstreuten oder notwendigerweise weiter vorrückten, griff er sie an und fügte ihnen große Verluste zu, auch wenn unsere Truppen Gegenmaßnahmen ergriffen, soweit sie durch kluge Berechnung Vorsorge treffen konnten, indem sie zu stets wechselnden Zeiten und auf verschiedenen Wegen ausrückten.

17 (1) Caesar hatte sein Lager an der Seite der Stadt errichtet, wo sich ein schmaler Zugang bot, der, wie oben erwähnt, vom Fluß und vom Sumpf freigelassen wurde. Er begann, einen Belagerungsdamm vorzubereiten, Laufgänge[404] heranzuführen und zwei Türme zu errichten, denn das Gelände machte es unmöglich, die Stadt rings mit einem Wall einzuschließen. (2) Die Boier und Haeduer forderte er unablässig auf, für Getreidenachschub zu sorgen, doch da die einen den Forderungen ohne den geringsten Eifer nachkamen, brachten sie ihm auch wenig Unterstützung, während die anderen selbst über wenig Möglichkeiten verfügten, weil ihr Stamm klein und schwach war und sie selbst das, was sie hatten, schnell verbrauchten. (3) Dadurch wurde das Heer von schwerem Mangel an Getreide bedrängt, weil die Boier arm, die Haeduer aber nachlässig waren. Zudem waren die Gehöfte in Brand gesetzt worden, so daß es dahin kam, daß die Soldaten über mehrere Tage hin überhaupt kein Korn hatten und nur dadurch den äußersten Hunger stillen konnten, daß sie aus weiter entfernt liegenden Dörfern Vieh herbeitrieben. Dennoch wurde bei ihnen keine Äußerung laut, die der Hoheit des römischen Volkes und ihrer vorangegangenen Siege unwürdig gewesen wäre. (4) Ja, als Caesar während der Belagerungsarbeiten die einzelnen Legionen ansprach und sagte, er werde die Belagerung aufgeben, wenn sie den Nahrungsmangel als zu hart empfänden, forderten alle von ihm, dies nicht zu tun. (5) Sie hätten unter seinem Kommando mehrere Jahre lang ihren Dienst als Soldaten so versehen, daß sie keine Schande auf sich nähmen und niemals unverrichteter Dinge abzö-

gen. (6) Dies allerdings würden sie als eine Schmach ansehen, wenn sie die begonnenen Belagerungsarbeiten im Stich ließen. (7) Lieber wollten sie alle Härten aushalten, als den römischen Bürgern, die infolge des Treubruchs der Gallier in Cenabum umgekommen seien, kein Totenopfer zu bringen. (8) Sie gaben auch den Centurionen und Militärtribunen den Auftrag, als ihre Wortführer Caesar dasselbe vorzutragen.

18 (1) Als die Türme schon in die Nähe der Mauer vorgerückt waren, erfuhr Caesar von Gefangenen, daß Vercingetorix sein Lager näher in Richtung auf Avaricum verlegt habe, weil ihm das Futter ausgegangen sei. Vercingetorix selbst sei mit der Reiterei und kampfbereiten Truppen, die gewöhnlich zusammen mit den Reitern kämpften, nach Avaricum aufgebrochen. Er habe die Absicht, uns in der Gegend in einen Hinterhalt zu locken, die, wie er annahm, unsere Soldaten am nächsten Tag zum Futterholen aufsuchen würden. (2) Als Caesar dies erfahren hatte, brach er um Mitternacht in aller Stille auf und gelangte morgens zum Lager der Feinde. (3) Da diese durch Kundschafter schnell die Nachricht von seinem Anrücken erhalten hatten, verbargen sie ihre Wagen und ihr Gepäck in dichtem Waldgelände und stellten ihre gesamten Truppen an einem erhöhten und unbewaldeten Ort auf. (4) Auf diese Meldung hin ließ Caesar schnell das leichte Gepäck zusammentragen und sich zum Kampf bereitmachen.

19 (1) Es handelte sich um einen von unten sanft ansteigenden Hügel, der auf fast allen Seiten von einem unzugänglichen und hinderlichen Sumpf umgeben war. Dieser hatte eine Breite von nicht mehr als 50 Fuß. (2) Die Gallier brachen die Knüppelwege über den Sumpf ab und verharrten im Vertrauen auf die Gunst des Geländes auf dem Hügel. Nachdem sie sich vorher nach Gauen aufgeteilt hatten, besetzten sie gleichzeitig alle flachen Stellen und Senkungen des Sumpfgeländes mit dazu bestimmten Schutzmannschaften. (3) So waren sie gerüstet, von ihrem erhöhten Standpunkt aus die Römer zu bedrängen, falls diese versuchen sollten, über das Sumpfgelände hinwegzustürmen, und dabei steckenblieben. Wenn man die geringe Entfernung zwischen den Gegnern sah, mußte man annehmen, daß beide Seiten für den Kampf die gleichen strategischen Vorteile hatten. Wenn man jedoch unsere ungleich schlechtere Ausgangslage durchschaute, erkannte man, daß die Feinde sich dort nur in einer leeren Verstellung demonstrativ aufgestellt hatten. (4) Als die Soldaten sich darüber empörten, daß die Feinde über eine so kleine Entfernung hinweg ihren Anblick ertragen könnten und das Zeichen zum Angriff verlangten, erklärte ihnen Caesar, wie viele Verluste ein Sieg notwendigerweise kosten würde und wie viele tapfere Männer dabei fallen würden. (5) Da er sehe, daß sie so von Mut erfüllt seien, daß sie um seines Ruhmes willen keine Gefahr scheuten, müsse man ihn der höchsten Rücksichtslosigkeit anklagen, wenn er nicht ihr Leben über sein Wohlergehen stelle. (6) So beruhigte er die Soldaten, führte sie am selben Tag ins Lager zurück und ging daran, die noch ausstehenden Maßnahmen durchzuführen, die sich auf die Belagerung der Stadt bezogen.

20 (1) Als Vercingetorix zu seinen Leuten zurückkehrte, bezichtigten sie ihn des Verrats, weil er das Lager zu nahe an die Römer verlegt habe, weil er sich mit der gesamten Reiterei entfernt, gleichzeitig jedoch so umfangreiche Truppen ohne Führung zurückgelassen habe und weil nach seinem Abzug die Römer unter derart günstigen Umständen und so schnell eingetroffen seien. (2) Dies alles habe nicht zufällig und ohne seine Planung eintreten können. Vercingetorix wolle die Herrschaft über Gallien lieber mit Caesars Einwilligung ausüben, als sie ihrem Wohlwollen zu verdanken. (3) Auf diese Anklagen antwortete Vercingetorix folgendes: Aus Futtermangel und weil sie selbst ihn dazu aufgefordert hätten, habe er das Lager verlegt. Das günstige Gelände, das auch ohne Befestigung schon ausreichend Schutz biete, habe ihn bewogen, näher bei den Römern in Stellung zu gehen. (4) In dem Sumpfgelände habe man nicht mit einem Eingreifen der Reiterei rechnen dürfen, die aber da, wohin sie gezogen seien, sehr genützt habe. (5) Er habe bei seinem Aufbruch in voller Absicht niemandem den Oberbefehl übergeben, um zu verhindern, daß sich der Betreffende auf Drängen der Menge zum Kämpfen hätte fortreißen lassen, denn er sehe, daß sie das alle auf Grund ihrer mangelnden Ausdauer anstrebten, weil sie die Mühen nicht länger ertragen könnten. (6) Wenn die Römer in der Zwischenzeit zufällig eingetroffen seien, schulde man dem Glück Dank, sei dies aber auf Grund des Verrats eines Galliers geschehen, müsse man diesem danken. Denn von der Anhöhe aus hätten sie die geringe Anzahl der Römer erkennen und mit Geringschätzung auf ihre Tapferkeit herabblicken können, denn die Römer hätten keinen Kampf gewagt, sich vielmehr schändlich ins Lager zurückgezogen. (7) Er strebe nicht danach, durch Verrat von Caesar die Herrschaft zu erlangen, die er durch einen Sieg über ihn erringen könne, der ihm selbst und allen Galliern schon sicher sei. Ja, er werde ihnen die Herrschaft dann sogar zurückgeben, wenn es ihnen scheine, daß sie durch ihn weniger ihre Freiheit erlangten als ihm vielmehr eine Ehre erwiesen. (8) »Damit ihr erkennt, daß ich die Wahrheit spreche«, sagte er, »hört euch die römischen Soldaten an!« (9) Damit führte er Sklaven vor, die er wenige Tage zuvor beim Futterholen ergriffen und durch Hunger und Fesseln bis aufs Blut gefoltert hatte. (10) Sie waren schon darüber belehrt worden, was sie auf Fragen zu antworten hätten. Sie behaupteten, sie seien Legionssoldaten und Hunger und Entbehrung hätten sie dazu getrieben, heimlich das Lager zu verlassen, um zu versuchen, auf den Feldern vielleicht etwas Getreide oder Vieh aufzutreiben. (11) Von ähnlichem Mangel sei das ganze Heer betroffen, und keiner habe noch genügend Kräfte, um die anstrengende Schanzarbeit auszuhalten. Daher habe der Oberbefehlshaber beschlossen, innerhalb von drei Tagen das Heer abziehen zu lassen, wenn er bis dahin bei der Belagerung der Stadt nicht weitergekommen sei. (12) »Dieses gute Ergebnis verdankt ihr mir«, sagte Vercingetorix, »den ihr des Verrats beschuldigt. Dank meiner Bemühungen wurde, wie ihr seht, ein so großes, siegreiches Heer durch Hunger fast aufgerieben, ohne daß euer Blut geflossen wäre. Ich habe dafür gesorgt, daß kein Stamm das Heer in seinem Gebiet aufnimmt, wenn es sich schmachvoll durch die Flucht zu retten sucht.«

21 (1) Die ganze Menge schrie Beifall und lärmte nach ihrem Brauch mit den Waffen,[405] wie es die Gallier zu tun gewohnt sind, wenn ihnen die Rede eines Mannes gefällt: Vercingetorix sei ihr oberster Führer, und man dürfe nicht an seiner Treue zweifeln, auch könne der Krieg nicht nach einer besseren Methode geführt werden. (2) Sie beschlossen, aus der Gesamtheit der Truppen 10000 ausgewählte Leute zur Unterstützung in die Stadt zu schicken, da sie der Ansicht waren, (3) daß man den Biturigern nicht allein die Rettung aller überlassen dürfe. Sie sahen ein, daß es fast die Entscheidung über den endgültigen Sieg bedeute, wenn sie diese Stadt hielten.

22 (1) Der einzigartigen Tapferkeit unserer Soldaten begegneten die Gallier mit Maßnahmen aller Art, da sie überaus große Geschicklichkeit und höchste Eignung dafür besitzen, alles nachzuahmen und auszuführen, was man ihnen vormacht. (2) So fingen sie die Mauersicheln mit Schlingen auf und zogen sie mit Winden nach innen, wenn sie sie festgemacht hatten. Den Damm unterminierten sie mit Tunneln, und das um so geschickter, als es bei ihnen viele Bergwerke gibt, so daß ihnen alle Arten von Tunnelbau bekannt und geläufig sind. (3) Überall auf der gesamten Mauer errichteten sie mit Platten gedeckte Türme und umgaben sie mit Leder. (4) Dann setzten sie in häufigen Ausfällen bei Tag und bei Nacht den Damm in

Brand oder griffen die Soldaten an, die mit den Belagerungsarbeiten beschäftigt waren. Im gleichen Maße, wie sich unsere Türme mit dem ständig höher werdenden Damm hoben, (5) ließen sie auch ihre Türme wachsen, indem sie die senkrechten Eckbalken zu neuen Stockwerken verbanden. Sie hielten unsere Aufschüttungsgeräte[406] durch angespitzte und vorn angebrannte Pfähle, glühendes Pech und Steine von großem Gewicht auf und verhinderten so ihre Annäherung an die Mauer.

23 (1) Die gallischen Mauern[407] haben in der Regel folgende Gestalt: Gerade Bauhölzer werden hintereinander senkrecht zur Mauerrichtung mit gleichem Zwischenraum etwa zwei Fuß voneinander entfernt auf die Erde gelegt. (2) Sie werden nach innen zu verbunden und mit gewaltigen Erdaufschüttungen verkleidet. (3) Die erwähnten Zwischenräume werden nach außen hin mit großen Felsbrocken ausgefüllt. Wenn dies als Grundlage angelegt und festgestampft worden ist, wird eine weitere Schicht oben darauf gesetzt, und zwar so, daß man den gleichen Abstand wahrt, so daß die Bauhölzer nicht miteinander in Berührung kommen, sondern bei gleichem Zwischenraum einzeln für sich liegen, jedoch durch die dazwischen eingelassenen Felsbrocken eng zusammengehalten werden. (4) So wird das ganze Bauwerk zusammengefügt, bis die Mauer auf ihre richtige Höhe gebracht worden ist. (5) Durch das abwechselnde Anbringen von Hölzern und Felsgestein, die in geraden Reihen ordentlich geschichtet sind, wirkt das Bauwerk hinsichtlich seines abwechslungsreichen Aussehens nicht häßlich und besitzt für seinen Zweck und die Verteidigung einer Stadt höchste Eignung, weil die Steine Schutz vor Feuer gewähren und das Holzwerk gegen den Sturmbock Widerstand leistet und weil zudem meist noch 40 Fuß lange Querhölzer das Werk nach innen zu verstärken, so daß es weder durchbrochen noch auseinandergezerrt werden kann.

24 (1) Obwohl diese zahlreichen Hindernisse einem

Sturm im Weg standen, die Soldaten zudem während der ganzen Zeit[408] durch Kälte und ständigen Regen aufgehalten wurden, überwanden sie in ununterbrochener Anstrengung alle Schwierigkeiten und errichteten innerhalb von 25 Tagen einen 330 Fuß breiten und 80 Fuß hohen Damm. (2) Als dieser fast die feindliche Stadtmauer berührte und Caesar nach seiner Gewohnheit bei dem Bauwerk übernachtete und die Soldaten anfeuerte, auch nicht einen Augenblick die Arbeit zu unterbrechen, bemerkte man kurz vor der 3. Nachtwache, daß Rauch aus dem Damm aufstieg. Die Feinde hatten ihn mit Hilfe eines unterirdischen Ganges in Brand gesetzt. (3) Im selben Augenblick erhoben sie auf der ganzen Mauer das Kampfgeschrei und machten aus zwei Toren auf beiden Seiten der Belagerungstürme einen Ausfall. (4) Andere warfen von ferne Fackeln und trockenes Holz von der Mauer auf den Belagerungsdamm und gossen Pech und andere Brennstoffe herab, mit denen das Feuer angefacht werden konnte, so daß es kaum möglich war zu überlegen, wo man zuerst hinlaufen oder an welcher Stelle man zuerst Abhilfe schaffen sollte. (5) Da auf Caesars Befehl immer zwei Legionen vor dem Lager Wache hielten und sich noch mehr Soldaten gemäß der Einteilung in Schichten bei der Arbeit befanden, geschah es trotz allem schnell, daß die einen dem feindlichen Ausfall Widerstand entgegensetzten, die anderen die Türme zurückschoben und den Damm auseinanderrissen,[409] während die Menge der Soldaten aus dem Lager zum Löschen herbeilief.

25 (1) Die Nacht ging schon zu Ende, als noch überall gekämpft wurde; die Feinde schöpften immer aufs neue Hoffnung auf den Sieg, um so mehr, als sie sahen, daß die Schutzwände der Türme[410] in Flammen aufgegangen waren, und zudem bemerkten, daß unsere Soldaten ohne Deckung nur schwer zu Hilfe kommen konnten. Sie selbst wechselten immer wieder erschöpfte Soldaten gegen neue aus und waren der Meinung, die Rettung ganz Galliens

hänge von dieser kurzen Zeitspanne ab. Da geschah etwas vor unseren Augen, was so bemerkenswert schien, daß wir glauben, es nicht übergehen zu dürfen. (2) Vor dem Tor der Stadt stand ein Gallier, dem von Hand zu Hand Pech und Talgklumpen zugereicht wurden, die er in Richtung auf einen Turm ins Feuer warf. Da durchbohrte ihn rechts ein Skorpion,[411] so daß er tot zu Boden fiel. (3) Einer der ihm zunächst Stehenden stieg über den Gefallenen hinweg und übernahm seine Aufgabe. (4) Als auch ihn ein in derselben Richtung geschleuderter Skorpion tötete, folgte ihm ein dritter und diesem ein vierter. Der Platz wurde nicht eher von den Kämpfern geräumt, als bis wir den Damm gelöscht und die Feinde überall zurückgedrängt hatten, so daß der Kampf ein Ende fand.

26 (1) Da die Gallier alles versucht hatten, ihnen jedoch nichts gelungen war, faßten sie am folgenden Tag den Plan, aus der Stadt zu fliehen, was ihnen auch Vercingetorix zunächst dringend riet und jetzt befahl. (2) Sie hofften, dies ohne große eigene Verluste erreichen zu können, wenn sie den Versuch dazu in der Stille der Nacht unternähmen, denn das Lager des Vercingetorix war nicht weit von der Stadt entfernt, und das zusammenhängende Sumpfgelände, das dazwischenlag, mußte die Verfolgung durch die Römer verzögern. (3) Schon bereiteten sie dieses Unternehmen nachts vor, als die Frauen plötzlich auf die Straße stürzten und sich weinend den Männern zu Füßen warfen. Sie baten flehentlich, sie selbst und ihre gemeinsamen Kinder nicht den Feinden zu einem schrecklichen Tod auszuliefern, da ihre von Natur aus schwachen Kräfte sie an einer Flucht hinderten. (4) Als sie jedoch sahen, daß die Männer bei ihrem Vorsatz blieben, weil in höchster Gefahr die Furcht kein Mitleid kennt, begannen sie zu schreien und den Römern die bevorstehende Flucht anzuzeigen. (5) Hierdurch erneut in Schrecken versetzt, fürchteten die Gallier, die römische Reiterei werde die Wege besetzen, und gaben ihr Vorhaben auf.

27 (1) Am nächsten Tag ließ Caesar einen Turm vorschieben und die Belagerungswerke vollenden, die er hatte bauen lassen. Plötzlich brach ein heftiger Regen los. Caesar bemerkte, daß die Wachen auf der Mauer infolgedessen weniger vorsichtig verteilt waren. Da befahl er seinen Soldaten, ihre Arbeiten auch etwas zu verzögern, weil er das Unwetter für sehr geeignet hielt, um einen Überraschungsangriff durchzuführen. Er gab den Soldaten die notwendigen Befehle (2) und ließ die Legionen sich in den Laufgängen insgeheim zum Kampf bereitmachen. Dann ermahnte er sie, sich nach so großen Anstrengungen endlich die Früchte des Sieges zu holen. Den Soldaten, die als erste die Mauern erstiegen, versprach er eine Belohnung und gab dann das Zeichen zum Angriff. (3) Von allen Seiten brachen sie hervor und besetzten schnell die ganze Mauer.

28 (1) Dieses unerwartete Ereignis versetzte die Feinde so in Schrecken, daß sie sich von der Mauer und den Türmen vertreiben ließen; sie stellten sich daher auf dem Marktplatz und auf etwas größeren freien Plätzen keilförmig auf, entschlossen, dem Feind in einer richtigen Schlacht bis zum Ende Widerstand zu leisten, wenn er ihnen irgendwo entgegentrete. (2) Als sie jedoch bemerkten, daß niemand auf die freien Plätze herunterkam, die Römer sich vielmehr rings auf der ganzen Mauer verteilten, fürchteten sie, es werde ihnen damit jede Hoffnung auf ein Entkommen genommen. Sie warfen ihre Waffen weg und versuchten alle zusammen, in einem Anlauf die entlegensten Teile der Stadt zu erreichen; (3) da sie sich auf Grund der engen Toreingänge selbst im Weg standen, töteten unsere Soldaten dort einen Teil von ihnen, während unsere Reiter andere, die schon aus den Toren hinausgelangt waren, niedermachten. (4) Niemand kümmerte sich um Beute. Der Mord in Cenabum und die anstrengende Belagerungsarbeit hatten unsere Soldaten so erregt, daß sie nicht einmal Greise, Frauen und Kinder schonten. (5) Von der ganzen Bevölkerung, deren Zahl etwa 40 000 betragen hatte, konnten am Ende kaum 800, die beim ersten Kampfeslärm aus der Stadt geflohen waren, unversehrt zu Vercingetorix entkommen. (6) In tiefer Nacht nahm er die Flüchtigen in aller Stille auf, weil er fürchtete, daß ihr Zusammenströmen das Mitleid der Menge erregen und im Lager einen Aufstand verursachen würde. Er sorgte daher dafür, daß seine Freunde und die führenden Männer der Stämme sich schon fern vom Lager auf dem Weg verteilten, um die Flüchtigen nach Gruppen zu sondern und zu ihren Stammesgenossen zu bringen, je nachdem, welcher Bereich des Lagers einem der Stämme zugewiesen worden war.

29 (1) Am folgenden Tag berief Vercingetorix eine Versammlung ein, in der er sie beruhigte und aufforderte, den Mut nicht allzusehr sinken und sich durch die Niederlage nicht aus der Fassung bringen zu lassen. (2) Die Römer hätten nicht auf Grund ihrer Tapferkeit und nicht in einer offenen Schlacht gesiegt, sondern durch eine List und mit Hilfe ihrer Kenntnisse der Belagerungstechnik, worin sie selbst ganz unerfahren seien. (3) Wer etwa im Krieg erwarte, daß alles glücklich ausgehe, irre sich. (4) Er selbst sei nie dafür gewesen, Avaricum zu verteidigen; das könnten sie selbst bezeugen. Es sei dagegen der mangelnden Voraussicht der Bituriger und dem allzu bereitwilligen Nachgeben der übrigen zuzuschreiben, daß sie diese Niederlage erlitten hätten. (5) Freilich werde er das schnell durch bedeutendere Siege wiedergutmachen. (6) Denn er werde energisch dafür sorgen, daß sich ihnen auch die Stämme anschlössen, die noch nicht auf der Seite der übrigen gallischen Stämme stünden, und er werde für ganz Gallien ein einheitliches Vorgehen in diesem Krieg erreichen. Dieser geeinten Haltung könne dann nicht einmal der gesamte Erdkreis widerstehen. Er habe dieses Ziel schon fast erreicht. (7) In der Zwischenzeit sei es nur billig, von ihnen zu verlangen, daß sie sich im allgemeinen

Interesse daranmachten, ihr Lager zu befestigen,[412] um unvorhergesehene Angriffe der Feinde leichter abwehren zu können.

30 (1) Diese Rede stieß bei den Galliern auf Zustimmung, besonders deshalb, weil Vercingetorix trotz einer so großen Niederlage nicht den Mut verloren hatte, weil er sich nicht verborgen hatte und einem Auftreten vor der Menge nicht aus dem Weg gegangen war. (2) Gleichzeitig glaubten sie, er könne die Lage besser als die anderen übersehen und im voraus beurteilen, weil er sich von Anfang an dafür eingesetzt hatte, Avaricum in Brand zu stecken, später dann, es aufzugeben. (3) In dem Maße, wie Niederlagen sonst die Autorität des Feldherrn verringern, nahm sein Ansehen ganz im Gegenteil infolge der erlittenen Niederlage von Tag zu Tag zu. (4) Seine Behauptung, die übrigen Stämme zum Anschluß bewegen zu können, ließ gleichzeitig ihre Hoffnung steigen. Deshalb gingen die Gallier zu diesem Zeitpunkt zum ersten Mal daran, ein befestigtes Lager zu errichten, und die Leute, die diese Arbeit doch nicht gewöhnt waren, erfüllte ein solcher Eifer, daß sie glaubten, sie müßten sich allen Befehlen fügen und sie ausführen.

31 (1) In nicht geringerem Maße, als er es versprochen hatte, setzte Vercingetorix alles daran, die übrigen Stämme zum Anschluß zu bewegen, wobei er die führenden Männer mit Geschenken und Versprechungen an sich zu locken suchte. (2) Unter ihnen wählte er die aus, die ihm für sein Vorhaben geeignet erschienen. Jeder von ihnen konnte durch schlaue Reden oder freundschaftliche Beziehungen besonders leicht gewonnen werden. (3) Er sorgte dafür, daß die Leute, die nach dem Fall von Avaricum zu ihm zurückgeflohen waren, wieder Waffen und Kleidung erhielten. (4) Um die verringerten Streitkräfte aufzufüllen, forderte er gleichzeitig von den Stämmen die Stellung einer bestimmten Anzahl von Soldaten und gab an, welche Zahl zu welchem Zeitpunkt in sein Lager zu bringen sei. Außerdem ließ er alle Bogenschützen, die es in Gallien in überaus großer Zahl gibt, sammeln und zu sich kommen. Durch diese Maßnahmen füllte er schnell die Verluste von Avaricum wieder auf. (5) In der Zwischenzeit traf Teutomatus, der König der Nitiobroger, mit einer großen Zahl eigener und aus Aquitanien angeworbener Reiter bei ihm ein. Teutomatus' Vater Ollovico hatte vom römischen Senat den Titel »Freund Roms« erhalten.

32 (1) Caesar blieb mehrere Tage in Avaricum, und da er dort in den Besitz einer bedeutenden Menge von Getreide und anderen Versorgungsgütern kam, ließ er das Heer sich nach der Anstrengung und der Entbehrung wieder erholen. (2) Da der Winter fast zu Ende war und die Jahreszeit selbst daher zur Eröffnung des Krieges drängte, hatte er beschlossen, gegen den Feind zu ziehen, um zu versuchen, ihn aus den Sumpf- und Waldgebieten hervorzulocken oder durch eine Belagerung unter Druck zu setzen. Da kamen führende Männer der Haeduer als Gesandte zu ihm mit der Bitte, dem Stamm in einer äußersten Notlage zu helfen: (3) Es bestehe höchste Gefahr, denn obwohl sie seit alters her einen einzelnen Mann für das oberste Amt zu wählen pflegten, der dann für ein Jahr die königliche Gewalt innehabe, gebe es jetzt zwei, die dieses Amt führten, und jeder von ihnen behaupte, er sei gemäß den Gesetzen gewählt worden. (4) Der eine davon sei Convictolitavis, ein reicher und vornehmer junger Mann, der andere Cotus, der aus einer der ältesten Familien stamme und selbst über bedeutende Macht und eine einflußreiche Verwandtschaft verfüge. Sein Bruder Valetiacus habe im Jahr zuvor dasselbe Amt bekleidet. (5) Der gesamte Stamm stehe unter Waffen. Der Senat sei gespalten, und ebenso sei das Volk in Clientelen des einen oder des anderen aufgeteilt. Wenn dieser Konflikt weitere Nahrung erhalte, werde es dahin kommen, daß ein Teil des Stammes mit dem anderen kämpfe. Es hänge von seiner Umsicht und seinem Einfluß ab, daß dies nicht eintrete.

33 (1) Caesar hielt es zwar für schädlich, Krieg und Feind aus den Augen zu lassen, wußte jedoch auch, wieviel Schaden aus innenpolitischen Streitigkeiten gewöhnlich erwächst. Daher glaubte er, seine Aufmerksamkeit darauf richten zu müssen, daß ein so großer und dem römischen Volk so eng verbundener Stamm, den er selbst immer unterstützt und mit zahlreichen Auszeichnungen bedacht hatte, nicht zu Gewalt und Waffen griffe. Ebenso wollte er verhüten, daß der sich unterlegen fühlende Stammesteil[413] Hilfe von Vercingetorix hole. (2) Da es nach den Gesetzen der Haeduer den Inhabern des höchsten Amtes nicht gestattet war, das Stammesgebiet zu verlassen, beschloß er, selbst zu den Haeduern aufzubrechen, um den Anschein zu vermeiden, er habe in ihre Verfassung und ihre Gesetze eingegriffen. Er berief den gesamten Senat und die Vertreter der streitenden Parteien zu sich nach Decetia[414]. (3) Als sich dort fast der gesamte Stamm eingefunden hatte, wurde Caesar darüber unterrichtet, daß bei einer heimlichen Zusammenkunft einiger weniger zu ungesetzlicher Zeit an einem ungesetzlichen Ort ein Bruder von dem anderen als gewählt ausgerufen worden sei. Da die Gesetze es untersagten, daß zwei Mitglieder einer Familie bei beider Lebzeiten zu Beamten gewählt würden, es auch streng verboten war, daß sie beide in dem Senat saßen, zwang Caesar Cotus daher, die Herrschaft niederzulegen, und ordnete an, daß Convictolitavis, (4) der nach Stammesbrauch in der beamtenlosen Zeit unter dem Vorsitz von Priestern gewählt worden war, das höchste Amt übernehmen solle.[415]

34 (1) Nach diesem Schiedsspruch forderte Caesar die Haeduer dringend auf, ihren Streit und die innenpolitischen Gegensätze zu vergessen und alle diese Angelegenheiten hintanzustellen, um sich ganz dem bevorstehenden Krieg zu widmen. Nach der endgültigen Niederwerfung Galliens dürften sie von ihm die Belohnungen erwarten, die sie verdient hätten. Jetzt sollten sie ihm rasch ihre ganze Reiterei und 10000 Fußsoldaten schicken, die er zur Sicherung des Getreidenachschubs an verschiedenen Stellen einsetzen wolle. Er teilte sein Heer in zwei Teile: (2) Vier Legionen übergab er Labienus, der sie in das Gebiet der Senonen und Parisier führen sollte, er selbst zog mit sechs Legionen am Fluß Elaver[416] entlang ins Gebiet der Arverner in Richtung auf die Stadt Gergovia. Einen Teil der Reiterei wies er Labienus zu, während er selbst den Rest bei sich behielt. (3) Als Vercingetorix dies bekannt wurde, ließ er alle Brücken über den Fluß abbrechen und setzte sich am anderen Ufer in Marsch.

35 (1) Als jedes der beiden Heere in Sichtweite des anderen gekommen war und die Lager fast unmittelbar einander gegenüber errichtet wurden, schickte Vercingetorix Kundschafter aus, um verhindern zu können, daß die Römer irgendwo eine Brücke schlügen, um die Truppen überzusetzen. Diese Lage stellte Caesar vor große Schwierigkeiten, denn es bestand die Gefahr, daß der Fluß ihn einen großen Teil des Sommers am Übergang hinderte, da der Elaver gewöhnlich nicht vor dem Herbst auf einer Furt überschritten werden kann. (2) Um das zu umgehen, errichtete er sein Lager an einer bewaldeten Stelle in der Nähe einer der Brücken, die Vercingetorix hatte einreißen lassen, und blieb am folgenden Tag mit zwei Legionen dort heimlich zurück. (3) Wie gewohnt schickte er die übrigen Truppen mit dem gesamten Troß voraus und zog einige Cohorten so auseinander,[417] daß es schien, als seien die Legionen vollzählig. (4) Er gab ihnen den Befehl, so weit wie möglich vorzurücken. Sobald er aus der Tageszeit schloß, sie seien am Lagerplatz angekommen, begann er, mit den Pfählen, deren unterer Teil unbeschädigt geblieben war, die Brücke wiederherzustellen. (5) Diese Arbeit wurde schnell vollendet, so daß Caesar die Legionen übersetzen konnte. Er wählte eine geeignete Stelle für das Lager aus und rief die übrigen Truppen zu-

rück. (6) Als Vercingetorix davon erfuhr, zog er in Eilmärschen voraus, um nicht gegen seinen Willen zu einer Schlacht gezwungen zu werden.

36 (1) Nachdem er unterwegs fünfmal gelagert hatte, erreichte Caesar von hier aus Gergovia, wo es noch an demselben Tag zu einem leichten Reitergefecht kam. Dann besichtigte Caesar die Lage der Stadt. Da sie auf einem sehr hohen Berg lag und daher von allen Seiten nur schwer zugänglich war, gab Caesar den Gedanken an einen Sturmangriff auf und beschloß, auch eine Belagerung nicht früher zu beginnen, bis er eine reibungslose Getreideversorgung sichergestellt hätte. (2) Vercingetorix hatte sein Lager in der Nähe der Stadt auf dem Stadtberg errichtet und um sich herum die Truppen der einzelnen Stämme jeweils gesondert in einigem Abstand lagern lassen. Da er zudem alle Erhebungen dieses Gebirgszuges, die Einblick in die Ebene gewährten, besetzt hatte, bot sein Heer einen schreckenerregenden Anblick. (3) Die Führer der einzelnen Stämme, die er zur Beratung des Kriegsplans ausgesucht hatte, ließ er jeden Morgen zu sich kommen, sei es, daß es geboten schien, sich über eine Maßnahme zu verständigen oder auch sie durchzuführen. (4) In der Regel ließ er keinen Tag verstreichen, an dem er nicht Reiter im Verein mit Bogenschützen kämpfen ließ, um den Mut und die Tapferkeit jedes seiner Soldaten auf die Probe zu stellen. (5) In der Umgebung der Stadt befand sich unmittelbar an den Ausläufern des Gebirges eine Anhöhe, die hervorragend geschützt war und nach allen Seiten hin steil abfiel. Es sah aus, als könnten unsere Soldaten dem Feind einen großen Teil der Wasser- und Futterzufuhr abschneiden, wenn es ihnen gelänge, sich dort festzusetzen. (6) Die Feinde hielten diese Stelle jedoch mit einer wenn auch nicht allzu starken Schutztruppe besetzt. (7) Dessenungeachtet brach Caesar in der Stille der Nacht aus dem Lager auf, und ehe noch aus der Stadt Unterstützung kommen konnte, hatte er die Wachmannschaft vertrieben und die Anhöhe in seine Gewalt gebracht. Er legte zwei Legionen dorthin und ließ einen doppelten Graben von zwölf Fuß vom Hauptlager zu dem kleineren führen, damit die Soldaten auch einzeln sicher vor einem feindlichen Angriff hin- und zurückgelangen konnten.

37 (1) Während dieser Ereignisse bei Gergovia hatten die Arverner den Haeduer Convictolitavis, dem Caesar, wie oben berichtet, das oberste Amt in seinem Stamm zugesprochen hatte, mit Bestechungsgeld zum Aufstand veranlaßt, so daß er sich mit einigen jungen Männern besprach, an deren Spitze sich Litaviccus und seine Brüder befanden, junge Männer aus sehr einflußreicher Familie. (2) Convictolitavis teilte das Geld mit ihnen und forderte sie auf, sich daran zu erinnern, daß sie frei seien und zur Herrschaft geboren. (3) Der Stamm der Haeduer sei der einzige, der noch einem sicheren Sieg Galliens im Weg stehe. Nur auf Grund seines maßgebenden Beispiels hielten sich die übrigen Stämme zurück. Wenn er die Seite wechsle, hätten die Römer nicht einen einzigen Stützpunkt mehr in Gallien. (4) Zwar habe ihm Caesar einige Male Unterstützung gewährt, freilich aus dem Grund, weil er die gerechtere Sache vertreten habe. Es sei ihm jedoch wichtiger, zur gemeinsamen Freiheit beizutragen. (5) Warum kämen die Haeduer zu Caesar, um ihn über ihre Verfassung und ihre Gesetze entscheiden zu lassen, und nicht eher umgekehrt die Römer zu den Haeduern? (6) Durch die Worte des regierenden Mannes und durch die Geldspenden ließen sich die jungen Männer rasch verleiten, offen zu erklären, sie würden seinen Plan maßgeblich fördern. Sie fragten sich allerdings, wie sie vorgehen sollten, da sie nicht glaubten, daß man den Stamm dazu bringen könne, leichtfertig einen Krieg anzufangen. (7) Es wurde beschlossen, Litaviccus den Befehl über die 10 000 zu übertragen, die Caesar für die Kriegführung geschickt werden sollten. Er erhielt den Auftrag, sie auf dem Marsch zu führen. Gleichzeitig sollten seine Brüder zu Caesar vorausreiten. Sie setzten auch die übrigen Maßnahmen fest, die ein planvolles Vorgehen gebot.

38 (1) Litaviccus übernahm das Heer und war etwa 30 Meilen von Gergovia entfernt, als er die Soldaten überraschend zusammenrief und unter Tränen sagte: »Wohin ziehen wir, Soldaten? (2) Unsere ganze Reiterei, unser ganzer Adel ist untergegangen. Eporedorix und Viridomarus, führende Männer unseres Stammes, wurden wegen angeblichen Verrats angeklagt und von den Römern ohne Gerichtsverhandlung umgebracht. (3) Das könnt ihr von denen erfahren, die dem Gemetzel entkommen sind. Denn der Schmerz über den Tod meiner Brüder und meiner gesamten Verwandten hindert mich daran zu berichten, was vorgefallen ist.« (4) Man führte die Leute vor, denen er erklärt hatte, was sie sagen sollten. Sie legten der Menge das gleiche dar, was Litaviccus berichtet hatte: Alle Reiter der Haeduer seien umgebracht worden, (5) weil sie Gespräche mit den Arvernern geführt haben sollten. Sie selbst hätten sich in der Menge der Soldaten verborgen und seien mitten aus dem Gemetzel entflohen. (6) Die Haeduer erhoben daraufhin ein Geschrei und beschworen Litaviccus, ihnen zu helfen. Er erwiderte: »Als ob man da noch überlegen müßte! Vielmehr müssen wir rasch nach Gergovia marschieren und uns mit den Arvernern vereinigen. (7) Oder zweifelt ihr daran, daß die Römer nicht schon dabei sind, auch uns umzubringen, nachdem sie dieses schreckliche Verbrechen zugelassen haben? (8) Wenn wir also noch eine Spur von Mut haben, dann laßt uns den Mord an den Stammesgenossen verfolgen, die auf unwürdigste Weise umgekommen sind, und laßt uns diese Räuber töten!« Dabei wies er auf die römischen Bürger, die sich im Vertrauen auf seinen Schutz in seiner Begleitung befanden. (9) Gleich darauf ließ er ihnen eine große Menge von Getreide und Versorgungsgütern entreißen und sie unter grausamen Foltern töten. (10) Dann sandte er Boten im gesamten Gebiet der Haeduer umher und beharrte auf seiner Lüge über den Mord an den Reitern und dem Adel. Er forderte sie dringend auf, sich seinem Vorgehen anzuschließen und das erlittene Unrecht, ähnlich wie er, zu rächen.

39 (1) Der Haeduer Eporedorix war ein junger Mann von sehr vornehmer Familie und besaß bedeutende Macht in seinem Stamm. Er war zwar gleich alt und gleich beliebt wie Viridomarus, jedoch ganz verschiedener Herkunft, denn Caesar hatte Viridomarus, den ihm Diviciacus anvertraut hatte, aus einer niederen Stellung zu höchstem Adel gebracht. Beide waren, von Caesar persönlich angefordert, zusammen mit der Reiterei eingetroffen. (2) Sie kämpften untereinander um den Vorrang, der eine war in dem Konflikt um die Wahl des Stammesoberhauptes mit allen Mitteln für Convictolitavis, der andere für Cotus eingetreten. (3) Als von diesen beiden Eporedorix den Plan des Litaviccus erfuhr, hinterbrachte er ihn etwa um Mitternacht Caesar; er bat ihn, nicht zuzulassen, daß sein Stamm auf Grund unsinniger Pläne junger Männer die Freundschaft des römischen Volkes verrate. Er möge bedenken, daß das eintreten werde, wenn sich so viele tausend Männer dem Feind anschlössen, denn ihr Wohlergehen könnten ihre Verwandten nicht außer acht lassen, und der Stamm insgesamt müsse dieser Tatsache großes Gewicht beimessen.

40 (1) Diese Mitteilung versetzte Caesar in große Bestürzung, weil er den Stamm der Haeduer immer besonders wohlwollend behandelt hatte. Ohne einen Augenblick zu zögern, ließ er vier kampfbereite Legionen und die gesamte Reiterei aus dem Lager ausrücken. (2) In einem solchen Augenblick blieb auch keine Zeit mehr, das Lager zusammenrücken zu lassen,[418] da alles von einem schnellen Vorgehen abzuhängen schien. Zum Schutz der Lager ließ er C. Fabius mit zwei Legionen zurück (3) Als er

Befehl gegeben hatte, die Brüder des Litaviccus zu ergreifen, erfuhr er, daß sie kurz zuvor zum Feind geflohen waren. (4) Daraufhin feuerte er die Soldaten an, sich zu diesem kritischen Zeitpunkt nicht durch die Anstrengungen eines Marsches beeindrucken zu lassen. Sie zeigten alle den größten Eifer, so daß das Heer der Haeduer nach einem Marsch von 25 Meilen schon in Sicht kam. Caesar sandte die Reiterei dorthin, um sie anzuhalten und ihren weiteren Vormarsch zu verhindern, wobei er allen verbot, einen Haeduer zu töten. (5) Gleichzeitig befahl er Eporedorix und Viridomarus, von denen die Haeduer annahmen, sie seien tot, sich zu den Reitern zu gesellen und ihre Landsleute anzusprechen. (6) Als man sie erkannte und damit den Betrug des Litaviccus durchschaute, begannen die Haeduer, ihre Hände hochzustrecken und Zeichen ihrer Kapitulationsbereitschaft zu geben. Gleichzeitig warfen sie ihre Waffen weg und baten um ihr Leben. (7) Litaviccus floh mit seinen Clienten nach Gergovia. Für Clienten ist es nach gallischer Sitte ein Frevel, selbst im größten Unglück ihren Patron zu verlassen.[419]

41 (1) Caesar schickte Boten an den Stamm der Haeduer, die ihnen vor Augen führen sollten, daß sie nur durch seine Nachsicht gerettet worden seien, da er sie ja nach dem Kriegsrecht hätte töten können. Nachdem er das Heer in der Nacht drei Stunden hatte ausruhen lassen, brach er wieder nach Gergovia auf. (2) Auf halber Strecke etwa kamen ihm Reiter entgegen, die Fabius geschickt hatte, um mitzuteilen, in welcher Gefahr er sich befunden habe. Sie berichteten, das Lager sei von einem riesigen Heer bestürmt worden, und da des öfteren neue feindliche Soldaten die erschöpften abgelöst hätten, sei es ihnen gelungen, unsere Soldaten durch die ständige Anstrengung zu ermüden, denn wegen der Größe des Lagers hätten immer dieselben auf dem Wall ausharren müssen. (3) Viele seien auf Grund einer erdrückenden Zahl von Pfeilen und jeder Art von Wurfgeschossen verwundet worden. Bei der Abwehr seien die Wurfmaschinen von großem Nutzen gewesen. (4) Nach dem Abzug der Feinde habe Fabius zwei Tore offengehalten, lasse die übrigen verrammeln und den Wall mit Brustwehren verstärken. Für den folgenden Tag bereite er sich auf ähnliche Angriffe vor. (5) Als dies bekannt wurde, strengten sich die Soldaten aufs äußerste an, so daß Caesar noch vor Sonnenaufgang im Lager ankam.

42 (1) Während dieser Ereignisse bei Gergovia hatten die Haeduer die ersten Berichte des Litaviccus empfangen, doch ließen sie sich keine Zeit, die Nachrichten zu überprüfen. (2) Die einen trieb die Habsucht an, die anderen Zorn und Verwegenheit – sie sind diesem Menschenschlag in höchstem Maße angeboren –, so daß sie Gerüchten folgend das Ganze für unumstößlich sicher hielten. (3) Daher plünderten sie das Vermögen der römischen Bürger, ermordeten sie oder verschleppten sie in die Sklaverei. (4) Convictolitavis förderte diese Wendung der Dinge zum Schlimmeren und trieb das Volk zur Raserei, um zu erreichen, daß es sich schämte, wieder vernünftig zu werden, nachdem es einmal die Verbrechen hatte geschehen lassen. (5) Sie veranlaßten den Militärtribun M. Aristius,[420] der auf dem Weg zu seiner Legion war, die Stadt Cavillonum[421] zu verlassen, und garantierten ihm seine Sicherheit. Die Leute, die sich dort niedergelassen hatten, um Handel zu treiben, zwangen sie, dasselbe zu tun. (6) Auf ihrem Weg griffen sie sie jedoch ständig an und beraubten sie ihres gesamten Gepäcks. Als die Römer Widerstand leisteten, bedrängten sie sie einen Tag und eine Nacht lang. Nachdem es auf beiden Seiten viele Tote gegeben hatte, riefen die Haeduer noch mehr Leute zu den Waffen.

43 (1) Inzwischen traf die Nachricht ein, alle ihre Soldaten befänden sich in Caesars Gewalt. Daraufhin stürzten die Haeduer zu Aristius, um zu erklären, daß nichts auf öffentlichen Beschluß hin geschehen sei. Gleichzeitig be-

schlossen sie, eine Untersuchung über das geplünderte Vermögen der Römer anzustellen. (2) Sie zogen die Habe von Litaviccus und seinen Brüdern zu öffentlichem Verkauf ein und schickten Gesandte an Caesar, um sich zu rechtfertigen. (3) Dies taten sie, um ihre Stammesgenossen wieder frei zu bekommen. Da sie sich jedoch einerseits ihres Verbrechens wohl bewußt waren, andererseits ihr Gewinn aus den erbeuteten Gütern sie voreingenommen machte – an der Plünderung hatten besonders viele teilgenommen –, da sie zudem in höchste Furcht vor der Strafe versetzt waren, gingen sie daran, heimlich den Krieg vorzubereiten, und hetzten die übrigen Stämme durch Gesandtschaften auf. (4) Obwohl Caesar dies genau wußte, sprach er dennoch mit den Gesandten, so milde er konnte: Er wolle wegen der Dummheit und Unbesonnenheit der Menge kein allzu hartes Urteil über den Stamm insgesamt fällen, auch werde dadurch sein Wohlwollen gegenüber den Haeduern nicht beeinträchtigt. (5) Da er einen größeren Aufstand in Gallien erwartete, überlegte er, wie er sich, um nicht von allen Stämmen eingekreist zu werden, von Gergovia zurückziehen und das Gesamtheer wieder vereinigen könne, (6) ohne daß sein Abzug aussähe, als entspringe er der Furcht vor einem Aufstand, und ohne daß er einer Flucht gliche.

44 (1) Während dieser Überlegungen schien sich ihm eine Gelegenheit zu einem erfolgreichen Handstreich zu bieten. Denn als er in das kleinere Lager kam, um die Schanzarbeiten zu besichtigen, bemerkte er, daß die Anhöhe, die die Feinde besetzt hielten, so daß man sie an den vergangenen Tagen infolge der Ansammlung von Soldaten kaum hatte sehen können, von Menschen entblößt war. (2) Verwundert fragte Caesar Überläufer, die täglich in großer Zahl zu ihm strömten, nach der Ursache. (3) Sie erklärten übereinstimmend, was Caesar auch schon durch Späher bekannt geworden war, daß die Rückseite des Gebirgszuges fast eben, jedoch bewaldet und schwer zugänglich sei. (4) Dort befinde sich ein Zugang zu dem anderen Teil der Stadt. Die Feinde befänden sich in großer Sorge um diese Stelle und glaubten nichts anderes, als daß sie sich, wenn sie nach Besetzung des einen Hügels durch die Römer auch den zweiten verlören, fast ringsum eingeschlossen und von jeder Verbindung nach draußen und der Möglichkeit, Futter zu holen, abgeschnitten sähen. (5) Daher habe Vercingetorix alle herbeigerufen, um diese Stelle zu befestigen.[422]

45 (1) Als Caesar dies erfahren hatte, schickte er um Mitternacht einige Reitereinheiten ebendorthin und befahl ihnen, unter größerem Lärm als gewöhnlich überall dort umherzustreifen. (2) Bei Tagesanbruch ordnete er an, eine große Zahl von Packpferden und Mauleseln aus dem Lager herauszuführen und ihnen die Packsättel abzunehmen. Die Maultiertreiber sollten sich dann mit Metallhelmen das Aussehen von Reitern geben und sich auch so verhalten, während sie über die Hügel um die Stadt herumritten.[423] (3) Er gab ihnen einige wenige Reiter mit, die, um die Feinde aufmerksam zu machen, weiter umherstreifen sollten. Sie alle sollten nach seinem Befehl in einem weiten Bogen in dieselbe Gegend vorrücken. (4) Da man von Gergovia aus ins Lager hinabblicken konnte, wurde dieses Unternehmen aus der Stadt von fern beobachtet, doch war es bei einer so großen Entfernung nicht möglich, mit Sicherheit auszumachen, was eigentlich geschah. (5) Caesar sandte eine Legion in Richtung auf denselben Gebirgszug, ließ sie nach einer kurzen Strecke anhalten und sich unterhalb der Anhöhe im Wald verbergen. (6) Die Gallier schöpften immer mehr Verdacht und überführten ihre gesamten Truppen zu Befestigungsarbeiten dorthin. (7) Als Caesar bemerkte, daß das Lager der Feinde leer war, ließ er die Soldaten ihre militärischen Abzeichen verdecken und die Feldzeichen verbergen. Damit in der Stadt nichts bemerkt würde, brachte er die Soldaten einzeln aus dem größeren in das kleinere Lager und gab den Legaten, die er an die Spitze der einzelnen Legionen gestellt hatte, an, was sie tun sollten. (8) Er ermahnte sie vor allem, die Soldaten zusammenzuhalten und zu verhindern, daß sie im Kampfeseifer oder aus Beutegier zu weit vorstießen. (9) Er führte ihnen vor Augen, welche Nachteile das ungünstige Gelände in sich berge. Nur durch Schnelligkeit könne man diesen Nachteil aufwiegen. Es handele sich hier um eine günstige Gelegenheit, nicht um eine regelrechte Schlacht. (10) Nach diesen Darlegungen gab er das Zeichen zum Aufbruch und schickte zur gleichen Zeit von rechts die Haeduer auf einem anderen Aufstiegsweg vor.

46 (1) Die Stadtmauer war von der Ebene und dem Fuß des Berges in gerader Linie 1200 Schritt weit entfernt, wenn man von den Krümmungen des Weges absah. (2) Die Kurven, die den Aufstieg erleichtern sollten, bedeuteten aber eine Verlängerung der Marschstrecke. (3) Die Gallier hatten etwa auf halber Höhe, der Beschaffenheit des Berges folgend, eine sechs Fuß hohe Absperrung[424] aus großen Felsblöcken in Längsrichtung angelegt, um den Ansturm unserer Soldaten aufzuhalten. Während sie den unteren Bereich des Hügels ganz freigelassen hatten, war der obere Teil bis zur Stadtmauer mit äußerst dicht beieinanderliegenden Lagern bedeckt. (4) Auf das Zeichen zum Angriff hin drangen unsere Soldaten schnell bis zur Mauer vor, überschritten sie und nahmen drei Lager ein. (5) Die Geschwindigkeit, mit der sie die Lager eroberten, war so groß, daß der König der Nitiobroger, Teutomatus, plötzlich in seinem Zelt bedrängt wurde, wohin er sich um die Mittagszeit zur Ruhe begeben hatte. Mit nacktem Oberkörper, auf einem verwundeten Pferd, konnte er sich kaum noch den Händen der plündernden Soldaten entreißen.

47 (1) Als Caesar sein Vorhaben plangemäß durchgeführt hatte,[425] ließ er zum Rückzug blasen und hielt durch Rufen die 10. Legion an,[426] bei der er sich befand; (2) die

Soldaten der übrigen Legionen hörten zwar den Klang der Tuba nicht, weil eine recht große Schlucht dazwischenlag, doch wurden sie gemäß Caesars Befehl von den Militärtribunen und Centurionen zurückgehalten. (3) Da sie aber die Hoffnung auf einen schnellen Sieg, die Flucht der Feinde und die Erfolge der letzten Zeit beflügelten, glaubten sie, es gebe keine Schwierigkeit, die sie nicht mit ihrer Tapferkeit überwinden könnten. Sie hielten daher nicht eher in der Verfolgung inne, bis sie in die Nähe der Mauern und Tore der Stadt gelangt waren. (4) Da aber erhob sich in allen Teilen der Stadt ein Geschrei, und da die Einwohner der etwas weiter entfernten Stadtbezirke, die durch den plötzlichen Aufruhr in Schrecken versetzt wurden, glaubten, der Feind befinde sich schon innerhalb der Stadtmauern, stürzten sie aus der Stadt hinaus. (5) Die Frauen warfen von der Mauer Kleider und Silber herab, beugten sich mit entblößter Brust hinüber, streckten die Hände aus und beschworen die Römer, sie zu verschonen und nicht, wie sie es bei Avaricum getan hätten, selbst vor Frauen und Kindern keinen Halt zu machen. (6) Einige ließen sich sogar an den Händen von der Mauer herab und lieferten sich den Soldaten aus. (7) Von L. Fabius, einem Centurio der 8. Legion, wußte man, daß er an diesem Tag seinen Soldaten gegenüber gesagt hatte, die Belohnungen nach der Eroberung Avaricums[427] trieben ihn an, und er werde nicht zulassen, daß jemand vor ihm die Mauer ersteige. Er gewann drei Soldaten aus seinem Manipel und erklomm mit ihrer Unterstützung die Mauer, woraufhin er wiederum jeden einzelnen von ihnen packte und auf die Mauer heraufzog.

48 (1) Die Feinde, die sich, wie oben erwähnt, an der anderen Seite der Stadt angesammelt hatten, um die Mauer zu verstärken, hatten zunächst das Geschrei vernommen und wurden dann auch noch dadurch in Aufregung versetzt, daß ihnen ununterbrochen Boten mitteilten, die Römer seien schon im Besitz der Stadt. Infolgedessen sandten sie die Reiterei voraus und marschierten im Eilschritt dorthin. (2) Wo jeder gerade ankam, stellte er sich am Fuß der Mauer auf und verstärkte die Zahl der Verteidiger. (3) Als ihre Zahl bedeutend angewachsen war, begannen die Frauen, die kurz zuvor den Römern von der Mauer herab die Hände entgegengestreckt hatten, jetzt die Ihren zu beschwören. Sie zeigten sich ihnen nach gallischer Sitte mit aufgelöstem Haar[428] und stellten ihre Kinder vor sich hin. (4) Weder vom Gelände noch von der Zahl her hatten die Römer im Kampf die gleichen Vorteile. Da sie durch den Lauf und den langen Kampf völlig ermüdet waren, hielten sie nur mit Mühe den frischen und unverbrauchten feindlichen Kräften stand.

49 (1) Als Caesar sah, daß der Kampf auf so ungünstigem Gelände stattfand und die Zahl der feindlichen Truppen sich ständig vermehrte, ergriff ihn Sorge um seine Soldaten, so daß er dem Legaten T. Sextius, den er zum Schutz des kleineren Lagers zurückgelassen hatte, Nachricht schickte, er solle rasch die Cohorten aus dem Lager führen und am Fuß des Gergoviaberges rechts vom Feind in Stellung gehen. (2) Sobald er sähe, daß unsere Soldaten aus ihrer Position vertrieben würden, solle er den Feind überraschend in Schrecken versetzen, um zu verhindern, daß dieser bedenkenlos die Verfolgung aufnehme. (3) Er selbst rückte mit der 10. Legion[429] aus der Stellung vor, wo er haltgemacht hatte, und wartete den Ausgang des Kampfes ab.

50 (1) Während man in erbittertem Handgemenge kämpfte, wobei die Feinde auf das Gelände und ihre Zahl, unsere Soldaten auf ihre Tapferkeit vertrauten, erschienen plötzlich die Haeduer auf unserer offenen Flanke. Caesar hatte sie auf einem anderen Aufstiegsweg von der rechten Seite her hinaufgeschickt, um die feindlichen Scharen zu zersplittern. (2) Da sie jedoch ähnlich bewaffnet waren wie die Feinde, erschreckten sie unsere Soldaten heftig, und obwohl diese bemerkten, daß die Haeduer die rechte

Schulter, wie es stets als Erkennungszeichen vereinbart worden war, entblößt hatten, hielten unsere Soldaten gerade dies für einen Täuschungsversuch der Feinde. (3) Im gleichen Augenblick stürzten die Feinde den Centurio L. Fabius und die Soldaten, die mit ihm auf die Mauer gestiegen, jedoch eingekreist und getötet worden waren, von der Mauer herab. (4) M. Petronius, ein Centurio derselben Legion, hatte versucht, die Tore zu sprengen, war jedoch von der Überzahl der Feinde so bedrängt worden, daß er, schon schwer verwundet, die Hoffnung auf Rettung aufgab und den Soldaten seines Manipels, die ihm gefolgt waren, zurief: »Da ich mich und euch nicht gleichzeitig retten kann, will ich doch wenigstens für euch sorgen, denn ich habe euch aus Ruhmgier in diese Gefahr gebracht. Sorgt für euch, während ihr noch Gelegenheit dazu habt.« (5) Gleichzeitig warf er sich mitten in die Feinde, tötete zwei und drängte die übrigen für kurze Zeit von dem Tor zurück. (6) Als seine Soldaten versuchten, ihm zu helfen, rief er: »Ihr versucht vergeblich, mein Leben zu retten, denn mein Blut und meine Kräfte verlassen mich. Fort also, solange es noch möglich ist, zieht euch zur Legion zurück.« So fiel er kurz darauf im Kampf, rettete aber seine Soldaten.
51 (1) Da unsere Soldaten von allen Seiten bedrängt wurden, trieben die Feinde sie schließlich aus ihrer Stellung den Abhang hinunter. Dabei verloren wir 46 Centurionen. Die 10. Legion hielt allerdings die Gallier auf, die die Soldaten ungestüm verfolgten. Sie hatte sich auf etwas günstigerem Gelände aufgestellt, um Hilfe leisten zu können, (2) und wurde ihrerseits von den Cohorten der 13. Legion aufgefangen, die mit dem Legaten T. Sextius aus dem kleineren Lager herangerückt war und eine etwas höher gelegene Stelle besetzt hatte.[430] (3) Sobald die Legionen die Ebene erreichten, machten sie Front gegen die Feinde. (4) Vercingetorix führte daraufhin seine Soldaten vom Fuß der Anhöhe in die Befestigungen zurück.

Wir vermißten an diesem Tag nicht viel weniger als 700 Soldaten.[431]

52 (1) Am folgenden Tag berief Caesar eine Heeresversammlung ein und tadelte die Verwegenheit und den unbeherrschten Eifer der Soldaten: Sie hätten sich nicht nur selbst ein Urteil darüber angemaßt, wohin man vorrücken und was man tun müsse, sie hätten auch auf das Signal zum Rückzug hin nicht haltgemacht und sich von den Militärtribunen und Legaten nicht zurückhalten lassen. (2) Er stellte ihnen vor Augen, welche Bedeutung ein ungünstiges Gelände haben könne. Er selbst habe das bei Avaricum erfahren. Obwohl er damals die Feinde ohne Führer und ohne Reiterei überraschte, habe er auf den sicheren Sieg verzichtet, um nicht infolge des ungünstigen Geländes beim Kampf einen wenn auch noch so geringen Verlust hinnehmen zu müssen. (3) Sosehr er auch die Größe ihres Mutes bewundere, den weder die Lagerbefestigung noch der steil ansteigende Berg, noch die Stadtmauer habe aufhalten können, sosehr müsse er andererseits ihre Disziplinlosigkeit und Anmaßung verurteilen, da sie offenbar glaubten, den Sieg und den Ausgang von Kämpfen besser im voraus beurteilen zu können als ihr Oberbefehlshaber. (4) Er halte bei einem Soldaten Gehorsam und Disziplin nicht weniger für wünschenswert als Tapferkeit und Mut.

53 (1) Gegen Ende seiner Rede stärkte er wieder die Zuversicht seiner Soldaten und sagte, sie sollten aus diesem Anlaß nicht den Mut verlieren und nicht der Tapferkeit des Feindes zurechnen, was auf das ungünstige Gelände zurückzuführen sei. Nach Schluß der Versammlung führte er die Legionen aus dem Lager und stellte sie an einem geeigneten Platz in Schlachtordnung auf, da er noch genauso über einen Abzug dachte wie vorher. (2) Weil Vercingetorix jedoch innerhalb der Mauern blieb und genausowenig auf das ebene Gelände herunterkam, lieferten sich nur die Reiter ein kleines Gefecht, das für die Römer

günstig ausging. Danach führte Caesar das Heer ins Lager zurück. (3) Nachdem er auch am folgenden Tag so vorgegangen war, glaubte er, nun sei genug geschehen, um das Selbstbewußtsein der Gallier zu schwächen und den Mut seiner Soldaten zu stärken. Daher verlegte er das Lager ins Gebiet der Haeduer. (4) Da die Feinde nicht einmal jetzt die Verfolgung aufnahmen, konnte er am dritten Tag die Brücke[432] über den Fluß Elaver wiederherstellen und das Heer dort hinüberführen.
54 (1) Hier ließen sich die Haeduer Eporedorix und Viridomarus bei ihm melden, so daß Caesar erfuhr, daß Litaviccus mit der gesamten Reiterei aufgebrochen war, um die Haeduer zum Aufstand zu bewegen. Es sei nötig, daß sie selbst voranzögen, um den Stamm ruhig zu halten. (2) Obwohl Caesar die Treulosigkeit der Haeduer schon des öfteren durchschaut hatte und glaubte, der Abfall des Stammes werde durch den Aufbruch der beiden nur beschleunigt, hielt er es dennoch für falsch, sie zurückzuhalten, um nicht den Eindruck zu erwecken, er tue ihnen ein Unrecht an, und um nicht den Verdacht zu erregen, er hege irgendwelche Befürchtungen. (3) Als die beiden Haeduer sich entfernten, legte er ihnen kurz seine Verdienste gegenüber ihrem Stamm dar: Wie er sie als schwachen Stamm vorgefunden habe, auf ihre Städte zurückgeworfen, ihres Landes beraubt, nachdem die Feinde ihnen alle Bundesgenossen genommen, Tribut auferlegt und sie gegen ihren Willen höchst schmachvoll zur Stellung von Geiseln gezwungen hätten. (4) Wie er ihnen in der Folgezeit wieder zu Reichtum und Macht verholfen habe, so daß sie nicht allein ihre frühere Stellung wieder eingenommen, sondern offensichtlich mehr Ansehen und Einfluß als je zuvor besessen hätten. Mit diesen Hinweisen entließ er sie.
55 (1) Noviodunum[433] war eine Stadt der Haeduer und lag sehr günstig an den Ufern des Liger. (2) Caesar hatte alle Geiseln aus Gallien, das Getreide, die öffentlichen

Gelder und einen großen Teil seines eigenen Gepäcks und des Gepäcks seiner Soldaten hierherbringen lassen. (3) Auch eine große Anzahl von Pferden, die für diesen Krieg in Italien und Spanien gekauft worden waren, hatte er hierhergeschickt. (4) Als Eporedorix und Viridomarus in der Stadt eintrafen, erfuhren sie, wie die Situation ihres Stammes war: Bibracte, die Stadt der Haeduer, die bei ihnen am meisten Ansehen besitzt, habe Litaviccus auf seiner Flucht vor den Haeduern aufgenommen, der oberste Beamte, Convictolitavis, und ein großer Teil des Senats hätten sich bei ihm eingefunden, und man habe in staatlichem Auftrag Gesandte an Vercingetorix geschickt, um über einen Friedens- und Freundschaftsvertrag zu verhandeln. Eporedorix und Viridomarus waren daraufhin der Ansicht, hier biete sich ein so großer Vorteil, daß man ihn nicht ungenutzt lassen dürfe. (5) Sie brachten daher in Noviodunum die Wachtposten und die Leute um, die zu Handelszwecken oder auf der Durchreise dorthin gekommen waren. (6) Ihr Geld und ihre Pferde teilten sie untereinander und sorgten dafür, daß die Geiseln der Stämme nach Bibracte zu dem obersten Beamten gebracht wurden. (7) Da sie glaubten, die Stadt Noviodunum nicht halten zu können, steckten sie sie in Brand, damit sie den Römern nicht mehr nützen könne. (8) Auf Schiffen brachten sie so viel von dem Getreide weg, wie es in der Eile möglich war, das übrige verbrannten sie oder warfen es in den Fluß. (9) In eigener Verantwortung zogen sie aus den angrenzenden Gebieten Truppen zusammen und gingen daran, an den Ufern des Liger Wachmannschaften und Beobachtungsposten aufzustellen. Dann begannen sie, überall ihre Reiterei erscheinen zu lassen, um uns einzuschüchtern, all dies in dem Versuch, die Römer vom Getreidenachschub abzuschneiden oder infolge der Versorgungsschwierigkeiten aus der Provinz zu vertreiben.[434] (10) Ihre Hoffnung auf Erfolg wurde durch die Tatsache bedeutend gestärkt, daß der Liger infolge des

Schneefalls angeschwollen war, so daß es unmöglich schien, den Fluß auf einer Furt zu überqueren.

56 (1) Als Caesar dies bekannt wurde, hielt er Eile für angebracht, wenn er den Versuch zur Wiederherstellung der Brücke machen wollte, damit es eher zum Kampf käme, als bis dort größere feindliche Streitkräfte zusammengezogen würden. (2) Denn seinen Plan zu ändern und nach der Provinz umzukehren – was allerdings einige in ihrer Furcht für unvermeidlich hielten –, dagegen sprachen nicht nur die damit verbundene Schmach und Würdelosigkeit sowie die schwierigen Wegverhältnisse und das vor ihm liegende Cevennengebirge, sondern ganz besonders auch die große Befürchtung, daß dann Labienus und die Legionen, die er mit ihm ausgesandt hatte, abgeschnitten wären. (3) Er bewältigte daher in ununterbrochenen Tag- und Nachtmärschen eine bedeutende Wegstrecke, so daß er wider alles Erwarten schnell zum Liger kam. (4) Die Reiter fanden eine Furt, die, gemessen an der Dringlichkeit des Überganges, noch günstig war: Da der Fluß gerade noch Arme und Schultern der Soldaten freiließ, konnten sie die Waffen über Wasser halten. Caesar verteilte die Reiter im Fluß, um dessen Gewalt zu brechen.[435] Da die Feinde beim ersten Anblick der Römer in Verwirrung gerieten, (5) setzte Caesar das Heer unversehrt über. Nachdem er auf den Feldern Getreide und eine große Anzahl Vieh vorgefunden und damit die Vorräte des Heeres aufgefüllt hatte, setzte er sich in Richtung auf das Gebiet der Senonen in Marsch.

57 (1) Während sich dies bei Caesar zutrug, ließ Labienus die Ersatztruppen, die kürzlich aus Italien eingetroffen waren, zum Schutz des gesamten Trosses in Agedincum zurück und brach mit vier Legionen nach Lutecia auf, einer Stadt der Parisier, die auf einer Insel der Sequana liegt. (2) Als sein Eintreffen bei den Feinden bekannt wurde, sammelten sich starke Streitkräfte aus den angrenzenden Stämmen. (3) Den Oberbefehl erhielt der Aulercer Camulogenus, der trotz seines hohen Alters wegen seiner hervorragenden Kenntnis des Militärwesens in dieses Amt berufen wurde. (4) Als dieser bemerkt hatte, daß die Gegend aus einem ausgedehnten Sumpf bestand, der einen Abfluß in die Sequana hatte und diese Gegend völlig unzugänglich machte, ging er dort in Stellung und machte sich bereit, unseren Soldaten den Übergang über den Sumpf zu sperren.

58 (1) Labienus versuchte zunächst, Laufgänge vorzuschieben und den Sumpf mit Reisig und Erde auszufüllen, um so einen festen Weg anzulegen. (2) Nachdem er jedoch bemerkt hatte, daß die Durchführung dieses Vorhabens zu schwierig war, verließ er um die 3. Nachtwache in aller Stille das Lager und gelangte auf demselben Weg, auf dem er gekommen war, nach Metlosedum[436]. (3) Dies ist eine Stadt der Senonen und liegt ebenso, wie wir es gerade von Lutecia berichteten, auf einer Insel der Sequana. (4) Hier beschlagnahmte er etwa 50 Schiffe, ließ sie schnell miteinander verbinden und die Soldaten an Bord gehen. Die Einwohner der Stadt, von denen ein großer Teil zum Krieg einberufen worden war, ergriff angesichts des unerwarteten Ereignisses ein solcher Schrecken, daß sich Labienus der Stadt ohne Kampf bemächtigen konnte. (5) Nachdem er die Brücke wiederhergestellt hatte, die die Feinde in den vergangenen Tagen abgerissen hatten, führte er sein Heer hinüber und setzte sich stromabwärts in Richtung auf Lutecia in Marsch. (6) Als die Feinde durch Flüchtlinge aus Metlosedum hiervon erfuhren, ordneten sie an, Lutecia in Brand zu stecken und die Brücken der Stadt abzubrechen. Sie selbst verließen das Sumpfgelände und bezogen auf dem Ufer der Sequana, in der Gegend von Lutecia, Labienus gegenüber Stellung.

59 (1) Schon verlautete, daß Caesar von Gergovia abgezogen sei. Gerüchte über den Abfall der Haeduer und einen erfolgversprechenden Aufstand in Gallien wurden verbreitet. In Gesprächen versicherten die Gallier, Caesar sei vom Weg und vom Liger abgeschnitten und der Mangel an Getreide habe ihn dazu gezwungen, in die Provinz zu marschieren. (2) Als die Bellovacer, die schon vorher von sich aus vertragsbrüchig geworden waren, jetzt zusätzlich von dem Abfall der Haeduer erfuhren, gingen sie daran, Truppen zu sammeln und offen zum Krieg zu rüsten. (3) Unter derartig veränderten Umständen sah Labienus ein, daß er einen ganz anderen Plan verfolgen müsse, als er ihn ursprünglich im Sinne gehabt hatte; (4) er setzte sich nun nicht mehr das Ziel, etwas zu erobern oder die Feinde zum Kampf zu reizen, sondern allein das Heer unversehrt nach Agedincum zurückzuführen. (5) Denn von der einen Seite drohte der Stamm der Bellovacer, der in Gallien als besonders tapfer gilt, die andere Seite hielt Camulogenus mit einem gut gerüsteten und kampfbereiten Heer. Hinzu kam, daß ein mächtiger Strom[437] die Legionen von der Bewachungsmannschaft beim Troß trennte. (6) Als sich Labienus überraschend derart große Schwierigkeiten in den Weg stellten, sah er, daß nur noch ein mutiges Vorgehen Hilfe versprach.

60 (1) Er berief daher gegen einen Kriegsrat ein und forderte die Teilnehmer auf, sorgfältig und energisch durchzuführen, was er anordnen würde. Dann teilte er die Schiffe, die er aus Metlosedum mitgenommen hatte, jeweils einzeln römischen Rittern zu und befahl, nach der 1. Nachtwache in aller Stille der Strömung folgend 4 Meilen flußaufwärts zu fahren und ihn dort zu erwarten. (2) Fünf Cohorten, die er für den Kampf am wenigsten geeignet hielt, ließ er beim Lager als Bewachung zurück. (3) Die übrigen fünf Cohorten derselben Legion ließ er um Mitternacht mit allem Gepäck unter großem Lärm flußaufwärts aufbrechen. (4) Gleichzeitig beschaffte er Kähne, schickte sie in dieselbe Richtung und ließ sie geräuschvoll rudern. Kurz darauf zog er selbst in aller Stille mit drei Legionen aus dem Lager und mar-

schierte zu der Stelle, wo nach seinem Befehl die Schiffe landen sollten.

61 (1) Als unsere Soldaten dort ankamen, überwältigten sie an dieser Stelle die feindlichen Späher, die am ganzen Fluß entlang verteilt standen, jedoch nichts gemerkt hatten, weil plötzlich ein starker Sturm losgebrochen war. (2) Heer und Reiterei wurden unter Leitung der römischen Ritter, denen Labienus diese Aufgabe übertragen hatte, schnell über den Fluß gesetzt. (3) Gegen Tagesanbruch wurde den Feinden gemeldet, im Lager der Römer herrsche ungewöhnlicher Lärm und ein großer Heereszug bewege sich flußaufwärts, während man ebendort auch Rudergeräusch vernehme. Fast gleichzeitig kam die Meldung, etwas weiter unterhalb würden Soldaten auf Schiffen übergesetzt. (4) Auf diese Nachricht hin glaubten die Feinde, die Legionen gingen an drei Stellen über den Fluß, und rüsteten sich, durch den Abfall der Haeduer in Schrecken versetzt, zur Flucht. Sie teilten daher auch ihre Truppen in drei Teile: (5) Dem römischen Lager gegenüber wurde eine Wache zurückgelassen, eine kleine Schar, die so weit vorrücken sollte, wie die Schiffe kämen, wurde in Richtung auf Metlosedum entsandt, die übrigen Truppen führten sie gegen Labienus.

62 (1) Bei Tagesanbruch waren alle unsere Soldaten übergesetzt; gleichzeitig wurde die feindliche Front sichtbar. (2) Darauf feuerte Labienus die Soldaten an, sich an ihre frühere Tapferkeit und den glücklichen Ausgang so vieler Kämpfe zu erinnern und sich vorzustellen, Caesar selbst sei anwesend, unter dessen Führung sie so oft den Feind geschlagen hätten. Dann gab er das Signal zum Kampf. (3) Beim ersten Aufeinanderprallen wurden die Feinde vom rechten Flügel, wo sich die 7. Legion aufgestellt hatte, zurückgeworfen und in die Flucht geschlagen. (4) Den linken Flügel hielt die 12. Legion. Obwohl dort die Feinde in den ersten Reihen, von Wurfgeschossen durchbohrt, fielen, leisteten die übrigen erbittert Widerstand, und niemand schien an Flucht zu denken. (5) Der Führer der Feinde, Camulogenus, stand selbst seinen Soldaten bei und feuerte sie an. (6) Noch war völlig ungewiß, wem endlich der Sieg zufallen würde, als den Tribunen der 7. Legion gemeldet wurde, was auf dem linken Flügel vor sich ging. Da erschienen sie überraschend mit ihrer Legion im Rücken der Feinde und griffen sie an. (7) Doch nicht einmal zu diesem Zeitpunkt wich einer der Feinde von der Stelle, sondern alle wurden niedergemacht, nachdem sie eingekreist worden waren. Camulogenus erlitt das gleiche Schicksal. (8) Als die Soldaten, die die Feinde gegenüber dem Lager des Labienus als Wachtposten zurückgelassen hatten, hörten, daß eine Schlacht stattfinde, kamen sie den Ihren zu Hilfe und besetzten einen Hügel. Doch konnten auch sie dem Ansturm unserer siegreichen Soldaten nicht standhalten. (9) So gerieten sie in die Scharen ihrer fliehenden Stammesgenossen, und die römische Reiterei machte alle nieder, denen nicht Wälder oder Berge ein Versteck boten. (10) Nach diesem Unternehmen wandte sich Labienus zurück nach Agedincum, wo er den Troß des gesamten Heeres zurückgelassen hatte. Von dort gelangte er mit allen Truppen nach zwei Tagen zu Caesar.

63 (1) Als der Abfall der Haeduer bekannt wurde, weitete sich der Krieg aus. (2) Die Gallier schickten Gesandtschaften nach allen Seiten aus, die sich bemühten, die Stämme aufzuhetzen, soweit sie es mit ihrem Ansehen und Einfluß oder mit viel Geld vermochten. (3) Da sie sich der Geiseln bemächtigten, die Caesar bei den Haeduern in Gewahrsam gegeben hatte, versetzten sie zögernde Stämme mit der Drohung in Schrecken, die Geiseln hinzurichten. (4) Die Haeduer forderten Vercingetorix auf, zu ihnen zu kommen und sich mit ihnen über die Kriegführung zu verständigen. Als ihre Bitte erfüllt wurde, bemühten sie sich darum, selbst den Oberbefehl über den gesamten Krieg zu erhalten. (5) Da es hierüber jedoch zu einem

Streit kam, wurde eine Versammlung ganz Galliens nach Bibracte einberufen, zu der von überall her zahlreiche Teilnehmer zusammenkamen. (6) Man ließ die Versammlung über die Frage abstimmen. Sie bestätigte einstimmig Vercingetorix als Oberbefehlshaber. (7) Dieser Versammlung blieben die Remer, Lingonen und Treverer fern, die Remer und Lingonen, weil sie an der Freundschaft mit dem römischen Volk festhielten, die Treverer, weil sie zu weit entfernt waren und von den Germanen bedrängt wurden. Dies war auch der Grund dafür, daß sie an dem ganzen Krieg nicht teilnahmen und keiner der beiden Seiten Unterstützung sandten. (8) Die Haeduer waren sehr erbittert darüber, daß man sie von der führenden Stelle verdrängt hatte, sie beklagten den Wechsel des Glücks und wünschten sich die wohlwollende Haltung Caesars ihnen gegenüber zurück, wagten jedoch nach Ausbruch des Krieges nicht, in ihren Plänen von den anderen abzuweichen. (9) Die jungen Männer Eporedorix und Viridomarus, von denen man Großes erwarten durfte, gehorchten Vercingetorix nur widerwillig.
64 (1) Dieser forderte auch von den übrigen Stämmen Geiseln und setzte schließlich ihre Übergabe auf einen bestimmten Tag fest. Auch Reiter, insgesamt 15 000 Mann, sollten sich auf seinen Befehl hin schnell bei ihm sammeln. (2) Er sagte, die Fußsoldaten, die er schon vorher gehabt habe, genügten ihm, er werde auch kein Risiko eingehen und es nicht auf eine offene Schlacht ankommen lassen. Da er über außerordentlich viele Reiter verfüge, sei es vielmehr leicht, die Römer an der Getreide- und Futterbeschaffung zu hindern. (3) Sie sollten mit Gleichmut ihr eigenes Getreide vernichten und ihre Gehöfte anzünden, denn sie sähen, daß sie mit dem Verlust ihrer Habe auf immer Freiheit und Unabhängigkeit erlangten. (4) Nach diesen Anordnungen forderte er von den Haeduern und Segusiavern, die unmittelbar an den Grenzen der römischen Provinz leben, die Stellung von 10 000 Fußsoldaten

und verlangte zusätzlich 800 Reiter. (5) Die Führung übertrug er dem Bruder des Eporedorix und gab ihm den Befehl, die Allobroger anzugreifen. (6) Auf der anderen Seite sandte er die Gabaler und die Arverner aus den zunächstliegenden Gauen gegen die Helvier. Die Rutener und Cadurcer sollten das Gebiet der arecomischen Volcer verwüsten. (7) Obendrein hetzte er insgeheim durch private Boten und offizielle Gesandtschaften die Allobroger auf, von denen er hoffte, daß sie sich nach dem letzten Krieg noch nicht wieder beruhigt hätten. (8) Ihren führenden Männern versprach er Geld, dem Stamm insgesamt aber die Herrschaft über die ganze römische Provinz.

65 (1) Gegen alle Gefahren dieser Art hatten die Römer mit einer 22 Cohorten starken Schutztruppe vorgesorgt. Sie war in der Provinz selbst ausgehoben worden und wurde von dem Legaten L. Caesar[438] nach allen Seiten hin gegen den Feind eingesetzt. (2) Die Helvier, die sich auf eigenen Entschluß hin mit ihren Grenznachbarn in einen Kampf eingelassen hatten, wurden geschlagen und nach dem Tod ihres Stammesführers C. Valerius Domnotaurus, dem Sohn des Caburus[439], und mehrerer anderer Stammesmitglieder in ihre Städte und Befestigungen zurückgedrängt. (3) Die Allobroger stellten zahlreiche Wachposten am Rhôneufer auf und schützten ihr Gebiet mit viel Energie und Sorgfalt. (4) Da Caesar erkannte, daß die Feinde an Reiterei weit überlegen waren und dazu aus Italien und der Provinz kein Nachschub zur Unterstützung kommen konnte, weil alle Wege gesperrt waren, schickte er Gesandte über den Rhein nach Germanien zu den Stämmen, die er in den vergangenen Jahren unterworfen[440] hatte. Er ließ von ihnen Reiter und leichtbewaffnete Fußsoldaten kommen, die gewöhnt waren, gemeinsam mit den Reitern zu kämpfen. (5) Als sie eintrafen, jedoch keine sehr geeigneten Pferde hatten,[441] nahm er den Militärtribunen und den übrigen römischen Rittern und Evocaten[442] ihre Pferde und verteilte sie an die Germanen.

66 (1) Während er diese Maßnahmen durchführte, sammelten sich die feindlichen Einheiten aus dem Gebiet der Arverner und die Reiter, die das gesamte Gallien stellen sollte. (2) Damit hatte Vercingetorix endlich ein großes Reiteraufgebot beisammen. Als Caesar am Rand des lingonischen Gebietes entlang ins Land der Sequaner marschierte, um der Provinz leichter Unterstützung gewähren zu können, errichtete Vercingetorix etwa 10 Meilen von den Römern entfernt drei Lager (3) und berief eine Versammlung der Reiterpraefecten ein, in der er darlegte, daß der Augenblick des Sieges gekommen sei: Die Römer flöhen in die Provinz und verließen Gallien. (4) Das erscheine ihm ausreichend, um für den gegenwärtigen Zeitpunkt die Freiheit zu erlangen. Es sei jedoch zu wenig, um für die Zukunft Frieden nach außen und Ruhe im Innern zu sichern. Wenn die Römer erst mehr Truppen aufgestellt hätten, würden sie zurückkehren und nicht aufhören, Krieg zu führen. Daher solle man sie angreifen, während sie noch durch ihre Marschordnung behindert seien. (5) Wenn die römischen Fußsoldaten den Ihren zu Hilfe kommen wollten und dies Vorhaben auch nicht aufgäben, könnten sie ihren Marsch nicht fortsetzen. Wenn sie dagegen – und er sei sicher, daß das eher eintreten werde – ihren Troß im Stich ließen und für ihre eigene Rettung sorgten, verlören sie nicht nur alles zum Leben Notwendige, sondern auch ihr Ansehen. (6) Was die Reiter der Feinde angehe, so dürften sie selbst keinen Zweifel daran haben, daß keiner von ihnen auch nur ein wenig aus dem Heereszug auszuscheren wage. Um aber ihren Mut für den Angriff zu stärken, werde er das gesamte Heer vor dem Lager aufstellen und den Feind damit in Schrecken versetzen. (7) Darauf riefen die Praefecten,[443] man müsse die Reiter durch einen besonders feierlichen Schwur verpflichten, unter kein Dach mehr zurückzukehren, ihre Kinder, Eltern und Frauen nicht mehr zu sehen, ehe sie nicht zweimal durch den Heereszug der Feinde hindurchgeritten seien.

67 (1) Der Vorschlag wurde gebilligt, und alle mußten sich durch den Schwur verpflichten. Am folgenden Tag teilte Vercingetorix die Reiterei in drei Gruppen auf, so daß sie auf beiden Seiten unseres Zuges erschienen, während die dritte Gruppe begann, unsere Vorhut am Weitermarsch zu hindern. (2) Auf die Nachricht hiervon teilte Caesar seine Reiterei ebenfalls in drei Gruppen und gab den Befehl, die Feinde anzugreifen. Auf allen Seiten kam es gleichzeitig zum Kampf. (3) Der Heereszug stockte. Die Legionen nahmen den Troß in ihre Mitte. (4) Wenn unsere Reiter auf einer Seite offensichtlich Mühe hatten und zu hart bedrängt wurden, ließ Caesar das Heer eine Schwenkung machen und den Angriff des Fußvolks dorthin richten. Dieses Vorgehen erschwerte den Feinden das Vordringen und stärkte bei unseren Reitern die Hoffnung auf Unterstützung. (5) Schließlich erreichten die Germanen auf dem rechten Flügel den Kamm eines Gebirgszuges, vertrieben die Feinde von dort und verfolgten die Flüchtenden bis zum Fluß, wo Vercingetorix sich mit den Fußtruppen festgesetzt hatte. Sie konnten mehrere Feinde töten. (6) Als die übrigen dies bemerkten, fürchteten sie, eingekreist zu werden, und flohen. Dabei wurden sie überall niedergemacht. (7) Man brachte drei Haeduer aus dem höchsten Adel zu Caesar: Den Reiterpraefecten Cotus, der während der letzten Wahlversammlung die Auseinandersetzung mit Convictolitavis gehabt hatte, Cavarillus, der nach dem Abfall des Litaviccus das Kommando über die Fußtruppen übernommen hatte, und Eporedorix,[444] unter dessen Oberbefehl die Haeduer vor Caesars Eintreffen mit den Sequanern Krieg geführt hatten.

68 (1) Da die ganze Reiterei in die Flucht geschlagen worden war, zog Vercingetorix seine Truppen, so wie er sie vor dem Lager aufgestellt hatte, ab und setzte sich anschließend nach Alesia in Marsch, einer Stadt der Mandubier.[445] Gleichzeitig ordnete er an, rasch das schwere Gepäck aus dem Lager fortzuschaffen und ihm damit sofort nachzufolgen. (2) Caesar befahl, das schwere Gepäck seines Heeres auf den nächsten Hügel zu bringen, und ließ zu seinem Schutz zwei Legionen zurück, ehe er Vercingetorix folgte, soweit es die Tageszeit noch zuließ. Dabei töteten seine Soldaten etwa 3000 Feinde aus der Nachhut. Am folgenden Tag schlug er sein Lager in der Nähe von Alesia auf. (3) Nachdem er die Lage der Stadt erkundet hatte, mahnte er seine Soldaten, sich anzustrengen, und begann, einen Belagerungswall rings um die Stadt zu errichten, während die Feinde noch in höchsten Schrecken versetzt waren, weil ihre Reiterei geschlagen worden war, auf die sie das größte Vertrauen im Heer gesetzt hatten.

69 (1) Die eigentliche Stadt Alesia[446] lag hoch oben auf einem Hügel, so daß es aussah, als könne man sie nur durch eine Belagerung erobern. (2) Die Ausläufer des Hügels stießen an zwei Seiten auf Flußläufe. (3) Vor der Stadt erstreckte sich auf etwa 3 Meilen in Längsrichtung ebenes Gelände. (4) Ihre übrigen Seiten schlossen in einiger Entfernung Hügel ein, die fast die gleiche Steigung und Höhe hatten. (5) Am Ostabhang hatten die gallischen Truppen das ganze Gelände dicht besetzt und dort einen Graben und eine sechs Fuß hohe Mauer aus Lehm und Kies gezogen. (6) Der Umfang der Belagerungswälle, die die Römer errichteten, betrug 10 Meilen. (7) An geeigneten Punkten hatten sie Lager errichtet, gleichzeitig mit 23 Castellen,[447] wohin sie tagsüber kleinere Wachtposten legten, um einen überraschenden Ausfall aus der Stadt zu verhindern. Nachts waren diese Castelle mit stärkeren Wachabteilungen belegt.

70 (1) Als die Belagerungsarbeiten[448] in Gang gekommen waren, fand auf dem ebenen Gelände, das sich, wie wir oben darlegten, zwischen den Anhöhen auf 3 Meilen hin erstreckte, ein Reitergefecht statt. Auf beiden Seiten kämpfte man unter Einsatz aller Kräfte. (2) Als unsere

Reiter in Bedrängnis gerieten, schickte Caesar ihnen die Germanen zu Hilfe und stellte die Legionen vor dem Lager auf, um einem plötzlichen Einbruch des feindlichen Fußvolks zuvorzukommen. (3) Die zusätzliche Deckung durch die Legionen stärkte unseren Reitern den Mut. Sie schlugen die Feinde in die Flucht, die sich infolge ihrer großen Zahl selbst im Weg standen und sich in den Öffnungen zusammendrängten, die man beim Bau der Mauer gelassen hatte und die sich nun als zu eng erwiesen. (4) Die Germanen folgten ihnen ziemlich stürmisch bis zur Mauer nach. (5) Dort kam es zu einem großen Gemetzel. Einige Gallier ließen ihre Pferde im Stich und versuchten, den Graben zu überqueren und über die Mauer zu klettern. Caesar ließ die Legionen, die er vor dem Lagerwall aufgestellt hatte, etwas vorrücken. (6) Die Gallier, die sich innerhalb der Befestigungsanlagen zwischen der Lehm- und der Stadtmauer befanden, wurden nicht weniger in Schrecken versetzt. Sie glaubten, die Römer kämen sofort auf sie zu, und riefen zu den Waffen. Einige verloren den Kopf und stürzten in die Stadt. (7) Vercingetorix befahl, die Stadttore zu schließen, um nicht sein Lager von Verteidigern entblößt zu sehen. Nachdem die Germanen viele Feinde niedergemacht und eine Anzahl von Pferden erbeutet hatten, zogen sie sich zurück.

71 (1) Vercingetorix faßte den Plan, die gesamte Reiterei bei Nacht fortzuschicken, ehe die Römer die Belagerungswerke vollendet hätten. (2) Als sie abrückten, gab er jedem den Auftrag, sich an seinen jeweiligen Stamm zu wenden und alle zum Kriegsdienst einzuberufen, die dem Alter nach waffenfähig wären. (3) Er stellte ihnen seine Verdienste um sie vor Augen und beschwor sie, für seine Rettung zu sorgen und ihn nicht der Mißhandlung durch die Feinde auszuliefern, da er sich so sehr um die gemeinsame Freiheit verdient gemacht habe. Er wies sie darauf hin, daß gemeinsam mit ihm 80000 ausgewählte Männer den Tod finden würden, falls sie nicht gewissenhaft genug zu Werke gingen. (4) Nach seinen Berechnungen habe er für knapp 30 Tage Getreide, aber durch sparsame Zuteilung könne er es auch noch etwas länger aushalten. (5) Mit diesen Aufträgen sandte er die Reiterei um die 2. Nachtwache durch eine Lücke in unserer Einschließung in aller Stille fort. (6) Er gab den Befehl, das gesamte Getreide zu ihm zu bringen, und setzte die Todesstrafe für die fest, die dieser Anordnung nicht nachkämen. (7) Das Kleinvieh, das man in großer Menge von den Mandubiern eingetrieben hatte, verteilte er an jeden einzeln, das Getreide ließ er sparsam nach und nach zumessen. (8) Alle Truppen, die er vor der Stadt aufgestellt hatte, zog er in die Stadt zurück. (9) Auf diese Weise rüstete er sich, Unterstützung aus Gallien abzuwarten und den Krieg weiterzuführen.

72 (1) Als Caesar hiervon durch Überläufer und Gefangene erfuhr, ging er daran, folgende Arten von Befestigungen anzulegen: Er ließ einen Graben von 20 Fuß mit senkrechten Seiten ziehen, dessen Boden die gleiche Abmessung hatte wie der Abstand zwischen den oberen Rändern. (2) Alle übrigen Belagerungswerke ließ er 400 Schritt von diesem Graben entfernt anlegen. Da er notwendigerweise eine so große Strecke erfassen mußte, das ganze Belagerungswerk jedoch nur schwer ringsum mit Soldaten besetzen konnte, war seine Absicht dabei, zu verhindern, daß sich nachts unversehens eine große Anzahl von Feinden der Befestigung näherte und daß sie tagsüber Wurfgeschosse auf unsere Soldaten werfen konnten, deren Aufmerksamkeit ganz auf die Schanzarbeiten gerichtet war. (3) Nachdem er diesen 400 Schritt breiten Streifen dazwischengelegt hatte, ließ er zwei 15 Fuß breite Gräben von gleicher Tiefe ziehen. Den inneren füllte er an den ebenen und niedrigen Stellen mit Wasser, das er aus dem Fluß ableitete. (4) Hinter den Gräben ließ er einen Erddamm mit einer Mauer von zwölf Fuß errichten. Diese

Belagerungsmauer wurde zusätzlich mit Brustwehr und Zinnen versehen, wobei große, sich gabelnde Baumstämme an den Verbindungen zwischen Brustwehr und Mauer herausragten, die den Feinden das Hinaufklettern erschweren sollten. Auf dem ganzen Bauwerk ließ er rings Türme errichten, die 80 Fuß voneinander entfernt waren.

73 (1) Während dieser Zeit mußten die Soldaten Getreide und Bauholz beschaffen und an den umfangreichen Belagerungswerken arbeiten. Dadurch verminderte sich unsere Truppenstärke, weil die Soldaten sich etwas weiter vom Lager entfernten. Die Gallier hatten schon einige Male versucht, die Arbeiten zu stören und aus mehreren Toren zugleich mit aller Gewalt einen Ausfall aus der Stadt zu machen. (2) Caesar glaubte daher, man müsse noch zusätzlich daran arbeiten, daß die Belagerungswerke mit einer kleineren Zahl von Soldaten verteidigt werden könnten. Er ließ daher Baumstämme und ziemlich starke Äste schneiden, ihre Spitzen abschälen und zuspitzen, dann fünf Fuß tiefe, durchlaufende Gräben ziehen. (3) Die spitzen Pfähle wurden in den Boden eingelassen und festgemacht, damit man sie nicht herausreißen konnte; mit ihren Zweigen ragten sie oben heraus. (4) Jeweils fünf Reihen wurden miteinander verbunden und verflochten. Wenn jemand in diese Gräben geriet, blieb er in den äußerst spitzen Hindernissen stecken. Die Soldaten nannten sie Leichensteine. (5) Vor diesen wurden drei Fuß tiefe Gruben gegraben, die in schräger Reihe kreuzförmig angeordnet waren und nach unten zu allmählich schmaler wurden. (6) Hier wurden glatte, länglich runde Pfähle von Schenkeldicke eingesetzt, die oben spitz und durch Feuer gehärtet waren. Sie ragten nicht weiter als vier Finger breit aus der Erde hervor. (7) Um sie zu befestigen und ihnen Halt zu geben, wurde jeder einzelne Pfahl am Grabenboden in ein Fuß hoher Erde festgestampft, den restlichen Teil der Gruben deckte man mit Weidenruten und Strauchwerk zu, um die Falle zu verbergen. (8) Von dieser Art wurden mit einem Zwischenraum von drei Fuß acht Reihen gegraben. Die Soldaten nannten sie Lilien, da sie Ähnlichkeit mit dieser Blume besaßen. (9) Vor ihnen wurden fußlange Pflöcke mit eisernen Widerhaken ganz in die Erde eingegraben und überall mit nur kleinen Zwischenräumen verteilt. Die Soldaten nannten sie Ochsenstacheln.

74 (1) Nach Vollendung dieser Arbeiten legte Caesar in einem Umkreis von 14 Meilen gleiche Befestigungen der erwähnten Art an, wobei er, soweit es die Landschaft zuließ, möglichst ebenem Gelände folgte. Diese Befestigungen lagen in entgegengesetzter Richtung und waren nach außen gegen den Feind gekehrt, um zu verhindern, daß selbst starke feindliche Truppen, falls diese nach dem Abzug der Reiter einträfen, die Mannschaften, die die Belagerungswerke schützten, einkreisen könnten. (2) Um nicht gezwungen zu werden, unter Gefahr das Lager zu verlassen, ließ er jeden Getreide und Futter für 30 Tage herbeischaffen und vorrätig halten.

75 (1) Während dies bei Alesia geschah, war eine Versammlung der gallischen Stammesfürsten einberufen worden, die beschlossen, nicht, wie es Vercingetorix gefordert hatte, alle Waffenfähigen einzuberufen, sondern für jeden Stamm nur eine bestimmte Zahl festzusetzen. Damit sollte verhindert werden, daß man, wenn eine so große Menge zusammenströme, die Übersicht verlöre und weder die eigenen Soldaten auseinanderhalten noch für ausreichende Getreidezufuhr sorgen könne. (2) Die Haeduer und ihre Schutzbefohlenen, die Segusiaver, Ambivareter[449], Aulercer[450], Brannovicer und Blannovier[451] sollten 35000 Mann stellen, die Arverner mit Eleutetern[452], Cadurcern, Gabalern und Vellaviern[453], die von jeher unter ihrer Herrschaft gestanden hatten, die gleiche Zahl. (3) Die Sequaner, Senonen, Bituriger, Santonen, Rutener und Carnuten sollten je 12000 Soldaten stellen, die Bellovacer 10 000; ebenso viele auch die Lemovicer; je 8000 die Pictonen, Turonen, Parisier und Helvetier; je 6000 die Suessionen, Ambianer, Mediomatricer, Petrocorier[454], Nervier, Moriner und Nitiobroger; 5000 die Aulercer-Cenomanen, ebenso viele die Atrebaten; 4000 die Veliocasser; Lexovier und Aulercer–Eburovicer je 3000, die Boier 2000; (4) insgesamt 10 000 die Stämme, die am Ozean leben und nach gallischem Brauch Aremoricer genannt werden – zu ihnen gehören die Coriosoliten, Redonen, Ambibarier,[455] Caleten, Osismer, Veneter, Lemovicer und Uneller. (5) Nur die Bellovacer entsandten die von ihnen geforderte Zahl nicht, weil sie, wie sie sagten, in eigenem Namen und nach eigenem Ermessen mit den Römern Krieg führen und sich keinem fremden Oberbefehl unterwerfen wollten. Auf Grund ihrer Freundschaft mit Commius sandten sie jedoch auf seine Bitte hin 2000 Soldaten.[456]

76 (1) Dieser Commius hatte, wie wir oben schilderten, in den vergangenen Jahren Caesar in Britannien zuverlässige und nützliche Dienste geleistet. Caesar hatte daraufhin seinen Stamm als Lohn für seine Verdienste von Abgaben befreit, ihm seine alten Gesetze und seine alte Verfassung zurückgegeben und ihm die Moriner unterstellt. (2) Jetzt aber herrschte in ganz Gallien ein so einmütiges Streben danach, die Freiheit wiederzugewinnen und den früheren Kriegsruhm wiederherzustellen, daß sich keiner durch früher erwiesene Vergünstigungen und durch die Erinnerung an die Freundschaft mit dem römischen Volk beeinflussen ließ. Statt dessen traten alle mit Begeisterung und unter Einsatz ihrer gesamten Mittel in den Krieg ein.[457] (3) Nachdem man 8000 Reiter und etwa 250 000 Fußsoldaten aufgestellt hatte, wurden sie im Gebiet der Haeduer noch einmal gemustert und gezählt. Dann wurden die Praefecten ernannt. (4) Den Oberbefehl übertrug man dem Atrebaten Commius, den Haeduern Viridomarus und Eporedorix und dem Arverner Ver-

cassivellaunus, einem Vetter des Vercingetorix. Gewählte Vertreter aus den einzelnen Stämmen wurden ihnen an die Seite gestellt, um mit ihnen gemeinsam die Durchführung des Krieges zu übernehmen. (5) Voll Begeisterung und Zuversicht brachen alle nach Alesia auf, (6) und es gab nicht einen unter ihnen, der nicht glaubte, der Feind könne den bloßen Anblick einer solchen Menge nicht aushalten. Diese Ansicht wurde noch dadurch gestärkt, daß es sich um einen Kampf nach zwei Seiten handeln würde, wenn gleichzeitig ein Ausfall aus der Stadt erfolgte und draußen eine derartige Zahl von Reiterei und Fußvolk erschiene.

77 (1) Die Feinde, die in Alesia belagert wurden, hatten, als der Termin vorübergegangen war, zu dem sie Hilfstruppen erwarteten, ihr gesamtes Getreide verbraucht. Da sie nicht wußten, was bei den Haeduern vor sich ging, hatten sie eine Versammlung einberufen, um über den Ausgang ihres Schicksals zu beraten. (2) Dabei wurden verschiedene Meinungen laut: Ein Teil entschied sich für eine Kapitulation, andere waren dafür, einen Ausfall zu machen, solange ihre Kräfte noch dazu reichten. Hier darf die Rede des Critognatus nicht übergangen werden wegen ihrer einzigartigen und gottlosen Grausamkeit. (3) Er stammte aus einer überaus vornehmen Familie bei den Arvernern, und man hielt ihn für sehr einflußreich. »Ich werde nichts zu der Meinung derer sagen«, erklärte er, »die die schmählichste Sklaverei mit Kapitulation bezeichnen, doch glaube ich, daß man sie nicht mehr als Bürger betrachten und zur Versammlung hinzuziehen sollte. (4) Es geht mir um die, die für einen Ausfall sind. Obwohl in ihrem Vorschlag nach euer aller Meinung offensichtlich die Erinnerung an eure frühere Tapferkeit wohnt, so ist das doch keine Tapferkeit, sondern Verweichlichung, (5) die unfähig ist, für kurze Zeit Entbehrungen zu ertragen. Man findet leichter Menschen, die bereit sind, freiwillig in den Tod zu gehen, als solche, die geduldig Schmerz ertragen. (6) Ich würde mich trotzdem dieser Meinung anschließen – so viel gilt bei mir unser Ansehen –, wenn ich sähe, daß es sich nur um den Verlust unseres Lebens handelte; (7) wir müssen aber bei unserem Entschluß ganz Gallien berücksichtigen, das wir bestürmt haben, uns zu helfen. (8) Was glaubt ihr, in welche Gemütsverfassung unsere Freunde und Verwandten geraten werden, wenn sie nach dem Tod von 80 000 Menschen an einer einzigen Stelle gezwungen werden, fast auf den Leichen selbst um die Entscheidung zu kämpfen? (9) Ihr dürft die Männer eurer Unterstützung nicht berauben, die ihre eigene Gefahr vergessen haben, um euch zu retten; ihr dürft nicht aus Dummheit, Unbesonnenheit oder Willensschwäche ganz Gallien vernichten und ewiger Sklaverei anheimgeben. (10) Oder zweifelt ihr an ihrer Treue und Entschlossenheit, weil sie nicht zu dem festgesetzten Termin gekommen sind? Wie also? Glaubt ihr, die Römer mühten sich zum Vergnügen täglich auf den äußeren Teilen ihrer Befestigungen ab? (11) Wenn ihr von jenen nicht durch Botschaften Gewißheit erlangen könnt, weil jeder Zugang zur Stadt gesperrt ist, so nehmt das als Zeugnis dafür, daß ihre Ankunft näherrückt, denn die Feinde bleiben in Furcht und Schrecken davor Tag und Nacht bei ihrer Arbeit. (12) Was also ist mein Rat? Das zu tun, was unsere Ahnen im Krieg gegen die Cimbern und Teutonen taten, der völlig anders aussah. Unsere Landsleute, die damals in die Städte zurückgetrieben worden waren und unter ähnlichem Mangel litten, hielten sich mit den Körpern derer am Leben, die auf Grund ihres Alters für den Krieg nicht mehr tauglich schienen, und ergaben sich den Feinden nicht. (13) Auch wenn wir das Beispiel für diese Handlungsweise nicht hätten, müßte man es, glaube ich, um der Freiheit willen einführen und der Nachwelt als besonders schön überliefern. (14) Denn wie könnte man den damaligen Krieg mit dem gegenwärtigen vergleichen? Zwar hatten die Cimbern Gallien völlig verwüstet und großes Unglück über unser Land gebracht, doch zogen sie irgendwann einmal aus unserem Gebiet ab und suchten andere Länder auf. Unsere Verfassung, unsere Gesetze, unsere Felder, unsere Freiheit ließen sie uns. (15) Worauf aber gehen die Römer, die allein der Neid auf uns bewegt, weil sie uns als hochberühmt und kriegstüchtig kennen, sonst aus, und was wollen sie anderes, als sich in unserem Land und Stammesgebiet festzusetzen und uns in ewige Sklaverei zu bringen? Niemals haben sie Kriege mit einem anderen Ziel geführt. (16) Selbst wenn ihr nicht wißt, was in weit entfernten Ländern geschieht, richtet euren Blick nur auf das angrenzende Gallien, das zur Provinz gemacht wurde, dessen Recht und Gesetz die Römer veränderten, das, den römischen Beilen[458] unterworfen, in ewiger Sklaverei schmachtet.«[459]

78 (1) Nachdem verschiedene Anträge gestellt worden waren, beschlossen die Feinde, daß die auf Grund ihrer Gesundheit oder ihres Alters kriegsuntauglichen Männer die Stadt verlassen sollten und daß sie selbst eher jedes andere Schicksal erleiden wollten, als auf den Vorschlag des Critognatus zurückzukommen. (2) Trotzdem wollten sie sich lieber an seinen Plan halten, wenn es notwendig würde und die Hilfstruppen ausblieben, als die Möglichkeit eines Kapitulations- oder Friedensangebots in Erwägung zu ziehen. (3) Die Mandubier, die sie in ihre Stadt aufgenommen hatten, zwangen sie, mit Frauen und Kindern auszuziehen. (4) Als diese zu den Verschanzungen der Römer kamen, baten sie diese flehentlich und unter Tränen, sie in die Sklaverei aufzunehmen und mit Nahrung zu versorgen. (5) Caesar hatte jedoch Wachtposten auf dem Wall verteilt und verbot, sie aufzunehmen.[460]

79 (1) In der Zwischenzeit gelangten Commius und die übrigen Heerführer, denen der Oberbefehl erteilt worden war, mit dem gesamten Heer vor Alesia an, lagerten auf einem Hügel außerhalb unserer Stellungen und setzten sich nicht weiter als 1 Meile von unseren Belagerungswällen entfernt fest. (2) Am folgenden Tag ließen sie die Reiterei aus dem Lager ausrücken, die das gesamte ebene Gelände ausfüllte, das sich, wie gesagt, 3 Meilen in Längsrichtung erstreckte. Die Fußtruppen stellten sie etwas weiter von dieser Stelle entfernt auf den Anhöhen auf. (3) Von der Stadt Alesia aus konnte man auf die Ebene hinunterblicken. Als die Ersatztruppen sichtbar wurden, lief alles zusammen, wünschte sich untereinander Glück, und jeden erfüllte lebhafte Freude. (4) Sie führten die Truppen heraus, lagerten vor der Stadt, deckten den ersten Graben mit Flechtwerk zu und füllten ihn mit Erde auf, um sich so auf einen Ausbruch und alle möglichen Zwischenfälle vorzubereiten.

80 (1) Caesar hatte das gesamte Heer auf beiden Seiten des Befestigungsgürtels so verteilt, daß, wenn es zum Ernstfall käme, jeder an seinem Platz stünde und ihn kennte. Dann ließ er die Reiterei aus dem Lager führen und den Kampf eröffnen. (2) Von allen Lagern, die sich auf den Anhöhen ringsum befanden, hatte man einen guten Ausblick, und die Soldaten verfolgten alle gespannt den Verlauf des Kampfes. (3) Die Gallier hatten zwischen die Reiter einzelne Bogenschützen und leichtbewaffnete Fußsoldaten verteilt; falls die Reiter zurückweichen mußten, sollten sie ihnen zu Hilfe kommen und den Ansturm unserer Reiter aufhalten. Mehrere unserer Reiter wurden unvorhergesehen von ihnen verwundet und verließen den Kampfplatz. (4) Als die Gallier die Zuversicht gewannen, daß ihre Soldaten im Kampf die Oberhand behielten, und sahen, daß die Unseren von der Übermacht bedrängt wurden, unterstützten nicht nur die, die sich bei den Verschanzungen festgesetzt hatten, sondern auch die, die zur Unterstützung gekommen waren, von allen Seiten den Mut der Ihren durch Geschrei und Kampfesrufe. (5) Da das Geschehen vor den Augen aller stattfand und weder heldenhaftes noch schmähliches Verhalten verbor-

gen bleiben konnte, stachelten Ruhmgier und Furcht vor Schande beide Seiten zu höchster Tapferkeit an. (6) Als der Kampf vom Mittag bis fast zum Sonnenuntergang gedauert hatte, jedoch noch keine Entscheidung gefallen war, konzentrierten die Germanen ihre Reiterabteilungen alle auf eine Stelle, machten einen Sturmangriff auf die Feinde und vertrieben sie; (7) als sie sie in die Flucht geschlagen hatten, umringten sie die Bogenschützen und töteten die Reiter. (8) Auch an den übrigen Stellen verfolgten unsere Soldaten die nun weichenden Feinde bis zum Lager und ließen ihnen keine Möglichkeit, sich wieder zu sammeln. (9) Die Feinde, die aus Alesia vorgerückt waren, zogen sich niedergeschlagen und fast am Sieg verzweifelnd in die Stadt zurück.

81 (1) Nach einer Unterbrechung von einem Tag, währenddessen sie eine große Menge von Reisiggeflecht, Leitern und an Stangen befestigten Haken hergestellt hatten, verließen die Gallier um Mitternacht in aller Stille das Lager und näherten sich den der Ebene zu gelegenen Verschanzungen. (2) Plötzlich erhoben sie das Kampfgeschrei, um dadurch denen, die in der Stadt belagert wurden, anzuzeigen, daß sie herankamen, und gingen daran, Reisig auf den Graben zu werfen und mit Schleudern, Pfeilen und Steinen unsere Soldaten vom Belagerungswall zu vertreiben. Gleichzeitig setzten sie alles übrige, was zu einem Sturmangriff gehört, in Gang. (3) Im gleichen Augenblick, als Vercingetorix das Kampfgeschrei vernahm, gab er seinen Soldaten mit der Tuba das Angriffssignal und führte sie aus der Stadt hinaus. (4) Da jedem unserer Soldaten in den vergangenen Tagen sein Platz angewiesen worden war, eilten sie zu den Befestigungen dorthin. Mit pfundschweren Steinen, vorn angekohlten Spitzpfählen und Schleuderkugeln, die sie auf der Verschanzung bereitgelegt hatten, vertrieben sie die Gallier. (5) Da man in der Finsternis nichts sah, gab es auf beiden Seiten viele Verwundete, auch weil mehrfach mit Wurfmaschinen Ge-

schosse geschleudert wurden. (6) Wenn die Legaten M. Antonius und C. Trebonius, die die Aufgabe erhalten hatten, diese Teile der Belagerungswerke zu verteidigen, merkten, daß unsere Soldaten irgendwo in Bedrängnis gerieten, sandten sie ihnen Soldaten zur Unterstützung, die man aus den Lagern auf der anderen Seite herangeholt hatte.
82 (1) Solange die Gallier von unseren Verschanzungen noch weiter entfernt waren, konnten sie einiges durch die Überzahl ihrer Wurfgeschosse ausrichten; als sie aber später näherkamen, spießten sie sich entweder nichtsahnend an den Ochsenstacheln auf oder stürzten in die Gräben und wurden dort durchbohrt. Zudem wurden sie von den Mauerspießen vom Wall und von den Türmen her getroffen und kamen um. (2) Da es bei ihnen überall viele Verwundete gab und die Belagerungslinie an keiner Stelle durchbrochen wurde, zogen sie sich daher bei Tagesanbruch zu den Ihren zurück, aus Furcht, von den höher gelegenen Lagern aus durch einen Überraschungsangriff von der offenen Flanke her eingekreist zu werden. (3) Die eingeschlossenen Feinde aber hatten das für einen Ausfall vorbereitete Material herbeigebracht und die vorderen Gräben ausgefüllt, (4) sich dabei jedoch zu lange aufgehalten, so daß sie vom Abzug der Ihren erfuhren, ehe sie an unsere Befestigungen herangekommen waren. Daraufhin kehrten sie unverrichteter Dinge in die Stadt zurück.
83 (1) Nachdem sie zweimal unter großen Verlusten zurückgeschlagen worden waren, berieten die Gallier, was sie jetzt tun sollten. Dabei zogen sie Ortskundige hinzu. Von diesen erfuhren sie alles über den Standort und die Befestigung der höher gelegenen Lager. (2) Im Norden befand sich eine Anhöhe, die unsere Soldaten wegen ihres großen Umfangs nicht völlig in die Befestigungslinie hatten einschließen können. Sie waren daher gezwungen, ihr Lager an einer leicht abfallenden und daher verhältnismä-

ßig ungünstigen Stelle zu errichten. (3) Die Legaten C. Antistius Reginus und C. Caninius Rebilus[461] hielten sie mit zwei Legionen besetzt. (4) Als die feindlichen Führer durch Späher das Gelände erkundet hatten, wählten sie aus dem gesamten Heer 60 000 Angehörige der Stämme aus, die für ihre Tapferkeit am bekanntesten waren. (5) Dann setzten sie insgeheim untereinander fest, wie und nach welchem Plan man am besten vorgehen sollte. Der Zeitpunkt für den Angriff wurde festgesetzt, wobei die Mittagszeit am günstigsten schien. (6) An die Spitze dieser Truppen stellten sie den Arverner Vercassivellaunus, einen der erwähnten vier Heeresführer; er war mit Vercingetorix verwandt. (7) Um die 1. Nachtwache rückte er aus dem Lager aus und hatte bei Tagesanbruch fast die Marschstrecke bewältigt. Er verbarg sich hinter dem Berg und ließ die Soldaten nach der nächtlichen Anstrengung ausruhen. (8) Als es schon Mittag zu werden schien, marschierte er rasch gegen das oben erwähnte Lager. Im gleichen Augenblick begann die Reiterei, auf die nach der Ebene zu liegenden Befestigungen vorzurücken, während die übrigen Truppen vor dem Lager erschienen.

84 (1) Als Vercingetorix seine Leute in Alesia von der Burg aus erblickte, zog er aus der Stadt und ließ Reisiggeflecht, lange Stangen, Schutzdächer,[462] Sicheln und alles andere, was er für einen Ausfall vorbereitet hatte, mitnehmen. (2) Überall wurde gleichzeitig gekämpft, und alle versuchten ihr Äußerstes. Wo unsere Stellung am schwächsten schien, da liefen die Feinde zusammen. (3) Die kleine Schar der Römer war dagegen durch den Umfang der Verschanzungen weit auseinandergezogen und konnte nur mit Mühe dem Feind an mehreren Stellen zugleich entgegentreten. (4) Zudem trug das Kampfgeschrei, das sich im Rücken der Kämpfenden erhob, viel dazu bei, unsere Soldaten zu erschrecken, weil sie sahen, daß sie in ihrer Gefahr auf die Tapferkeit der anderen angewiesen waren. (5) Denn in der Regel bringt die Menschen alles, was sie nicht sehen, viel heftiger in Verwirrung.

85 (1) Caesar hatte eine geeignete Stelle gefunden, von der aus er beobachten konnte, was an den einzelnen Punkten geschah. Wenn seine Soldaten in Bedrängnis gerieten, sandte er ihnen Unterstützung. (2) Beiden Seiten war klar, daß dies der Augenblick sei, wo man sich aufs äußerste anstrengen müsse. (3) Die Gallier mußten alle Hoffnung auf Rettung aufgeben, wenn sie unsere Verschanzungen nicht durchbrachen. Die Römer konnten das Ende aller ihrer Anstrengungen erwarten, wenn sie sich behaupteten. (4) Bei den höher gelegenen Verschanzungen wurde am heftigsten gekämpft. Wie erwähnt, war Vercassivellaunus dorthin gesandt worden. Hier war das ungünstige Gelände mit dem steilen Abhang von großer Bedeutung. (5) Die einen Feinde warfen Geschosse, die anderen rückten im Schutz eines Schilddaches vor. Immer wieder wurden erschöpfte Soldaten durch frische Kräfte abgelöst. (6) Da die Gallier unsere Befestigungen überall mit Erde zugeschüttet hatten, konnten sie heraufkommen, wobei sie die Einrichtungen, die die Römer in der Erde verborgen hatten, zudeckten. Unsere Soldaten hatten mit der Zeit nicht mehr genügend Waffen und Kräfte.

86 (1) Als Caesar von dieser Lage erfuhr, sandte er den Bedrängten Labienus mit sechs Cohorten zu Hilfe. (2) Er gab Anweisung, die Cohorten herabzuführen und die feindlichen Linien zu durchbrechen, wenn sie ihre Stellung nicht halten könnten. Labienus sollte dies jedoch nur im äußersten Notfall tun. (3) Caesar selbst begab sich zu den restlichen Truppen und feuerte sie an, sich nicht von der Anstrengung überwältigen zu lassen. Er erklärte, die Früchte aller vorhergegangenen Kämpfe stünden an diesem Tag und zu dieser Stunde auf dem Spiel. (4) Die Feinde, die auf der Innenseite angriffen, gaben es wegen des großen Umfanges der Befestigung auf,

in die Ebene durchzubrechen, und versuchten nun, die steilen Abhänge zu ersteigen. Hierher brachten sie alles, was sie vorbereitet hatten. (5) Mit einer Unzahl von Wurfgeschossen vertrieben sie unsere Widerstand leistenden Soldaten von den Türmen, füllten die Gräben mit Erde und Strauchwerk aus und rissen den Wall und die Brustwehr mit Mauersicheln ein.
87 (1) Zunächst sandte Caesar den jungen Brutus mit einigen Cohorten zu Hilfe, dann den Legaten C. Fabius mit weiteren Cohorten. Als immer heftiger gekämpft wurde, setzte er sich selbst an die Spitze frischer Cohorten, die er rasch zur Unterstützung heranführte. (2) Daraufhin begann die Schlacht von neuem, und die Feinde wurden in die Flucht geschlagen. Jetzt eilte Caesar zu der Stelle, wohin er Labienus gesandt hatte. Aus dem nächsten Castell führte er vier Cohorten herab und befahl einem Teil der Reiter, ihm zu folgen, anderen, die äußeren Verschanzungen zu umgehen und den Feind von hinten anzugreifen. (3) Da weder unsere Erdaufschüttungen noch unsere Gräben dem Ansturm des Feindes standhalten konnten, hatte Labienus elf[463] Cohorten zusammengezogen, die er gerade aus den nächstgelegenen Castellen heranführen konnte, und ließ Caesar durch einen Boten wissen, wie er jetzt vorgehen wolle. Caesar beeilte sich, selbst in den Kampf einzugreifen.
88 (1) Als die Gallier Caesars Heranrücken an der Farbe seiner Kleidung, die er gewöhnlich als Erkennungszeichen im Kampf trug,[464] erkannten, zugleich die Reiterabteilungen und Cohorten sahen, denen er befohlen hatte, ihm zu folgen, begannen sie den Kampf, denn von den Anhöhen aus konnten sie die Steigungen und Senkungen[465] überblicken. (2) Auf beiden Seiten erhob man das Kampfgeschrei, das unmittelbar darauf vom Wall und von allen Punkten der Befestigungslinie aufgenommen wurde. Unsere Soldaten verzichteten auf die Wurfspieße und kämpften gleich mit dem Schwert. (3) Plötzlich wurde im Rük-

ken der Feinde die Reiterei sichtbar, während zugleich weitere Cohorten anrückten. Da wandten sich die Feinde zur Flucht, doch trat die Reiterei den Fliehenden entgegen. Es gab ein großes Gemetzel. Der Führer und Stammesfürst der Lemovicer, Sedullus, fiel. (4) Der Arverner Vercassivellaunus wurde auf der Flucht lebend gefangen. 74 erbeutete Feldzeichen wurden Caesar überbracht. Nur wenige aus der riesigen Zahl retteten sich unversehrt ins Lager. (5) Als die Feinde von der Stadt aus sahen, wie die Ihren fielen oder flohen, gaben sie die Hoffnung auf Rettung auf und wichen mit ihren Truppen von den römischen Befestigungslinien zurück. (6) Auf die Nachricht hiervon flohen die Gallier ihrerseits darüber hinaus auch aus dem Lager. Wenn unsere Soldaten nicht durch die zahlreichen Einsätze und die Anstrengung des ganzen Tages erschöpft gewesen wären, hätten sie die gesamte Streitmacht des Feindes vernichten können. (7) Caesar schickte die Reiterei aus, die die Nachhut der Feinde um Mitternacht erreichte und eine große Zahl von ihnen fing oder tötete. Die übrigen Feinde flohen und zogen zu ihren jeweiligen Stämmen.

89 (1) Am folgenden Tag berief Vercingetorix eine Versammlung ein und wies darauf hin, daß er diesen Krieg nicht um seiner eigenen Interessen, (2) sondern um der gemeinsamen Freiheit willen unternommen habe. Da man sich nun in den Willen des Schicksals fügen müsse, stehe er ihnen für beides zur Verfügung, sei es, daß sie den Römern durch seinen Tod Genugtuung leisten oder ihn lebend ausliefern wollten. Zu Verhandlungen darüber schickte man Gesandte an Caesar. (3) Er befahl, die Waffen auszuliefern und ihm die führenden Männer vorzuführen. (4) Er selbst nahm auf der Befestigung vor dem Lager Platz. Dort wurden ihm die feindlichen Heerführer vorgeführt. Vercingetorix wurde ausgeliefert,[466] und die Waffen wurden niedergelegt. (5) Unter Schonung der Haeduer und Arverner, deren Stämme er durch Vermittlung ihrer führen-

den Männer für sich zu gewinnen hoffte, wies er dem ganzen Heer aus den restlichen Gefangenen je einen als Beute zu.

90 (1) Nach diesen Maßnahmen brach Caesar zu den Haeduern auf und nahm sie wieder unter seine Schutzherrschaft. (2) Die Arverner schickten Gesandte dorthin mit der Zusage, alles zu tun, was er befehle. Er forderte die Stellung einer großen Zahl von Geiseln. Dann sandte er die Legionen in die Winterlager. (3) Den Hacduern und Arvernern gab er ungefähr 20 000 Gefangene zurück. (4) T. Labienus wies er an, mit zwei Legionen und der Reiterei ins Gebiet der Sequaner aufzubrechen, und gab ihm zur Unterstützung M. Sempronius Rutilus[467] mit. (5) Den Legaten C. Fabius und L. Minucius Basilus legte er mit zwei Legionen zu den Remern, um zu verhindern, daß diese durch die angrenzenden Bellovacer in Bedrängnis gerieten. (6) Mit je einer Legion schickte er C. Antistius Reginus zu den Ambivaretern, T. Sextius zu den Biturigern und C. Caninius Rebilus zu den Rutenern. (7) Q. Tullius Cicero und P. Sulpicius stationierte er im Gebiet der Haeduer am Arar in Cavillonum und Matisco[468], wo sie die Getreideversorgung übernehmen sollten. Er selbst beschloß, den Winter in Bibracte zu verbringen. (8) Als die Erfolge dieses Jahres in Rom bekannt wurden, ehrte man ihn mit einem Dankfest von 20 Tagen.

Achtes Buch[469]

(1) Da du mich mit ständigen Aufforderungen bedrängt hast, Balbus,[470] so daß meine von Tag zu Tag wiederholte Weigerung eher den Eindruck erweckte, ich wolle mich für meine Trägheit entschuldigen als um Nachsicht bitten, weil die Aufgabe zu schwierig sei, (2) habe ich mich an das unerhört schwierige Unternehmen gemacht, einen verbindenden Text zu den Berichten unseres Caesars über seine Kriegstaten in Gallien zu schreiben, weil seine folgenden Werke mit den vorhergehenden nicht zusammenhängen.[471] Sein letztes, unvollendetes Werk habe ich von den Kämpfen in Alexandria bis zum Schluß, zwar nicht des Bürgerkrieges – da ist noch kein Ende abzusehen –, wohl aber bis zum Tod Caesars[472] zu Ende geführt. (3) Ich wünschte nur, daß künftige Leser wissen könnten, wie widerwillig ich an das Verfassen dieser Berichte gegangen bin. Dann fiele der Vorwurf der Torheit und Anmaßung nicht mehr so leicht auf mich, dem ich mich dadurch aussetze, daß ich meinen Bericht in Caesars Schriften einschiebe. (4) Denn es steht bei allen fest, daß kein noch so kunstvolles Werk von anderen verfaßt wurde, das die »Commentarien« nicht an Schönheit überträfen. (5) Obwohl sie herausgegeben wurden, damit es Geschichtsschreibern nicht an Kenntnis so großer Kriegstaten fehle, waren sie nach allgemeinem Urteil so gut, daß es schien, als habe Caesar den Autoren die Möglichkeit genommen, nicht etwa geboten, über seine Taten zu schreiben. (6) Unsere Bewunderung dafür geht jedoch weit über die der anderen hinaus. Denn die anderen kennen sie als gut und sorgfältig überarbeitet, wir jedoch wissen, wie leicht und schnell sie Caesar geschrieben hat. (7) Er besaß nicht nur schriftstellerische Begabung und einen höchst eleganten Stil, sondern auch größte Erfahrung darin, seine Pläne klar darzulegen. (8) Ich hatte nicht einmal

Gelegenheit, am alexandrinischen oder africanischen Krieg teilzunehmen. Obwohl mir diese Kriegszüge teilweise aus Gesprächen mit Caesar bekannt sind, hören wir die Dinge doch anders an, wenn uns der Reiz des Unbekannten fesselt, als wenn wir wie ein Zeuge darüber berichten sollen. (9) Wenn ich hier aber auch alle Gründe zusammentrage, die mich davor bewahren sollen, mit Caesar verglichen zu werden, so ziehe ich mir doch auf jeden Fall den Vorwurf der Anmaßung zu, weil ich auch nur annehme, irgendein Leser könne mich in seinem Urteil mit Caesar vergleichen. Leb wohl.

1 (1) Nach der Niederwerfung ganz Galliens hatte Caesar den Wunsch, daß sich die Soldaten in der Ruhe der Winterlager von den übermäßigen Anstrengungen erholten, denn im vergangenen Sommer hatte er ununterbrochen Krieg geführt. Doch erhielt er die Nachricht, daß mehrere Stämme zur gleichen Zeit zum Krieg rüsteten und sich insgeheim miteinander verbündeten. (2) Als wahrscheinlicher Grund dafür wurde angegeben, daß inzwischen alle Gallier wüßten, daß man den Römern mit keiner noch so großen Zahl widerstehen könne, wenn man diese an einer Stelle zusammenzog. Wenn dagegen mehrere Stämme an verschiedenen Stellen gleichzeitig einen Krieg anfingen, hätte das römische Heer weder genug Hilfstruppen noch genügend Vorräte; auch seien die Entfernungen zu groß, als daß überall wirksam eingeschritten werden könnte. (3) Daher dürfe sich kein Stamm verweigern, wenn gerade auf ihn das Los des römischen Gegenangriffs fiele, solange die übrigen durch diesen Aufschub Zeit gewännen, für sich die Freiheit wiederzuerlangen.

2 (1) Um diese Meinung in Gallien nicht Fuß fassen zu lassen, übertrug Caesar dem Quaestor M. Antonius das Kommando über sein Winterlager und brach am 29. Dezember[473] mit einer Reiterschutztruppe von der Stadt Bibracte zur 13. Legion auf, die er in das Gebiet der Bituriger gelegt hatte, nicht weit von den Grenzen zu den Haeduern entfernt. Mit der 13. vereinigte er die 11. Legion, die im nächsten Winterlager stationiert war. (2) Zum Schutz des Trosses ließ er je zwei Cohorten zurück und führte das übrige Heer in das an Vorräten besonders reiche Gebiet der Bituriger. Da diese ein großes Land und mehrere Städte besaßen, hatte die eine Legion, die dort überwinterte, nicht vermocht, sie davon abzuhalten, den Krieg vorzubereiten und geheime Bündnisse einzugehen.

3 (1) Als Caesar so plötzlich eintraf, geschah das, was bei unvorbereiteten und zerstreuten Gegnern eintreten mußte: Die Leute, die ohne alle Befürchtungen ihr Land bebauten, wurden von der Reiterei überwältigt, bevor sie sich in die Städte flüchten konnten. (2) Denn man hatte auf ein Verbot Caesars hin darauf verzichtet, das allgemein bekannte Anzeichen für einen feindlichen Einfall zu geben, den man in der Regel an dem Feuer der in Brand gesteckten Gehöfte erkannte. Caesar wollte damit vermeiden, daß ihm, wenn er weiter vorrücken wollte, der Vorrat an Futter und Getreide ausginge, auch wollte er die Feinde nicht durch das Feuer warnen. (3) Nachdem schon Tausende gefangengenommen worden waren, hatten sich die in Panik versetzten Bituriger zu den angrenzenden Stämmen geflüchtet, soweit sie in dem Augenblick, als die Römer eintrafen, noch entfliehen konnten. Sie vertrauten darauf, daß diese Stämme sich ihren Plänen angeschlossen hatten oder ihnen durch private Gastfreundschaft verbunden waren. (4) Vergeblich, denn in Eilmärschen trat ihnen Caesar überall entgegen und ließ keinem Stamm Zeit, an seine eigene Rettung, geschweige denn an die anderer zu denken. Auf Grund dieser Geschwindigkeit konnte er die Treue der befreundeten Stämme erhalten und veranlaßte die schwankenden infolge ihres Schreckens dazu, über Friedensbedingungen zu verhandeln. (5) Als den Biturigern derartige Bedingungen vorgeschlagen wurden, sahen sie, daß ihnen infolge der Milde Caesars die Rückkehr in ein freundschaft-

liches Verhältnis mit ihm offenstand. Da sie gleichzeitig sahen, daß die angrenzenden Stämme ohne jede Bestrafung Geiseln gestellt hatten und Caesar ihre Kapitulation angenommen hatte, folgten sie ihrem Beispiel.

4 (1) Für die große Anstrengung und Ausdauer, mit der die Soldaten in diesen winterlichen Tagen, bei überaus schwierigen Märschen und unerträglicher Kälte alle Mühen besonders eifrig und standhaft ausgehalten hatten, versprach Caesar, ihnen je 200 Sesterzen,[474] den Centurionen 2000 als Beute zu schenken, und sandte die Legionen in die Winterlager zurück. Er selbst begab sich am 40. Tag wieder nach Bibracte. (2) Als er dort Gericht hielt, schickten die Bituriger Gesandte zu ihm mit der Bitte, sie gegen die Carnuten zu unterstützen. Sie klagten, diese hätten sie mit Krieg überzogen. (3) Auf diese Nachricht hin führte Caesar, der sich nicht länger als 18 Tage im Winterlager aufgehalten hatte, die 14. und 6. Legion aus ihren Winterlagern vom Arar weg. Wie im letzten Buch erwähnt, hatte er sie dorthin verlegt, um verstärkt für Getreidenachschub sorgen zu lassen. So brach er mit zwei Legionen auf, um gegen die Carnuten zu ziehen.

5 (1) Als die Nachricht vom Anmarsch des Heeres zu den Feinden drang, zogen die Carnuten aus dem Unglück der anderen eine Lehre und verließen ihre Dörfer und Städte. Dort hatten sie gewohnt, nachdem sie rasch kleine Häuser als Notbehelf errichtet hatten, um den Winter zu überdauern, denn infolge ihrer jüngsten Niederlage hatten sie mehrere Städte verloren. Jetzt flohen sie nach allen Richtungen. (2) Caesar legte sein Lager in die carnutische Stadt Cenabum, weil er nicht wollte, daß seine Soldaten den gerade in dieser Zeit besonders heftigen und starken Stürmen ausgesetzt würden. Er brachte die Soldaten zusammengepfercht teils in den Häusern der Gallier unter, teils in Hütten, die er an die Häuser anbauen ließ. Sie bestanden aus Stroh, das man schnell gesammelt hatte, um die Zelte zu decken. (3) Die Reiter und die Fußsoldaten der Hilfstruppen entsandte er dagegen in alle die Richtungen, in die sich die Feinde gewandt haben sollten. Und nicht vergeblich, denn unsere Leute kehrten meist im Besitz großer Beute zurück. (4) Die Carnuten gerieten durch den harten Winter und die ständige Furcht vor der Gefahr sehr in Bedrängnis. Aus ihren Häusern vertrieben, wagten sie nicht, sich an irgendeinem Ort länger aufzuhalten, auch konnten sie wegen des überaus harten Winters die Wälder nicht als Schutz benutzen, um sich zu verbergen. Sie verloren einen großen Teil ihrer Habe, zerstreuten sich in alle Richtungen und verteilten sich schließlich auf die angrenzenden Stämme.

6 (1) Caesar begnügte sich in dieser ungemein schwierigen Jahreszeit damit, alle Ansammlungen von Feinden zu zerstreuen, um zu verhindern, daß irgendwo ein Krieg entstünde. Soweit er das berechnen konnte, war er überzeugt, daß vor Anbruch des Sommers kein bedeutender Krieg ausbrechen würde. Daher legte er C. Trebonius mit den zwei Legionen, die er bei sich hatte, nach Cenabum ins Winterlager. (2) Caesar erfuhr jedoch durch zahlreiche Gesandtschaften der Remer, daß die Bellovacer, die an Kriegsruhm alle Gallier und Belger übertrafen, ebenso wie die ihnen benachbarten Stämme unter der Führung des Bellovacers Correus und des Atrebaten Commius Heere ausrüsteten und an einem Ort zusammenzogen, um mit der gesamten Streitmacht einen Einfall in das Gebiet der Suessionen zu machen, die unter der Herrschaft der Remer standen. Da glaubte er, nicht nur sein Ansehen, sondern auch die Sorge um seine Sicherheit erfordere es, die Bundesgenossen, die sich so ausgezeichnete Verdienste um das römische Volk erworben hatten, kein Unglück treffen zu lassen. (3) Daher berief er die 11. Legion wieder aus dem Winterlager ab, schickte Briefe an C. Fabius mit der Anweisung, die zwei Legionen, die er bei sich hatte, ins Gebiet der Suessionen zu führen, und forderte eine von den beiden Legionen an, die T. Labienus führ-

te. (4) So belastete er die Legionen abwechselnd mit Kriegszügen, wie es die Position ihrer Winterlager und die strategische Lage jeweils erforderte, wobei er sich selbst ständiger Anstrengung unterzog.
7 (1) Als er die Truppen zusammengezogen hatte, brach er in das Gebiet der Bellovacer auf, errichtete dort ein Lager und sandte Reiterabteilungen nach allen Richtungen aus, um Gefangene zu machen, von denen er erfahren könnte, was die Feinde planten. (2) Die Reiter führten ihren Auftrag aus und meldeten, sie hätten auf den Gehöften einige Leute gefunden, die nicht etwa dort zurückgeblieben seien, um die Felder zu bestellen, denn die Bellovacer hätten allgemein das Land verlassen, sondern diese hätte man als Kundschafter zurückgeschickt. (3) Als Caesar von den Gefangenen wissen wollte, wo sich die Hauptmacht der Bellovacer befinde und was sie planten, (4) erfuhr er, daß sich alle kriegstauglichen Bellovacer an einem Ort versammelt hätten, ebenso die Ambianer, Aulercer, Caleten, Veliocasser und Atrebaten. Für ihr Lager hätten sie im Wald eine hochgelegene Stelle ausgewählt, die ein Sumpf einschließe; den gesamten Troß hätten sie in die dahinterliegenden Wälder gebracht. Es gäbe zwar mehrere Anstifter des Krieges, aber die Menge höre vor allem auf Correus, weil sie wüßte, daß er das römische Volk am erbittertsten hasse. (5) Wenige Tage zuvor sei Commius aus dem Lager abmarschiert, um Germanen als Hilfstruppen heranzuführen, die in unmittelbarer Nähe lebten und deren Zahl unermeßlich groß sei. (6) Die Bellovacer hätten mit Zustimmung aller ihrer Führer und unter größter Begeisterung des ganzen Volkes beschlossen, Caesar eine Schlacht anzubieten, wenn er, wie verlautet war, mit drei Legionen anrücke. Damit wollten sie vermeiden, später unter ungünstigeren und härteren Bedingungen zum Entscheidungskampf mit dem gesamten Heer gezwungen zu werden. (7) Wenn Caesar allerdings stärkere Truppen heranführe, wollten sie an der

Stelle bleiben, die sie ausgesucht hatten. Sie wollten die Römer jedoch aus dem Hinterhalt an der Beschaffung von Futter hindern, das es wegen der Jahreszeit nur in geringen Mengen und vereinzelt gab, ebenso an der Beschaffung von Getreide und anderem Nachschub.

8 (1) Caesar erfuhr dies übereinstimmend von mehreren Gefangenen und hielt die Pläne, die die Feinde gefaßt hatten, für sehr klug und weit entfernt von dem sonstigen unüberlegten Vorgehen der Barbaren. Er beschloß daher, mit allen Mitteln dafür zu sorgen, daß die Feinde sich schneller zu einer Schlacht stellten, weil sie die kleine Zahl seiner Truppen verachteten. (2) Er hatte nämlich die 7., 8. und 9. Legion zur Verfügung, die altgedient und von einzigartiger Tapferkeit waren, dazu die 11., die zu höchsten Hoffnungen berechtigte, da sie aus ausgesuchten jungen Männern bestand. Obwohl sie schon acht Dienstjahre hinter sich hatte, war sie dennoch in ihrer Einschätzung an Alter und Tapferkeit noch nicht mit den übrigen zu vergleichen. (3) Caesar berief also einen Kriegsrat ein, legte dem Heer alles dar, was ihm zugetragen worden war, und ermutigte die Soldaten. Für den Fall, daß er die Feinde mit einer Zahl von drei Legionen zum Kampf veranlassen könnte, stellte er den Heereszug so auf, daß die 7., 8. und 9. Legion vor dem gesamten Troß marschierten. Ihnen sollte der Zug des ganzen Trosses folgen, der damals jedoch gering war, wie es bei kleineren Zügen gewöhnlich ist. Die 11. Legion bildete den Schluß des Zuges, damit die Feinde nicht den Eindruck gewännen, es seien mehr Römer, als sie sich für einen Kampf gewünscht hatten. (4) Auf diese Weise stellte Caesar einen fast quadratischen Heereszug[475] auf und führte das Heer schneller in Sichtweite der Feinde, als diese es erwartet hatten.

9 (1) Als die Gallier, deren siegessichere Pläne Caesar hinterbracht worden waren, sahen, wie die Legionen im Marschschritt wie zur Schlacht aufgestellt heranrückten, stellten sie ihre Truppen vor dem Lager auf und kamen von ihrer erhöhten Stellung nicht herunter, sei es, weil ihnen ein Kampf zu gefährlich schien, sei es, weil unsere Ankunft sie überraschte, sei es, weil sie unsere Pläne abwarten wollten. (2) Obwohl Caesar eine Schlacht gewünscht hatte, beeindruckte ihn doch eine so große Anzahl von Feinden, so daß er sein Lager den Feinden gegenüber errichtete. Dazwischen lag ein Tal, das nicht sehr breit, aber tief eingeschnitten war. (3) Caesar ließ das Lager mit einem Wall von zwölf Fuß befestigen und diesen mit Rücksicht auf seine Höhe nur mit einer kleinen Brustwehr versehen, zugleich einen doppelten Graben von je 15 Fuß Breite mit senkrechten Wänden anlegen, ebenso zahlreiche drei Stockwerk hohe Türme aufrichten, die durch überdeckte Laufbrücken miteinander verbunden waren. (4) Ihre Front ließ er durch eine kleine Brustwehr aus Weidengeflecht schützen. So wurde das Heer durch einen doppelten Graben und dazu durch eine doppelte Kampflinie geschützt: Die eine befand sich auf den Brücken, die nicht nur wegen ihrer Höhe mehr Sicherheit boten, sondern auch möglich machten, die Wurfgeschosse kühner und weiter bis zum Ziel zu schleudern. Die andere Linie, die er näher am Feind auf dem Wall selbst aufstellte, wurde durch die Brücke vor von oben einschlagenden Wurfgeschossen geschützt. An den Toren ließ er zudem Torflügel und höhere Türme anbringen.[476]

10 (1) Mit dieser Befestigung verfolgte Caesar ein zweifaches Ziel: Einmal hoffte er, daß der Umfang der Befestigung und seine scheinbare Furcht die Zuversicht der Barbaren stärken würden, andererseits war ihm klar, daß er das Lager auf Grund seiner guten Befestigung auch mit einer kleinen Besatzung verteidigen könnte, denn zur Futter- und Getreidebeschaffung mußten sich die Soldaten ziemlich weit entfernen. (2) Währenddessen wurde wiederholt zwischen den beiden Lagern gekämpft, doch stürmten von beiden Seiten jeweils nur kleine Gruppen vor, weil sich ein Sumpf zwischen den Lagern befand. Unsere gallischen und germanischen Hilfstruppen überschritten dennoch einige Male diesen Sumpf und verfolgten den Feind recht stürmisch, doch kamen auch umgekehrt die Feinde herüber und trieben die Unseren ziemlich weit zurück. (3) Beim täglichen Futterholen trat das ein, was eintreten mußte, weil man nur in wenigen, verstreut liegenden Gehöften Futter auftreiben konnte: Unsere Futterholer wurden eingekreist, weil sie sich infolge des unwegsamen Geländes verteilen mußten. (4) Obwohl dieser Umstand für uns nur einen geringen Verlust an Zugvieh und Sklaven mit sich brachte, veranlaßte er dennoch die Barbaren zu törichten Überlegungen, und das um so mehr, als Commius, der, wie erwähnt, aufgebrochen war, um germanische Hilfstruppen zu holen, jetzt mit Reitern eingetroffen war. Obwohl ihre Zahl nicht mehr als 500 betrug, erfüllte die Ankunft der Germanen die Barbaren mit großer Kampfeslust.

11 (1) Als Caesar bemerkte, daß der Feind mehrere Tage in seinem Lager blieb, das durch den Sumpf und die Beschaffenheit des Geländes gut geschützt war, so daß es nicht ohne verlustreiche Kämpfe erobert und auf Grund seiner Lage nur von einem größeren Heer mit Belagerungswerken eingeschlossen werden konnte, sandte er einen Brief an Trebonius mit dem Befehl, so schnell wie möglich die 13. Legion an sich zu ziehen, die unter dem Kommando des Legaten T. Sextius im Gebiet der Bituriger überwinterte. Mit den drei Legionen[477] sollte er dann in Eilmärschen zu ihm stoßen. (2) In der Zwischenzeit ließ Caesar aus der großen Zahl von Reitern, die er einberufen hatte, abwechselnd die der Remer, der Lingonen und der übrigen Stämme den Futterholern als Begleitschutz mitgeben. Sie sollten plötzliche Überfälle der Feinde zurückschlagen.

12 (1) Da sich dies täglich wiederholte, ließ die Vorsicht der Soldaten auf Grund der Gewöhnung etwas nach, was auf die Dauer regelmäßig geschieht. Da suchten die Bellovacer eine Schar von Fußsoldaten aus und legten sie an verschiedenen Stellen im Wald in einen Hinterhalt, nachdem sie die täglichen Stellungen[478] unserer Reiter erkundet hatten. Am folgenden Tag schickten sie die Reiter dorthin, (2) die zunächst einmal unsere Reiter weglocken sollten. Wenn die Fußtruppen, die im Hinterhalt lagen, sie eingekreist hätten, sollten sie angreifen. (3) Zufällig traf dieses Unglück die Remer, denen an diesem Tag die Aufgabe zugefallen war, die Schutztruppe zu bilden. Als sie plötzlich die feindlichen Reiter erblickten, schätzten sie die kleine Schar gering ein, da sie zahlenmäßig überlegen waren. Sie verfolgten sie daher stürmisch und waren plötzlich auf allen Seiten von Fußsoldaten umgeben. (4) Dadurch gerieten sie in Verwirrung und zogen schneller als für ein Reitergefecht üblich ab, wobei sie ihren Stammesfürsten Vertiscus verloren, der die Reiterei anführte. (5) Obwohl sich Vertiscus auf Grund seines Alters kaum noch auf dem Pferd halten konnte, hatte er sich nach gallischem Brauch nicht mit seinem Alter entschuldigt, um das Kommando über die Reiter nicht übernehmen zu müssen, und auch nicht gewollt, daß man ohne ihn kämpfte. (6) Der günstige Ausgang des Kampfes ließ den Mut der Feinde wachsen und stachelte sie an, vor allem, weil der Fürst und Anführer der Remer gefallen war. (7) Dagegen bedeuteten die Verluste für unsere Truppen eine Mahnung, das Gelände sorgfältiger zu erkunden, Wachtposten zu verteilen und dem Feind, wenn er zurückwich, nur mäßig weit zu folgen.

13 (1) In der Zwischenzeit wurden die Kämpfe, die täglich an seichten Stellen und Übergängen des Sumpfes in Sichtweite der beiden Lager stattfanden, nicht unterbrochen. (2) Caesar hatte Germanen über den Rhein gebracht, um sie im Verein mit seinen Reitern kämpfen zu lassen. Als sie bei diesen Gefechten alle zusammen den Sumpf überquert hatten, einige Feinde, die Widerstand

leisteten, niedergehauen und ihre übrigen Truppen hartnäckig verfolgt hatten, (3) gerieten bei den Feinden nicht nur die, die im Handgemenge bedrängt wurden, sondern auch die, die aus der Ferne verwundet wurden, ebenso wie die, die etwas weiter entfernt sich gewöhnlich zur Unterstützung bereithielten, in Panik, so daß sie feige die Flucht ergriffen. Sie hielten damit nicht eher ein, als bis sie sich ins Lager der Ihren gerettet hatten, auch wenn sie dabei oft höher gelegene Stellungen aufgaben. Einige trieb sogar die Scham, noch weiter zu fliehen. (4) Ihre Haltung gegenüber dieser Gefahr brachte die Gesamtheit der feindlichen Soldaten so in Verwirrung, daß schwer zu entscheiden war, ob nach winzigen Erfolgen ihr Übermut oder nach mäßigen Niederlagen ihre Furcht größer war.

14 (1) Als die Bellovacer mehrere Tage in demselben Lager verbracht hatten, erfuhren ihre Anführer, daß der Legat C. Trebonius mit seinen Legionen in die Nähe gekommen sei. Da sie Furcht vor einer Belagerung ähnlich der Alesias hatten, schickten sie bei Nacht gemeinsam mit dem übrigen Troß die Leute fort, die sie auf Grund ihres Alters oder ihrer Kräfte für zu schwach hielten oder für ganz kriegsuntauglich. (2) Während sie den durcheinandergeratenen und ungeordneten Zug dieser Menschen zu entwirren suchten – gewöhnlich folgt auch den kampfbereiten Galliern eine große Anzahl von Wagen –, überraschte sie das Tageslicht. Die Gallier stellten daher bewaffnete Truppen vor dem Lager auf, um die Römer daran zu hindern, sich an die Verfolgung des Zuges mit dem Troß zu machen, ehe dieser etwas weiter vorangekommen wäre. (3) Caesar schien es zwar nicht geraten, den zur Gegenwehr entschlossenen Feind die starke Steigung hinauf anzugreifen, hielt es aber für angebracht, die Legionen so weit vorrücken zu lassen, daß die Barbaren wegen der bedrohlichen Nähe der Soldaten nur unter großer Gefahr von dem Platz abziehen konnten. (4) Caesar erkannte zwar, daß, da die Lager durch den unzugänglichen Sumpf voneinander getrennt waren, der schwierige Übergang eine schnelle Verfolgung des Feindes verzögern konnte, doch sah er, daß zwischen dem Bergrücken, der sich jenseits des Sumpfes fast bis zum feindlichen Lager zog, und dem Hügellager selbst nur ein mäßig tiefes Tag lag. Er ließ daher Knüppelwege über den Sumpf anlegen, führte die Legionen hinüber und gelangte schnell auf die Hochebene des Bergrückens, die auf zwei Seiten durch steile Abhänge geschützt war. Hier ließ er die Legionen antreten und zum Ende des Gebirgskamms marschieren. (5) Er stellte sie an der Stelle in Schlachtordnung auf, von der aus man mit einer Wurfmaschine Geschosse auf die keilförmigen Abteilungen der Feinde schleudern konnte.

15 (1) Da die Barbaren auf die Gunst des Geländes vertrauten, wollten sie einerseits einem Kampf nicht aus dem Weg gehen, wenn die Römer vielleicht versuchen sollten, die Anhöhe hinaufzukommen, andererseits wagten sie nicht, ihre Truppen, die sich nach und nach auf das Gelände verteilt hatten, zu entlassen, um sie nicht vereinzelt in Gefahr zu bringen. So blieben sie in Schlachtordnung aufgestellt. (2) Als Caesar erkannte, daß sie dabei verharrten, ließ er 20 Cohorten in Schlachtordnung aufmarschieren, gleichzeitig an dieser Stelle ein Lager ausmessen und befestigen. (3) Nach Beendigung dieser Arbeit stellte er vor dem Lagerwall die kampfbereiten Legionen auf und verteilte die Reiter mit aufgezäumtem Pferd auf verschiedene Standorte. (4) Als die Bellovacer sahen, daß die Römer zur Verfolgung bereitstanden, so daß sie nicht länger ohne Gefahr an derselben Stelle bleiben, geschweige denn dort übernachten konnten, faßten sie folgenden Rückzugsplan: (5) An der Stelle, an der sie sich niedergelassen hatten – wie Caesar in den vorhergehenden »Commentarien« schildert, waren die Gallier gewöhnt, sich auf dem Schlachtfeld zu lagern[479] –, reichten sie von Hand zu Hand Bündel aus Stroh und Reisig weiter, wovon es in ihrem Lager große Mengen gab, und schichteten

es vor der Front auf. Beim letzten Tageslicht zündeten sie auf ein Rufzeichen hin alles auf einmal an. Das zusammenhängende Feuer entzog plötzlich ihre gesamten Truppen den Blicken der Römer. (6) Sobald dies eintrat, liefen die Barbaren in wilder Flucht davon.

16 (1) Obwohl Caesar den Abzug der Feinde nicht wahrnehmen konnte, da das Feuer dazwischenlag, vermutete er, daß sie diese Maßnahme getroffen hatten, um zu fliehen. Er ließ daher die Legionen vorrücken und schickte die Reiterabteilungen zur Verfolgung aus. Da er jedoch einen Hinterhalt fürchtete, weil die Feinde vielleicht an derselben Stelle stehenblieben und nur versuchten, unsere Soldaten auf ungünstiges Gelände zu locken, ging er selbst ziemlich langsam vor. (2) Die Reiter fürchteten sich, in den Rauch und die dichten Flammen hineinzureiten; wenn einige es etwas stürmischer taten, konnten sie kaum das Vorderteil ihrer eigenen Pferde sehen, so daß auch sie einen Hinterhalt fürchteten und daher den Bellovacern ungehinderte Möglichkeit zum Rückzug gaben. (3) So kamen die Feinde in einer Flucht, die sich gleichermaßen durch Furcht und Schlauheit auszeichnete, ohne jeden Verlust etwa 10 Meilen voran und errichteten an einem überaus gut geschützten Ort ein Lager. (4) Da sie von dort aus wiederholt Reiter und Fußsoldaten in einen Hinterhalt legten, fügten sie den Römern große Verluste zu, wenn diese Futter beschafften.

17 (1) Nachdem dies wiederholt geschehen war, erfuhr Caesar von einem Gefangenen, daß der Anführer der Bellovacer, Correus, 6000 besonders tapfere Fußsoldaten und aus der Gesamtzahl der Reiter 1000 ausgewählt habe, um sie an der Stelle in den Hinterhalt zu legen, von der er annahm, daß die Römer Soldaten dorthin schicken würden, um Futter zu holen. Denn es gab dort reichlich Getreide und Futter. (2) Als Caesar von diesem Plan erfuhr, ließ er mehr Legionen als gewöhnlich ausziehen und schickte die Reiter voraus, die er den Futterholern auch

sonst in der Regel als Schutz mitgab. (3) Unter die Reiterei mischte er leichtbewaffnetes Fußvolk. Er selbst rückte mit den Legionen nach, so nahe er konnte.

18 (1) Die Feinde hatten für den bevorstehenden Kampf ein Gelände ausgewählt, das sich nach allen Seiten nicht weiter als eine Meile erstreckte und ringsum durch undurchdringliche Wälder und einen sehr tiefen Fluß gesichert war. Hier legten sie sich an verschiedenen Punkten in den Hinterhalt und schlossen damit das Gelände wie bei einem Kesseltreiben ein. (2) Da ihr Plan bekannt war, kamen unsere Reiter, auf eine Schlacht eingestellt und gut bewaffnet, in einzelnen Abteilungen dorthin. Weil ihnen die Legionen auf dem Fuße folgten, waren sie entschlossen, den Kampf aufzunehmen. (3) Als sie eintrafen, glaubte Correus, hier biete sich ihm eine Gelegenheit zum Kampf, so daß er zunächst mit einer kleinen Schar erschien und die ersten Reiterabteilungen angriff. (4) Unsere Soldaten leisteten dem Ansturm der Feinde, die aus dem Hinterhalt erschienen, hartnäckig Widerstand. Zudem drängte sich auch nicht eine größere Zahl an einer einzigen Stelle zusammen; denn wenn dies bei Reitergefechten geschieht, dann meist aus Furcht, wobei sich die Reiter dann durch ihre große Zahl selbst schaden.

19 (1) Weil unsere Reiterabteilungen verteilt waren, kämpften jeweils nur wenige, und sie ließen es daher auch nicht zu, daß man sie von den Flanken her umzingelte. Infolgedessen brachen nun auch die anderen Feinde aus den Wäldern hervor, während sich Correus im Gefecht befand. So wurde an verschiedenen Stellen und unter Anspannung aller Kräfte gekämpft. (2) Als sich das Gefecht über längere Zeit mit unentschiedenem Ausgang hingezogen hatte, kamen nach und nach aus den Wäldern eine große Anzahl von Fußsoldaten in Schlachtordnung heran, die unsere Reiter zwangen zurückzuweichen. Doch kamen diesen schnell die leichtbewaffneten Fußsoldaten zu Hilfe, die Caesar, wie erwähnt, den Legionen vorangeschickt hatte. Im Verein mit unseren Reiterabteilungen schlugen sie sich hartnäckig. (3) Wieder wurde eine Zeitlang mit gleicher Anstrengung gekämpft. So, wie ein solches Gefecht aussehen mußte, erlangten dann jedoch die, die den ersten aus dem Hinterhalt vorgetragenen Angriff der Feinde abgewehrt hatten, die Oberhand, denn da sie auf den Angriff aus dem Hinterhalt vorbereitet waren, hatten sie keine Verluste erlitten. (4) Inzwischen rückten auch die Legionen näher, wobei die Feinde gleichzeitig mit unseren Soldaten durch zahlreiche Boten die Nachricht erhielten, der Oberbefehlshaber sei mit kampfbereiten Truppen zur Stelle. (5) Im Vertrauen auf den Schutz der Cohorten kämpften daraufhin unsere Soldaten besonders hitzig, um nicht, wenn sie für den Kampf zu lange brauchten, den Anschein zu erwecken, sie hätten die Ehre des Sieges mit den Legionen teilen müssen. (6) Den Feinden sank der Mut, so daß sie in verschiedene Richtungen flohen. Vergeblich: Das schwierige Gelände, in dem sie uns hatten einschließen wollen, hielt sie jetzt selbst auf. Sie wurden schließlich überwältigt und völlig geschlagen. (7) Nach Verlust des größeren Teils ihrer Soldaten flohen sie bestürzt und entsetzt, wo auch immer sie sich zufällig befanden, teils in die Wälder, teils zum Fluß. (8) Doch auch auf der Flucht wurden sie von unseren Soldaten stürmisch verfolgt und niedergemacht, während in der Zwischenzeit Correus, den kein Unglück erschütterte, nicht dazu gebracht werden konnte, aus dem Kampf in Richtung auf die Wälder zu fliehen, geschweige denn unserer Aufforderung nachzukommen, sich zu ergeben. Statt dessen kämpfte er aufs tapferste weiter, verwundete einige Soldaten und zwang die von Zorn erfüllten Sieger, ihn mit ihren Geschossen zu töten.

20 (1) Nach diesem Erfolg traf Caesar auf dem Schlachtfeld ein, kaum daß der Kampf vorüber war. Da er glaubte, die Feinde würden auf die Nachricht von einer derartigen Niederlage hin ihr Lager verlassen, das nicht weiter als

etwa 8 Meilen vom Schlachtfeld entfernt sein sollte, rückte er mit seinem Heer über den Fluß[480] vor, obwohl er sah, daß der Vormarsch durch das Übersetzen erschwert wurde. (2) Wider alles Erwarten suchten bei den Bellovacern und den übrigen Stämmen nur einige wenige Verwundete Zuflucht, die dank der Wälder dem Tod hatten entkommen können. Nachdem alles zu ihrem Unglück ausgeschlagen war – Correus war tot, sie hatten die gesamte Reiterei und die tapfersten Fußsoldaten verloren –, war die Niederlage nun allen klar. Da beriefen sie schnell mit der Tuba eine Versammlung ein und forderten lautstark, man solle Gesandte und Geiseln zu Caesar schicken, weil sie glaubten, die Römer rückten heran.

21 (1) Als alle den Vorschlag billigten, floh der Atrebate Commius zu den Germanen, von denen er für diesen Krieg Hilfstruppen geliehen hatte. (2) Die anderen schickten auf der Stelle Gesandte an Caesar und baten, er möge sich mit der Bestrafung der Feinde begnügen, die er auf Grund seiner Menschlichkeit und Milde gewiß nie über sie verhängt hätte, wenn er sie ohne Kampf, als sie noch alle unversehrt waren, hätte festsetzen können. (3) Die Streitmacht der Bellovacer sei in dem Reitergefecht völlig vernichtet worden, viele Tausende ausgewählter Fußsoldaten seien umgekommen, kaum jemand sei entronnen, der die Niederlage hätte melden können. (4) Dennoch hätten die Bellovacer in dieser Schlacht trotz dieses so großen Unglücks einen großen Vorteil erlangt, da Correus tot sei, der Anstifter des Krieges, der die Menge aufgehetzt habe. Zu seinen Lebzeiten habe der Adel in ihrem Stamm niemals die gleiche Macht besessen wie die unerfahrene Menge.

22 (1) Als die Gesandten so baten, hielt Caesar ihnen folgendes entgegen: Im vorigen Jahr hätten die Bellovacer und die übrigen Stämme Galliens alle zum gleichen Zeitpunkt den Krieg begonnen. Vor allem ihr Stamm sei hartnäckig bei seinem Vorsatz geblieben und habe nicht, wie die übrigen, mit einer Kapitulation zur Vernunft zurückgefunden. (2) Er wisse sehr wohl, daß man besonders gern die Schuld an Verbrechen Toten zuschiebe. Niemand könne jedoch so mächtig sein, daß er gegen den Willen der führenden Männer, gegen den Willen des Adels, gegen den Widerstand aller Vernünftigen mit einer kleinen Schar niederen Volkes einen Krieg anstiften und durchführen könne. Dennoch werde er sich mit der Bestrafung zufriedengeben, die sie sich selbst zugezogen hätten.

23 (1) In der folgenden Nacht überbrachten die Gesandten ihrem Stamm Caesars Antwort. Sie holten Geiseln zusammen. Rasch kamen nun auch die Gesandten der übrigen Stämme, die die Entscheidung über die Bellovacer abgewartet hatten. (2) Sie stellten Geiseln und folgten Caesars Anordnungen, mit Ausnahme des Commius, den die Furcht abhielt, sein Wohlergehen irgend jemandem auf Treu und Glauben anzuvertrauen. (3) Denn als Caesar im vergangenen Jahr im diesseitigen Gallien Gerichtstage abhielt, hatte T. Labienus erfahren, daß Commius die Stämme aufhetzte und zur Verschwörung gegen Caesar anstiftete. Labienus hatte jedoch geglaubt, er könne dieses treulose Verhalten unterbinden, ohne sich den Vorwurf eines Vertrauensbruches zuzuziehen. (4) Da er nicht glaubte, Commius werde einem Ruf ins Lager folgen, ihn jedoch auch nicht durch einen Versuch dazu mißtrauisch machen wollte, entsandte er C. Volusenus Quadratus[481]. Er sollte eine Unterredung mit Commius vortäuschen und dafür sorgen, daß dieser getötet würde. Zu diesem Zweck hatte ihm Labienus ausgesuchte und geeignet erscheinende Centurionen mitgegeben. (5) Als man zu der Unterredung zusammenkam und Volusenus Commius, wie vereinbart, bei der Hand gefaßt hatte, konnte der betreffende Centurio, weil ihn dieses ungewöhnliche Vorhaben verwirrte oder aber die Freunde des Commius ihn schnell zurückhielten, Commius nicht umbringen. Dennoch wurde dieser durch den ersten Schwertstreich schwer am

Kopf getroffen. (6) Als nun beide Seiten das Schwert zogen, geschah dieses bei beiden nicht so sehr in der Absicht zu kämpfen als vielmehr, die Flucht zu sichern, denn auf unserer Seite glaubte man, daß Commius tödlich getroffen sei, die Gallier dagegen erkannten, daß sie in einen Hinterhalt geraten waren, und fürchteten noch mehr, als sie sahen. Daraufhin soll Commius beschlossen haben, sich niemals wieder in die Gegenwart eines Römers zu begeben.

24 (1) Nach dem entscheidenden Sieg über diese äußerst kriegerischen Stämme gab es, wie Caesar sah, keinen Stamm mehr, der sich zum Krieg rüstete, um ihm Widerstand zu leisten. Da er zudem bemerkte, daß viele sogar die Städte verließen und von ihren Feldern flohen, um sich der gegenwärtigen Herrschaft zu entziehen, beschloß er, das Heer in mehrere Gruppen zu teilen und zu entlassen. (2) Den Quaestor M. Antonius behielt er mit der 12. Legion bei sich. Den Legaten C. Fabius sandte er mit 25 Cohorten in den entlegensten Teil Galliens, weil er hörte, daß dort einige Stämme unter Waffen stünden. Er hielt daher die zwei Legionen unter dem Legaten C. Caninius Rebilus, die in diesem Gebiet[482] standen, für nicht schlagkräftig genug. (3) T. Labienus berief er zu sich, während er die 15. Legion, die unter Labienus im Winterlager gestanden hatte, in die Gallia togata[483] entsandte, um den Schutz der römischen Colonien[484] zu übernehmen. Damit wollte er verhindern, daß durch einen Einfall der Barbaren ein ähnliches Unglück geschähe, wie es im vergangenen Sommer bei den Tergestinern[485] eingetreten war, die durch einen überraschenden Raubzug und Angriff der Illyrer überwältigt worden waren. (4) Er selbst brach auf, um das Gebiet des Ambiorix gründlich zu verwüsten. Da Ambiorix voll Schrecken geflohen war, hatte Caesar die Hoffnung aufgegeben, ihn selbst in seine Gewalt bekommen zu können, doch hielt er es für das nächste Ziel, das seinem Ansehen angemessen war, das Gebiet des Ambiorix, Bewohner, Gehöfte und Vieh, so zu verwüsten, daß Ambiorix keine Möglichkeit mehr hätte, zu seinem Stamm zurückzukehren, weil seine Stammesgenossen ihn auf Grund eines derart großen Unglücks hassen würden, wenn das Schicksal noch einige übrigließe.

25 (1) Als Caesar Legionen oder Hilfstruppen in alle Teile des Gebiets des Ambiorix ausgesandt und alles durch Mord, Brand und Raub hatte verwüsten lassen, wobei eine große Anzahl der Bewohner umgekommen oder in Gefangenschaft geraten war, sandte er T. Labienus mit zwei Legionen zu den Treverern. (2) Dieser Stamm unterscheidet sich in der Lebensweise und Wildheit nicht sehr von den Germanen, weil er in ihrer Nachbarschaft lebt und täglich mit ihnen Krieg führen muß. Auch folgte er Anweisungen nur, wenn er durch ein Heer dazu gezwungen wurde.

26 (1) Inzwischen hatte der Legat C. Caninius durch Boten und Briefe des Duratius[486] erfahren, daß sich eine große Anzahl von Feinden im Gebiet der Pictonen gesammelt habe. Duratius hatte stets die freundschaftlichen Beziehungen mit den Römern aufrechterhalten, auch als ein Teil seines Stammes abgefallen war. Caninius eilte daher in Richtung auf die Stadt Lemonum[487]. (2) Als er dort eintraf, erfuhr er von Gefangenen mit noch größerer Sicherheit, daß Dumnacus, der Führer der Anden, mit vielen Tausend Menschen Duratius in Lemonum eingeschlossen hatte und die Stadt bestürmte. Da Caninius nicht wagte, den Feinden mit zwei schwachen Legionen entgegenzutreten, errichtete er an einer geschützten Stelle ein Lager. (3) Als Dumnacus erfuhr, daß Caninius anrücke, wandte er sich mit allen Truppen gegen die Legionen und ging daran, das römische Lager zu stürmen. (4) Da er jedoch einige Tage mit der Belagerung hinbrachte, ohne einen Teil der Befestigung einreißen zu können, während er selbst große Verluste erlitt, wandte er sich erneut der Belagerung von Lemonum zu.

27 (1) Zur gleichen Zeit, als der Legat C. Fabius die Kapitulation einiger Stämme annahm und sie durch die Stellung von Geiseln sicherte, erfuhr er durch einen Brief des Caninius, was bei den Pictonen vor sich ging. Da brach er auf, um Duratius zu Hilfe zu kommen. (2) Als Dumnacus von seinem Anrücken erfuhr, sah er, daß es ein hoffnungsloses Unternehmen wäre, wenn er gezwungen würde, dem Feind von außen Widerstand zu leisten und gleichzeitig die Einwohner der Stadt mit Furcht und Argwohn zu beobachten. Er gab daher mit seinen Truppen überraschend die Belagerung auf und hielt sich nicht eher für ausreichend sicher, bis er mit seinen Truppen über den Fluß gesetzt wäre. Da dieser sehr breit war, mußte man ihn auf einer Brücke überqueren. (3) Obwohl Fabius den Feind noch nicht zu Gesicht bekommen und sich noch nicht mit Caninius vereinigt hatte, vermutete er, die erschrockenen Feinde würden sich ebendahin wenden, wohin sie in der Tat zogen, denn Ortskundige hatten ihn über die Gegend aufgeklärt. (4) Er eilte daher mit seinen Truppen auf dieselbe Brücke zu und gab den Reitern den Befehl, dem Zug der Legionen nur so weit vorauszureiten, wie sie es tun könnten, ohne die Pferde zu ermüden, so daß sie sich dann wieder in das alte Lager zurückziehen könnten. (5) Unsere Reiter verfolgten den Zug des Dumnacus wie befohlen und gingen gegen ihn vor. Sie griffen die erschrockenen Feinde, die durch ihr Gepäck behindert waren, auf ihrem Fluchtweg an, machten große Beute und töteten viele. Nach diesem Erfolg zogen sie sich wieder ins Lager zurück.

28 (1) In der folgenden Nacht schickte Fabius die Reiter voraus, die gerüstet waren, den feindlichen Heereszug anzugreifen und aufzuhalten. Er selbst folgte nach. (2) Der Reiterpraefect Q. Atius Varus, der sich durch besondere Klugheit und einzigartigen Mut auszeichnete, feuerte seine Soldaten an, das Unternehmen befehlsgemäß durchzuführen. Als er die Feinde erreicht hatte, verteilte er einige Reiterabteilungen auf geeignete Punkte, mit anderen verwickelte er die feindlichen Reiter in einen Kampf. (3) Die Reiterei der Feinde kämpfte ungemein verwegen, weil ihr die Fußsoldaten unmittelbar folgten, die mit dem ganzen Zug haltmachten und den Reitern gegen unsere Abteilungen zu Hilfe kamen. (4) Beide Seiten wetteiferten in erbittertem Kampf. Denn da unsere Reiter nach dem Sieg am Vortag die Feinde gering einschätzten, sich zugleich bewußt waren, daß ihnen die Legionen unmittelbar folgten, schlugen sie sich ganz besonders tapfer mit den feindlichen Fußsoldaten, weil sie sich schämten, vor ihnen zu weichen, und gleichzeitig den Kampf allein zu einem entscheidenden Ende zu bringen wünschten. (5) Die Feinde dagegen glaubten, es kämen keine weiteren Truppen hinzu, wie sie es vom Vortag her noch wußten, und hatten hier scheinbar die Gelegenheit, unsere Reiterei völlig zu vernichten.

29 (1) Nachdem man eine Zeitlang unter Anspannung aller Kräfte gekämpft hatte, bildete Dumnacus eine regelrechte Front, damit sich Reiter und Fußsoldaten gegenseitig schützten. Da erschienen plötzlich die dichtgeschlossenen Reihen der Legionen im Blickfeld der Feinde. (2) Ihr Anblick entmutigte die feindlichen Reiterabteilungen, versetzte die Fußsoldaten in Schrecken und brachte den ganzen Zug des Trosses in Verwirrung, so daß die Feinde unter großem Geschrei nach allen Richtungen auseinanderliefen und flohen. (3) Unsere Reiter, die, als die Feinde Widerstand leisteten, kurz zuvor aufs tapferste mit ihnen gekämpft hatten, wurden durch die Freude über den Sieg übermütig, erhoben auf allen Seiten ein großes Geschrei und kreisten die Flüchtigen ein. Solange bei der Verfolgung die Kräfte ihrer Pferde ausreichten und ihre Hände das Schwert führen konnten, hieben sie in diesem Kampf alles nieder. (4) Auf diese Weise fielen auf feindlicher Seite mehr als 12000 Bewaffnete; Männer, die aus Furcht ihre Waffen weggeworfen hatten, und der gesamte umfangreiche Troß wurde erbeutet.

30 (1) Zu Beginn des gallischen Aufstandes hatte der Senone Drappes von überall her verkommenes Gesindel um sich gesammelt, hatte Sklaven zur Freiheit aufgerufen, die Verbannten aus allen Stämmen herbeiholen lassen und Räuber bei sich aufgenommen. Mit all diesen hatte er Troß und Nachschub der Römer abgefangen und erbeutet. Auf der Flucht hatte er jetzt nicht mehr als 2000 Flüchtlinge gesammelt und gemeinsam mit dem Cadurcer Lucterius den Plan gefaßt, sich gegen die Provinz zu wenden. Von Lucterius ist aus dem vorangegangenen »Commentar« bekannt, daß er zu Beginn des gallischen Aufstandes die römische Provinz überfallen wollte. Da die Absichten der beiden sicher bekannt waren, (2) setzte sich der Legat Caninius mit zwei Legionen eilends in Marsch, um sie zu verfolgen; er wollte die Römer nicht in schlechten Ruf kommen lassen, wenn die Raubzüge der Verbrecher in der Provinz Furcht erregten oder Schaden verursachten.

31 (1) Mit dem übrigen Heer brach C. Fabius zu den Carnuten und den übrigen Stämmen auf, deren Truppen in der Schlacht, die er Dumnacus geliefert hatte, geschwächt worden waren. (2) Er hegte keinen Zweifel daran, daß sie sich auf Grund der kürzlichen Niederlage in Zukunft leichter unterwerfen würden, daß Dumnacus sie dagegen nach einer gewissen Zeitspanne und bei Gelegenheit wieder zum Aufstand veranlassen könnte, wenn er sie aufhetzte. (3) Hier hatte Fabius bei der Unterwerfung der Stämme besonders große und schnelle Erfolge. (4) Denn die Carnuten, die niemals einen Frieden erwähnt hatten, obwohl sie häufig unterlegen waren, stellten Geiseln und ergaben sich. Die übrigen Stämme in den entferntesten Gebieten Galliens ebenso wie die an den Ozean grenzenden, die Aremoricer heißen, veranlaßte das Ansehen der Carnuten, beim Eintreffen des Fabius und der Legionen seinen Anordnungen ohne Verzug nachzukommen. (5) Dumnacus, aus seinem Land vertrieben, irrte auf der Suche nach Verstecken umher und war schließlich gezwungen, sich allein in die entlegensten Gebiete Galliens zu flüchten.

32 (1) Als Drappes und Lucterius erfuhren, daß Caninius mit seinen Legionen da sei, glaubten sie, es bedeute für sie das sichere Verderben, in die Provinz einzufallen, wenn unser Heer sie verfolge. Gleichzeitig sei es ihnen auch nicht mehr möglich, frei umherzustreifen und Raubzüge zu unternehmen. Deshalb blieben sie beide im Gebiet der Cadurcer. (2) Da Lucterius bei seinen Stammesgenossen in Friedenszeiten einstmals große Macht gehabt hatte und auch als Anstifter von Aufstandsplänen bei den Barbaren stets großen Einfluß hatte, besetzte er die Stadt Uxellodunum,[488] die sich unter seiner Schutzherrschaft befand und auf Grund ihrer Lage hervorragend geschützt war, mit seinen und des Drappes Truppen und gewann die Einwohner für sich.

33 (1) Caninius, der sofort dorthin kam, sah, daß alle Teile der Stadt durch überaus steil abfallende Felsen gesichert waren, so daß der Aufstieg für bewaffnete Soldaten schwierig war, selbst wenn die Stadt nicht verteidigt wurde. Er sah aber auch, daß die Einwohner einen umfangreichen Troß besaßen. Sollten sie versuchen, diesen heimlich auf der Flucht mit fortzuschaffen, könnten sie nicht nur nicht den Reitern, sondern nicht einmal den Legionen entkommen. Er teilte daher seine Cohorten in drei Gruppen auf und errichtete an einer sehr hoch gelegenen Stelle drei Lager, (2) ehe er daranging, von hier aus nach und nach, wie es die Zahl seiner Truppen zuließ, um die Stadt herum einen Wall anlegen zu lassen.

34 (1) Als die Einwohner dies bemerkten, erfaßte sie Unruhe, weil sie sich an das unglückliche Schicksal Alesias erinnerten und fürchteten, daß die Belagerung ähnlich verhängnisvoll ausgehe. Lucterius, der die Stadt in diese gefährliche Lage gebracht hatte, forderte unter allen am eindringlichsten, für Getreide zu sorgen. Infolgedessen beschlossen die beiden Anführer mit Zustimmung aller, einen Teil ihres Heeres in der Stadt zurückzulassen und selbst mit kampfbereiten Truppen auszurücken, um Getreide heranzuschaffen. (2) Der Plan wurde gebilligt, und während 2000 Bewaffnete zurückblieben, zogen in der folgenden Nacht Drappes und Lucterius mit dem Rest der Truppen aus der Stadt. (3) Sie blieben einige Tage fort und beschafften währenddessen aus dem Gebiet der Cadurcer eine große Menge Getreide, wobei die einen sie bereitwillig mit Korn unterstützten, die anderen nicht verhindern konnten, daß man es ihnen wegnahm. Einige Male griffen die Feinde sogar in nächtlichen Streifzügen unsere Castelle an. (4) Daher zögerte Caninius, die gesamte Stadt einzuschließen, weil er fürchtete, eine vollständige Befestigung nicht schützen oder an den meisten Stellen nur schwache Wachmannschaften aufstellen zu können.

35 (1) Nachdem sie eine große Menge Getreide beschafft hatten, gingen Drappes und Lucterius nicht weiter als 10 Meilen von der Stadt entfernt in Stellung, um von da aus allmählich das Getreide heimlich in die Stadt zu bringen. Sie teilten die Aufgaben unter sich auf: (2) Drappes blieb mit einem Teil der Truppen zum Schutz des Lagers zurück, Lucterius führte die Wagenkolonne zur Stadt. (3) Nachdem er entlang der Wegstrecke Wachen verteilt hatte, begann er etwa um die 10. Stunde der Nacht, das Getreide auf engen Waldwegen in die Stadt zu bringen. (4) Da die Wachtposten unseres Lagers jedoch das Geräusch hörten, sandte man Späher aus, die meldeten, was vor sich ging. Daraufhin griff Caninius kurz vor Tagesanbruch mit bewaffneten Cohorten aus den nächstgelegenen Castellen schnell die Getreideholer an. (5) Diese gerieten durch den überraschenden Angriff in Schrecken und flohen einzeln zu ihren Wachtposten zurück. Als unsere Soldaten dies sahen, gingen sie noch hitziger gegen die Bewaffneten vor und ließen nicht zu, daß auch nur einer aus ihrer Zahl lebendig gefangen wurde. Mit einigen weni-

gen seiner Leute floh Lucterius von dort und kehrte nicht mehr ins Lager zurück.

36 (1) Nach diesem Erfolg erfuhr Caninius von Gefangenen, daß sich ein Teil der feindlichen Truppen nicht weiter als 12 Meilen entfernt mit Drappes in einem Lager befinde. Als er dies den Aussagen mehrerer Feinde entnommen hatte, nahm er zwar an, daß nach der Flucht des einen Führers die übrigen leicht in Schrecken versetzt und überwältigt werden könnten, doch hielt er es für einen großen Glücksfall, wenn niemand aus dem Gemetzel ins Lager des Drappes geflohen wäre, um diesem die Nachricht von dem Unglück zu bringen. (2) Er sah es jedoch für ungefährlich an, einen Versuch zu wagen, und sandte die gesamte Reiterei und die germanischen Fußsoldaten, die sich durch besondere Schnelligkeit auszeichneten, zum Lager der Feinde voraus. Er selbst verteilte eine Legion auf die drei Lager und nahm die andere, zum Kampf bereit, mit sich. (3) Als er näher an die Feinde herangekommen war, erfuhr er von Spähern, die er vorausgesandt hatte, daß die Feinde, wie es in der Regel bei den Barbaren geschieht, die Anhöhe aufgegeben und ihr Lager unten an das Ufer des Flusses verlegt hatten; die germanischen Reiter hätten die völlig Ahnungslosen überraschend angegriffen und ihnen ein Gefecht geliefert. (4) Auf diese Meldung hin ließ er die Legion zu den Waffen greifen und zur Schlacht aufgestellt anrücken. Nachdem plötzlich auf allen Seiten das Signal zum Angriff gegeben worden war, bemächtigte er sich der Anhöhen. Als dies geschah, kämpften die Germanen und die Reiter mit größter Heftigkeit, da sie die Feldzeichen der Legion erblickten. (5) Unmittelbar darauf griffen die Cohorten auf allen Seiten an, nahmen alle Feinde gefangen oder töteten sie und erlangten reiche Beute. In diesem Gefecht wurde auch Drappes selbst gefangengenommen.

37 (1) Nach diesem überaus glücklichen Erfolg, der uns fast keine Verwundeten gebracht hatte, wandte sich Caninius wieder der Belagerung der Stadt zu. Er befahl, sie auf allen Seiten mit Befestigungen einzuschließen, denn jetzt war der äußere Feind vernichtet, (2) der vorher seine Befürchtungen erregt und ihn davon abgehalten hatte, seine Mannschaften zu verteilen und die Stadt durch Belagerungswerke völlig einzuschließen. (3) Am folgenden Tag traf auch C. Fabius mit seinen Truppen dort ein und übernahm es, einen Abschnitt der Stadt zu belagern.

38 (1) Caesar ließ inzwischen den Quaestor M. Antonius mit 15 Cohorten bei den Bellovacern zurück, um den Belgern keine Gelegenheit zu geben, erneut einen Aufstand zu planen. (2) Er selbst zog zu den übrigen Stämmen, befahl, mehr Geiseln zu stellen, und nahm allen durch seinen Zuspruch die Furcht. (3) Als er zu den Carnuten kam, bei denen der Krieg, wie Caesar im vorigen »Commentar« schilderte, seinen Ausgang genommen hatte, wurde ihm klar, daß sie sich fürchteten, weil sie sich ihres Verbrechens bewußt waren. Um den Stamm schneller von seinen Befürchtungen zu befreien, forderte er die Hinrichtung des Cotuatus, des Anstifters des Verbrechens, der sie zum Krieg aufgehetzt hatte. (4) Obwohl sich dieser nicht einmal seinen eigenen Stammesgenossen auslieferte, sorgten alle dafür, daß er schnell gefunden und ins Lager gebracht wurde. (5) Caesar sah sich gegen seine Natur dazu gezwungen, ihn hinrichten zu lassen, weil die Soldaten einen großen Auflauf machten und alle Gefahren und Verluste, die sie in dem Krieg erlitten hatten, auf Cotuatus schoben. Daher wurde dieser zu Tode geprügelt und dann enthauptet.[489]

39 (1) Durch zahlreiche Briefe des Caninius erhielt Caesar dort die Nachricht von den Erfolgen gegen Drappes und Lucterius und von dem beharrlichen Widerstand der Einwohner von Uxellodunum. (2) Obwohl er ihre kleine Zahl gering einschätzte, war er der Ansicht, man müsse ihre Hartnäckigkeit schwer bestrafen, um nicht in ganz Gallien den Eindruck zu erwecken, es habe nicht an Kräften gefehlt, den Römern Widerstand zu leisten, sondern nur an Standhaftigkeit. Die übrigen Stämme sollten nicht nach dem Beispiel dieser Stadt auf ihre günstige Lage vertrauen und versuchen, ihre Freiheit wiederzuerlangen, (3) da es allen Galliern, wie er wußte, bekannt war, daß er seine Provinz nur noch diesen Sommer verwalten würde. Wenn sie diesen überstehen könnten, brauchten sie darüber hinaus keine Gefahr mehr zu fürchten. (4) Caesar ließ daher den Legaten Q. Calenus mit zwei Legionen zurück und wies ihn an, ihm sofort in gewöhnlichen Tagesmärschen zu folgen. Er selbst eilte, so schnell er konnte, hinter der gesamten Reiterei zu Caninius.

40 (1) Als Caesar wider alles Erwarten nach Uxellodunum kam und bemerkte, daß die Stadt durch Belagerungswerke eingeschlossen war, so daß man unter keinen Umständen die Belagerung aufgeben konnte, daß die Einwohner, wie er von Gefangenen wußte, jedoch über Getreide im Überfluß verfügten, machte er den Versuch, den Feind von der Wasserzufuhr abzuschneiden. (2) Ein Fluß durchzog die Sohle des Tales, das fast um den ganzen Berg herumlief, auf dem die Stadt Uxellodunum lag, auf allen Seiten durch Steilabhänge gesichert. (3) Die Natur des Geländes erlaubte nicht, den Flußlauf zu verändern. Er floß nämlich so dicht an den Ausläufern des Berges entlang, daß man nirgends Gräben ausheben und ihn dadurch ableiten konnte. (4) Der Abstieg zum Fluß war jedoch für die Einwohner steil und schwierig, so daß sie, wenn unsere Soldaten sie abhalten wollten, nur unter Verlusten und unter Lebensgefahr an den Fluß herankommen und sich dann auf dem steilen Weg nach oben wieder zurückziehen konnten. (5) Als Caesar diese für die Einwohner schwierige Lage durchschaut hatte, verteilte er Bogen- und Schleuderschützen, stellte sogar gegenüber einigen besonders leichten Abstiegswegen Wurfgeschosse auf und sperrte den Einwohnern den Zugang zum Wasser des Flusses.

41 (1) Danach kam die gesamte Einwohnerschaft an einen einzigen Ort, um Wasser zu holen. Denn unmittelbar unterhalb der Stadtmauer brach eine starke Quelle an einer Stelle hervor, die eine Windung des Flusses fast 300 Fuß weit freiließ. (2) Während die anderen es nur wünschten, sah Caesar als einziger einen Weg, die Einwohner von dieser Quelle abzuschneiden. Er begann, ihr gegenüber Laufgänge gegen den Berg hin vorzutreiben und einen Damm aufzuwerfen. Dies erforderte große Anstrengung und dauernden Kampf, (3) weil die Einwohner von den Anhöhen herabstürzten und von fern den Kampf aufnahmen, ohne sich selbst in Gefahr zu bringen, wobei sie viele Soldaten verwundeten, die beharrlich von unten nachrückten. Dennoch schreckten sie unsere Soldaten nicht davon ab, die Laufgänge weiter heranzuführen und in anstrengender Bautätigkeit alle Schwierigkeiten des Geländes zu überwinden. (4) Gleichzeitig trieben sie unterirdische Stollen zu den Wasseradern und zum Ursprung der Quelle vor, eine Arbeit, die sie ohne jede Gefahr und, ohne daß der Feind Verdacht schöpfte, ausführen konnten. (5) Ein Damm in der Höhe von 60 Fuß wurde errichtet, darauf ein Turm von zehn Stockwerken, der freilich nicht die Höhe der Stadtmauern erreichte, da dies durch Belagerungsbauten nicht möglich war, doch überragte der Turm den hochgelegenen Ort, wo die Quelle entsprang. (6) Da von dort mit Wurfgeschützen Geschosse auf den Zugang zur Quelle geschleudert wurden, konnten die Einwohner nicht ohne Gefahr Wasser holen, so daß nicht nur das Kleinvieh und die Packpferde, sondern auch eine große Zahl von Menschen an Durst starb.

42 (1) Dieses Unglück versetzte die Einwohner in Schrecken. Sie füllten daher Fässer mit Talg, Pech und Holzspänen, zündeten sie an und wälzten sie auf die Belagerungswerke hinab, während sie gleichzeitig überaus hitzig angriffen, um die Römer durch den Kampf zu gefährden und dadurch davon abzuschrecken, den Brand zu löschen. (2) Plötzlich brach auf den Befestigungswerken selbst ein großes Feuer aus, denn was auch immer über den steilen Abhang von hoch oben heruntergeworfen wurde, prallte zwar zunächst auf den Damm und die Laufgänge auf, setzte dann aber diese Hindernisse selbst in Brand. (3) Doch obwohl unsere Soldaten durch diese gefährliche Art des Kampfes auf ungünstigem Gelände in Bedrängnis gerieten, wehrten sie alles aufs tapferste ab. (4) Denn dieser Vorfall ereignete sich nicht nur an erhöhter Stelle, sondern auch vor den Augen unseres Heeres, und auf beiden Seiten erhob man ein lautes Kampfgeschrei. Daher warf sich jeder möglichst augenfällig den Geschossen der Feinde und dem Feuer entgegen, um seine Tapferkeit vor noch mehr Zeugen offenkundig werden zu lassen.

43 (1) Als Caesar sah, daß einige seiner Soldaten verwundet wurden, ließ er die Cohorten auf allen Seiten der Stadt den Berg ersteigen und überall das Kampfgeschrei erheben, als wollten sie die Mauern besetzen. (2) Dadurch gerieten die Einwohner in höchsten Schrecken, und da sie im unklaren darüber waren, was in den übrigen Stadtteilen geschah, riefen sie ihre Bewaffneten vom Kampf gegen die Belagerungswerke zurück und verteilten sie auf den Mauern. (3) Da der Kampf auf diese Weise ein Ende fand, konnten unsere Soldaten schnell den in Brand geratenen Damm löschen oder Teile davon einreißen. (4) Als die Einwohner der Stadt jedoch weiter bei ihrem Vorsatz blieben und hartnäckig Widerstand leisteten, obwohl schon ein großer Teil der Bevölkerung verdurstet war, wurden schließlich die Wasseradern der Quelle mit unterirdischen Gängen abgeschnitten und in andere Bahnen gelenkt. (5) Dadurch trocknete die sonst stetig fließende Quelle plötzlich aus und versetzte die Einwohner der Stadt in eine solche Verzweiflung an ihrer Rettung, daß sie glaubten, dies sei nicht nach einem menschlichen Plan, sondern mit göttlichem Willen geschehen. Die Notlage zwang sie daher, sich zu ergeben.

44 (1) Da Caesar wußte, daß seine Milde allgemein bekannt war, brauchte er den Eindruck nicht zu fürchten, er sei auf Grund seiner grausamen Natur zu hart vorgegangen. Er sah jedoch nicht, wie er das Ziel seiner Pläne erreichen sollte, wenn sich noch mehr Stämme an verschiedenen Orten zu einem solchen Vorgehen entschlössen. Daher glaubte er, er müsse die übrigen durch eine exemplarisch harte Bestrafung der Einwohner abschrecken. Er ließ deshalb allen, die Waffen getragen hatten, die Hände abhauen, schenkte ihnen aber das Leben, um die Strafe für ihre Schlechtigkeit augenfälliger werden zu lassen. (2) Drappes, den Caninius, wie ich berichtete, gefangengenommen hatte, verweigerte einige Tage die Nahrung und kam so ums Leben, sei es, daß ihn der Verlust seiner Würde, der Schmerz über seine Fesselung oder aber die Furcht vor einer zu schweren Bestrafung leiteten. (3) Um dieselbe Zeit geriet Lucterius, der, wie ich schrieb, aus der Schlacht geflohen war, in die Gewalt des Arverners Epasnactus. Lucterius hatte immer wieder seinen Aufenthaltsort gewechselt und sein Vertrauen auf immer neue Männer gesetzt, denn er konnte anscheinend nirgends länger ungefährdet bleiben, weil ihm bewußt war, wie feindlich Caesar gegen ihn eingestellt sein mußte. Der Arverner Epasnactus, der dem römischen Volk überaus freundlich gesinnt war, lieferte Lucterius ohne Zögern gefesselt an Caesar aus.

45 (1) Währenddessen siegte Labienus im Gebiet der Treverer in einem Reitergefecht und tötete mehrere Treverer und Germanen, die niemandem Unterstützung gegen Rom verweigerten.[490] Er brachte die Anführer der Treverer lebend in seine Gewalt, unter ihnen den Haeduer Surus, (2) der in seinem Stamm auf Grund seiner Tapferkeit und Herkunft besonders hoch geachtet war und als einziger der Haeduer bis zu diesem Zeitpunkt weitergekämpft hatte.

46 (1) Auf diese Nachricht hin brach Caesar mit zwei Legionen nach Aquitanien auf. Zwar hatte P. Crassus einen Teil davon schon unterworfen, doch war Caesar selbst noch nie dorthin gekommen. Da er sah, daß die Römer überall in Gallien erfolgreich gewesen waren und Gallien in den vergangenen Sommern völlig besiegt und unterworfen worden war, wollte er den Rest des Sommers in Aquitanien verbringen. (2) Wie alles sonst führte er auch dieses Unternehmen schnell und glücklich durch. Denn alle Stämme Aquitaniens schickten Gesandte zu ihm und stellten Geiseln. (3) Nach diesem Erfolg brach Caesar mit einer Schutztruppe aus Reitern nach Narbo auf und ließ die Legaten das Heer in die Winterlager führen. (4) Vier Legionen legte er unter den Legaten M. Antonius[491], C. Trebonius und P. Vatinius nach Belgien. Zwei ließ er in das Gebiet der Haeduer ziehen, die, wie er wußte, das höchste Ansehen in ganz Gallien genossen. Zwei Legionen legte er in das Gebiet der Turonen an die Grenze zu den Carnuten; sie sollten das ganze an den Ozean grenzende Land ruhig halten. Die beiden restlichen Legionen sollten an den Grenzen der Lemovicer, nicht weit vom Gebiet der Arverner entfernt, überwintern, damit kein Teil Galliens ohne römische Besatzung wäre. (5) Darauf hielt sich Caesar einige Tage in der Provinz auf, besuchte rasch alle Gerichtstage, entschied über öffentliche Streitfälle und verteilte Belohnungen an Männer, die sich verdient gemacht hatten. (6) Er hatte nämlich die beste Gelegenheit gehabt zu erfahren, wie sich jeder beim Aufstand von ganz Gallien verhalten hatte, den er nur auf Grund der Treue und mit Hilfe dieser Provinz hatte abwehren können. Nach diesen Maßnahmen begab er sich zu den Legionen nach Belgien zurück und überwinterte in Nemetocenna.[492]

47 (1) Dort erfuhr er, daß der Atrebate Commius seiner

Reiterei eine Schlacht geliefert hatte. (2) Denn als Antonius ins Winterlager gekommen war und der Stamm der Atrebaten seine Verpflichtungen auch einhielt, machte Commius die Wege unsicher und hatte bei Überfällen mehrere Nachschubtransporte abgefangen, die ins römische Winterlager gingen. Nach der oben erwähnten Verwundung pflegte Commius seinen Stammesgenossen immer für Aufstandsversuche zur Verfügung zu stehen, damit sie, wenn sie einen Krieg planten, einen Mann hätten, der ihn in Gang setzen könnte und anführte. Während sein Stamm den Römern gehorchte, hatte er mit seinen Reitern Raubzüge unternommen, um sich und seine Anhänger zu ernähren.

48 (1) Antonius hatte zu seiner Unterstützung einen Reiterpraefecten erhalten, der mit ihm im Winterlager stand, C. Volusenus Quadratus. Diesen sandte Antonius aus, um die feindliche Reiterei zu verfolgen. (2) In Volusenus vereinten sich einzigartige Tapferkeit mit einem gewaltigen Haß auf Commius, so daß er diesem Befehl um so bereitwilliger nachkam. Er legte seine Truppen an einigen Stellen in den Hinterhalt und griff die Reiter des Commius wiederholt und mit Erfolg an. (3) Als beim letzten derartigen Zusammenstoß erbittert gekämpft wurde und Volusenus in seinem Eifer, Commius selbst zu fangen, ihn mit wenigen Reitern zu hartnäckig verfolgte, hatte Commius ihn in wilder Flucht zu weit weggelockt. Da rief er, der Volusenus seinerseits haßte, plötzlich die Seinen zu Treue und Unterstützung für den Versuch auf, seine Wunden nicht ungerächt zu lassen, die er im Vertrauen auf ein gegebenes Wort empfangen habe. Er wandte sein Pferd und warf sich, ohne sich um die übrigen zu kümmern und ohne jede Vorsicht, auf den Praefecten. (4) Das gleiche taten alle seine Reiter, so daß sie unsere wenigen Reiter in die Flucht schlugen und verfolgten. (5) Commius trieb sein Pferd mit den Sporen an und drängte neben das Pferd des Quadratus. Mit seiner Lanze durchbohrte er haßerfüllt

mit aller Kraft den Oberschenkel des Quadratus.
(6) Obwohl ihr Praefect verwundet war, zögerten unsere Reiter nicht, Widerstand zu leisten, und wandten ihre Pferde, um den Feind in die Flucht zu schlagen. (7) Daraufhin wurden mehrere Feinde infolge des heftigen Ansturms der Unseren ins Wanken gebracht und verwundet, so daß sie teils auf der Flucht aufgerieben, teils gefangengenommen wurden. Ihr Führer entging diesem Unglück dank der Schnelligkeit seines Pferdes. Das Gefecht war zwar für uns siegreich verlaufen, doch unser Reiterpraefect war so schwer verwundet, daß er in Lebensgefahr zu schweben schien und so ins Lager zurückgebracht wurde.
(8) Commius aber schickte Gesandte an Antonius, sei es, weil seine Wut nun abgekühlt war, sei es, weil er einen großen Teil der Seinen verloren hatte, und ließ Antonius versichern, er werde an dem Ort bleiben, den er ihm anweise, werde Geiseln stellen und allen seinen Anordnungen nachkommen. Als einziges bat er sich jedoch aus, daß man auf seine Furcht Rücksicht nehme und ihn nicht vor die Augen eines Römers kommen lasse. (9) Da Antonius der Ansicht war, diese Forderung entspringe einer berechtigten Furcht, gewährte er ihm seine Bitte und nahm die Geiseln an.
(10) Ich weiß, daß Caesar je einen »Commentar« über ein Jahr verfaßte, doch war ich der Meinung, ich sollte das nicht tun, weil im folgenden Jahr unter den Consuln L. Paulus und C. Marcellus[493] in Gallien nichts von Bedeutung geschah. (11) Damit jedoch niemand in Unkenntnis darüber bleibt, wo Caesar und das Heer in dieser Zeit standen, beschloß ich, davon zu berichten und diesem »Commentar« eine kurze Darstellung darüber anzufügen.
49 (1) Während Caesar in Belgien überwinterte, hatte er sich als einziges Ziel gesetzt, die Stämme in ihrem freundschaftlichen Verhältnis zu Rom zu erhalten und weder Hoffnung auf eine bewaffnete Auseinandersetzung aufkommen zu lassen noch Anlaß dazu zu geben. (2) Denn

nichts wünschte er weniger, als kurz vor Ende seiner Statthalterschaft gezwungen zu werden, einen Krieg zu führen, damit er nicht beim Abzug des Heeres einen Kriegsschauplatz zurückließe. Denn ganz Gallien würde bereitwillig in den Krieg eintreten, wenn keine unmittelbare Gefahr drohte. (3) Er erwies daher den Stämmen alle möglichen Ehren, ließ den führenden Männern bedeutende Belohnungen zukommen und legte dem Land keine neuen Lasten auf, so daß er für das durch so viele Niederlagen erschöpfte Gallien eine Unterwerfung vorteilhafter erscheinen ließ und auf diese Weise mühelos den Frieden erhalten konnte.

50 (1) Nach seinem Aufenthalt im Winterlager brach er gegen seine Gewohnheit, so schnell er konnte, in Eilmärschen nach Italien auf, um sich in den Municipien[494] und Colonien, die er gebeten hatte, die Kandidatur seines Quaestors M. Antonius für ein Priesteramt[495] zu unterstützen, persönlich für ihn einzusetzen. Er gebrauchte dabei seinen Einfluß besonders gern für einen ihm überaus verbundenen Mann, den er kurz zuvor nach Rom vorausgesandt hatte, damit er sich bewerben könne. (2) Gleichzeitig kämpfte er dabei erbittert gegen den mächtigen Zusammenschluß einiger weniger,[496] die M. Antonius durchfallen lassen wollten, um damit das Ansehen Caesars zu untergraben, gerade jetzt, wenn er aus seiner Provinz zurückkehrte. (3) Obwohl er noch vor seinem Eintreffen in Italien auf dem Marsch erfuhr, daß Antonius zum Augur gewählt worden war, glaubte er, der Anlaß, die Municipien und Colonien aufzusuchen, sei dadurch nicht weniger gerechtfertigt. Denn einmal wollte er ihnen danken, daß sie in so großer Zahl ihren Verpflichtungen gegenüber Antonius nachgekommen seien, gleichzeitig wollte er ihnen seine eigene Person und seine Ehre für seine Kandidatur im folgenden Jahr anempfehlen. Denn seine Feinde rühmten sich in unverschämter Weise, daß L. Lentulus und C. Marcellus zu Consuln gewählt worden waren, die

Caesar seiner Ehre und seines Ansehens berauben wollten. Ebenso brüsteten sie sich damit, daß man Ser. Galba[497] das Consulat entrissen hatte, obwohl seine Beliebtheit bei den Wählern bei weitem größer gewesen war. Dies war geschehen, weil er Caesars Freund und ihm auf Grund seines Dienstes als Legat unter ihm verbunden war.

51 (1) Alle Municipien nahmen Caesar bei seinem Eintreffen mit unglaublicher Zuneigung und unter großen Ehren auf. Denn damals kehrte er zum ersten Mal von jenem Krieg zurück, der ganz Gallien erfaßt hatte. (2) Es fehlte nichts, was sie sich zum Schmuck der Tore, der Wege und überhaupt aller Plätze, zu denen Caesar kommen würde, ausdenken konnten. (3) Die ganze Bevölkerung kam ihm mit ihren Kindern auf dem Weg entgegen, überall wurden Opfertiere geschlachtet, und überall in Tempeln und auf den Marktplätzen standen mit Teppichen bedeckte Speisediwans für Gastmähler,[498] so daß man sich den Jubel bei einem prächtigen Triumph schon im voraus vorstellen konnte; derart groß war die Pracht, die die Wohlhabenden entfalteten, aber auch die Begeisterung, die die unteren Schichten zeigten.

52 (1) Als Caesar alle Gegenden des römischen Gallien durcheilt hatte, kehrte er in höchster Geschwindigkeit zu seinem Heer nach Nemetocenna zurück und berief die Legionen aus allen Winterlagern an die Grenzen der Treverer ein. Er selbst brach dorthin auf und musterte das Heer. (2) T. Labienus übertrug er die Verwaltung des römischen Galliens; er sollte es durch weitere Empfehlungen für Caesars Bewerbung um das Consulat gewinnen. (3) Caesar selbst legte nur soviel an Weg zurück, wie es ihm jeweils für eine Ortsveränderung aus gesundheitlichen Gründen erforderlich schien. Obwohl er dabei wiederholt hörte, daß seine Feinde Labienus aufhetzten,[499] und auch die Nachricht erhielt, auf den Plan einiger weniger hin arbeite man daran, ihn mit Hilfe eines Senats-

beschlusses eines Teils seines Heeres zu berauben, glaubte er den Gerüchten über Labienus nicht und konnte nicht dazu veranlaßt werden, irgend etwas gegen den Willen des Senates zu tun. Er glaubte nämlich, seine Sache könne leicht vertreten werden, wenn es im Senat die Möglichkeit zu freier Meinungsäußerung gebe. (4) Als der Volkstribun C. Curio[500] die Aufgabe übernommen hatte, Caesars Ansprüche und sein Ansehen zu verteidigen, hatte er dem Senat wiederholt versichert, Caesar und Pompeius würden beide auf kriegerische Handlungen verzichten und ihre Heere entlassen, falls irgend jemand die Angst vor Caesars Heer beunruhige, und weil ja die tyrannische Herrschaft des Pompeius und sein Heer in Rom keinen kleineren Schrecken hervorriefen. Durch die Entlassung der Heere erhalte der Staat dann Freiheit und Selbstbestimmung. (5) Curio gab nicht nur diese Zusicherung ab, sondern begann auch, von sich aus darüber abstimmen zu lassen. Die Consuln und Freunde des Pompeius schritten jedoch erfolgreich gegen ihn ein, um eine Abstimmung zu verhindern. Durch diese Verzögerung schlugen sie die ganze Sache nieder.[501]

53 (1) Die Haltung des gesamten Senates bewies überzeugend ein weiterer Vorgang, der mit dem oben berichteten inhaltlich übereinstimmte: Im vergangenen Jahr hatte der Consul M. Marcellus, der sich eifrig bemühte, Caesars Ansehen zu schaden, im Widerspruch zu dem Gesetz des Pompeius und des Crassus[502] im Senat vorzeitig über Caesars Provinzen verhandelt. Nachdem die Senatoren ihre Ansichten dazu vorgebracht hatten, war Marcellus, der sein ganzes Ansehen seinem Haß gegen Caesar verdankte, in die Abstimmung eingetreten, doch war die Mehrheit des Senates zu anderen Verhandlungspunkten übergegangen. (2) Dadurch ließen sich die Feinde Caesars jedoch nicht entmutigen, sondern fühlten sich dazu aufgefordert, mehr Anhänger für ihre Sache zu gewinnen, um den Senat zu einer Zustimmung zu ihren eigenen Beschlüssen zwingen zu können.

54 (1) Daraufhin beschloß der Senat, daß Cn. Pompeius für den Partherkrieg eine Legion abgeben solle, Caesar eine zweite. Ganz offensichtlich wurden diese beiden Legionen aber einem einzigen entzogen, (2) denn Pompeius gab ausgerechnet die 1. Legion ab,[503] die er Caesar gesandt hatte, als ob sie zu seinen Legionen gehörte. Sie war jedoch nach einer Aushebung in Caesars Provinz entstanden. (3) Obwohl nicht der geringste Zweifel über die Absichten seiner Gegner bestand, sandte Caesar Pompeius dennoch die Legion zurück. Als seinen eigenen Beitrag ließ er die 15. Legion, die er im diesseitigen Gallien stehen hatte, auf den Senatsbeschluß hin übergeben. An ihrer Stelle sandte er die 13. Legion nach Italien, die die Stützpunkte sichern sollte, aus denen die 15. Legion abgezogen wurde. (4) Dann wies er selbst dem Heer die Winterlager zu: C. Trebonius legte er mit vier Legionen nach Belgien, C. Fabius ließ er mit ebenso vielen Legionen in das Gebiet der Haeduer ziehen, (5) denn er glaubte, Gallien sei am besten gesichert, wenn die Belger, die am tapfersten waren, und die Haeduer, die das größte Ansehen genossen, durch Heere in Schach gehalten wurden. Caesar selbst brach nach Italien auf.

55 (1) Als er dort eintraf, erfuhr er, daß der Consul C. Marcellus die zwei von Caesar übergebenen Legionen Pompeius unterstellt hatte, so daß sie in Italien zurückgehalten wurden, obwohl sie auf Senatsbeschluß in den Krieg gegen die Parther geführt werden sollten. (2) Wenn nach dieser Maßnahme auch niemand mehr daran zweifelte, daß Vorkehrungen gegen Caesar getroffen würden, beschloß dieser dennoch, alles hinzunehmen, solange ihm noch irgendeine Hoffnung blieb, den Konflikt eher auf dem Rechtswege als durch einen Krieg auszutragen. Er eilte ... [504]

Anmerkungen

1 Gallien zerfiel im 1. Jh. v. Chr. in drei Teile: die röm. Provinzen Gallia Cisalpina (Citerior) und Gallia Transalpina und den Teil, den Caesar in den Jahren 58–51 v. Chr. eroberte. Die Gallia Transalpina umfaßte etwa das Gebiet der heutigen Provence und des Languedoc und war um 120 v. Chr. röm. Provinz geworden. Die Gallia Cisalpina umfaßte das heutige Oberitalien südlich der Alpen mit der Poebene. In seinem Consulat 59 v. Chr. wurde Caesar für die folgenden 5 Jahre die Verwaltung der drei Provinzen Gallia Transalpina, Gallia Cisalpina und Illyricum übertragen.
2 Die Belger waren kelt. Stämme, möglicherweise mit germ. Einschlag, die über den Rhein nach Westen vorgedrungen waren. In der 1. Hälfte des 1. Jh.s v. Chr. besetzten sie in mehrfachen Zügen Südengland. Ihr Gebiet umfaßte etwa das heutige Nordwestfrankreich (Picardie und Artois), Belgien und die südlichen Niederlande.
3 Die Aquitanier – im heutigen Südwestfrankreich – waren Stämme iberischen Ursprungs. 71 v. Chr. hatten die Römer sie unter Pompeius zum ersten Mal unterworfen.
4 In der Übersetzung werden größere Fluß- und Stadtnamen mit der modernen, die übrigen mit der lat. Bezeichnung wiedergegeben.
5 Hier ist vor allem der Wein gemeint (vgl. auch 2,15,4), aber wohl auch Gewürze, die als gesundheitsschädlich galten.
6 Hier und im 6. Buch wird in der Antike zum ersten Mal deutlich zwischen Germanen und Galliern, d. h. Kelten, unterschieden.
7 Der bedeutende kelt. Stamm der Helvetier saß im Gebiet der heutigen Schweiz. Einer seiner vier Gaue, der *pagus Tigurinus*, hatte am Zug der Teutonen gegen Rom teilgenommen und war mit diesen 102 v. Chr. von Marius besiegt worden. 61 v. Chr. hatte der röm. Senat Maßnahmen ergriffen, um der drohenden Auswanderung der Helvetier zu begegnen.

8 Das Gebiet dieses großen kelt. Stammes lag zwischen Saône und dem Jura mit der Hauptstadt Vesontio (Besançon).

9 Diese und die zwei folgenden Angaben sind vage, dem geographischen Kartenbild jedoch im großen und ganzen angemessen.

10 Wörtl.: die Königsherrschaft anstrebte *(regni cupiditate inductus)*. Die Gallier besaßen kein eigentliches Königtum. Caesar bezeichnet damit meist die Herrschaft des mächtigsten Adligen.

11 Die Römer zählten die Jahre nach den amtierenden Consuln: 61 v. Chr.

12 Eine röm. Meile entspricht etwa 1,5 km.

13 Der röm. Senat verlieh den Titel »Freund des röm. Volkes« *(amicus populi Romani)* Oberhäuptern und anderen Personen fremder Staaten. Ursprünglich als nicht vertraglich geregeltes Verhältnis gegenseitiger Unterstützung gedacht, bedeutete die Verleihung des Titels in dieser Zeit meist auch die Anerkennung der Vorherrschaft Roms durch den Empfänger.

14 Mächtiger gall. Stamm zwischen Loire und Saône, schon im Krieg gegen Allobroger und Arverner 122/121 v. Chr. mit Rom verbündet, vgl. Anm. 83.

15 Sklaven, Klienten, Schuldner *(familia, clientes, obaerati)*. Übertragung röm. Vorstellungen auf die gall. Verhältnisse; Sklaven gab es in Gallien wahrscheinlich nicht. Die gall. Clienten traten mehr oder weniger freiwillig in die Gefolgschaft eines Mächtigen ein, für den sie vor allem Kriegsdienste leisteten. Die Schuldner entsprechen wohl den auch aus dem frühen Rom bekannten Schuldsklaven.

16 Städte *(oppida)*: Befestigte, stets auf Berghöhen angelegte Ortschaften, die den Bewohnern des umliegenden Landes als Zuflucht dienten.

17 Kelt. Stämme. Das Gebiet der Rauracer westlich des Bodensees am Rhein, das der Tulinger östlich davon und das der Latobriger (auch Latobicer) in der Gegend des Schwarzwalds.

18 Einer der bedeutendsten kelt. Stämme. Aus ihren Wohnsitzen in Böhmen zu Beginn des 1. Jh.s. v. Chr. von den Germanen nach Westen zurückgedrängt, saßen sie zunächst in Pannonien und schlossen sich 58 v. Chr. teilweise den Helvetiern an.
19 Noricum: Östlicher Teil der Alpen, Wohnsitz des kelt. Stammes der Tauriscer (Noricer).
20 Neumarkt in der Steiermark. Vgl. auch Anm. 18.
21 Das Gebiet dieses mächtigen Stammes erstreckte sich zwischen Rhône und Isère bis zum Genfer See. Rom hatte die Allobroger 121 v. Chr. unterworfen und 61 v. Chr. einen Aufstand des Stammes niedergeschlagen.
22 Das antike Genf (Genava) lag an der Stelle der heutigen Altstadt.
23 58 v. Chr.
24 Hauptkampfeinheit des röm. Heeres. In Caesars Zeit bestand eine Legion aus 4000 bis 6000 Fußsoldaten = 10 Cohorten = 30 Manipel = 60 Centurien. Jeder Manipel hatte sein eigenes Feldzeichen, das der Legion war der Adler. An der Spitze einer Legion stand ein Legat. Vgl. Anm. 95.96.98.
25 107 v. Chr. war der Consul L. Cassius Longinus von einem germ.-kelt. Heer bei Agen an der Garonne vernichtend geschlagen worden. Als Zeichen der Unterwerfung mußte der Rest des röm. Heeres waffenlos durch das aus Lanzen gebildete Joch ziehen, eine demütigende Schmach.
26 Die Maßeinheit Schritt *(passus)* entspricht etwa 1,50 m.
27 Die Maßeinheit Fuß *(pes)* entspricht etwa 30 cm.
28 Reste dieser Anlage grub Napoleon III. aus.
29 Kelt. Stamm im Gebiet der Loire und Garonne mit der Hauptstadt Mediolanum, heute Saintes.
30 Iber. (kelt.?) Stamm am östlichen Ufer der Garonne.
31 T. Labienus, ranghöchster Untergebener Caesars in Gallien, wechselte zu Beginn des Bürgerkrieges zwischen Caesar und Pompeius 49 v. Chr. auf dessen Seite über und starb 45 v. Chr. in der Schlacht bei Munda. Vgl. Anm. 50.
32 Die Legionen, die Caesar neu aufstellen wollte, mußten in

dieser Zeit noch aus röm. Bürgern bestehen, so daß er nur in Italien Soldaten ausheben konnte.
33 Da Caesar den an sich notwendigen Senatsbeschluß für die Aushebung nicht erwähnt, lag sie wohl im Rahmen der ihm 59 v. Chr. erteilten Kompetenzen.
34 Seit Beginn des 2. Jh.s. v. Chr. bedeutender militärischer und wirtschaftlicher Stützpunkt der Römer an der Nordküste der Adria. Hier standen die 7., 8. und 9. Legion.
35 Die Ceutronen saßen im Quellgebiet der Isère, die Caturiger im Tal der Haute-Durance, die Graioceler sind sonst unbekannt.
36 Links der Rhône, südlich von Grenoble.
37 Kelt. Stamm rechts der Rhône, in der Abhängigkeit der Haeduer (Clientel).
38 Mit dem Übertritt über die Saône befanden sich die Helvetier im Stammesgebiet der Haeduer.
39 Kelt. Stamm westlich des Genfer Sees zu beiden Seiten der Saône.
40 Die Saône.
41 Die Römer teilten die Nacht in 4 Nachtwachen zu je etwa 3 Stunden ein. Die 3. Nachtwache begann um Mitternacht.
42 Vgl. Anm. 7.
43 Vgl. Anm. 25.
44 L. Calpurnius Piso Caesoninus, Consul 112 v. Chr. Caesars Schwiegervater war L. Calpurnius Piso Caesoninus, Consul 58 v. Chr.
45 Die übrigen waren unter Dumnorix geflohen. Vgl. 1,18,10.
46 Dies ereignete sich im Juni.
47 Weizen war das wichtigste Nahrungsmittel des röm. Legionärs, pro Tag rechnet man mit einem Verbrauch von etwa 1 kg. Die Abstände zwischen den Zuteilungen schwanken zwischen etwa 2 Wochen und einem Monat, unter Umständen erfolgten sie täglich.
48 Von *vergo* (wirkend) und *breta* (Gericht): Rechtswirker. Dieses oberste Amt der Haeduer, das auch inschriftlich bezeugt ist, wird 7,32 f. nicht ganz in Übereinstimmung mit

dieser Stelle, jedoch präziser und wohl auch zutreffender beschrieben.
49 Großer kelt. Stamm mit einem Teilstamm, den Viviscern, an der Garonne (Hauptstadt Burdigala, heute Bordeaux) und einem zweiten, den Cubern, in der Nähe der Mündung des Allier in die Loire (Hauptstadt Avaricum, heute Bourges).
50 Legionskommandant im Rang eines Praetors *(legatus pro praetore)*. Die Legaten, die aus dem Senatorenstand kamen, wurden auf Vorschlag des Feldherrn vom Senat ernannt. Labienus war in den Rang eines Praetors erhoben worden, eines der höchsten röm. Ämter, und war als solcher Stellvertreter des Feldherrn.
51 Etwa um 3 Uhr morgens.
52 Wohl ein hochverdienter Centurio. Vgl. Anm. 98.
53 L. Cornelius Sulla (um 138–78 v. Chr.) erhielt 88 v. Chr. das Oberkommando im Krieg gegen Mithridates VI. von Pontos (–86 v. Chr.). Nach verheerenden Bürgerkriegen wurde er 82 v. Chr. zum Diktator ernannt.
54 M. Licinius Crassus (um 115–53 v. Chr.) schlug 71 v. Chr. den Sklavenaufstand des Spartacus nieder. Einer der reichsten Männer Roms, stand er im Bunde mit Caesar und Pompeius, denen er auch sein Oberkommando gegen die Parther mitzuverdanken hatte. In diesem Krieg kam er 53 v. Chr. in der Schlacht bei Carrhae ums Leben.
55 Die Lage ist umstritten. Wahrscheinlich das spätere Augustodunum, heute Autun.
56 Röm. Führer einer Unterabteilung der gall. Reiterei, im Rang einem Centurio der Fußtruppen (vgl. Anm. 98) vergleichbar, obwohl dieser keine Sklaven besaß.
57 Unter Caesar bestand die Reiterei des röm. Heeres aus berufsmäßig dienenden Reitern, verstärkt durch Hilfskontingente der unterworfenen Völker. Sie war in Geschwader *(alae)* gegliedert, die jeweils unter dem Befehl eines Praefecten (vgl. Anm. 96) standen und etwa 300 bis 400 Mann stark waren. Jedes Geschwader hatte 10 Unterabteilungen *(turmae)* zu je drei Decurien *(decuriae)*. Caesar verfügte insgesamt über 4000 bis 5000 Reiter.

58 Die Veteranenlegionen bestanden aus altgedienten Soldaten, hier sind es die 7., 8., 9. und 10. Legion im Gegensatz zu der 11. und 12., die beide erst kurz zuvor in Oberitalien ausgehoben worden waren.

59 Die dreifache Schlachtordnung bestand in der Regel aus einer von den ersten vier Cohorten der Legion gebildeten Frontreihe, der 2 Reihen mit je 3 versetzt aufgestellten Cohorten folgten. Die zweifache Schlachtordnung (vgl. 3,24,1) bestand gewöhnlich aus 2 Reihen mit je 5 Cohorten. Die Einteilung in die ursprünglich nach Taktik und Bewaffnung unterschiedenen Truppengattungen der *principes, hastati* und *triarii* war mit dem Übergang von der Manipel- zur Cohortentaktik unter Marius (vgl. Anm. 99) nur noch für die Rangfolge der Centurionen innerhalb der Legion von Bedeutung (vgl. Anm. 98).

60 Hilfstruppen *(auxilia)*, Truppen, die entweder in den Provinzen ausgehoben oder angeworben wurden und in eigenen Abteilungen dienten. Im Gegensatz zu den Legionen, die die schwerbewaffnete Fußtruppe bildeten, waren sie leichtbewaffnet. Vgl. Anm. 159.

61 Gepäck *(sarcinae):* Das 20 kg schwere Marschgepäck des Legionssoldaten bestand aus Lebensmitteln und Geräten für den täglichen Bedarf, aber auch aus Schanzpfählen, Beilen usw. – Das schwere Gepäck des Gesamtheeres *(impedimenta)*, der Troß, bestand aus Lasttieren, manchmal auch Wagen, die die Waffenvorräte, Baumaterial, Belagerungsmaschinen, Zelte usw. transportierten. Auf eine Legion kamen etwa 1000 Lasttiere mit den dazugehörigen Troßknechten.

62 Phalanx, eine ununterbrochene, mehrere Glieder tiefe Front. Die Schilde der Soldaten der 1. Reihe lagen dabei schuppenförmig übereinander.

63 Ähnlich verhielt sich Catilina in der Schlacht bei Pistoria 62 v. Chr. (Sall. Catil. 59,1).

64 Wurfspieß *(pilum)*, der etwa 1,5 m lange und 1 kg schwere Wurfspeer der Legionssoldaten, den sie beim Angriff benutzten.

65 Schwert *(gladius)*, zweischneidig, Ausrüstung der schwerbewaffneten Fußsoldaten, an einem Lederriemen über der rechten Schulter getragen, von Offizieren, die keinen Schild trugen, über der linken Schulter.
66 Vgl. Anm. 62.
67 Bei den Römern wurde der Tag von Sonnenaufgang bis Sonnenuntergang in 12 Stunden unterteilt, die je nach der Jahreszeit verschieden lang waren; als feste Zeitpunkte galten nur Mitternacht und Mittag, die die Wasseruhr anzeigte.
68 Kelt. Stamm an der Quelle der Maas, nordwestlich des Gebiets der Sequaner; Hauptstadt das heutige Langres.
69 Die Kapitulation *(deditio)* schloß für den Sieger die Verpflichtung ein, die Kapitulierenden *(dediticii)* milde zu behandeln, d. h. ihnen Leben und Wohnsitze zu garantieren. Wurden die Besiegten als »Feinde« behandelt, so hieß das für sie entweder Tod oder Verkauf in die Sklaverei.
70 Von nun an saßen die Boier östlich des Allier, vermutlich in der Gegend des heutigen Sancerre.
71 Der Einfluß der griech. Pflanzstadt Massilia (heute Marseille) auf ihr Hinterland war zwar bedeutend, reichte jedoch wohl nicht bis zu den Helvetiern, die sich wahrscheinlich eines dem griech. ähnlichen Alphabets bedienten.
72 Nach Berechnungen der modernen Forschung sind die Zahlenangaben in diesem Kapitel keineswegs übertrieben.
73 Versammlung aus den Vertretern ganz Galliens *(concilium totius Galliae):* Die Einrichtung, daß der hohe gall. Adel zusammentrat, bestand wahrscheinlich vor Caesar noch nicht.
74 Mächtiges gall. Volk in der heutigen Auvergne, das gemeinsam mit den Rutenern 121 v.Chr. v. Cn. Domitius Ahenobarbus, Consul 122 v. Chr., und Q. Fabius Maximus, Consul 121 v. Chr., unterworfen worden war. Damals war der König Bituitus gefangen worden.
75 Anders als bei der ständig tagenden Versammlung des röm. Senats handelt es sich hier wahrscheinlich nur um ein periodisches Zusammentreten der führenden Männer eines jeden Stammes *(principes)*, die sich als Gruppe von dem eigentlichen Geburtsadel abheben.

76 Freundschaftliche Verbindung zum röm. Volk *(populi Romani hospitium atque amicitia)*: vertraglich nicht geregelte völkerrechtliche Beziehung, die Rom verpflichtete, für die Interessen seiner Partner einzutreten, und in dieser Zeit oft als Kriegsgrund diente. Die Interpretation dieser Beziehung lag jedoch völlig in röm. Ermessen.
77 61 v. Chr., als Gast im Hause Ciceros.
78 König der Sueben, der etwa 72/71 v. Chr. in Gallien einfiel. Der röm. Senat erkannte seine Eroberungen an und verlieh ihm, wahrscheinlich auf Caesars Veranlassung hin, 59 v. Chr. den Titel »Freund des röm. Volkes« *(amicus populi Romani).*
79 Wohl aus Nord-Jütland stammend.
80 60 v. Chr. im Elsaß, genaue Lage unbekannt.
81 Barbar *(homo barbarus)*, von Caesar fast nur so, von Hirtius im 8. Buch dagegen nur substantivisch gebraucht. Der griech.-röm. Antike galten Barbaren als nicht gleichwertige Menschen unter anderem deshalb, weil sie nicht die gleiche Sprache beherrschten.
82 Caesars Entgegenkommen *(beneficium)*: vgl. Anm. 78.
83 Brüder und Verwandte *(fratres consanguineosque)*: Die Haeduer wurden als einziges gall. Volk mit diesem Titel ausgezeichnet (vgl. Cic. ad Att. 1,19,2: *fratres*).
84 Aus ihren ursprünglichen Gebieten in Nord-Jütland und an der Elbmündung nach Süden wandernd, erreichten die Cimbern und Teutonen 110 v. Chr. den Rhein und drangen nach Gallien ein. Nach anfänglichen Erfolgen gegen die Römer wurden die Teutonen 102 v. Chr. von Marius bei Aquae Sextiae (Aix-en-Provence), die Cimbern 101 v. Chr. bei Vercellae (in Piemont) geschlagen.
85 Vgl. Anm. 78 und 82.
86 61 v. Chr.
87 Kelt.-germ. Mischvolk zwischen Maas-Nahe und Mosel-Rhein. Im Prinzipat hieß ihre Hauptstadt Colonia Augusta Treverorum, heute Trier.
88 Mit dem Sammelnamen Sueben wurde in der Antike eine

Gruppe germ. Stämme bezeichnet, zu denen unter anderen nicht sicher zu bestimmenden die Semnonen, Quaden und Marcomannen gehörten. Ursprünglich an Havel und Spree seßhaft, lebten sie in dieser Zeit im Maingebiet bis nach Böhmen hinein.

89 Heute: Besançon.
90 Der Doubs.
91 Der Mont des Buis bei Besançon.
92 Eilmärsche *(magnis nocturnis diurnisque itineribus):* Der normale Tagesmarsch im röm. Heer dauerte etwa 5 Stunden und ging bei geeignetem Gelände über mindestens 20 km. Bei Eilmärschen nahmen Dauer und Strecke zu, Nachtmärsche waren ungewöhnlich.
93 Gallien war durch große Handelsstraßen, im wesentlichen in Nord-Süd-Richtung (Burgundische Pforte), in den antiken Handelsverkehr einbezogen.
94 Auch Tacitus hebt die Körpergröße der Germanen hervor (Germ. 4).
95 Jeder Legion waren 6 Militärtribunen zugeteilt, die teils vom Volk gewählt, teils vom Oberbefehlshaber ernannt wurden. Besonders letztere waren meist Söhne befreundeter Politiker, die die für ihre spätere politische Laufbahn notwendige Kriegserfahrung sammeln sollten.
96 Die Praefecten standen zwar im Rang über den Militärtribunen, gehörten aber nicht zu den Offizieren einer Legion, sondern befehligten die Reiterei oder andere Hilfstruppen.
97 Neben den Militärtribunen (Anm. 95) ist hier das Gefolge vornehmer junger Männer *(contubernales)* gemeint, die den Provinzstatthalter freiwillig und ohne Funktion im Heer begleiteten.
98 Jeder Manipel wurde von 2 Centurionen geführt, die aus dem Heer selbst hervorgingen, dem *centurio prior* und dem ihm untergeordneten *centurio posterior*. Die weitere Rangfolge richtete sich nach der Zugehörigkeit zu Triariern, Principes oder Hastaten und nach der Zahl der jeweiligen Cohorte, so daß der *centurio prior* des ersten Manipels der ersten

Cohorte der ranghöchste *centurio* einer Legion war. Er wurde *primipilus* genannt und nahm mit den 5 anderen Centurionen der ersten Kohorte gewöhnlich am Kriegsrat teil.
99 C. Marius (um 157–86 v. Chr.), Consul 107 v. Chr., 104–100 v. Chr. und 86 v. Chr., schlug die Cimbern und Teutonen 102/101 v. Chr. vernichtend, nachdem er das Heer neu organisiert und vor allem durch strengste Disziplin schlagkräftiger gemacht hatte.
100 71 v. Chr. hatte Rom den 73 v. Chr. unter dem Thracer Spartacus ausgebrochenen Sklavenaufstand endgültig unterdrückt. Viele der aufständischen Sklaven waren aus den Gladiatorenschulen gekommen und daher hervorragend diszipliniert.
101 Kelt. Stamm im südlichen Lothringen mit der Hauptstadt Tullum, heute Toul.
102 Die Art, wie Caesar eine drohende Meuterei durch Spaltung des Heeres unterläuft, ist bezeichnend für seine psychologischen Fähigkeiten.
103 Der hier verwendete lat. Ausdruck *(ad equum rescribere)* bedeutet sowohl »unter die Reiter versetzen« als auch »in den Ritterstand erheben«. Nach dem Senatorenstand war der Ritterstand die vornehmste Schicht der röm. Gesellschaft.
104 Bei Magetobriga, vgl. Anm. 80.
105 Vgl. Anm. 21.
106 Hinweis auf die Feinde, die sich Caesar mit seiner Politik, vor allem während seines Consulats 59 v. Chr., geschaffen hatte.
107 Kelt. Stamm in Aquitanien, dessen Gebiet teilweise schon in der röm. Provinz lag. Hauptstadt Segodunum, heute Rodez. Vgl. Anm. 74.
108 Vgl. Anm. 74.
109 Rom hatte lange vor Ariovist die Gallier besiegt.
110 *liberam debere esse Galliam:* Freiheit in der Sprache der röm. Außenpolitik bedeutete keine volle Souveränität, sondern wie hier Wiederherstellung des besiegten Staates als

Gemeinwesen mit eigener Verfassung; seine Handlungsfreiheit hing jedoch allein von den bestehenden Machtverhältnissen ab.
111 Vielleicht identisch mit C.Valerius Trucillus (1,19,3), aus dem Stamm der Helvier. Sein Vater C. Valerius Caburus hatte als eine vor Caesar überaus seltene Auszeichnung das röm. Bürgerrecht erhalten und wie üblich den Namen des Verleihers, Valerius, angenommen.
112 Consul 93 v. Chr., Statthalter der Gallia Transalpina 84 bis 81 (?) v. Chr.
113 Die ihn mit Ariovist verbindende Gastfreundschaft *(hospitium)*, aus primitiven Gesellschaftsformen bekannte Beziehung, auch zwischen einem Individuum und einem Gemeinwesen.
114 Schon den Griechen, aber auch den Galliern (vgl. 7,18,1) vertraute und von Caesar im Verlauf des Krieges übernommene Kampfesweise.
115 Je 2 Mann aus jeder der 3 Reihen, die die gewöhnliche Schlachtordnung bildeten (vgl. Anm. 59) marschierten nebeneinander her. Mit einer Wendung um 90 Grad konnte so schnell die normale Schlachtaufstellung erfolgen.
116 Durch eine vorausgesandte Abteilung wurde der Platz für das röm. Lager ausgemessen, meist an einer leichten Steigung, und, wenn es das Gelände zuließ, in quadratischer Form. Es wurde von zwei Straßen, dem *decumanus maximus* und dem *cardo maximus* in 4 Teile gegliedert. An dem dem Feind zugewandten Seite befand sich am Ende des *decumanus* die *porta praetoria*, an der entgegengesetzten die *porta decumana*. Das Lager wurde stets mit einem durch einen Palisadenzaun gesicherten Erddamm *(vallum)* und einen davorliegenden Graben *(fossa)* befestigt. Manchmal erhielt der Wall zusätzlich eine Brustwehr aus Ästen *(lorica)* oder hölzerne Türme *(turres)*.
117 Zur hohen Wertschätzung der Frauen bei den Germanen vgl. auch Tac. Germ. 8; zu ihrer prophetischen Begabung Tac. Hist. 4,61.

118 Hilfstruppen *(alarii)*: Während die Hilfstruppen *(auxilia* vgl. Anm. 60) in der Regel aus leichtbewaffneten Fußsoldaten bestanden, handelt es sich hier möglicherweise um schwerbewaffnete, die den Anschein von Legionssoldaten erwecken sollten.
119 Zur Gruppe der Sueben gehörender Stamm, der nach Cimbern und Teutonen ins Maingebiet eingedrungen und nördlich der Donau bis nach Böhmen hinein sein Gebiet hatte.
120 Tribocer, Vangionen und Nemeter, ursprünglich kelt. Stämme, mit Ariovist verbündet. Die Tribocer saßen in der Gegend von Straßburg (Argentoratum), die Vangionen um Worms (Borbetomagus), die Nemeter um Speyer (Noviomagus).
121 Richtiger: Eudusier; aus Jütland stammendes Volk, das sich Ariovist angeschlossen hatte.
122 Nur bei den großen Wanderzügen führten die Germanen ihre Familien und Hab und Gut auf Wagen mit sich.
123 Diese Sitte sollte wohl symbolisieren, daß der Feind sie nach einer Niederlage vergewaltigen werde.
124 Jeder Provinzstatthalter hatte einen vom Volk gewählten Quaestor zur Unterstützung, der gewöhnlich für die Finanzverwaltung zuständig war. Hier und 5,24,3 erhielt er das Kommando über eine Legion.
125 P. Licinius Crassus, Sohn des M.Licinius Crassus und Bruder des M. Licinius Crassus, der unter Caesar Quaestor war. Er kam 53 v. Chr. zusammen mit seinem Vater in der Schlacht bei Carrhae gegen die Perser um.
126 In vielen Handschriften sind 50 Meilen überliefert, doch hätte sich dann die überstürzte Flucht über 75 km erstreckt. Der Ort der Schlacht im Südelsaß ist nicht mehr bestimmbar.
127 5,29,3 wird im Jahr 54 v. Chr. Ariovists Tod erwähnt, der bei den Germanen große Trauer hervorgerufen habe. Wahrscheinlich starb er bald nach dieser Schlacht.
128 Offenbar nur bei den Fürsten üblich, wo auch Heiraten über die Stammesgrenzen hinweg vorkamen. Bei den Germanen herrschte sonst Monogamie (Tac. Germ. 19).

129 Da von Oktober bis März gewöhnlich keine Kampfhandlungen stattfanden, wurde das Heer in dieser Zeit in Winterlager *(hiberna castra)* verlegt, in denen statt der im Sommer üblichen Zelte mit Fellen und Stroh bedeckte Hütten als Unterkunft dienten. Die Winterlager befanden sich gewöhnlich außerhalb von Ortschaften.
130 Zu den Pflichten eines Provinzstatthalters gehörte die Rechtsprechung in allen wichtigen straf- und zivilrechtlichen Fällen. Er entschied, beraten von einer Gruppe *(consilium)* in der Provinz ansässiger röm. Bürger, in erster und letzter Instanz. Die Gerichtstage wurden in den bedeutendsten Orten der Provinz abgehalten.
131 Bis auf den kritischen Winter 51/50 v. Chr. hielt sich Caesar in dieser Jahreszeit stets in Oberitalien auf, um den politischen Ereignissen in Rom näher zu sein.
132 Im Gebiet der Sequaner.
133 Vgl. 1,1.
134 Die 13. und 14.; wahrscheinlich nördlich des Po ausgehoben; das röm. Bürgerrecht, Voraussetzung für den Dienst in der Legion, war dem dortigen Gebiet noch nicht einhellig zuerkannt worden.
135 Neffe Caesars.
136 Bedeutender kelt. Stamm zwischen Seine und Yonne in Zentralgallien. Hauptstadt Agedincum, heute Sens.
137 Die ungewöhnlich lange Dauer des Marsches ist nur erklärlich, wenn Caesar die große Handelsstraße Besançon-Langres-Chalons benutzte.
138 Belg. Stamm im Marne- und Aisne-Tal. Hauptstadt Durocortorum, heute Reims.
139 Belg. Stamm im Aisne-Tal zwischen Marne und Oise, westlich der Remer. Ihr 2,4,7 erwähnter König Diviciacus nicht identisch mit dem Haeduer Diviciacus.
140 Belg. Stamm im Gebiet Seine-Somme-Oise.
141 Belg. Stamm (mit germ. Einschlag?) nordöstlich der Selle am nördlichen Sambre-Ufer. Hauptstadt Bagacum, heute Bavais.

142 Belg. Stamm im Artois, Hauptstadt Nemetocenna, heute Arras.
143 Belg. Stamm im Somme-Gebiet. Eine ihrer Städte Samarobriva, heute Amiens.
144 Belg. Stamm an der Nordwestküste Frankreichs um Boulogne.
145 Belg. Stamm links des Rheins am Unterlauf der Maas (südliche Niederlande und Belgien).
146 Belg. Stamm, wahrscheinlich unter der Oberherrschaft der Bellovacer, am Unterlauf der Seine in der Normandie.
147 Belg. Stamm am Unterlauf der Seine, Hauptstadt Rotomagus, heute Rouen.
148 Belg. Stamm rechts der Oise um St. Quentin.
149 Belg. Stamm an beiden Ufern der Sambre um Namur im heutigen Belgien.
150 Belg. Stamm, wahrscheinlich rechts der Maas unweit Lüttichs.
151 Belg. Stamm im Gebiet zwischen Lüttich und Aachen.
152 Belg. Stamm im Ardennen-Eifel-Gebiet nördlich von Trier.
153 Auch Paemanen, belg. Stamm östlich der Maas um Lüttich.
154 Heute Aisne.
155 Wohl nicht identisch mit dem von Napoleon III. ausgegrabenen Lager bei Berry-au-Bac zwischen Reims und Laon, da dieses nur 2 Legionen beherbergen konnte.
156 Wohl schon ab 58–54 v. Chr. Legat unter Caesar.
157 Wahrscheinlich Le Vieux-Laon in der Nähe von Beaurieux und Bièvres bei St. Thomas, Aisne.
158 Schilddach (*testudo*, wörtl.: Schildkröte), Schutzdach aus den übereinandergelegten Schilden (vgl. Anm. 62, 66). Die von den Römern bei Belagerungen eingesetzte bewegliche Holzkonstruktion gleichen Namens lernten die Gallier erst im Verlauf des Krieges kennen (5,42,5).
159 Leichtbewaffnete Söldnertruppen aus den Provinzen Creta und Spanien (Balearen) bzw. aus dem Rom befreundeten Königreich Numidien in Nordafrica. Vgl. Anm. 60.
160 Schleudermaschinen (*tormenta*), Riesenschleudern, deren

Wurfkraft auf der Elastizität zusammengedrehter Tiersehnen beruhte. Sie schleuderten Steine bis zu 370 m weit.
161 Kommandant der 14. Legion, mit der er 54 v. Chr. im Kampf gegen die Eburonen umkam (5,24,5 ff.).
162 Stadt der Suessionen, nordöstlich von Soissons gelegen.
163 Laufgänge (*vineae*, wörtl.: Weinlauben), Reihen aus Schutzdachhütten, die den Soldaten bei der Aufschüttung des Belagerungsdammes Schutz gewährten. An der feindlichen Angriffen besonders ausgesetzten Spitze befand sich eine massive Holzkonstruktion, wie z. B. die *testudo* (vgl. Anm. 312), in der die Maschinen, die eine Bresche in die feindliche Mauer legen sollten, heranbewegt wurden.
164 Belagerungsdamm (*agger*), in Richtung auf die Höhe der feindlichen Mauern zulaufende Rampe aus Holzpfählen, Flechtwerk und Erde.
165 Belagerungstürme (*turres*), auf Walzen bewegliche Holzkonstruktionen mit mehreren Stockwerken, die gegen die feindliche Mauer vorgeschoben wurden; im untersten Stockwerk befand sich der Mauerbrecher *(aries)*, in den oberen wurden Geschütze und wahrscheinlich auch Wurfbrücken zum Übergang auf die Mauer mitgeführt.
166 Stadt der Bellovacer; Lage ungewiß, vielleicht in der Nähe des heutigen Beauvais.
167 Allgemein übliche Geste der Aufgabe des Widerstandes, während Caesar das Verhalten der Frauen und Kinder als gallische Eigenheit beschreibt (vgl. auch 7,47,5).
168 Annahme der freiwilligen Kapitulation *(in fidem recipere)*: Der Besiegte lieferte sich zwar völlig aus, den Sieger band jedoch die Verpflichtung *(fides)*, sich an das dadurch ausgedrückte Vertrauen in seine Menschlichkeit zu halten. Vgl. Anm. 69.
169 Vgl. Anm. 5.
170 Heute: Sambre.
171 In der Regel folgten auf dem Marsch jeder Legion etwa 1000 Lasttiere, manchmal auch Wagen, mit Gepäck und Kriegsgerät.

Anmerkungen

172 In gefährlichen Situationen wurde die gewöhnliche Marschordnung aufgegeben (s. Anm. 171): der Troß wurde am Schluß des Heereszuges zusammengefaßt, doch trugen die Soldaten weiterhin ihr persönliches Gepäck *(sarcinae)*. Vgl. Anm. 61, 115.

173 Vgl. Anm. 116.

174 Fahne hissen *(vexillum proponere)*: Zu Beginn des Kampfes wurde auf dem Feldherrnzelt im Lager eine an einer Querstange hängende rote Fahne gehißt.

175 Vor dem Angriff ertönte zweimal ein Signal mit der Tuba, einem geraden Blechblasinstrument.

176 In der Regel feuerte der Feldherr vor dem Kampf jede Legion einzeln an.

177 Helm *(galea)* und Schild *(scutum)*, das in einem Überzug steckte, befanden sich im Marschgepäck des einzelnen Soldaten. Zu den Kampfabzeichen *(insignia)* gehörte der Helmbusch.

178 Vgl. Anm. 116.

179 Jeder Manipel hatte sein eigenes Feldzeichen *(signum)*, eine metallene Schwurhand an einer Stange, darunter ein Metallschild mit den Initialen des Manipels. Der Feldzeichenträger stand im Rang den Centurionen nahe.

180 Mehrfach als besonders tapferer *primipilus* erwähnt (3,5,2; 3,6,38; vgl. Anm. 98).

181 Eine der 3 Unterabteilungen der Cohorte, vgl. Anm. 24.

182 Nach beiden Seiten *(conversa signa)*: Nach dem Zusammenrücken der hinteren Reihen der 7. und 12. Legion sollten diese jeweils um 90 Grad schwenken und Rücken an Rücken kämpfen.

183 Angesichts der zahlenmäßig geringen Truppen, die die Nervier 54 und 52 v. Chr. aufstellen, sind die Zahlenangaben hier wohl kaum übertrieben.

184 Westlich der Maas in der Gegend Namurs, die Lage ist umstritten.

185 Nach dem Kriegsrecht war das unmenschliche Vorgehen legitim, doch ist die Zahlenangabe wohl übertrieben. Das

röm. Heer wurde von Sklavenhändlern *(mercatores)* begleitet, die, wenn sie alle Atuatucer lebend nach Italien bringen und verkaufen konnten, mit einem Gesamtpreis von etwa 85 Millionen Sesterzen rechnen konnten. Der Erlös ging nach Abzug der Unterhaltskosten für das Heer an die Staatskasse.
186 Veneter: Bedeutendster Küstenstamm mit Handelsbeziehungen nach Irland und Spanien in der westlichen Bretagne. Hauptstadt Darioritum, heute Vannes. – Uneller (anders: Veneller): Stamm in der nordwestlichen Normandie um das heutige Coutances.
187 Belg. Stämme in der Bretagne und nördlichen Normandie: Osismer um Carbaix (Vorgium), Coriosoliten um Corseul, Essuvier (nach den Handschriften Sesuvii) im südlichen Calvados, Redonen um Rennes. Aulercer war der Sammelname für die Cenomanen um Le Mans (Suindinum), Eburovicen um Mediolanum (Evreux) und Diablinthen um Jublains (Noviodunum).
188 Im Winter erfüllte Caesar die zivilen Aufgaben des Provinzstatthalters, vgl. Anm. 1, 130.
189 Carnuten zwischen Seine und Loire mit den Städten Cenabum (Orléans) und Autricum (Chartres), Anden im Anjou mit der Hauptstadt Juliomagus (kaiserzeitlich), heute Angers, die Turonen in der Touraine um Tours.
190 Am Ende jedes Sommerfeldzuges mußte der Statthalter dem röm. Senat Bericht erstatten. Nach Beratung mit den Priesterkollegien beschloß dieser ein Dankfest *(supplicatio)*, das in der öffentlichen Aufstellung von Götterbildern und allgemeinem Tempelbesuch bestand. In dieser Zeit wurde die *supplicatio* Voraussetzung für die Genehmigung des Triumphzuges nach Beendigung des Krieges.
191 Servius Sulpicius Galba hatte als Legat unter C. Pomptinus 61 v. Chr. gegen die Allobroger gekämpft und besaß daher Alpenerfahrung. Vgl. Anm. 21.
192 Nantuaten, Veragrer, Seduner, kelt. Alpenstämme im Wallis östlich des Genfer Sees.
193 Es handelt sich um den Paß über den Großen Sankt Bern-

306 Anmerkungen

hard, wo der Handelsverkehr nicht nur durch Straßenräuber, sondern auch durch die Wegzölle, die im Süden die Salasser, am Nordausgang die Veragrer und am Eingang ins Rhônetal die Nantuaten erhoben, behindert wurde.
194 Heute: Martigny.
195 Die Dranse trennt noch heute Martigny-Combe von Martigny-Ville.
196 Wie bei einem Lager üblich (vgl. Anm. 116).
197 Wahrscheinlich identisch mit dem 8,23,4.5 und 8,48 passim erwähnten C. Volusenus Quadratus. Im Auftrag Caesars erkundete er Britannien (4,21 und 23) und war 52 (?) v. Chr. Reiterpraefect. Nach Caesars Tod gelangte er wahrscheinlich als Anhänger des M. Antonius in den röm. Senat.
198 Wenn die Zahl nicht übertrieben ist, hatte die Bevölkerungszahl der Seduner und Veragrer jeweils etwa 60 000 betragen.
199 Der Rückzug Galbas in die Provinz spricht deutlich für seinen Mißerfolg.
200 Die hier genannten Militärtribunen und Praefecten, sonst unbekannt, stammen wohl vorwiegend aus italischen Adelsfamilien.
201 Vgl. Anm. 186.
202 Heute: Loire.
203 *et de recipiendis obsidibus spem se fefellisse:* wird von Seel als Ergänzung einer im Text der Handschriften überlieferten Lücke vorgeschlagen.
204 Die erwähnten Praefecten und Militärtribunen waren in völkerrechtlichem Sinne keine Gesandten, ließen jedoch das Vorgehen der Veneter als besonders verbrecherisch erscheinen. Vgl. aber Caesars Verhalten 4,13,6.
205 Die Rüstungen erfolgten gewiß nicht aus schlechtem Gewissen, sondern weil die Veneter ihre Handelsinteressen im Seeverkehr durch Caesar bedroht sahen.
206 Mittelmeer.
207 Lexovier: Stamm an der Seinemündung mit der Hauptstadt Noviomagus (heute Lisieux); Namneten: Stamm am nördlichen Unterlauf der Loire mit der Hauptstadt Condevincum

(heute Nantes); Ambiliater: Kleiner Stamm an der Somme; Diablinthen: Teilstamm der Aulercer (vgl. Anm. 187).
208 Die Militärtribunen und Praefecten kamen aus dem Ritterstand, der nach dem Senatorenstand vornehmsten Schicht der röm. Gesellschaft.
209 Decimus Iunius Brutus Albinus, geb. um 85 v. Chr., 57 v. Chr. als Nachfolger des P.Crassus Reiterpraefect, später Flottenpraefect *(praefectus classis)* unter Caesar. Trotz seiner nahen Beziehung zu Caesar später einer seiner Mörder.
210 Kelt. Stamm im heutigen Poitou an der Westküste Frankreichs.
211 Die Römer versuchten, die Technik der Belagerung zu Lande auf den Seekrieg zu übertragen (vgl. Anm. 165).
212 Die Mauersicheln *(falces murales),* gebogene Metallklingen an Holzpfählen, dienten zum Einreißen der Maueraufbauten. Die hier genannten Sicheln waren leichter, weil sie nur das Schiffstauwerk kappen sollten.
213 Der Kampf dauerte von etwa 8.30 Uhr bis etwa 19 Uhr. Verglichen mit anderen antiken Berichten darüber (z. B. Cassius Dio 39,43) hat Caesar die Schlachtschilderung sehr vereinfacht.
214 Rom hatte damit die Seeherrschaft auf dem Atlantik errungen.
215 Völkerrechtlich war dies Vorgehen nicht zu rechtfertigen, da die Feinde sich ergeben hatten und es sich nicht, entgegen Caesars Behauptung, um eine Verletzung des Gesandtenstatus gehandelt hatte (vgl. Anm. 204).
216 Nach Ankunft der Römer im Gebiet der Uneller; *his paucis diebus:* Die Ausdrucksweise enthält möglicherweise noch eine Spur des Originalberichts von Sabinus.
217 In Zusammenhang mit dem Krieg gegen Sertorius in Spanien wurde 78 v. Chr. der Proconsul und Statthalter der Gallia Transalpina, L. Manlius, in Spanien und Gallien geschlagen. Der Legat L. Valerius Praeconinus, der bei diesen Kämpfen fiel, ist sonst unbekannt.
210 Tolosa (heute Toulouse), seit etwa 106 v. Chr. mit röm. Co-

lonie; Narbo (heute Narbonne), seit 108 v. Chr. mit röm. Colonie. Carcaso heute: Carcassonne.
219 Kleiner Stamm am linken Garonne-Ufer, westlich des Baïse.
220 Uralte indogerm. Institution einer quasifeudalen Gefolgschaft auf sakraler Grundlage, auch bei den Germanen zu finden (Tac. Germ. 14) und vergleichbar mit den *ambacti* (6,15,12) und *clientes* (vgl. Anm. 15).
221 Der Name des Stammes ist ebenso wie der des folgenden, der Tarusaten, umstritten. Beide Stämme lebten wohl am linken Garonne-Ufer.
222 Vgl. Anm. 221; ihr Wohngebiet wird südöstlich von Mont-de-Marsan (Dép. Les Landes) angenommen.
223 Q. Sertorius (um 123–72 v. Chr.), einer der führenden Anhänger von Marius und Cinna. 82 v. Chr. Flucht vor Sulla nach Spanien und Aufbau eines organisierten Widerstandes gegen Rom. Dieser Widerstand brach erst 72 v. Chr. zusammen, als Sertorius von einem seiner Unterfeldherrn ermordet wurde.
224 Erst nach einem achtjährigen Krieg konnten die Römer unter Augustus 19 v. Chr. den hartnäckigen Widerstand dieses nordspan. Stammes endgültig brechen.
225 Diese Stämme, von denen einige nur an dieser Stelle vorkommen, sind schwer zu identifizieren. Sie saßen wohl überwiegend in der Gascogne und in den nördlichen Pyrenäen, die wenigen, die sich nicht ergaben, wohl im Médoc.
226 Die Zelte bestanden aus Leder und Fellen und beherbergten in der Regel 10 Soldaten.
227 Die Position der Winterlager am Unterlauf der Seine ermöglichte die Kontrolle Zentralgalliens, Belgiens und der Küstenstämme, ohne daß die Verbindung nach Italien allzu schwierig wurde.
228 Germ. Stämme am Unterlauf des Rheins, später zwischen Ruhr, Sieg und Lahn.
229 Die Schilderung der Sueben, die vielleicht auf Caesars jährlichen Bericht an den Senat zurückgeht, ist, obwohl unge-

nauer als in 6,21 f., wichtig, weil Caesar als erster antiker Autor die Eigenständigkeit der Germanen erkannt hat (vgl. Anm. 6). Die Nachrichten über ihren ständigen Wohnsitzwechsel und den jährlichen Anbauwechsel sind irrtümlich zusammengezogen, denn die Germanen hatten ebenso wie die Kelten schon feste Siedlungen. Aus archäologischen Funden ergibt sich zudem ein reger Handelsverkehr bei den Germanen. Archäologisch weitgehend bestätigt sind dagegen die »Ödmarkgrenzen« (vgl. 6,23), doch ist die Angabe über deren Ausdehnung wohl nicht wörtlich zu nehmen.
230 Germ. Stamm rechts des Rheins um Taunus, Wetterau und Westerwald. 38 v. Chr. umgesiedelt.
231 Wahrscheinlich zwischen Wesel und Emmerich.
232 Belg. Stamm links der Maas.
233 Nach Meinung einiger Forscher ist Kap. 10 später in den Bericht Caesars eingeschoben worden und enthält widersprüchliche und ungenaue Angaben: Die Maas entspringt nicht in den Vogesen, der Waal (Vacalis) bei Tac. Ann. 2,6 richtiger: Vahalis.
234 Germ. Stamm im Rheindelta.
235 Alpenstamm nördlich des Lago Maggiore.
236 Westlich des Rheins im Maastal um Metz.
237 Caesar zieht die Mündungen von Maas, Schelde und Rhein hier in eins zusammen.
238 Die Vornehmen der Provinz dienten oft als Führer der Reiterabteilungen ihrer Stämme. Wahrscheinlich hatte der Vater von Aquitanus Piso durch den Statthalter der Gallia Transalpina und Gallia Cisalpina, C. Calpurnius Piso, in den Jahren 67 bis 65 v. Chr. das röm. Bürgerrecht erhalten, so daß der Sohn jetzt den Namen seines Stammes als Cognomen trug.
239 Die Zahl schließt Frauen und Kinder ein. Caesars Bericht über die Vernichtung des Stammes erregte im röm. Senat Entrüstung, so daß Cato d. J. den Antrag einbrachte, Caesar wegen Verletzung des Völkerrechts an die Usipeter und Tencterer auszuliefern, um den Zorn der Götter gegen Rom zu versöhnen (Plut. Caes. 22).

240 Germ. Stamm rechts des Rheins zwischen Sieg und Ruhr.
241 Die schnelle Vollendung des Brückenbaus und die dabei angewandte Technik sind in der Forschung seit jeher umstrittene Fragen. Heute nimmt man an, daß Caesar den Bau von Holzbrücken zu militärischen Zwecken als bekannt voraussetzte, zumal die Schilderung einer bekannten Technik dem Charakter seines Berichtes unangemessen gewesen wäre. Daher schildert er nur das, was an seinem Verfahren neu und besonders hervorzuheben war, wobei er sich an die Fachsprache der Architekten seiner Zeit hielt. Da für die Folgezeit keine schriftliche Überlieferung über antiken Holzbrückenbau mehr vorliegt, ist die Beschreibung schwer verständlich und hat zu verschiedenen Theorien über das Aussehen der Brücke geführt. Am besten läßt sich noch am Vergleich mit den auf der Trajanssäule dargestellten Holzbrücken eine Vorstellung davon gewinnen, was Caesar als Besonderheit seines Brückenbaus anführt: a) 17,3: statt einfacher Brückenpfeiler wurden doppelte und nicht, wie sonst üblich, senkrecht, sondern schräg eingesetzt; b) 17,6: das Verbindungsgerüst *(iunctura)* bestand aus kreuzförmigem Balkenwerk (vgl. die Brückendarstellungen auf der Trajanssäule); c) 17,8: erst jetzt erfolgte die Verbindung zwischen den beiden Längsstützreihen; d) 17,9: die Wellenbrecher *(pro ariete,* entsprechend dem Mauerbrecher) waren wahrscheinlich auch zu Gerüsten verbundene Pfähle.
242 Damit will Caesar wohl seinen Mißerfolg verschleiern.
243 Der 1. Übergang nach Britannien erfolgte möglicherweise weniger unter strategischen Gesichtspunkten als aus Interesse an der bisher weitgehend unbekannten Insel, auf der es ungeahnte Reichtümer geben sollte. Auch der Wettstreit mit Pompeius, der etwa 10 Jahre früher im Osten als erster Römer in bis dahin unbekannte Gegenden vorgestoßen war, spielt hier vielleicht eine Rolle.
244 Den Venetern, die vor allem in Kent Handelsbeziehungen hatten, war mehr als die Küste Britanniens bekannt.
245 Die kürzeste Verbindung vom Festland nach Britannien ist die zwischen den Häfen Wissant und Dover (35 km).

246 Der Gesandtenstatus von Commius ist nicht ganz klar, möglicherweise betrachteten ihn die Britannier als bloßen Agenten. Caesar hatte ihn wahrscheinlich – wie auch die Könige Cavarinus bei den Senonen (5,54,2; 6,5,2) und Tasgetius bei den Carnuten (5,25,1–3) – bei den Atrebaten als König eingesetzt, um den Einfluß der Priester und des Adels zu schwächen.
247 Die 7. und 10. Legion.
248 Der Hafen Wissant ist auch wegen seiner Entfernung zu dem zweiten Hafen, aus dem die Reiter auslaufen sollten, Ambleteuse, wahrscheinlicher als Boulogne.
249 56 v. Chr. Kommandant der 13. Legion, 55 v. Chr. der 11. Legion.
250 Nach der Ankunft in der Bucht von Dover fuhr die Flotte nach Nordosten weiter und landete an der Ostküste Kents zwischen Walmer Castle und Deal Castle.
251 Die Kriegsschiffe *(naves longae)*, meist Drei-, aber auch Vier- und Fünfruderer, waren zwar sehr viel länger als die Lastschiffe *(naves onerariae);* da diese jedoch mit schwerem Rumpf gedrungen und massiv gebaut waren, zudem als Segelschiffe auf Wind und Strömungen angewiesen waren, zeigte sich hier die Überlegenheit der Ruderschiffe. Jedes Kriegsschiff verfügte über mindestens ein Boot *(scapha,* vgl. 26,4). Leichte Aufklärungsschiffe *(naves speculatoriae,* vgl. 26,4), wie die Boote ursprünglich griechischen Typs, begleiteten die Flotte.
252 Wahrscheinlich Sangatte.
253 Um den 30./31. August gibt es hier manchmal Springfluten, wahrscheinlich bei Nord- oder Ostwind.
254 Bis ins 2. Jh. v. Chr. wurden Streitwagen auch von den Galliern benutzt, in Caesars Zeit nur noch in Britannien, so daß die Nachricht davon in Rom Aufsehen erregte. Sie hatten die Form einer Biga, besetzt mit einem Wagenführer und einem Kämpfer, meist wohl einem Clienten des ersteren. Die Streitwagenführer gehörten zur vornehmsten Schicht, den gall Rittern vergleichbar.

255 Nordweststürme zu Beginn des Herbstes in der 2. Septemberhälfte.
256 Obwohl das 4. Kriegsjahr ohne nachdrücklichen kriegerischen Erfolg zu Ende gegangen war, legitimierte der Senatsbeschluß eindrucksvoll die Unternehmungen dieses Jahres.
257 Unser Meer *(nostrum mare)*: Mittelmeer. Die folgende Bemerkung über den weniger hohen Wellengang trifft allerdings nur für den Kanal zu.
258 Ruderschiffe *(naves actuariae)*: Sie konnten Ruder und Segel einsetzen (vgl. die Beschreibung der venetischen Schiffe 3,13,2).
259 Spanien lieferte Segel und aus dem dort wachsenden Pfriemengras hergestellte Taue.
260 Stamm an der Südgrenze Illyriens im heutigen Ostalbanien.
261 Boulogne oder Calais.
262 Offenbar waren die Treverer den gall. Versammlungen *(concilia Gallorum)*, die Caesar regelmäßig einberief, in den Jahren 55 und 54 v. Chr. ferngeblieben.
263 Cingetorix war der Schwiegersohn des Indutiomarus.
264 Kelt. Stamm im Seine- und Marnegebiet zwischen Meaux und Melun, wo es viel Wald gab.
265 Bruder des Haeduers Diviciacus, vgl. 1,3,5.9 und 1,18,1–20,6.
266 Zwischen dem 10. Juli und dem 4. August.
267 Bei Sonnenaufgang befand sich Northforeland hinter der Flotte.
268 Schiffe vornehmer Gallier und Offiziere, aber auch von Kaufleuten, die möglicherweise hofften, Sklaven darauf abtransportieren zu können.
269 Sonst unbekannt.
270 Wahrscheinlich der Stour.
271 Tacitus (Agr. 11) verhält sich zurückhaltend gegenüber der Existenz von Autochthonen in England.
272 Auch z. B. der Name ihres Oberfeldherrn Cassivellaunus, der an den belg. Stamm der Catavellaunen in der Bretagne erinnert; vgl. auch 7,88,3 den Namen des Arverners Vercassivellaunus.

273 Goldmünzen gab es schon vor Caesar, Silber- und Kupfermünzen erscheinen erst später. Das primitive Zahlungsmittel der Eisenbarren gab es auch im frühen Griechenland und Rom.
274 Das in Cornwall gefundene Zinn spielte schon früh eine Rolle im Handel mit Galliern, Spaniern und Phöniziern. In den Caesar bekannten Küstengebieten wurde nur wenig Eisen gefördert.
275 Vereinfachende geometrische Formen sind in der antiken Geographie geläufig: auch Sizilien wurde als Dreieck angesehen. Der Umfang der britischen Insel ist annähernd richtig angegeben.
276 Die Insel Man.
277 Die geographische Tradition der Griechen hatte den schottischen Inseln dieses Phänomen zugeschrieben.
278 Caesar verhält sich diesen Angaben gegenüber reserviert.
279 Korrektur der auf Pytheas (4. Jh. v. Chr.) zurückgehenden Tradition.
280 *Isatis tinctoria*, altes Blaufärbemittel.
281 Röm. Interpretation: Die Braut wurde bei der Hochzeit aus dem Hause ihres Vaters in das ihres zukünftigen Mannes geführt. Zum besseren Verständnis wurde der im Lateinischen hier verwendete Plural im Deutschen mit dem Singular wiedergegeben.
282 Der Fluß Stour.
283 Den Streitwagen war auch die dichtere Aufstellung der Römer nicht gewachsen.
284 Der Militärtribun Q. Laberius Durus ist sonst unbekannt.
285 C. Trebonius hatte in seinem Volkstribunat 55 v. Chr. das Gesetz über die Verlängerung von Caesars Statthalterschaft um weitere 5 Jahre durchgebracht.
286 Vgl. 5,17,5.
287 Das Heer wurde ständig durch den Feind in Unruhe gehalten.
288 Stamm im Gebiet des heutigen Essex und Suffolk mit der Hauptstadt Camulodunum (Colchester). Der Name des

Sohnes ihres Fürsten, Mandubracius, hat kelt. Anklang, ist aber möglicherweise deformiert.
289 Die Cenimagner saßen in Norfolk und Suffolk (?), die Segontiacer nördlich der brit. Atrebaten in Berkshire oder Hampshire, die Bibrocer in Berkshire, die Casser vielleicht in Hartfordshire, die Wohnsitze der Ancaliten sind unbekannt.
290 Die Britannier hatten offenbar nur Fluchtburgen, keine festen Städte. Vgl. 5,9,4–5.
291 Caesar behandelte Britannien schon wie eine röm. Provinz.
292 26. September. Nach diesem Termin hörte gewöhnlich dort die Schiffahrt auf.
293 Im Gebiet der Ambianer, heute Amiens.
294 Möglicherweise 56 v. Chr. Quaestor unter Caesar. Er führte wahrscheinlich die 7. Legion.
295 Bruder von M. Tullius Cicero. Vor seiner Legatentätigkeit unter Caesar (– 52 v. Chr.) war er 62 v. Chr. Praetor und 61–59 v. Chr. Statthalter der Provinz Asia gewesen, war also einer der ranghöchsten Untergebenen Caesars.
296 L. Roscius Fabatus führte die 13. Legion.
297 Der Quaestor M. Licinius Crassus löste seinen jüngeren Bruder P. (vgl. Anm. 125) in Gallien ab. L. Munatius Plancus, wahrscheinlich 55 v. Chr. Quaestor, gründete 43 v. Chr. die Colonie Lugdunum (Lyon). Zusammen mit C. Trebonius führten beide die 6., 8. und 12 Legion.
298 Im Frühjahr 57 v. Chr. waren die 13. und 14. Legion ausgehoben worden (2,2,1). Hier handelt es sich um die 14.
299 Hier ist eine zweifache Interpretation möglich: a) die Entfernung zwischen den einzelnen Lagern war nicht weiter als 150 km; b) die Lager befanden sich in einem Umkreis von 150 km Durchmesser, dessen Mittelpunkt Napoleon III. in Bavais, Rambaud in Le Cateau in der Gegend von Landrecies annimmt.
300 Entweder befand sich der Quaestor des vergangenen Jahres noch beim Heer, oder Caesar waren gegen allgemeinen Brauch 2 Quaestoren zugestanden worden.

301 »Ein gewisser« *(quidam)* heißt, daß er gesellschaftlich nicht sehr hoch stand und vielleicht zur Dienerschaft des Titurius gehörte, jedoch offenbar das röm. Bürgerrecht erlangt hatte.
302 Hier handelt es sich um eine verderbte Stelle in den Handschriften (Crux).
303 Der gall. Wurfspieß *(tragula)* hing an einem Schleuderriemen.
304 Man hat angenommen, daß Pompeius ein Vocontier und Vater des Historikers Pompeius Trogus war, der unter Augustus eine Weltgeschichte schrieb.
305 Der Verlust von 15 Cohorten war einer der härtesten im gall. Krieg.
306 Kleine belg. Stämme in Flandern, sonst unbekannt.
307 Die zahlenmäßige Bedeutung der Feinde wird offenbar übertrieben (vgl. Anm. 183, 185).
308 Obwohl die Zahl bei einem Lagerumfang von etwa 4 km nicht unangemessen hoch erscheint, handelt es sich wohl nur um Aufsätze auf den Lagerwall mit Brettern zum Stehen.
309 Schwere Wurfspeere *(pila muralia)*: Sie waren schwerer und größer als gewöhnliche Wurfspeere und wurden mit Wurfmaschinen vom Lagerwall aus geschleudert.
310 In Amiens.
311 Die Germanen hatten weder Schanzzeug noch Proviant in ihrem Marschgepäck, dies alles befand sich zusammen mit dem Schlachtvieh beim Wagentroß. Ihre Mäntel *(sagula)* werden hier mit dem Namen röm. Kriegsmäntel *(saga)* bezeichnet.
312 Schutzhütten *(testudines,* wörtl.: Schildkröten): Rollende Holzkonstruktionen mit verstärktem Dach, das die Belagerer bei Erd- oder Rammarbeiten gegen die Verteidiger schützte. Vgl. Anm. 163.
313 Wie in 3,1,6 und 8,5,2 vielleicht gall. Häuser.
314 *honestus:* Lobendes Prädikat für einen Angehörigen der unteren Schichten.
315 Vgl. Anm. 310

316 Etwa 38 km von Amiens entfernt, möglicherweise in der Nähe der Hauptstadt der Bellovacer, Bratuspantium (vgl. Anm. 166).
317 C. Fabius befand sich bei den Morinern.
318 Labienus stand an gefährlicher Stelle bei den Treverern.
319 An sich konnten die Gallier Griechisch sprechen (vgl. Anm. 71).
320 Von den Römern eingeäscherte Gehöfte, vgl. 6,29,5, wo dieses »Signal« ausdrücklich verboten wird.
321 Der Satz »daß ... verlassen« *(neque etiam parvulo detrimento illum locum relinqui videbat)* ist in den Handschriften verderbt.
322 In einer der beiden Hauptklassen von Handschriften liest man *quaestori,* in der anderen *legato.*
323 Von *are-mori* aus dem Kelt.: am Meer entlang. Küstenstämme. Vgl. 8,31,4.
324 Wörtl.: Offizieller Beschluß *(publicum consilium),* wurde auch in Rom von Senatsbeschlüssen gesagt, vgl. dazu vor allem aber auch 6,4,1, wo dieser Beschluß als der des Senats bezeichnet wird.
325 Zu den »verschiedenen Gründen« gehörten u. a. die hohen jährlichen Tribute und der Unterhalt der röm. Legionen.
326 M. Junius Silanus, nur für das Jahr 53 v. Chr. als Legat bezeugt.
327 C. Antistius Reginus, Legat Caesars 53–50 v. Chr.
328 Legat Caesars 53–50 v. Chr. Nach Caesars Tod Statthalter in der Provinz Africa (etwa 44–40 v. Chr.).
329 Mit der Übertragung der Verwaltung der Provinz Spanien auf 5 Jahre hatte Pompeius in seinem Consulat 55 v. Chr. auch die Vollmacht erhalten, in Italien bis zu den Alpen Truppen auszuheben. Dies hatte er auch in Caesars Provinz Gallia Cisalpina getan, die Soldaten nach Ablegung des Fahneneides *(sacramentum)* jedoch wieder entlassen.
330 57 v. Chr. hatte Pompeius die Leitung der Getreideversorgung der Stadt Rom erhalten *(cura annonae)* und blieb aus diesem Grunde, obwohl inzwischen zusätzlich mit dem mi-

litärischen Oberbefehl eines Provinzstatthalters *(imperium)* ausgestattet, weiter vor Rom, ohne in seine Provinzen abzugehen.
331 Caesars Heer war auf 7 Legionen zusammengeschrumpft, die 7., 8., 9., 10., 11., 12. und 13. Jetzt wurden die 14. und 15. Legion ausgehoben, gleichzeitig erhielt er die 1. Legion von Pompeius.
332 Wahrscheinlich 3 Legionen bei Samarobriva (Amiens) und eine Legion unter Fabius im Gebiet der Moriner.
333 Die Hauptstadt der Parisier, eines kelt. Stammes an der Seine, befand sich an der Stelle der Altstadt des heutigen Paris.
334 Am Schnittpunkt des *cardo maximus* und des *decumanus maximus* (vgl. Anm. 116) befand sich der Zentralplatz des Lagers *(praetorium)* mit Feldherrnzelt und davorliegender Rednertribüne *(tribunal,* hier: *suggestus),* einer aus Erde oder Steinen geschaffene Erhöhung.
335 Vgl. Anm. 76, 113.
336 Von den insgesamt 10 Legionen hatte Labienus 2 Legionen bei sich, Caesar den Rest, also entgegen der Überlieferung wahrscheinlich 7.
337 Die mitteldeutschen Gebirge Harz, Thüringer Wald, Hessisches Bergland und Erzgebirge.
338 Germ. Stamm zwischen Weser und Elbe.
339 Die Funktion des folgenden ethnographischen Exkurses im Rahmen des Commentarius ist umstritten, doch wird die Autorschaft Caesars und die Übereinstimmung der meisten Angaben über die gesellschaftlichen und politischen Strukturen bei Galliern und Germanen mit der damaligen Realität heute weitgehend anerkannt.
340 Die Angehörigen der führenden Schicht mußten die von ihnen Abhängigen gegen die anderen Mitglieder des Adels verteidigen, da ihre politische Macht auf einem möglichst großen Kreis von Abhängigen beruhte. Dieselbe Struktur findet sich in den Beziehungen der einzelnen Stämme untereinander.
341 Bei der Gruppe der Druiden (von altirisch *drui* – Weiser,

Zauberer) handelt es sich um eine Weiterentwicklung der indoeurop. Priesterklasse. In den bis dahin eroberten Teilen Galliens erscheinen sie nicht bzw. werden in den Quellen nicht erwähnt. Ihr sakraler Mittelpunkt im Gebiet der Carnuten läßt für die Frage nach der Ausdehnung dieser Institution vermuten, daß sie sich auf Zentral-Gallien bis an die Nordgrenze der Gallia Narbonensis und auf Mittel-/Ost-England beschränkte. Dort aber waren die Druiden, weil alle Stämme umgreifend, die wichtigste politische Kraft, deren Macht sich z. B. an ihren jurisdiktionellen Befugnissen, die bis zur »Exkommunikation« reichten, ablesen läßt; dieses Herrschaftsmittel war dem übrigen Europa fremd. Wahrscheinlich waren sie um 300 v. Chr. aus Britannien nach Gallien vorgedrungen. Von ihnen ging die gall. Opposition gegen Caesar letzten Endes aus, und ein Grund für seine Darstellung ihrer privilegierten Stellung ist wohl die Absicht, ihren für Rom gefährlichen Einfluß in Gallien zu betonen.

342 Der höchste »weltliche« Stand. 6,13,3 und 6,15,1 sind die einzigen Passagen, wo der Plural »Reiter« bzw. »Ritter« *(equites)* im präzisen Sinne die gall. Militäraristokratie bezeichnet.

343 Die Schicht der Ritter herrschte über eine Masse ohne Rechte, fast Sklaven, die sich unter ihren Schutz begeben hatten, vgl. die parallelen Verbindungen »Knechte und Clienten« *(ambacti et clientes)* 6,15,2, und »Sklaven und Clienten« *(servi et clientes)* 6,19,4. Diese »Dienstleute« der gall. Adligen spielten jedoch, anders als die Sklaven in der übrigen Antike, vor allem als militärische Gefolgschaft ihres Herrn eine Rolle.

344 Diese Institution existierte schon vor der Zeit der Druiden.

345 Die Römer benannten fremde Götter mit den Namen der eigenen. Auf gall. Weihesteinen späterer Zeit erscheinen manchmal beide Namen. Merkur entsprach Teutates, Mars Esus, Jupiter Taranis, Apollon Belon (auch Belenos oder Betus), Minerva vielleicht der Mondgöttin Belisana. Mer-

kur galt als der Seelenführer, vergleichbar dem germ. Wodan.
346 Pluto, der Gott der Unterwelt und der Toten.
347 Geht vielleicht auf die für Irland bezeugte Erscheinung zurück, daß die Kinder bis zur Pubertät in der Obhut ihrer Amme bleiben.
348 Zeugnis für die völlig rechtlose Stellung der Frau und für die im hohen Adel übliche Polygamie.
349 Caesars Angaben über die germ. Religion, die in vielem mit der gall. übereinstimmte, sind höchst unzuverlässig, beispielsweise beschränkten sich die Germanen nicht auf die Verehrung von Naturgottheiten. Vgl. Tac. Germ. 9.
350 Dem griech. Forscher und Philosophen Poseidonios (um 135–51 v. Chr.), den Caesar in seinen ethnographischen Exkursen über die Gallier möglicherweise benutzt hat, galt Pelzkleidung als Zeichen einer niedrigen Kulturstufe. Caesar war offensichtlich mit den Erzeugnissen der germ. Kultur, die man heute aus Bodenfunden kennt, nicht vertraut.
351 Anders und wohl zutreffender 4,1,4 f. Vgl. auch Tac. Germ. 26.
352 Wahrscheinlich waren geschlossene Siedlungsgebiete durch Ödmarkenzonen voneinander getrennt. Vgl. 4,3 und Anm. 229.
353 Wahrscheinlich wählten die Stämme im Kriegsfall nicht nur einen, sondern mehrere Heerführer.
354 Vgl. Tac. Germ. 14 und 15.
355 Bei den Germanen konnten sich die Angehörigen der unteren Schichten freiwillig entschließen (vgl. 6,22,4), einem Führer zu einem Beutezug – wohl meist Viehraub (vgl. 7,35,6) – zu folgen. Zur Vertrauenswürdigkeit *(fides)* vgl. Tac. Germ. 7 und 13.
356 Die Gastlichkeit ist bei den antiken Ethnographen eine Eigenschaft der nördlichen Barbaren, bei Poseidonios (s. Anm. 350) auch der Kelten.
357 Die kelt. Bevölkerung jenseits des Rheins, deren Existenz möglicherweise zu dieser These geführt hat, hatten die Ger-

manen auf ihrem Zug nach Westen nicht über den Rhein zurückdrängen können.
358 Die Gebirgszüge vom Schwarzwald bis zu den Karpaten.
359 Griech. Geograph, Sprachforscher und Astronom (um 275–195 v. Chr.). Begründer der wissenschaftlichen Geographie.
360 Mächtiger kelt. Stamm in der röm. Provinz an der Garonne. Um 500 v. Chr. war er von den Germanen aus seinen Wohnsitzen in Mittel- und Süddeutschland verdrängt oder germanisiert worden (vgl. Anm. 357). Ein Rest saß noch östlich des Rheins. Vgl. Anm. 391.
361 »Die fruchtbarsten Gebiete ... größten Kriegsruhms« *(itaque ... opinionem):* in den Text eingeschaltete historische Abschweifung.
362 In der Forschung wird Kap. 25, teilweise sogar 25–28, als unecht und später in Caesars Text eingeschoben angesehen.
363 Im 1. Jh. v. Chr. hatte Burebista die Dacer zu einem mächtigen Reich geeint, das von der Slowakei bis zum Balkangebirge, von der mittleren Donau bis zum Dnjestr reichte. Die Anartier waren ein Stamm in seinem Herrschaftsbereich an der Theiß.
364 Vielleicht das Ren.
365 Elch. Seine Schwerfälligkeit führte vielleicht zur Vorstellung, er habe keine Gelenke.
366 Auerochs. Im Gegensatz zu den beiden vorher beschriebenen Tieren, die Caesar nur vom Hörensagen kannte, hat er den Auerochs in der Rheingegend selbst gesehen oder vielleicht die Jäger des Tiers gesprochen.
367 Als Praefect. 51–49 v. Chr. war er Legat unter Caesar.
368 Vielleicht 55 v. Chr. Quaestor. 52–48 v. Chr. Legat unter Caesar (vgl. 7,90,5).
369 Nicht übereinstimmend mit den Angaben 5,3,4. Selbst wenn man die Eifel einschließt, ist die Entfernungsangabe von 750 km an dieser Stelle übertrieben.
370 Die Wahl der Siedlungsplätze wurde weniger durch die Rücksicht auf Schutz und Sicherheit bestimmt als durch die

Nähe von Wasserscheiden (erhöhte Lage) und von Viehweiden bzw. Möglichkeiten für den Fischfang.
371 Neben den Condrusen, Eburonen, Caerosern und Paemanen einer der germ. Stämme links des Rheins.
372 Man hat vermutet, daß die gleichnamigen Atuatucer, Nachkommen der Cimbern und Teutonen (2,29), von den umliegenden Völkern diese Bezeichnung erhielten, weil sie die Bewohner von befestigten Ortschaften waren, so daß der Name dieses Castells nichts anderes bedeutete als eine befestigte Siedlung; sie lag im Gebiet der Eburonen.
373 Wohl mit dem Sabis verwechselt.
374 Die Händler, die ihre Zelte an der Rückseite des Lagers außerhalb des Walls hatten, verkauften nicht nur Waren an die Soldaten, sondern kauften auch die Beute.
375 Als röm. Ritter nicht mit dem Legaten zu verwechseln, der aus dem Senatorenstand kam (vgl. Anm. 285).
376 Nach 6,44,1 waren es zwei Cohorten.
377 Das wegen des Krieges nicht geerntete Getreide war im September unbrauchbar geworden.
378 Heute: Reims (vgl. Anm. 138).
379 Er wurde zu Tode gepeitscht und enthauptet (vgl. 8,38,5).
380 Hauptstadt der Senonen (vgl. Anm. 136).
381 P. Clodius Pulcher, Volkstribun 58 v. Chr., von dem wir aus den Reden seines Todfeindes Cicero nur das Zerrbild eines gewalttätigen Demagogen haben, hatte sich für 52 v. Chr. um die Praetur beworben und war im Januar 52 von seinem Feind T. Annius Milo, der sich gleichzeitig um das Consulat bewarb, in der Nähe Roms bei einem zufälligen Zusammentreffen ermordet worden. Das hatte die ohnehin bestehende innenpolitische Krise in Rom außerordentlich verschärft.
382 Heute: Orléans. Vgl. Anm. 189.
383 Da C. Fufius Cita ohne militärischen Titel genannt wird, gehörte er wahrscheinlich als Getreidehändler zu den röm. Bürgern, die sich zu Handelszwecken in Orléans niedergelassen hatten.

322 Anmerkungen

384 Bedeutendster Gegner Caesars im gall. Krieg. Sein Vater Celtillus ist sonst unbekannt, doch erbte der Sohn, 52 v. Chr. etwa 30 Jahre alt, offenbar eine große Gefolgschaft von Ambacten.

385 7 km südlich von Clermont-Ferrand auf einem Hochplateau von etwa 70 Hektar. Ebensowenig wie die anderen gallischen »Städte«, mit Ausnahme etwa von Avaricum, Bibracte und Cenabum, war Gergovia eine ständig bewohnte Siedlung, sondern Zufluchtsort in Gefahr bzw. Versammlungsplatz. In den Ausgrabungen 1933–49 wurden Reste einer Befestigung des Platzes gefunden, der im Norden des Hochplateaus liegt, das hier besonders steil abfällt, während der Süd- und Ostabhang eine weniger starke Steigung haben, und im Westen der Col des Goules den Übergang zu den nächstgelegenen Gebirgszügen bildet.

386 Kelt. Stamm in Aquitanien nördlich der Garonne, Hauptort Divona, heute Cahors.

387 Kelt. Stamm im Limousin, Hauptort das spätere Augustodunum, heute Limoges.

388 Infolge der anhaltenden Straßenschlachten nach Clodius' Tod hatte der Senat Pompeius beauftragt, Aushebungen vorzunehmen, und sich mit seiner Wahl zum alleinigen Consul *(consul sine collega)* einverstanden erklärt. Um die Truppen schneller zur Verfügung zu haben, ließ man sie gemeinsam den Fahneneid leisten. Mit militärischer Gewaltandrohung sorgte Pompeius dafür, daß Milo in die Verbannung ging und in Rom wieder Ruhe einkehrte. Gleichzeitig mit ihm hob Caesar offenbar in Gallien Truppen aus: 7,7,5.

389 Aquitan. Stamm an beiden Ufern des Lot. Hauptort Aginnum, heute Agen an der Garonne.

390 Kelt. Stamm in den Cevennen.

391 Einer der beiden Teilstämme des kelt. Stammes der Volcer, westlich der Rhône seßhaft; Hauptstadt Nemausus (heute Nîmes). Vgl. Anm. 360.

392 Kelt. Stamm in den Cevennen am rechten Ufer der unteren Rhône. Hauptstadt das spätere Alba Augusta, heute Alps bei Viviers.

Anmerkungen 323

393 Stadt der Allobroger, heute Vienne.
394 Stadt im Gebiet der Arverner östlich des Allier; die Lage ist umstritten, möglicherweise an der Stelle des heutigen Sancerre.
395 Vgl. 1,28,5 und Anm. 70.
396 Zwischen Sens und Orléans. Vgl. Anm. 136.
397 Das bedeutete für die Gefangenen Verkauf in die Sklaverei, nicht etwa Kriegsgefangenschaft in unserem Sinne.
398 Noviodunum ist bei Caesar der Name einer Stadt der Suessionen (2,12,1), der Haeduer (7,55,1.5) und hier der Bituriger. Das dreifache Vorkommen des Namens erklärt sich aus seiner Bedeutung im Kelt.: Neue Burg. Die Stadt der Bituriger lag südlich von Orléans an der Loire.
399 Caesar erwähnt hier zum ersten Mal germ. Reiter in seinem Heer, wahrscheinlich war es die erste germ. Reiterabteilung im röm. Heer überhaupt.
400 Stadt der Bituriger an der Avara (heute Yèvre), heute: Bourges.
401 Wahrscheinlich befand man sich im März.
402 *a Boia:* Die lat. Formulierung ist ganz ungewöhnlich und wird daher von den meisten Herausgebern für eine verderbte Stelle im Text gehalten.
403 Heute: Yèvre.
404 Vgl. Anm. 163 und 312.
405 Das Aufschlagen von Schwert oder Speer auf den Schild war auch bei den Germanen in solchen Fällen üblich (Tac. Germ. 11; Hist. 5,17).
406 *cuniculi aperti*, wörtl.: offene unterirdische Gänge. Nach den neuesten Forschungsergebnissen vermutet man darin eine Sonderform der Laufgänge (Anm. 163), d. h. Holzhütten mit flachem Dach, die an der Seite und nach vorn offen waren und am Ende des Belagerungsdammes zur Erdaufschüttung verwendet wurden. Den besonders breiten Ausmaßen des Belagerungsdammes bei Avaricum angemessen, wurden sie offenbar in mehreren Reihen nebeneinander eingesetzt.

407 *murus Gallicus:* Die Beschreibung Caesars wird durch Ausgrabungen mehrfach bestätigt: Ein Holzgerüst ohne senkrechte Pfähle hält die Mauer zusammen, wobei sich bei solider gebauten Mauern die Balkenlagen jedoch berühren. Die Quer- und Längshölzer waren durch lange eiserne Vierkantnägel miteinander verbunden. Schutz vor dem Rammbock *(aries)* bot weniger die Mauer aus Holz und Stein als ihre Rückseite, die aus einer aufgeschütteten Erdrampe bestand. Da die Gallier erst im Kampf gegen die Römer den Mauerbrecher oder Rammbock *(aries)*, der aus einem starken, an einem Querbalken aufgehängten Balken bestand und mit seinem eisenbeschlagenen Kopf gegen die Mauer in Bewegung gesetzt wurde, kennenlernten, legten sie wahrscheinlich erst in dieser Zeit die Rückseitenböschung der Mauer an (vgl. auch 2,32,1; 4,17,9).
408 Wahrscheinlich zwischen dem 20. März und dem 20 April.
409 Nach Wimmel waren die hölzernen Aufschüttgeräte (Anm. 406) bei Avaricum anders als sonst üblich als Verstärkungsgerüst im Belagerungsdamm zurückgeblieben, den sie dadurch besonders leicht brennbar machten.
410 Da die Soldaten auf den Türmen dadurch ungeschützt waren, konnten sie den übrigen durch Geschosse nur noch schlecht Deckung geben.
411 Nach demselben System wie die Wurfmaschinen (Anm. 160) Riesenschleudern für übergroße Pfeile.
412 Gewöhnlich stellten die Gallier wie die Germanen rings um ihren Lagerplatz nur Karren auf; jetzt übernahmen sie die röm. Lagerbefestigung.
413 *ea pars quae minus sibi confideret:* Grammatikalisch läßt der Text auch die folgende Deutung zu: »Der Stammesteil, der weniger auf Caesar vertraute.«
414 Heute: Décize an der Loire.
415 Die Angaben über das höchste Amt der Haeduer, den Vergobret (vgl. Anm. 48), werden hier und im vorhergehenden Kapitel präzisiert: Dem Amtsinhaber war das Überschreiten der Stammesgrenzen verboten (anders 1,16,5). Bei einem In-

terregnum führten offenbar die Priester bei der Wahl des neuen Beamten anstelle des Amtsvorgängers den Vorsitz.
416 Heute: Allier. Der tauende Gebirgsschnee führte im Sommer zu einer starken Strömung des Flusses.
417 Es wurde eine Cohortenzahl vorgetäuscht, die der Stärke von 6 Legionen entsprach.
418 Das Lager war ursprünglich für 6 Legionen angelegt worden, die Bewachung war daher für die 2 zurückbleibenden Legionen schwierig.
419 Vgl. 1,4,2 und 3,22,1 sowie die Anm. 15, 220 und 343.
420 Nur als Militärtribun des Jahres 52 v. Chr. bekannt.
421 Im Gebiet der Haeduer. Heute: Chalons-sur-Saône.
422 Nachdem Caesar den im Süden der Stadt gelegenen Hügel (La Roche Blanche) eingenommen hatte, fürchteten die Gallier eine Einkreisung und wandten sich nach dem Westen des Hochplateaus (Hauteurs de Risole), um es dort zu befestigen. Reste ihrer Anlagen sind dort ausgegraben worden.
423 Von den Lagern, die im Westen und Südwesten der Stadt lagen, um die Südseite des Hochplateaus herum in Richtung auf seine Westseite.
424 Von dieser Absperrung aus Felsblöcken im Osten des Hochplateaus haben sich keine Reste gefunden.
425 Die Eroberung des feindlichen Lagers hatte Caesar jedoch nicht erreicht.
426 Die 10. Legion befand sich zu diesem Zeitpunkt südlich von den übrigen Legionen.
427 7,27,2 hatte Caesar Belohnungen versprochen. Vgl. jedoch 7,28,4, wo keiner der Soldaten an Beute dachte, weil die Erbitterung über die Vorgänge in Cenabum vorherrschte.
428 Vgl. auch Anm. 123.
429 Die 10. Legion befand sich in günstigerer Stellung weiter südlich nach der Ebene zu.
430 T. Sextius hatte mit der 13. Legion einen Hügel im Nordosten des Kampfgebiets besetzt, um den Rückzug der Römer zu decken.

431 6 Legionen waren an den Ereignissen bei Gergovia beteiligt: Eine Legion befand sich im Lager, eine Legion führte den Scheinangriff durch, die 10. Legion stand unter Caesar in Reserve, drei Legionen griffen an. Nach den Angaben der Verluste waren etwa 40 Prozent der Centurionen, jedoch nur 6 Prozent der gewöhnlichen Legionssoldaten gefallen.

432 Wahrscheinlich bei Vichy, 60 km von Gergovia entfernt. Es wurde auf die Variante der Handschriftenklasse β, *pontem*, verzichtet, weil 7,56,1 alle Handschriften übereinstimmend den Plural *pontes* haben. Da es sich jedoch weder um mehrere Brücken noch um eine Bezeichnung einzelner Brückenteile handeln kann, wurde für die Übersetzung der Singular »Brücke« vorgezogen.

433 Stadt der Haeduer, heute: Nevers. Vgl. Anm. 398.

434 *aut adductos inopia ex provincia expellere:* Verderbte Stelle im Text. Ziel der Feinde wäre es allenfalls gewesen, die Römer *in* die Provinz zu vertreiben.

435 Nach Vegetius (3,7) wurden in solchen Fällen an beiden Seiten der Furt Reiter aufgestellt, um einerseits die Gewalt der Strömung zu brechen, andererseits abtreibende Soldaten aufzufangen.

436 Auch Metiosedum, heute: Melun.

437 Die Marne.

438 L. Julius Caesar, Consul 64 v. Chr., Vetter Caesars.

439 Wahrscheinlich Bruder des C. Valerius Procillus (vgl. 1,47,4 und 1,53,5).

440 *pacaverat: pacare* (von *pax*, Frieden) bedeutet ursprünglich »befrieden«. Vgl. auch 1,6,2; 2,1,2; 3,11,5; 3,28,1; 4,37,1 und 2,35,1; 3,7,1; 6,5,1.

441 Vgl. 4,4,2 und Tac. Germ. 6. Neben den hier wohl gemeinten Wildformen gab es auch schon andere Pferdearten.

442 Soldaten, die nach ihrer vorgeschriebenen Dienstzeit mit der Aussicht auf besondere Privilegien und Beförderung wieder ins Heer eintraten. Sie erhielten den doppelten Sold eines gewöhnlichen Soldaten und standen im Rang den Centurionen gleich.

443 Das im lat. Text nicht ausdrücklich genannte Subjekt des Satzes wurde aus 7,66,2 (Versammlung der Reiterpraefecten) inhaltlich erschlossen und der Übersetzung hinzugefügt.
444 Der 7,39,1 erwähnte vornehme Haeduer.
445 Kleiner kelt. Stamm nördlich des Gebiets der Haeduer, nordwestlich des heutigen Dijon.
446 Stadt der Mandubier, nordwestlich von Dijon auf dem Mt. Auxois, in der Nähe des heutigen Alise-Ste-Reine. Am Nordabhang der etwa 2100 m langen und etwa 800 m breiten Hochfläche floß die Oze entlang, am Südabhang der Ozerain. Die von Caesar erwähnte Ebene lag im Westen des Plateaus (Plaine des Laumes). Unter Napoleon III. begann 1862 eine intensive Ausgrabungstätigkeit, die bis heute andauert und umfangreiche Reste der gall. und röm. Anlagen freigelegt hat (s. J. Le Gall, *Alésia*, 1963; J. Harmand, *Alésia; une campagne césarienne*, 1967).
447 Die eilig angelegte Befestigungslinie, die der Einschließung dienen sollte, blieb unvollendet; 8 der genannten 23 kleinen Lager (Castelle) wurden ab 1862 ausgegraben.
448 Die Belagerungsarbeiten waren begonnen worden, wurden jedoch nicht zu Ende geführt.
449 Kelt. Stamm am linken Loire-Ufer, nördlich von Vichy.
450 Neben den in Anm. 187 erwähnten Stämmen der Aulercer in der Normandie hier ein weiterer am rechten Loire-Ufer, westlich von Alesia.
451 Möglicherweise handelt es sich bei den Brannovicern und Blannoviern um ein- und denselben Stamm, der versehentlich doppelt in den Text gelangte *(lectio duplex)*.
452 Der Stamm ist sonst unbekannt.
453 Auch Vellabier, kelt. Stamm in den Cevennen um Velay.
454 Kelt. Stamm am rechten Ufer der Garonne mit der Hauptstadt Vesunna (heute: Périgueux).
455 Kelt. Stamm in der Normandie, östlich von St. Malô.
456 Wie Caesar aus dem Verhältnis der Gastfreundschaft *(hospitium)* 6,5,4 ff. vermutete, daß die Menapier Ambiorix Trup-

pen stellen würden, so stellten hier aus dem gleichen Grunde die Bellovacer Commius ein Kontingent zur Verfügung.

457 Die bedeutendsten der hier fehlenden belg. und kelt. Stämme: Leucer (Anm. 101), Lingonen (Anm. 68), Melder (Anm. 264), Remer (Anm. 138) und Viromanduer (Anm. 148). Diese Stämme im Grenzgebiet zwischen dem belg. und kelt. Gallien waren für Caesar wahrscheinlich wichtige Hilfsquellen. Der Vorschlag, für eine verderbte Textstelle in der Aufzählung der Caesargegner die Suessionen einzusetzen, ist, da sie, wie auch numismatische Untersuchungen ergaben, damals schon unter der Oberhoheit der Remer standen (vgl. 8,6,7), fragwürdig.

458 Den hohen röm. Beamten wurden von Liktoren Rutenbündel *(fasces)* als Zeichen ihrer Amtsgewalt vorangetragen. Außerhalb Roms gehörte das Beil *(securis)* zu dem Rutenbündel als Zeichen für die Gewalt des Amtsinhabers über Leben und Tod der Untertanen.

459 Längste direkte Rede in den Commentarien über den gall. Krieg.

460 Cassius Dio berichtet, daß die Mandubier zwischen den Fronten elend umkamen (40,40,3 f.).

461 Legat unter Caesar 52–49 v. Chr., 45 v. Chr. Ersatzconsul *(consul suffectus)*.

462 Schutzdach *(musculus):* Sonderform des Schutzdaches *(testudo)* in Anm. 312, mit bis auf den Boden reichendem verstärktem Dach. Da es sonst nur bei Belagerungen eingesetzt wurde, mutet es merkwürdig an, daß Vercingetorix es bei dem Sturm auf die röm. Anlagen verwendet haben soll.

463 Die Handschriften haben teilweise die Zahl 39 *(una de XL)*. Die Verbesserung dieser allzu großen Zahl in 11 (XI) ist wahrscheinlich, aber durchaus nicht sicher.

464 Kurzer, auf der linken Schulter zusammengehaltener Überwurf über dem Panzer, gewöhnlich aus goldbesticktem rotem Wolltuch; er wurde bei feierlichen Gelegenheiten und in der Schlacht getragen.

465 Die Steigungen und Senkungen *(declivia et devexa)*, die Cae-

sar hier in einer merkwürdigen Doppelbezeichnung anführt, galten für den Blick von seinem Beobachtungsposten (85,1) im äußersten Westen der Montagne Flavigny aus. Beim Abstieg in die Ebene hatte er sie zu überwinden, während die Gallier die nordwestlich und westlich des Stadtberges gelegenen Höhen besetzt hielten und von dort die Ebene überblicken konnten.

466 Plutarch (Caes. 27) und Cassius Dio (40,41) geben eine bewegende Schilderung von der Ergebung des Vercingetorix. 1865 ließ ihm Napoleon III. auf dem Mont Auxois eine Kolossalstatue errichten, die in Anlehnung an 7,29,6 die Inschrift trägt: »La Gaule unie formant une seule nation, animée d'une même esprit peut défier l'univers« (ein geeintes Gallien, das *eine* Nation bildet und von *einem* Geist beseelt ist, kann der Welt Trotz bieten).

467 Nur als Legat 52 v. Chr. bekannt.

468 Heute: Mâcon.

469 In den Handschriften steht am Ende des 7. Buches, daß nun das 8. Buch folge, das Aulus Hirtius Pansa verfaßt habe. A. Hirtius Pansa, während des gall. Krieges viele Jahre in der nächsten Umgebung Caesars, vertrat vor Ausbruch des Bürgerkrieges dessen Interessen in Rom und wurde nach Caesars Ermordung 43 v. Chr. Consul. In diesem Jahr fiel er in der Schlacht bei Mutina im Kampf gegen M. Antonius. Das 8. Buch, mit dem er in die Literaturgeschichte einging, unterscheidet sich in Stil und Ton deutlich von Caesars Schriften.

470 L. Cornelius Balbus, Freund Caesars und Hirtius'. Nach Caesars Sieg über Pompeius einer seiner wichtigsten politischen Helfer in Rom, 40 v. Chr. Consul. Herausgeber der Schriften des Hirtius.

471 *non comparentibus superioribus atque insequentibus eius scriptis:* Hoffnungslos verderbte Textstelle, dem Sinne nach übersetzt.

472 An die Commentarien über den Bürgerkrieg, die von Caesars Hand stammen, schließen sich drei von verschiedenen

Verfassern geschriebene Darstellungen der folgenden Kämpfe in Alexandria und Kleinasien, Africa und Spanien an, von denen allenfalls die erste von Hirtius stammt, so daß das vorliegende Vorwort, in dem er sein Vorhaben als vollendet angibt, wohl vor der Durchführung geschrieben wurde, an der ihn der Tod hinderte. Der von ihm erwähnte Bürgerkrieg ist der nach Caesars Tod 44 v. Chr. erneut ausbrechende Kampf zwischen den Caesarmördern, Octavian und M. Antonius, der erst mit der Schlacht bei Actium 31 v. Chr. sein Ende fand.

4/3 Nach anderen Berechnungen der 31. Dezember.

474 Röm. Währungseinheit. Der Sestertius entsprach 4 Assen, die nächsthöhere Einheit war der Denar (Silbermünze im Wert von 4 Sesterzen). Etwa im Jahr 51/50 verdoppelte Caesar den Tagessold eines Legionärs von 5 auf 10 Asse.

475 Zu dem in der röm. Militärpraxis geläufigen quadratischen Heereszug *(agmen quadratum)* fehlte nur noch die Seitendeckung des Trosses.

476 Diese Toranlagen sind bei den Römern damals ungewöhnlich und gehen möglicherweise auf span. Vorbilder (kelt. »Zangentor«) zurück.

477 Trebonius führte die 6. und 14. Legion.

478 Wahrscheinlich Stellungen, die die Reiter bezogen, um den Futterholern Deckung zu geben und sie gegebenenfalls zu unterstützen.

479 Wird von Caesar nirgends ausdrücklich erwähnt.

480 Wahrscheinlich die Oise.

481 Vgl. Anm. 197.

482 Rebilus stand nach 7,90,2 mit einer Legion in Südgallien bei den Rutenern (Anm. 107), wahrscheinlich der 10. Legion. Die hier genannte weitere Legion ist unbekannt, möglicherweise ist es die frisch ausgehobene 5.

483 *Gallia togata:* Zum ersten Mal wird hier die gesamte Provinz Gallia Cisalpina so genannt und damit unterstrichen, daß ihre Bewohner das röm. Bürgerrecht (nach dem Kleid des röm. Bürgers, der Toga) besaßen, das der nördlich des Po

gelegene Teil, die Gallia Transpadana, erst 49 v. Chr. erhielt.
484 Colonien sind Gruppenansiedlungen röm. Bürger, ursprünglich, um die röm. Grenzen zu sichern, später, um die Veteranen zu versorgen. Ihre Bewohner blieben staatsrechtlich in den Bürgerverband der Stadt Rom eingegliedert.
485 Einwohner von Tergeste, heute Triest. Caesar erwähnt den Überfall durch die Illyrier im vorhergehenden Buch nicht.
486 Pictone mit dem röm. Bürgerrecht, wie sich aus Münzfunden ergab.
487 Heute: Poitiers.
488 Stadt der Cadurcer (vgl. Anm. 386). Die Lage ist umstritten, nach Noché an der Stelle des heutigen Cantayrac.
489 Altröm. Hinrichtungsart, vgl. den Tod des Senonen Acco (6,44,2 und Anm. 379).
490 Die Germanen kämpften teils auf röm., teils auf gall. Seite.
491 M. Antonius war in diesem Jahr Quaestor (vgl. 8,24,2).
492 Heute: Arras.
493 50 v. Chr.
494 Municipien, italische Landstädte, die sich nach der Verleihung des Bürgerrechts an die Italiker (90/89 v. Chr.) nur noch hinsichtlich ihres Bodenrechts von den Colonien unterschieden.
495 Vor jeder staatlichen Handlung stellte das Priestercollegium der 15 Auguren durch Beobachtung von Vogel-, Tier- und Himmelszeichen fest, ob die Götter das Vorhaben billigten oder nicht. Ihr Einfluß auf die Politik war infolgedessen nicht zu unterschätzen.
496 *factio et potentia paucorum:* Aus der Sprache der politischen Polemik, um den ungerechtfertigten Einfluß einer kleinen Gruppe auf die Mehrheit des Senats zu kennzeichnen. Es handelt sich hier um die Gruppe der politischen Gegner Caesars im Senat (Optimaten), die sich um Cato d. J. gebildet hatte und jetzt auch Pompeius zu ihren Mitgliedern zählte.
497 Ser. Sulpicius Galba (vgl. 3,1,1 und Anm. 191), durch seine

Legatentätigkeit unter Caesar 58–56 v. Chr. diesem verbunden.
498 Bei hohen Festlichkeiten richteten die Mitglieder der Aristokratie öffentliche Gastmähler für die Bevölkerung aus, die sich auf den hier genannten Speisediwans zum Essen lagerte.
499 Labienus' Verhalten wird schon 8,23,3 als moralisch suspekt dargestellt. Zu Beginn des Bürgerkrieges zwischen Caesar und Pompeius stand er auf der Seite des Pompeius.
500 C. Scribonius Curio, Volkstribun 50 v. Chr., vertrat mit großem Erfolg in Rom Caesars Interessen. Im Bürgerkrieg fiel er als einer der Heerführer Caesars in Africa.
501 Die erwähnte Abstimmung fand am 7. Dezember 50 v. Chr. im Senat statt, wobei sich zwar eine überwältigende Mehrheit für Curios Vorschlag entschied (370 : 22), doch blieb ihr Votum ohne Folgen, da die Consuln sofort Gegenmaßnahmen ergriffen.
502 Die Lex Licinia Pompeia des Jahres 55 v. Chr. hatte Caesars Statthalterschaft um weitere 5 Jahre verlängert und bestimmt, daß vor dem 1. März 50 v. Chr. nicht über einen Nachfolger für ihn diskutiert werden dürfe. Der Consul von 51 v. Chr., M. Claudius Marcellus, hatte dies zwar versucht, war aber an dem Widerstand seines Collegen und Pompeius' gescheitert.
503 Vgl. 6,1,2 und Anm. 329.
504 Hier bricht der Text ab, doch fehlt wohl nur weniges bis zu dem Beginn der Commentarien über den Bürgerkrieg, deren Anfang allerdings auch in den Handschriften verstümmelt ist.

Literaturhinweise

Ausgaben

C. Iulii Caesaris commentarii rerum gestarum. Vol. 1: Bellum Gallicum. Ed. A. Klotz. Leipzig: Teubner, 1952.

C. Iulii Caesaris commentarii rerum gestarum. Vol. 1: Bellum Gallicum. Ed. O. Seel. Leipzig: Teubner, ²1968.

C. Iulii Caesaris commentarii de bello Gallico. Erkl. von F. Kraner, W. Dittenberger, H. Meusel. Nachw., Reg. und bibliogr. Nachtr. von H. Oppermann. Bd. 1. 2. Dublin/Zürich: Weidmann, ²¹1968. Bd. 3. Ebd. ²⁰1966. [Unveränd. Nachdr. der 18. Aufl. Berlin: Weidmann, 1960.]

C. Iulius Caesar: De bello Gallico. Secundus tertiusque libri. Édition, introduction et commentaire de M. Rambaud. Paris: Presses universitaires de France, 1965. – Liber quartus. Ebd. 1967. – Liber quintus. Ebd. 1974.

Bibliographien

Kroymann, J.: Caesar und das Corpus Caesarianum in der neueren Forschung (1945–70). In: Aufstieg und Niedergang der römischen Welt. Hrsg. von H. Temporini. Bd. I,3. Berlin 1973. S. 457–487.

Gesche, H.: Caesar. Darmstadt 1976. S. 207–325. (Erträge der Forschung. Bd. 51.)

Sekundärliteratur

Berres, Th.: Die geographischen Interpolationen in Caesars Bellum Gallicum. In: Hermes 96 (1970) S. 154–177.

Bikerman, E.: Origines gentium. In: Classical Philology 47 (1952) S. 62–81.

Collins, J. H.: Caesar as political propagandist. In: Aufstieg und Niedergang der römischen Welt. Hrsg. von H. Temporini. Bd. I,1. Berlin 1972. S. 922–966.

Fustel de Coulanges, N. D.: Histoire des institutions politiques de l'ancienne France. Bd. 1: La Gaule romaine. Paris 1929.

Gelzer, M.: Caesar. Der Politiker und Staatsmann. Wiesbaden
⁶1960.
Gelzer, M.: Caesar als Historiker. In: M. G.: Kleine Schriften.
Bd. 2. Wiesbaden 1963, S. 307–335.
Gesche, H.: Caesar. Darmstadt 1976. (Erträge der Forschung.
Bd. 51.)
Haffter, H. / Römisch, E.: Caesars Commentarii de bello Gallico. Interpretationen – Didaktische Überlegungen. Heidelberg
1971. (Heidelberger Texte. Didaktische Reihe. Bd. 4.)
Harmand, J.: Une composante scientifique du Corpus Caesarianum: Le portrait de la Gaule dans le De Bello Gallico I–VII. In:
Aufstieg und Niedergang der römischen Welt. Hrsg. von H.
Temporini. Bd. I,3. Berlin 1973. S. 523–595.
Hatt, J. J.: Histoire de la Gaule. Paris 1959.
Holmes, T. R.: Caesar's Conquest of Gaul. Oxford 1911.
Jullian, C.: Histoire de la Gaule. Bd. 3. Paris ³1923.
Klotz, A.: Geographie und Ethnographie in Caesars Bellum Gallicum. In: Rheinisches Museum 83 (1934) S. 66–96.
Maier, U.: Die Feldzüge Caesars in Gallien (58–51 v. Chr.) in ihrem Zusammenhang mit der stadtrömischen Politik. Diss.
Freiburg 1977.
Oppermann, H.: Caesar. Der Schriftsteller und sein Werk. Leipzig 1933. (Neue Wege zur Antike. Bd. II,2.)
Raditsa, L.: Julius Caesar and his Writings. In: Aufstieg und
Niedergang der römischen Welt. Hrsg. von H. Temporini.
Bd. I,3. Berlin 1973. S. 417–456.
Rambaud, M.: L'art de la déformation historique dans les commentaires de César. Paris ²1966.
Rasmussen, D. (Hrsg.): Caesar. Darmstadt 1967. (Wege der Forschung. Bd. 43.)
Richter, W.: Caesar als Darsteller seiner Taten. Heidelberg
1977.
Schulte-Holtey, G.: Untersuchungen zum gallischen Widerstand
gegen Caesar. Diss. Münster 1969.
Strasburger, H.: Caesar im Urteil seiner Zeitgenossen. Darmstadt ²1968.

Szidat, J.: Caesars diplomatische Tätigkeit im Gallischen Krieg. Wiesbaden 1970.
Timpe, D.: Caesars gallischer Krieg und das Problem des römischen Imperialismus. In: Historia 14 (1965) S. 189–214.
Timpe, D.: Rechtsformen der römischen Außenpolitik bei Caesar. In: Chiron 2 (1972) S. 277–295.
Walser, G.: Caesar und die Germanen. Studien zur politischen Tendenz römischer Feldzugsberichte. Wiesbaden 1956.

Nachwort

> »Von der Parteien Gunst und Haß verwirrt,
> schwankt sein Charakterbild in der Geschichte.«
>
> Schiller, Prolog zu *Wallenstein*

Kein Ausspruch träfe besser die Stellung, die auch der Verfasser der vorliegenden Commentarien in der Geschichte einnimmt. In der antiken Geschichtsschreibung ist die Persönlichkeit Caesars als des Mannes, der die römische Republik zerstörte und mit der Diktatur die Herrschaft über das ganze Reich an sich reißen konnte, höchst umstritten. Die unterschiedlichen Stellungnahmen zu seinen Taten haben auch in der Folgezeit bis in die moderne Forschung hinein gewirkt. Das oft leidenschaftliche Engagement aller, die über Caesar schrieben, erklärt sich auch daraus, daß sein gesamtes Leben gewissermaßen von hinten her als das des zukünftigen Diktators gesehen wurde, obwohl sich sein Verhalten wohl sehr viel länger im Rahmen der republikanischen Traditionen Roms bewegte, als es später einsichtig war. Diese Vermutung kann eine Untersuchung seiner Taten in Gallien nur verstärken.

Nichts unterscheidet Caesars Verhalten auf dem Kriegsschauplatz von dem früherer römischer Feldherrn, die, wie etwa Scipio, Marius oder Pompeius, mit den Gegnern oft skrupellos und brutal verfuhren. Doch die Tatsache, daß Caesar damals in der Innenpolitik ein so bedeutender Mann wie M. Porcius Cato entgegenstand, der Caesars Verhalten immer wieder nach den althergebrachten Wertmaßstäben beurteilte und mit vernichtender Kritik bedachte, beeinflußte die Überlieferung in einer ganz anderen Weise als bei Caesars Vorgängern. Hinzu kam, daß Cato später zu Caesars Opfern gehörte und von der Weltgeschichte als letzter Streiter für die Republik verklärt wurde.

Der scharfe Kontrast zwischen den beiden Männern, den die Überlieferung bietet, darf jedoch nicht darüber hinwegtäuschen, daß auch Cato – in anderer Weise als Caesar – eine Gestalt der

Spätzeit der Republik ist. Wie alle führenden Politiker seiner Zeit war er in seiner Taktik nicht ganz unangreifbar, doch drang er von der selbstverständlichen traditionellen Praxis zu staatstheoretischen Überlegungen vor, so daß er von seinem Denken her im Grunde weit »revolutionärer« wirkt als Caesar, der sich im gewohnten politischen Rahmen hielt, ohne viel darüber nachzudenken, ihn aber vielleicht gerade dadurch zerstörte.

Es kommt hinzu, daß uns über keinen römischen Feldherrn so viel an zeitgenössischen Urteilen, auch über seine militärische Tätigkeit, erhalten ist, die vor allem in den Briefen Ciceros zu fassen sind. Auch dies kann leicht dazu verführen, Caesar zu sehr als eine singuläre Erscheinung zu betrachten und nicht als ein Beispiel für die allgemein übliche römische Politik sowohl fremden Völkern gegenüber wie auch in der Hauptstadt selbst.

Schließlich ist bei einem Urteil über Caesars Tätigkeit in Gallien zu bedenken, daß uns von keinem vergleichbaren römischen Feldherrn ein ähnlich detaillierter Feldzugsbericht vorliegt, wohl auch den antiken Autoren nicht vorgelegen hat, denn die Darstellung des Theophanes, der die Kriegszüge des Pompeius schilderte, oder das Epos des Dichters Archias über die Feldzüge des Lucullus hatten, um nur zwei Beispiele zu nennen, betont verherrlichenden Charakter. Caesars sachlich getönter Bericht forderte daher Zeitgenossen und spätere Geschichtsschreiber in besonderem Maße zu Kritik und Lob heraus.

Auf Grund all dessen empfiehlt sich bei der Beurteilung des Berichts über die gallischen Feldzüge ein Vergleich mit dem traditionellen römischen Vorgehen, sowohl in Hinsicht auf allgemeine Prinzipien als auch auf das Verhalten in Einzelfällen.

Zunächst sei jedoch Caesars Laufbahn bis zu Beginn seiner gallischen Unternehmungen betrachtet: Als Mitglied eines alten römischen Patriziergeschlechts, das von alters her zur politischen Führungsschicht gehörte, stand Caesar von Geburt an (100 v. Chr.) eine bedeutende Laufbahn offen, die neben der Bekleidung der höchsten Staatsämter vor allem den Sitz im Senat, dem eigentlichen Regierungsorgan der römischen Republik, einschloß.

Der Senat setzte sich aus Vertretern der vornehmsten patrizischen und plebejischen Geschlechter zusammen, die als Patrone großer Clientelen in der Bürgerschaft – dem charakteristischen Merkmal der römischen Gesellschaft – aus ihrem Ansehen und ihrem Einfluß die Legitimation zur Herrschaft bezogen. Mit der Ausdehnung des Römischen Reiches und den daraus entstehenden gesellschaftlichen und wirtschaftlichen Problemen und Veränderungen begann sich die auf dem aristokratischen Clientelgefüge beruhende Ordnung, die einen beschränkten Raum und eine überschaubare Bürgerzahl voraussetzte, zu lockern. Seit der Zeit des Tiberius Gracchus (Volkstribun 133 v. Chr.) brachen immer wieder Mitglieder der inneren Führungsgruppe des Senats (Nobilität) aus und führten politische Entscheidungen über Beschlüsse der Volksversammlung gegen den mehrheitlichen Willen des Senats herbei. Zunächst wurde dieser »populare« Weg vorwiegend im Interesse von notwendig erscheinenden Reformen eingeschlagen, in der Folgezeit bot er jedoch jedem ehrgeizigen Politiker Gelegenheit, unter dem Deckmantel der popularen Forderung nach Schutz der Freiheitsrechte des Volkes gegen den Senat eigenständige Politik zu treiben, ohne daß jemals einem dieser popularen Politiker der Gedanke gekommen wäre, damit die republikanische Verfassung umstürzen oder auch nur gefährden zu wollen.

Sulla hatte in der blutigen Auseinandersetzung mit den Vertretern popularer Politik unter Marius versucht, die Senatsherrschaft wieder zu stabilisieren. Neben anderen Maßnahmen sollte vor allem die einschneidende Beschränkung der Rechte des Volkstribunats für die Zukunft verhindern, daß politische Entscheidungen außerhalb des Senats durch Beschlüsse der Volksversammlung zustande kamen.

Auf Grund verwandtschaftlicher Beziehungen stand Caesar in enger Verbindung zu den von Sulla bekämpften Kreisen: Die Schwester seines Vaters, Julia, war mit Marius verheiratet, er selbst hatte sich mit der Tochter Cinnas, eines der Hauptgegner Sullas, vermählt. Dadurch geriet er schon als junger Mann zeitweise in Lebensgefahr, blieb jedoch den popularen Politikern dieser Gruppe bzw. ihren Nachkommen zeit seines Lebens verbunden.

Populare Politik ging zwar an der sozialen Realität vorbei, denn die Beschlüsse der Volksversammlung stellten durchaus nicht den Willen des Gesamtvolkes dar: Nur ein Bruchteil der Bürgerschaft war überhaupt in der Lage, daran teilzunehmen. Die überkommene und der ursprünglichen Gesellschaftsformation angemessene Entscheidungsbefugnis des Senats war aber ebenfalls zweifelhaft geworden. Die Mitglieder dieses Organs mußten ungeachtet politischer und militärischer Erfordernisse der römischen Weltherrschaft, auch ungeachtet der Eignung eines jeden von ihnen vorrangig darauf achten, daß das Machtgleichgewicht innerhalb ihrer Gruppe erhalten blieb. Die Expansion des Reiches brachte es jedoch mit sich, daß einzelnen Senatsmitgliedern immer umfangreichere militärische Aufgaben übertragen werden mußten, die sie an Macht weit über ihre Standesgenossen hinaushoben. Im Verlauf der späten Republik häuften sich daher die Fälle, in denen große militärische Kommandos nicht vom Senat verliehen, sondern vor dem Volk beantragt und von diesem gewährt wurden.

Caesar hatte sich wie viele vornehme junge Römer nach Ableistung seines Kriegsdienstes im Osten, wo sich seine Vorgesetzten kaum anders verhielten als er selbst später in Spanien und Gallien, zum Redner ausbilden lassen und war in einigen großen Prozessen aufgetreten. Er bewarb sich um das unterste Amt der politischen Laufbahn, die Quaestur, als die Consuln Pompeius und Crassus die Bestimmungen Sullas wieder aufhoben, die Rechte des Volkstribunats und damit die unbeschränkte Möglichkeit zu popularer Politik wiederherstellten. In den folgenden Jahren erlebte er, wie Pompeius zweimal auf Beschluß der Volksversammlung das Kommando über bedeutende kriegerische Unternehmungen erhielt, 67 v. Chr. gegen die Seeräuber und 66 v. Chr. gegen Mithridates von Pontos. Hier löste er Lucullus ab, der sich in den acht Jahren seiner Kriegführung unter anderem mit dem einflußreichen Ritterstand verfeindet hatte.

Währenddessen stieg Caesar, ohne viel mehr Aufsehen zu erregen als Bibulus, der auf jeder nächsthöheren Stufe der Ämterlaufbahn sein College wurde, von der Aedilität (65 v. Chr.), in der er durch glänzende Spiele und die Wiederaufrichtung der Statuen des Marius das Volk für sich gewann, zur Praetur (62 v. Chr.) auf. Durch ungeheure Bestechungen hatte er 63 v. Chr. die Wahl zum Pontifex maximus gegen weit ältere und verdientere Männer gewonnen. In diesem Jahr war er auch zum ersten Mal in scharfen Gegensatz zu Cato geraten, als er bei der Senatsverhandlung über die gefangenen Anhänger Catilinas gegen die Todesstrafe votierte. Damit stand er ganz auf dem Boden populärer Tradition, die die Freiheitsrechte des römischen Bürgers verteidigte. Zugleich zeigt dieses Ereignis, daß sich Cato, wenn er es im Interesse des Staates für notwendig hielt, über bestehende Rechte hinwegsetzte.

Wie viele seiner Standesgenossen völlig verschuldet, übernahm Caesar nach der Praetur, während der er wiederum in Gegensatz zum Senat geriet, die Statthalterschaft in Spanien. Die Abreise in die Provinz gelang nur, weil er von Crassus, dem reichsten Manne Roms, bei seinen Gläubigern ausgelöst wurde. Wohl auf Veranlassung der sich gefährdet fühlenden Provinzbewohner unterwarf Caesar im Westen Spaniens die Stämme bis zur Küste und erwarb sich im übrigen einen guten Ruf als Statthalter. Wie etwa ein Jahrzehnt vorher der erzkonservative Lucullus in Asia regelte er vor allem die Schuldentilgung und schaffte durch weitere administrative Maßnahmen der Provinz Erleichterung, so daß er später als ihr Patron galt. Trotzdem kehrte er reich nach Rom zurück, doch ist auch hier unsicher, ob seine skrupellose Ausbeutung der Provinz, die die Überlieferung hervorhebt, nicht durchaus im üblichen Rahmen blieb und nur von gegnerischer Seite besonders betont wurde.

Jedermann wußte, daß er sich nach seiner Rückkehr aus der Provinz um das Consulat bewerben würde. Wiederum trat ihm Cato entgegen, indem er mit Filibustern eine Senatsentscheidung über Caesars Bewerbung verhinderte. Er erreichte jedoch nur, daß Caesar auf einen Triumph verzichtete, um sich rechtzeitig zur Kandidatur melden zu können. Schon vor seiner Wahl befürchtete der Senat offensichtlich wenn nicht populäre, so doch den Absichten der strengen Optimaten zuwiderlaufende Maßnahmen und beschloß, ihm und seinem Collegen – wiederum Bibulus –, für das auf das Consulat folgende Jahr die entwürdigend geringe Aufgabe der Sorge für die italischen Wälder und Triftwege zu übertragen. In richtiger Einschätzung seiner Lage verbündete sich Caesar mit Crassus und Pompeius, der damals auf Grund seiner großen militärischen Erfolge als die gefährlichste politische Kraft erschien, sich jedoch bis dahin mit seinen Forderungen, die seine Aktionen im Osten und die Versorgung seiner Veteranen legalisieren sollten, nicht beim Senat hatte durchsetzen können.

Gegen den erbitterten Widerstand seines Collegen und der Senatsgruppe um Cato setzte der neue Consul des Jahres 59 v. Chr. unter bestürzender Nichtachtung traditioneller politischer Normen all dies über Beschlüsse der Volksversammlung durch. Gleichzeitig verpflichtete er sich den Ritterstand dadurch, daß er den Publicani, die die Steuereinnahmen der Provinz Asia gepachtet, dann jedoch um Reduktion der Summe nachgesucht hatten, wiederum über einen Volksbeschluß ein Drittel nachließ. Schließlich versuchte er, seine Clientel und damit seine Stammwählerschaft dergestalt zu erweitern, daß er die Colonie römischer Bürger in Comum in Oberitalien bedeutend verstärkte. Ein Gesetz gegen die Ausbeutung der Provinzen durch ihre (senatorischen) Statthalter fügte sich zwar, ebenso wie die oben erwähnten, gut in den Rahmen populärer Tradition, ließ sich aber ebenso wie diese als Maßnahme aktueller politischer Taktik und als Affront gegen den Senat verstehen. Diesem vergalt Caesar die Demütigung, die die Verleihung der Sorge für die Wälder und Triftwege Italiens als Provinz für einen Consul bedeutete – seine politische Laufbahn wäre damit wohl beendet gewesen –, dadurch, daß er sich durch Volksbeschluß die Provinzen Gallia Cisalpina und Illyricum auf fünf Jahre dekretieren ließ. Dieser Vorgang war allerdings in der republikanischen Politik ungewöhnlich und kann mit einigem Recht als revolutionär bezeichnet werden. Bis dahin war einem Statthalter eine *provincia* – ursprünglich nicht geographisch, sondern im Sinne von Aufgabe gemeint – gemäß der einjährigen Dauer (Annuität) eines jeden römischen Amtes auf *ein*, nicht aber auf mehrere Jahre verliehen worden. Allein wenn im Aufgabenbereich des Statthalters Krieg herrschte, hatte der Senat, oft nach großen Auseinandersetzungen, zuweilen eine Ausnahme gemacht. So waren auch die nicht bzw. auf drei Jahre begrenzten Kommandos für Pompeius seinerzeit auf Volksbeschluß hin übertragen worden. Anders als jetzt bei Caesar konnten sie jedoch durch den Kampf gegen die Seeräuber und Mithridates legitimiert werden. In dem Konflikt um die Provinz, die Caesar nach seinem Consulat erhalten sollte, kommt andererseits deutlich zum Ausdruck, daß dem Senat ein gewisses solidarisches Gruppenbewußtsein, das das gesellschaftliche Ansehen *(dignitas)* eines jeden Mitglieds achtete, verlorenzugehen schien, und nicht nur an Caesars Verhalten, sondern ebenso an dem seines Gegners Cato läßt sich diese Auflösung wie auch beider Geringschätzung dieser Körperschaft ablesen.

Caesar mußte damit rechnen, daß ihm der Senat nach möglichst kurzer Zeit seine Provinzen nehmen würde, andererseits hatte er offensichtlich die Absicht, jede Gelegenheit zu einem Krieg auszunützen und damit den großen militärischen Erfolgen von Pompeius und Crassus nachzueifern, eine Haltung, mit der er im Senat nicht allein stand: im allgemeinen betrachtete damals ein Mitglied der Nobilität einen drohenden Krieg als willkommene Gelegenheit zu Auszeichnung und glänzender Selbstdarstellung im anschließenden Triumph in Rom.

Auf Pompeius' Initiative fügte der Senat im Verlauf des Jahres 59 dem Aufgabenbereich Caesars die Provinz Gallia Transalpina für ein Jahr hinzu. Schließlich erreichte Caesar, was noch keinem popularen Politiker seines Ranges gelungen war: Er ging nach seinem Amtsjahr in Rom ungeschoren in seine Provinzen.

In den folgenden zehn Jahren seiner Kriegführung in Gallien läßt sich jedoch nichts Revolutionäres oder auch nur Neuartiges in seinem Verhalten gegenüber fremden Völkern erkennen. Parallelen in der römischen Außenpolitik der vergangenen 150 Jahre, besonders auch in den gerade zurückliegenden Kriegen im Osten unter P. Servilius Vatia Isauricus, unter Lucullus und selbst unter Pompeius sind häufig zu finden. Sie alle hatten in unseren Augen durch nichts gerechtfertigte Angriffskriege geführt, Könige abgesetzt und auf andere Art in die Verhältnisse fremder Völker eingegriffen. Der römische Führungsanspruch war in dieser Zeit so selbstverständlich geworden, daß diese Fragen auch im Senat nur noch im Rahmen des innenpolitischen Kräfteverhältnisses Bedeutung hatten. Damit wird jedoch die unterschiedliche Beurteilung an sich recht ähnlichen Verhaltens römischer Feldherrn im Senat erklärlich.

Rom hatte sich stets potentiellen Gegnern gegenüber kompromißbereit gezeigt, wenn es die innenpolitische Lage oder die Beanspruchung durch andere Kriege notwendig erscheinen ließen, um dann im gegebenen Augenblick loszuschlagen. So auch jetzt in Gallien: Schon 60 v. Chr. herrschte in Rom, wie wir aus Ciceros Briefen wissen, die Furcht vor einem Krieg in Gallien, da die Haeduer, römische Bundesgenossen, eine Niederlage gegen die Helvetier erlitten hatten, die nun ihrerseits Einfälle in die römische Provinz machten. Die Tatsache, daß damals beide Consuln mit besonders strengen Aushebungen für den bevorstehenden Krieg beauftragt worden waren, zeigt, wie ernst die Lage eingeschätzt wurde. Zwar kehrte infolge einer Gesandtschaft, die nach Gallien abgereist war, zunächst Ruhe ein, doch stellten die Helvetier und auch Ariovist, gegen den Diviciacus schon 61 v. Chr. vergeblich in Rom um Hilfe nachgesucht hatte, weiterhin eine Bedrohung der gallischen Bundesgenossen dar.

Auf die Nachricht vom Aufbruch der Helvetier hin zog Caesar, der wohl ursprünglich auf einen Krieg in Illyrien gehofft hatte, seine Truppen nach Gallien ab. Es gelang ihm, eine Koalition der Haeduer mit den Helvetiern zu verhindern, was schon Aufgabe der Gesandtschaft des Jahres 60 v. Chr. gewesen war. Anschließend versuchte er, den Unruheherd, der die römische Provinz gefährdete, ganz zu beseitigen.

Der oben erwähnte, für die damaligen Zeitgenossen selbstverständliche Hegemonialanspruch Roms bedeutete für den zwischenstaatlichen Verkehr, daß es zwischen den Partnern nur noch Unterordnung, keine Gleichberechtigung mehr gab, obwohl das Verhältnis Roms zu anderen Staaten weiterhin mit den traditionellen Begriffen bezeichnet wurde. Diese Tatsache führte im Fall

Ariovists, der als »Freund des römischen Volkes« geehrt worden war, zu einem verhängnisvollen Mißverständnis auf seiten des Germanen. Caesars Haltung Ariovist gegenüber ist davon bestimmt, daß er ihn weniger als gleichberechtigten Vertragspartner denn als Clienten Roms betrachtet, worauf auch die Verwendung des Begriffs *beneficium*, der aus dem Bereich des Clientelverhältnisses stammt, hinweist. Ähnliche Züge römischer Politik finden sich allerdings schon im 2. Jahrhundert während der Ausdehnung der Herrschaft nach Osten. Auch die Sicherung der Bundesgenossen, um die es Caesar wohl zunächst ging, war in römischen Augen die Sicherung von Abhängigen, die sich unter den Schutz Roms begeben hatten und für die Rom verantwortlich war. Gleichzeitig wollte Caesar verhindern, daß die gallischen Bundesgenossen infolge schwacher Senatsentscheidungen, wie etwa des völlig wirkungslosen Beschlusses zugunsten der Haeduer von 61 v. Chr., ihre Bindung an Rom aufgaben und sich fremden Völkern unterwarfen.

Der Eintritt in das Clientelverhältnis bzw. in die »Freundschaft« mit Rom, dem die Kapitulation *(deditio)* vorangeht, ist zwar in den Commentarien über den gallischen Krieg zur alleinigen Form der Aufnahme zwischenstaatlicher Beziehungen geworden, doch tritt andererseits auch deutlich zutage, daß sich Caesar im Verlauf des Krieges an derartige Beziehungen gebunden fühlt bzw. sie nicht eingeht, wenn er die damit verbundenen Ansprüche an seine Schützerfunktion *(fides)* nicht erfüllen zu können glaubt. Die Bereitschaft der gallischen Stämme, sich unter Roms Schutzherrschaft zu stellen, wird jedoch als selbstverständlich vorausgesetzt, und es leuchtet daher ein, daß vom 2. Buch der Commentarien an nur noch von Aufstand gesprochen wird, wenn sich auch bis dahin nicht unterworfene Völker gegen Rom zusammenschließen.

Ebenso wie Caesars Verhandlungen mit Ariovist und sein folgendes Vorgehen gegen ihn die Erinnerung an das Verhalten des römischen Feldherrn Flamininus gegenüber dem spartanischen Tyrannen Nabis im 2. Jahrhundert v. Chr. wachrufen, erinnert vor allem auch beider Debatte über die Freiheit Galliens deutlich an die römische Politik des 2. Jahrhunderts Griechenland gegenüber: Mit Hinweis auf den Senatsbeschluß von 123 v. Chr., der nach dem Sieg über die Arverner und Rutener Gallien für frei erklärte, verweigert Caesar dem Germanen Ariovist jeden Anspruch auf gallische Gebiete. Ein gutes Jahrhundert zuvor hatte Rom auch Griechenland die Freiheit gewährt, die darin bestand, daß die betreffenden Gemeinwesen zwar nach ihren eigenen Gesetzen weiterlebten, jedoch gerade durch die Freiheitsgarantie zu »Freunden« Roms wurden und diesem infolgedessen wie Clienten verpflichtet waren. Dieser Tatbestand erklärt, warum es Caesar nicht darum ging, Gallien zu einer römischen Provinz zu machen. Auch ohne diese förmliche Einbeziehung in das römische Reichsgebiet stand Gallien unter römischem Einfluß bzw. konnte, wenn es Politik gegen Rom betrieb, als aufständisch angesehen werden. Die Zurückhaltung in der Organisation eroberter Gebiete als Provinzen, die eine kontinuierliche römische Verwaltung erforderte, war traditionelle Senatspolitik. Obwohl ein Teil der Forschung annimmt, Caesar habe Gallien zur Provinz gemacht, stützen die Aussagen der Quellen mit Ausnahme einer in der staatsrechtlichen Terminologie verwirrten Stelle bei Sueton (Div. Iul. 25,1) diese Auffassung nicht. Erst unter Augustus wurde Gallien regelrechte römische Provinz. Caesars späterer Gegenspieler Pompeius, der die neueroberten Gebiete im Osten in Provinzen organisierte, fiel daher weit eher aus dem Rahmen traditioneller römischer Politik.

Die Erwähnung Galliens in den ersten Büchern der Commentarien macht zudem deutlich, daß Caesar bei der Zerschlagung der Macht Ariovists nicht darauf aus war, Gallien in seiner Gesamtheit zu erobern. Zwar könnte der Eingang des Werkes, in dem Gallien in allen seinen Teilen vorgestellt wird, dazu verführen, anzunehmen, Caesar habe von vornherein ganz Gallien als Eroberungsziel angesehen. Doch dieses Vorwort wurde erst gegen Ende des gallischen Krieges geschrieben, als die Eroberung tatsächlich so weit vorgeschritten war. Zum andern ist an den Stellen in den ersten Büchern, wo Caesar von »*Gallia tota*« spricht, offensichtlich nie der Gesamtraum gemeint, sondern Teilgebiete, die etwas vage mit »ganz Gallien« bezeichnet werden. Daß die Kenntnisse der Römer von diesem Gebiet im allgemeinen recht oberflächlich waren, zeigt die Rede Ciceros, in der er sich 56 v. Chr. für eine Verlängerung von Caesars Kommando einsetzt: Zwar weiß Cicero, daß Gallien bis an den Ozean reicht, doch »unser Feldherr und unser Heer durchzogen mit der Waffengewalt des römischen Volkes Gebiete und Völker, die uns weder aus der Literatur noch durch mündliche Kunde oder durch Gerüchte bekannt waren« (Prov. cons. 33).

Die Angst vor einwandernden Völkern, seien es Gallier oder Germanen, die heute vielfach als unbegründet und vorgeschoben dargestellt wird, ist für uns nur schwer verständlich, doch »solange die Erde nur ganz fragmentarisch bekannt war wie im Altertum, konnten aus dem Dunkel jenseits der Grenzen fremde wandernde Völker und in ihnen schon auf Grund der Unbekanntheit furchterregende Mächte auf den Plan treten« (A. Heuß). Daß den Römern diese Angst vertraut war, beweist zum Beispiel, daß es Caesar und Cicero für sinnvoll halten, auf die Cimbern und Teutonen hinzuweisen, wobei auffällt, daß Cicero, anders als Caesar, noch keine klare Unterscheidung zwischen Galliern und Germanen hat. Die Cimbern und Teutonen waren in den Jahren 113 bis 105 v. Chr. in Gallien eingefallen und hatten mehrere große römische Armeen geschlagen, ehe sie Marius, an den Caesar wohl auch anzuknüpfen sucht, besiegte und damit die 123 v. Chr. vom Senat dekretierte Freiheit Galliens wiederherstellte. Erst unter dem Germanen Ariovist, der sich mit einigen gallischen Stämmen verbündete, wurde sie in römischen Augen wieder gründlich gefährdet. Die Angst vor den Germanen zeigt auch die Tatsache, daß in Vesontio angesichts des bevorstehenden Kampfes mit den Germanen fast eine Meuterei ausgebrochen wäre, die auf diesem Hintergrund verständlicher erscheint, als wenn man sie, wie es die späteren Quellen zum Teil taten, auf staatsrechtliche Bedenken gegenüber der Legitimität dieses Krieges zurückführt.

Caesar stellte, wie man heute weiß, zutreffend, fest, daß zwar in früheren Zeiten die Gallier über den Rhein gedrängt seien, in seiner Zeit die Wanderungsrichtung jedoch umgekehrt verlief. Augustus mußte daher Caesars Politik, die Germanen hinter den Rhein zurückzudrängen, fortsetzen, ehe er 13 v. Chr. das eroberte Gallien in drei regelrechten Provinzen organisierte.

Da in dieser Zeit die Kapitulation *(deditio)*, die sich stets unmittelbar an die moralische Verantwortung des Feldherrn *(fides)* wandte, zur einzigen völkerrechtlichen Institution wurde, von der Rom noch Gebrauch machte, mußte der Person des Feldherrn eine besondere Bedeutung zukommen, und dies um so mehr, wenn er sich, wie Caesar, über ein Jahrzehnt hinweg im Lande aufhielt. 55 v. Chr., in dem gleichen Jahr, in dem Caesar den Völkermord an den Usipetern und Tencterern beging und zum ersten Mal nach Britannien übersetzte, wurde sein Kommando nach einer neuerlichen Vereinbarung mit Crassus und Pompeius auf weitere fünf Jahre verlängert, von der Sache her ebensowenig gerechtfertigt wie die beiden fünfjährigen Kommandos, die Pompeius und Crassus selbst erhielten, ohne daß in ihren Provinzen Spanien bzw. an der Grenze zu den Parthern eine wirkliche Kriegsgefahr vorlag. Die verzweifelte Gegenwehr optimatischer Senatskreise zeigt der Antrag Catos aus diesem Jahr, Caesar wegen Verletzung göttlichen Rechts den Usipetern und Tencterern auszuliefern. In der Tat hatte Caesar diese gegen alles Recht niedermachen lassen, wobei er freilich auch hier Vorgänger in der römischen Geschichte hatte. Catos Vorgehen war aber nicht nur ein auf seine stoischen Humanitätsprinzipien und die altrömischen Rechtsvorstellungen gegründeter Protest, dessen Wirksamkeit in dieser Form fragwürdig sein mußte, es war auch der Versuch, diesen immer mächtiger werdenden Einzelgänger auszuschalten. Dessen Macht drückte sich nicht nur in der militärischen Stärke seiner in den Jahren der Statthalterschaft schließlich auf elf angewachsenen Legionen aus, sondern ebenso in der fast unbeschränkten Möglichkeit, gegen hohe Bestechungssummen Volkstribune in Rom seine Interessen vertreten zu lassen und dadurch den Senat und die Volksversammlung, die damals nicht mehr wie ursprünglich eine Versammlung aller Bürger, sondern überwiegend das für alle Zwecke käufliche Proletariat der Hauptstadt des Weltreichs darstellte, zu beeinflussen.

Hinzu kam, daß Caesar, wie vor ihm Pompeius, auf Grund seiner langjährigen Statthalterschaft in den Provinzen sowohl Einzelpersonen wie ganze Gemeinden zu Anhängern und Clienten gewonnen hatte und zum Patron der Masse seiner Soldaten wurde, die von ihm nach Beendigung des Krieges ihre Versorgung als Veteranen erwarteten. Auf sie konnte er sich in seiner Politik jederzeit stützen. Auch diese größenmäßige Verzerrung der Institution der Clientel zugunsten einiger weniger der vornehmsten Schicht war eine Folge der Expansion des Reiches und bedrohte jetzt das Machtgleichgewicht innerhalb der regierenden Kreise.

Erst als Julia, die Tochter Caesars und Frau des Pompeius, 54 v. Chr. starb, lockerte sich die enge Beziehung zwischen Caesar und Pompeius. Als ein Jahr darauf Crassus im Kampf gegen die Parther umkam, gelang es den Optimaten, Pompeius auf ihre Seite zu ziehen und eine mächtige Front gegen Caesar zu bilden, gegen die auch die von ihm eingesetzten Volkstribune nichts mehr ausrichten konnten.

In den folgenden Jahren versuchte Caesar, nicht nur durch Einfälle in rechtsrheinisches Gebiet die Germanen zurückzudrängen, sondern auch durch eine zweite Britannienexpedition im Jahre 54 v. Chr. von dieser Seite her alle Gefahren auszuschalten, die zu erneuten Kriegshandlungen in Gallien, das die Römer jetzt bis zum Rhein und bis zur französischen Atlantikküste erobert hatten, führen konnten. Erst 52 v. Chr. wurde der römische Druck so groß, daß es unter Vercingetorix zu einem Zusammenschluß der Mehrheit der gallischen Stämme kam. In dem vornehmen Arverner – dieser mächtige Stamm hatte sich bis dahin völlig ruhig verhalten – fand Caesar einen an strategischer und organisatorischer Begabung ebenbürtigen Gegner, so daß die Erfolge der zurückliegenden sechs Jahre mit einem Schlag wieder verlorenzugehen schienen. Nach der bedeutenden römischen Niederlage bei Gergovia schlossen sich sogar die Haeduer Vercingetorix an, bis die Römer nach gewaltigen Anstrengungen bei Alesia schließlich doch die Oberhand behielten. Vercingetorix ergab sich, um noch mehr Blutvergießen zu verhindern, wurde 46

v. Chr. nach langer Gefangenschaft im Triumphzug Caesars in Rom mitgeführt und anschließend hingerichtet.

Nach diesem unter großen Verlusten errungenen endgültigen Sieg in Gallien bestand für Caesar von Rom her die Gefahr, daß ihn der Senat – nunmehr im Bunde mit Pompeius, der 52 v. Chr. als alleiniger Consul die in der Hauptstadt herrschende Anarchie beseitigt hatte – vorzeitig in der Statthalterschaft ablösen lassen würde. Caesars Forderungen, die im wesentlichen darauf hinausliefen, sich in Abwesenheit um das Consulat von 48 v. Chr. bewerben zu können, wurden rigoros abgelehnt. Wenn Caesar jedoch nach Ablauf seiner Statthalterschaft nach Rom zurückgekehrt wäre, hätte ihm zumindest ein Prozeß und damit das Ende seiner politischen Laufbahn gedroht. Völlig in traditionellem Denken befangen, begründete er seinen Widerstand gegen die Beschlüsse seiner Gegner damit, daß sie seine *dignitas* verletzt hätten. Dieser Begriff, dem in der von aristokratischen Wertvorstellungen geprägten Gesellschaft der römischen Republik große Bedeutung zukam, schloß nicht nur hohen gesellschaftlichen und damit politischen Rang ein, sondern zugleich auch Anerkennung der für den Staat erbrachten Leistung und das damit verbundene öffentliche Ansehen. In seinen eigenen Augen hatte Caesar nicht nur nach der Eroberung Galliens hervorragende Erfolge aufzuweisen, sie waren ihm während der Zeit seiner Kriegführung bis 52 v. Chr. auch immer wieder durch die Abhaltung von Dankfesten vom Senat anerkannt worden.

Drohend zog Caesar Anfang 49 v. Chr. sein Heer in Oberitalien zusammen, der Senat gab jedoch nicht nach, sondern rüstete gleichfalls. Mit der Überschreitung des Rubicon eröffnete Caesar daraufhin den Bürgerkrieg, in dem es, wie er in seinen Commentarien darüber hervorhebt, nicht um den Kampf eines einzelnen gegen die legitime Staatsgewalt, sondern um die Befreiung des Staates von der Willkürherrschaft einer kleinen Gruppe ging. Gewiß hatte er dabei nicht das Ziel, die republikanische Staatsordnung zu zerstören, wie er es in Wirklichkeit tat, und es wäre ihm wohl nie in den Sinn gekommen, die Gültigkeit der Wertvorstellungen, die damals das Staatsdenken prägten, zu leugnen. Indem er jedoch die *dignitas* und damit seine eigene Person in den Mittelpunkt seiner politischen Argumentation und seiner Handlungen stellte, sprengte er den Rahmen, in dem dieser Wert nur einer neben anderen war, und damit zugleich die Staatsform, die auf ihnen beruhte. Nach seinem entscheidenden Sieg bei Pharsalos und den darauf folgenden Kämpfen, in denen er die Reste seiner Gegner schlug, sah er sich infolgedessen einer Aufgabe gegenüber, der er nicht gewachsen war, weil sie ihn völlig unvorbereitet traf. Seine Versuche, mit Einzelmaßnahmen der veränderten Situation, die einer Neuordnung des Staates bedurft hätte, Herr zu werden, blieben unvollkommen und wiesen keinem seiner Zeitgenossen ein neues Ziel, das mitzugestalten lohnend erschienen wäre. Die Diktatur, die er auf Lebenszeit übernahm, die zahlreichen Ehrenbeschlüsse des Senats für ihn erweckten nur den Haß seiner ehemaligen Standesgenossen auf den Tyrann, gegen den sie sich verschworen und den sie schließlich an den Iden des März 44 v. Chr. umbrachten.

Auch Caesars Verhalten als Diktator verrät, daß er, wie die meisten seiner Standesgenossen, nie über eine Alternative oder auch nur prinzipielle Reformen der römischen Weltherrschaft nachgedacht hatte, sondern allenfalls an Symptomen kurierte. Obwohl die Commentarien über den gallischen Krieg die gleiche Einstellung zeigen, ist bis heute die Frage umstritten, ob es sich hier nicht um eine geschickte Täuschung seiner Leser handelte, ob sich nicht hinter allen Äußerungen und Aktionen Caesars schon der Plan der Welteroberung und Alleinherrschaft verbarg. Seine damaligen Leser, die Angehörigen seiner eigenen Schicht, für die Caesar nach überwiegender Ansicht kurz vor Ausbruch des Bürgerkriegs im Winter 52/51 v. Chr. die Commentarien veröffentlichte, vermutlich mit dem Ziel, den Eindruck seiner Erfolge im Hinblick auf eine künftige Wahl zum Consulat noch einmal aufzufrischen, konnten auf Grund ihrer gewiß guten Information besser als wir beurteilen, ob der Inhalt seiner Berichte zutraf. Daher bieten die Commentarien, auch wenn sie gewiß subjektiv gefärbt sind, kaum eine grobe Entstellung der Wahrheit, zumal dem Senat die üblichen jährlichen Berichte des Statthalters in Gallien vorlagen. Zwar rügt Caesars Zeitgenosse Asinius Pollio, der Inhalt der Commentarien sei zu ungenau und entspreche der Wahrheit zu wenig, weil Caesar sich bei ihrer Abfassung zu leichtgläubig auf Berichte seiner Untergebenen gestützt, dagegen seine eigenen Unternehmungen manchmal vergessen oder absichtlich entstellt habe. Doch glaubt Asinius Pollio, daß Caesar, hätte er länger gelebt, gewiß die Commentarien noch einmal neu geschrieben bzw. korrigiert hätte, so daß auch dieses Zeugnis nicht auf eine Schrift schließen läßt, die, rein propagandistischen Zwecken dienend, die Wahrheit konsequent entstellte.

Eine andere Frage ist, ob Caesar nicht nur die Berichte über kriegerische Aktionen seiner Untergebenen, sondern auch die Darstellung fremder Völker und ihrer Sitten zu leichtgläubig von seinen Gewährsmännern übernahm. Auch hier ist heute die Meinung der Forschung durchaus nicht einhellig: Von einigen Forschern werden Caesar die ethnographischen und geographischen Exkurse, wohl zu Unrecht, ganz abgesprochen, und auch über die historische Glaubwürdigkeit der Schilderungen z. B. der Germanen und der Gallier besteht keine Einigkeit. Das Bild, das Caesar von dem Land gibt, in dem er ein Jahrzehnt Krieg führte, ist allerdings recht klar. Hier konnte er sich zum Teil auch auf ältere ethnographische Werke stützen. Zwar stimmt die Darstellung nicht immer mit den Ergebnissen der modernen – vor allem archäologischen – Forschung überein, doch haben wir bei Caesar zum ersten Mal präzise geographische Angaben über Gesamtgallien, dessen Fluß- und Gebirgssystem er zutreffend beschreibt. Auch die Fülle der Stammesnamen ist so genau wiedergegeben, daß ein Großteil davon sich noch heute in den auf ursprüngliche Stammesbezeichnungen zurückgehenden Städtenamen findet.

Gallien stellte damals weder eine nationale noch eine politische Einheit dar. Die einzelnen Stämme unterschieden sich sowohl nach ihrem Recht und ihrer Verfassung als auch nach ihrer Sprache. Die gesamtgallischen Versammlungen waren offenbar keine Institution, die Caesar vorfand, sondern wurden erstmalig von ihm selbst einberufen. Die Stämme fanden sich zu wechselnden Bündnissen zusammen bzw. bekämpften sich untereinander, und selbst im letzten Freiheitskampf unter Vercingetorix schlossen sich zwar die Haeduer an, erhoben aber sofort Anspruch auf die Leitung des Krieges.

Eine eigentliche städtische Zivilisation, wie sie im griechischen Osten anzutreffen war, gab es fast gar nicht, neben wenigen kleineren Städten *(urbes)* erscheinen vor allem die befestigten Plätze *(oppida)*, in die sich die Bevölkerung des Umlandes bei Gefahr zurückzog. Die Stammesgesellschaft zerfiel im allgemeinen in die reiche Adels- und Kriegerklasse, die Priesterklasse der Druiden und die Masse der einfachen Bevölkerung und Sklaven. Die aus archäologischen Quellen bezeugte berufsmäßige Gliederung der Gesellschaft wird weder von Caesar noch in einer anderen uns erhaltenen schriftlichen Quelle erwähnt. Die horizontale Gesellschaftsschichtung wurde durch die Clientelen *(ambacti et clientes)* der mächtigen Adligen, die über ihre Clienten wie Herren über Sklaven herrschten, in vertikaler Richtung durchbrochen. Jeder dieser Adligen war gewissermaßen ein Souverän in seinem eigenen Stamm und übte seine Herrschaft neben der meist aristokratisch bestimmten, zuweilen aber auch aus einem König bestehenden regulären Regierung aus, die es in dieser keineswegs primitiv organisierten Gesellschaft gab. Beispiele für derart mächtige Adlige sind Orgetorix, Dumnorix, endlich auch Vercingetorix.

Daß die politischen Verhältnisse infolge dieser Machtkonkurrenz in jedem Stamm, darüber hinaus im Gesamtgebiet Galliens, alles andere als stabil waren, liegt auf der Hand. In römischem Denken befangen, beschreibt Caesar die gesellschaftlichen und politischen Verhältnisse gewiß insofern nicht ganz zutreffend, als er sie unwillkürlich mit den römischen Zuständen vergleicht und sie auch, da er die römische Terminologie benutzt, diesen zuweilen angleicht. Auffallend ist ferner, daß er die interne Organisation der Stämme, im einzelnen auch die streitenden Parteien vorstellt, die entstehenden Kämpfe bzw. Unruhen jedoch nicht darauf zurückführt, sondern die Gallier mit einem moralischen Unterton, einem Kennzeichen römischer Geschichtsschreibung, als wankelmütig und stets auf Unruhen bedacht hinstellt.

Insgesamt zeigen ihn jedoch seine Berichte und vor allem die Exkurse als interessierten Beobachter und – charakteristisch für seinen Stil im allgemeinen – als nüchternen und präzisen Darsteller. Sein Interesse erwuchs wohl vor allem aus der erziehungsbedingten Vertrautheit mit griechischen Autoren, die Kultur, gesellschaftliche und politische Organisation fremder Völker schon früh thematisiert hatten. Doch anders als viele der Griechen integrierte Caesar seine Beobachtungen nicht durch bewußtes Vergleichen und Aufspüren ähnlicher Phänomene in die griechisch-römische Mythologie und Geschichte, für die Antike gleichbedeutend mit Menschheitsgeschichte. Er beschränkte sich vielmehr darauf, rein empirisch das wiederzugeben, was er von der eigenen Tradition der Völker erfahren konnte. Anders auch als z. B. der stoische Philosoph Poseidonios, mit dem er sich im 6. Buch bei dem Vergleich der Gallier mit den Germanen auf Grund seiner besseren Kenntnis auseinandersetzen konnte, baute er seine Informationen nicht in eine große philosophisch bestimmte Theorie des gesamten Kosmos ein.

Zwar bieten die ethnographischen Exkurse meist Informationen, die für das militärische und politische Vorgehen Caesars wichtig und wohl auch zu diesem Zwecke eingeholt worden waren, in einigen Fällen treibt Caesar jedoch unabhängig davon noch die Neugier, ihm bisher unbekannte Völker und deren Sitten kennenzulernen. Am Beispiel der Germanen und Britannier zeigt sich dabei deutlich, mit welchen Schwierigkeiten die antike Forschung auf diesen Gebieten zu kämpfen hatte: Zunächst sind Caesars Informationen über Germanen und Britannier ungleich schlechter als die über die Gallier, weil er sie nur über Mittelsmänner beziehen konnte, dann aber stieß er bei den gallischen Händlern auch auf bewußte Geheimhaltung ihrer Kenntnisse, als er sich nach der Größe, den Ausmaßen und der sonstigen Beschaffenheit Britanniens erkundigte. Obwohl bereits ein reger Handel mit Irland und Britannien bestand, gaben sie vor, nichts zu wissen, oder sie informierten Caesar falsch.

Caesars bemerkenswertes Interesse an geographischen und naturwissenschaftlichen Fragen, das die Commentarien verraten, war gewiß durch die Lektüre griechischer Autoren wie des Universalgelehrten Eratosthenes, Poseidonios' und anderer gefördert und in bestimmte Bahnen gelenkt worden. Eratosthenes wurde zwar in Rom sehr geschätzt, seine geographischen Kenntnisse waren aber gegenüber dem, was die Römer 150 Jahre später zur Zeit Caesars wußten, gering, und so versucht dieser, durchaus kritisch gegenüber der Tradition, ihn beispielsweise für das Gebiet des hercynischen Waldes und das der mittleren und oberen Donau zu korrigieren. An anderen Stellen, wie z. B. bei der Beschreibung Britanniens, ist Caesar offensichtlich bemüht, seine Kenntnisse aus der entsprechenden Literatur mit dem in Einklang zu bringen, was er selbst vorfand. Hinsichtlich Lage und Gestalt Britanniens führte das dazu, daß er offenbar von der überlieferten Dreiecksform ausging, die Lage des Dreiecks jedoch änderte, um die Tradition und seine eigenen Erfahrungen vereinbaren zu können.

Mit Hilfe der Wasseruhr stellte Caesar fest, daß die Sommernächte in Britannien kürzer als die auf dem Festland waren, und konnte sich damit die ihm vom Hörensagen bekannte – falsche – Nachricht erklären, auf den nördlichen Inseln herrsche im Winter einen Monat lang Nacht. Diese Mitteilung geht über bloßes Interesse hinaus, sie zeigt ein echtes Bemühen um die Forschung auf diesem Gebiet: So hatte nach Eratosthenes der hellenistische Geograph und Mathematiker Hipparch für neunzig Parallelkreise vom Äquator bis zum Nordpol Sonnenhöhe und Tageslängen berechnet. Caesars Feststellung gilt als Zeugnis dafür, daß er einer der letzten war, die die Gedankengänge von Eratosthenes und Hipparch nachzuvollziehen in der Lage waren. Gewiß muß man dabei berücksichtigen, daß sich in Caesars Umgebung auch Männer wie sein Legat P. Crassus befanden, der nach Ciceros Zeugnis sehr gebildet war und – wahrscheinlich während der Feldzüge in Gallien – eine Reise nach Irland unternommen hatte. Es fällt allerdings auf, daß Caesar vor seiner Überfahrt nach Britannien die gelehrte Diskussion um Ebbe und Flut nicht gekannt zu haben scheint.

Die erwähnte Kritik des Asinius Pollio gilt wohl auch für die Exkurse und eingeschobene Feststellungen geographischer und naturwissenschaftlicher Art, so daß Ungenaues und Unzutreffendes unter anderem auf die schnelle Abfassung der Commentarien zurückzuführen wäre. Insgesamt gesehen ist Caesars »wissenschaftliches« Interesse und Verständnis für einen römischen Feldherrn jedoch ungewöhnlich, zumindest von anderen nicht bezeugt. Zudem beschäftigte er sich offenbar auch explizit mit naturwissenschaftlichen Fragen, wie das ihm zugeschriebene Werk *De astris* und seine spätere Kalenderreform beweisen, die er mit Hilfe des griechischen Astronomen Sosigenes unabhängig von den bis dahin bestehenden Systemen entwickelte.

Wie damals viele seiner Standesgenossen versuchte sich Caesar auch an literarischen und sprachstilistischen Themen. So soll er in seiner Jugend in einem Epos Herakles verherrlicht und die sophokleische Tragödie *Oidipus* übersetzt haben. Im Bürgerkrieg verfaßte er auf dem Weg zum spanischen Kriegsschauplatz 45 v. Chr. ein kleines Epos über seine Reise, *Iter*. Alle diese Schriften sind verloren, auch die polemische Erwiderung auf Ciceros ebenfalls verlorenen *Cato*, in dem der große Republikaner verherrlicht wurde. Ebenso ist uns Caesars Werk *De analogia*, das er während des gallischen Krieges schrieb, nicht mehr erhalten. In seinem rhetorischen Stil war Caesar von Vertretern der attizistischen Richtung erzogen und geprägt worden, die eine einfache, klare, sich streng an die Regeln haltende Sprache forderten und alles Ungewöhnliche und Überladene ablehnten. Mit der Schrift *De analogia* setzte sich Caesar auch theoretisch für die von ihm vertretene Stilrichtung ein, die er nach dem Zeugnis seiner Zeitgenossen vollkommen beherrschte. Da seine Reden, die aufs höchste bewundert wurden, für uns verloren sind, können wir seine sprachliche Meisterschaft nur noch an seinen erhaltenen Briefen und an den Commentarien über den gallischen und den Bürgerkrieg erkennen, deren Stil Eleganz mit Klarheit und Einfachheit des Ausdrucks verbindet. Dies gilt für die hier vorliegenden Commentarien über den gallischen Krieg in noch höherem Maße als für die Berichte über den Bürgerkrieg, deren Sprache etwas unausgeglichener ist.

›Commentarii‹ waren in Rom zunächst Aufzeichnungen, in denen hohe Beamte Ereignisse und Maßnahmen während ihres Amtsjahres festhielten. Daran erinnert die jahrweise Gliederung der Commentarien über den gallischen Krieg, bei deren Abfassung Caesar sich vielleicht auf seine jährlichen Rechenschaftsberichte an den Senat stützte. Daneben lehnt sich jedoch die vorliegende Form der Commentarien an das griechische Vorbild an, das der Geschichtsschreibung stilistisch noch wenig durchgeformtes Material bieten sollte. Der Unterschied zur eigentlichen Geschichtsschreibung bestand auch darin, daß der Autor auf methodische Erörterungen und auf die Angabe des Zieles verzichtete, das er mit seinem Werk anstrebte, wie wir es z. B. bei Livius und Sallust im Vorwort zu ihren historischen Darstellungen finden.

Caesar ebenso wie Cicero in seinem nur noch fragmentarisch erhaltenen Commentarius über sein Consulat betonen den Charakter einer bloßen Stoffsammlung auch dadurch, daß sie von sich in der dritten Person sprechen. Obwohl Hauptakteure des Geschehens, treten sie auf diese Weise ganz zurück und geben damit dem Bericht einen objektiven Anstrich. Da jedoch Caesars Commentarien und Ciceros Schrift unter die verhältnismäßig zahlreichen, uns jedoch verlorenen Autobiographien des letzten Jahrhunderts der Republik einzureihen sind, für die durchweg ein polemischer oder apologetischer Charakter anzunehmen ist, sind Zweifel an der Sachlichkeit ihrer Darstellung berechtigt.

Caesars Commentarien gehen stilistisch allerdings weit über eine Materialsammlung hinaus und erfüllen in der Sprache und den übrigen Darstellungsmitteln alle Gebote der antiken Geschichtsschreibung, der sie sich nicht zuletzt durch die eingeschobenen ethnographischen und geographischen Exkurse annähern. Ihre Schönheit schreckte nach Ciceros Zeugnis nicht nur künftige Geschichtsschreiber ab, sie zur Grundlage einer eigenen Darstellung zu machen, sie trug auch dazu bei, daß an der Wahrhaftigkeit des Berichts gezweifelt wurde.

Die antiken Autoren, die die Geschichte des 1. Jahrhunderts v. Chr. darstellten, vergleichen die bedeutenden römischen Feldherrn dieser Zeit immer wieder mit Alexander dem Großen, wozu sie die gewaltige Ausdehnung des Reiches, aber auch die Tatsache anregte, daß Rom damals in Gebieten Krieg führte, die auch für Alexander Kriegsschauplatz gewesen waren. Wie von Alexander wird auch von den römischen Feldherrn berichtet, sie seien als erste in bis dahin völlig unbekannte Gegenden vorgestoßen. Sicherlich hat diese selbst auch das Bemühen, Alexander nachzueifern, in ihrem Verhalten beeinflußt. Am deutlichsten ist dies von Pompeius bezeugt, der sogar den Beinamen Magnus annahm und von seinen Zeitgenossen im Aussehen mit Alexander verglichen wurde. Im Gegensatz dazu scheint Caesar seinen Zeitgenossen sehr viel weniger Anlaß dazu gegeben zu haben, ihn mit Alexander in Verbindung zu bringen. Doch mag ihn nicht nur die Machtstellung, die Pompeius mit seinen großen Erfolgen gegen die Seeräuber und Mithridates von Pontos in den sechziger Jahren errungen hatte, sondern auch der Aspekt des alexandergleichen Vordringens in unbekannte Gebiete veranlaßt haben, es Pompeius gleichzutun und über die Grenzen des Reiches hinaus Neues zu entdecken. Kennzeichnend dafür, daß man auch in der Antike Caesar diesen Entdeckertrieb unterstellte, ist die Notiz eines Autors aus dem 4. Jahrhundert, Caesar habe (an den Senat?) über die Entdeckung eines neuen Erdkreises geschrieben, der den Ozean umschließe und nicht von diesem umgeben werde – eine Vorstellung, die der antiken Geographie durchaus geläufig war. Freilich ist weder in Caesars Commentarien noch in den zeitgenössischen Quellen ein Hinweis auf diese außerordentliche Entdeckung zu finden, mit der nur Britannien gemeint sein konnte.

Auch die spätere Geschichtsschreibung hob diesen Drang, Neues zu entdecken, weniger hervor als andere Punkte, die zu einem Vergleich mit Alexander herausforderten: Caesars geniale strategische Begabung, seine Welteroberung und seine Alleinherrschaft. Sie schmückte Caesars Lebensgeschichte mit vielen Zügen aus der Alexandertopik aus, die vor allem das Einwirken göttlicher Kräfte auf sein Schicksal beweisen sollten. Es verwundert daher nicht, daß neben Alexander Caesars Persönlichkeit Vorbild und in engem Zusammenhang damit seine Commentarien »Pflichtlektüre« für Könige und Herrscher vom Mittelalter an bis fast in unsere Zeit hinein wurden, angefangen bei Friedrich II. von Staufen über Karl XII. von Schweden, der nach Voltaire nur Alexanderbiographien und Caesars Commentarien gelesen hatte, bis zu Napoleon I., der auf Sankt Helena die Commentarien über den gallischen Krieg zur Grundlage seiner *Précis des guerres de César* machte. Noch Napoleon III. schrieb eine Geschichte Caesars, doch wurde unter ihm Caesars größter Gegner im gallischen Krieg, Vercingetorix, zum französischen Nationalhelden.

Die oben ausgeführten Zweifel daran, daß Caesar – Vorbild auch in dieser Hinsicht für die meisten Herrscher, die ihn als Strategen bewunderten – ein großer Staatsmann war, dessen geniale Reformpläne durch seinen Tod in den Ansätzen steckengeblieben seien, werden durch das Schweigen der Zeitgenossen und der übrigen antiken Autoren in diesem Punkt gestärkt. Aber die günstige Einschätzung des Staatsmannes Caesar ist seit der Renaissance bei vielen großen Philosophen und Historikern bis in die moderne Zeit hinein anzutreffen. Die weitreichenden Wirkungen seiner Taten verschmolzen im Laufe der Jahrhunderte mit seinen eigentlichen Leistungen im Bewußtsein der Nachwelt vielfach zu einer Einheit. In der Geschichtsphilosophie Hegels und seiner Schüler wird Caesar zu einem der »Werkmeister der Geschichte« (Droysen): Sie verkörpern die ein Zeitalter bestimmenden Tendenzen und Gedanken, um eine entscheidende Wende in der Weltgeschichte herbeizuführen. Ihre Größe liegt darin, daß sie zum Vollstrecker eines Willens werden, der weit über ihre individuellen Intentionen hinausgeht. Caesar erfuhr so eine Idealisierung, die das Urteil über sein gesamtes Wirken bis heute beeinflußt.

Marieluise Deißmann

Inhalt

Erstes Buch 3
Zweites Buch 46
Drittes Buch 68
Viertes Buch 88
Fünftes Buch 113
Sechstes Buch 154
Siebtes Buch 185
Achtes Buch 251

Anmerkungen 289
Literaturhinweise 333
Nachwort 337

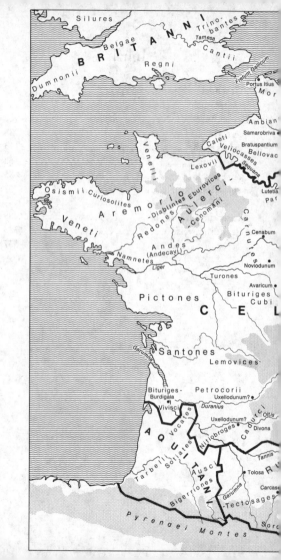

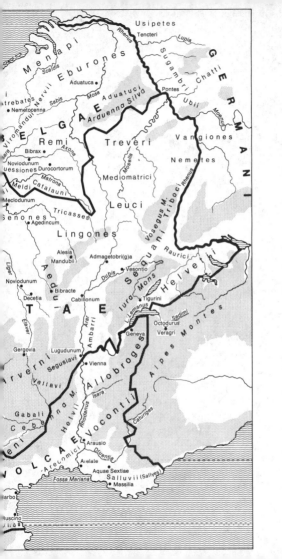

Römische Literatur

IN RECLAMS UNIVERSAL-BIBLIOTHEK

Cicero

De finibus bonorum et malorum / Über das höchste Gut und das größte Übel. Lat./dt. 543 S. UB 8593

De imperio Cn. Pompei ad Quirites oratio / Rede über den Oberbefehl des Cn. Pompeius. Lat./dt. 88 S. UB 9928

De natura deorum / Über das Wesen der Götter. Lat./dt. 480 S. UB 6881

De officiis / Vom pflichtgemäßen Handeln. Lat./dt. 455 S. UB 1889

De oratore / Über den Redner. Lat./dt. 653 S. UB 6884

De re publica / Vom Gemeinwesen. Lat./dt. 416 S. UB 9909

Drei Reden vor Caesar. Für Marcellus. Für Ligarius. Für den König Deiotarus. 64 S. UB 7907

Epistulae ad Atticum / Briefe an Atticus (Auswahl). Lat./dt. 279 S. UB 8786

Epistulae ad Quintum fratrem / Briefe an den Bruder Quintus. Lat./dt. 251 S. UB 7095

Laelius, Über die Freundschaft. 87 S. UB 868

Philippische Reden gegen M. Antonius. Erste u. zweite Rede. Lat./dt. 200 S. UB 2233

Pro M. Caelio oratio / Rede für M. Caelius. Lat./dt. 159 S. UB 1237

Pro A. Licinio Archia poeta oratio / Rede für den Dichter A. Licinius Archias. Lat./dt. 56 S. UB 1268

Pro P. Sestio oratio / Rede für P. Sestius. Lat./dt. 205 S. UB 6888

Rede für Sextus Roscius aus Ameria. Lat./dt. 148 S. UB 1148

Rede für Titus Annius Milo. Mit d. Komm. des Asconius. Lat./dt. 160 S. UB 1170

Rede über den Oberbefehl des Cn. Pompeius. Rede für den Dichter A. Licinius Archias. 64 S. UB 8554

Reden gegen Verres I. Lat./dt. 130 S. UB 4013 – *II.* 168 S. UB 4014 – *III.* 208 S. UB 4015 – *IV.* 261 S. UB 4016 – *V.* 183 S. UB 4017 – *VI.* 200 S. UB 4018

Über den Staat. 189 S. UB 7479

Über die Rechtlichkeit (De legibus). 150 S. UB 8319

Vier Reden gegen Catilina. 88 S. UB 1236

Vier Reden gegen Catilina. Lat./dt. 149 S. UB 9399

Philipp Reclam jun. Stuttgart

Römische Literatur

IN RECLAMS UNIVERSAL-BIBLIOTHEK

Geschichtsschreibung

Augustus, *Res gestae / Tatenbericht.* Lat./griech./dt. 88 S. UB 9773

Caesar, *De bello Gallico / Der Gallische Krieg.* Lat./dt. 648 S. UB 9960 – *Der Bürgerkrieg.* 216 S. UB 1090 – *Der Gallische Krieg.* 363 S. UB 1012

Livius, *Ab urbe condita. Liber I / Römische Geschichte. 1. Buch.* Lat./dt. 240 S. UB 2031 – *Ab urbe condita. Liber II / Römische Geschichte. 2. Buch.* Lat./dt. 237 S. UB 2032 – *Ab urbe condita. Liber III / Römische Geschichte. 3. Buch.* Lat./dt. 263 S. UB 2033 – *Ab urbe condita. Liber IV / Römische Geschichte. 4. Buch.* Lat./dt. 235 S. UB 2034 – *Ab urbe condita. Liber V / Römische Geschichte. 5. Buch.* Lat./dt. 229 S. UB 2035 – *Römische Geschichte. Der Zweite Punische Krieg.* I. Teil. 21.–22. Buch. 165 S. UB 2109 – II. Teil. 23.–25. Buch. 160 S. UB 2111 – III. Teil. 26.–30. Buch. 240 S. UB 2113

Sallust, *Bellum Iugurthinum / Der Krieg mit Jugurtha.* Lat./dt. 222 S. UB 948 – *De coniuratione Catilinae / Die Verschwörung des Catilina.* Lat./dt. 119 S. UB 9428 – *Historiae / Zeitgeschichte.* Lat./dt. 88 S. UB 9796 – *Die Verschwörung des Catilina.* 79 S. UB 889 – *Zwei politische Briefe an Caesar.* Lat./dt. 95 S. UB 7436

Sueton, *Augustus.* Lat./dt. 200 S. UB 6693 – *Nero.* Lat./dt. 151 S. UB 6692 – *Vespasian, Titus, Domitian.* Lat./dt. 136 S. UB 6694

Tacitus, *Agricola.* Lat./dt. 150 S. UB 836 – *Annalen I–VI.* 320 S. UB 2457 – *Annalen XI–XVI.* 320 S. UB 2458 – *Dialogus de oratoribus / Dialog über die Redner.* Lat./dt. 117 S. UB 7700 – *Germania.* 80 S. UB 726 – *Germania.* Lat./dt. 112 S. UB 9391 – *Historien.* Lat./dt. 816 S. 8 Abb. u. 6 Ktn. UB 2721 (auch geb.)

Velleius Paterculus, *Historia Romana / Römische Geschichte.* Lat./dt. 376 S. UB 8566

Philipp Reclam jun. Stuttgart

Römische Literatur

IN RECLAMS UNIVERSAL-BIBLIOTHEK

Dichtung

Catull, *Gedichte.* 133 S. UB 6638 – *Sämtliche Gedichte.* Lat./dt. 246 S. UB 9395

Horaz, *Ars poetica / Die Dichtkunst.* Lat./dt. 70 S. UB 9421 – *Epistulae / Briefe.* Lat./dt. 70 S. UB 432 – *Gedichte.* 80 S. UB 7708 – *Oden und Epoden.* Lat./dt. 328 S. UB 9905 – *Sermones / Satiren.* Lat./dt. 232 S. UB 431 – *Sämtliche Gedichte.* Lat./dt. 828 S. Gebunden

Juvenal, *Satiren.* 253 S. UB 8598

Laudes Italiae / Lob Italiens. Griech. und lat. Texte. Zweisprachig. 192 S. UB 8510

Lukrez, *De rerum natura / Welt aus Atomen.* Lat./dt. 637 S. UB 4257

Manilius, *Astronomica / Astrologie.* Lat./dt. 533 S. 11 Abb. UB 8634

Martial, *Epigramme.* 166 S. UB 1611

Ovid, *Ars amatoria / Liebeskunst.* Lat./dt. 232 S. UB 357 – *Metamorphosen.* Epos in 15 Büchern. 792 S. UB 356 – *Metamorphosen.* Lat./dt. 997 S. UB 1360 – *Verwandlungen.* Auswahl. 93 S. UB 7711

Phaedrus, *Liber Fabularum / Fabelbuch.* Lat./dt. 240 S. UB 1144

Plautus, *Amphitruo.* Lat./dt. 160 S. UB 9931 – *Aulularia / Goldtopfkomödie.* Lat./dt. 112 S. UB 9898 – *Menaechmi.* Lat./dt. 152 S. UB 7096 – *Miles gloriosus / Der ruhmreiche Hauptmann.* Lat./dt. 183 S. UB 8031

Properz, *Sämtliche Gedichte.* Lat./dt. 419 S. UB 1728

Römische Lyrik. Lat./dt. 514 S. UB 8995

Seneca, *Apocolocyntosis / Die Verkürbissung des Kaisers Claudius.* 94 S. UB 7676 – *Oedipus.* Lat./dt. 141 S. UB 9717

Terenz, *Adelphoe / Die Brüder.* Lat./dt. 128 S. UB 9848 – *Der Eunuch.* 77 S. UB 1868 – *Heautontimorumenos / Einer straft sich selbst.* Lat./dt. 154 S. UB 7683

Vergil, *Aeneis.* 421 S. UB 221 – *Aeneis. 1. und 2. Buch.* Lat./dt. 202 S. UB 9680 – *Dido und Aeneas.* Lat./dt. 168 S. 16 Abb. UB 224 – *Georgica / Vom Landbau.* Lat./dt. 123 S. UB 638 – *Hirtengedichte (Eklogen).* 77 S. UB 637

Philipp Reclam jun. Stuttgart

Römische Literatur
IN RECLAMS UNIVERSAL-BIBLIOTHEK

Vermischte Prosa

Antike Heilkunst. 250 S. UB 9305

Apuleius, *Das Märchen von Amor und Psyche.* Lat./dt. 152 S. UB 486

Augustinus, *Bekenntnisse.* 440 S. UB 2792 – auch geb. – *De beata vita / Über das Glück.* Lat./dt. 109 S. UB 7831 – *De vera religione / Über die wahre Religion.* Lat./dt. 231 S. UB 7971

Boethius, *Trost der Philosophie.* 189 S. UB 3154

Eugippius, *Vita Sancti Severini / Das Leben des heiligen Severin.* Lat./dt. 157 S. UB 8285

Marc Aurel, *Selbstbetrachtungen.* 188 S. UB 1241

Petron, *Satyricon.* 261 S. UB 8533

Plinius der Jüngere, *Briefe.* 76 S. UB 7787 – *Der Briefwechsel mit Kaiser Trajan. Das 10. Buch der Briefe.* Lat./dt. 160 S. UB 6988 – *Epistulae / Briefe.* Lat./dt. *1. Buch.* 96 S. UB 6979 – *2. Buch.* 96 S. UB 6980 – *3. Buch.* 96 S. UB 6981 – *4. Buch.* 96 S. UB 6982 – *5. Buch.* 94 S. UB 6983 – *6. Buch.* 109 S. UB 6984 – *7. Buch.* 104 S. UB 6985 – *8. Buch.* 104 S. UB 6986

Quintilian, *Institutio oratoria X / Lehrbuch der Redekunst. 10. Buch.* Lat./dt. 160 S. UB 2956

Seneca, *Apocolocyntosis / Die Verkürbissung des Kaisers Claudius.* Lat./dt. 94 S. UB 7676 – *De brevitate vitae / Von der Kürze des Lebens.* Lat./dt. 76 S. UB 1847 – *De clementia / Über die Güte.* Lat./dt. 116 S. UB 8385 – *De tranquillitate animi / Über die Ausgeglichenheit der Seele.* Lat./dt. 111 S. UB 1846 – *De vita beata / Vom glücklichen Leben.* Lat./dt. 119 S. UB 1849 – *Epistulae morales ad Lucilium / Briefe an Lucilius über Ethik.* Lat./dt. *1. Buch.* 88 S. UB 2132 – *2. Buch.* 96 S. UB 2133 – *3. Buch.* 96 S. UB 2134 – *4. Buch.* 96 S. UB 2135 – *5. Buch.* 96 S. UB 2136 – *6. Buch.* 94 S. UB 2137 – *7. Buch.* 96 S. UB 2139 – *8. Buch.* 96 S. UB 2140 – *9. Buch.* 101 S. UB 2141 – *10. Buch.* 72 S. UB 2142 – *14. Buch.* 128 S. UB 9370 – *Vom glückseligen Leben und andere Schriften.* Auswahl. 160 S. UB 7790

Tertullian, *De spectaculis / Über die Spiele.* Lat./dt. 120 S. UB 8477

Valerius Maximus, *Facta et dicta memorabilia / Denkwürdige Taten und Worte.* Lat./dt. 351 S. UB 8695

Philipp Reclam jun. Stuttgart